信息技术在学科教学中的应用与实践

XINXI JISHU ZAI XUEKE JIAOXUE ZHONG DE YINGYONG YU SHIJIAN

智 学 ◎ 主编

光明日报出版社

图书在版编目（CIP）数据

信息技术在学科教学中的应用与实践 / 智学主编.
--北京：光明日报出版社，2016.9
ISBN 978－7－5194－1996－7

Ⅰ.①信… Ⅱ.①智… Ⅲ.①信息技术—应用—中学教育—教育研究—文集 Ⅳ.①G43－53

中国版本图书馆 CIP 数据核字（2016）第 230744 号

信息技术在学科教学中的应用与实践

主　　编：智　学	
责任编辑：曹美娜	责任校对：赵鸣鸣
封面设计：中联学林	责任印制：曹　净

出版发行：光明日报出版社
地　　址：北京市东城区珠市口东大街5号，100062
电　　话：010－67078251（咨询），67078870（发行），67019571（邮购）
传　　真：010－67078227，67078255
网　　址：http://book.gmw.cn
E－mail：gmcbs@gmw.cn　caomeina@gmw.cn
法律顾问：北京德恒律师事务所龚柳方律师

印　　刷：北京天正元印务有限公司
装　　订：北京天正元印务有限公司
本书如有破损、缺页、装订错误，请与本社联系调换

开　　本：710×1000　1/16	
字　　数：483千字	印　张：29.5
版　　次：2017年1月第1版	印　次：2017年1月第1次印刷
书　　号：ISBN 978－7－5194－1996－7	
定　　价：86.00元	

版权所有　　翻印必究

目 录
CONTENTS

学会使用电子邮箱上传作业 ………………………………………… 1

"一师一优课"优质教学资源在生物教学中的有效利用 ………… 9

利用智能手机建立班级群 …………………………………………… 14

利用班级维基管理国培学员作业 …………………………………… 26

PPT 动画和声音在教学中的应用 …………………………………… 37

PPT 课件在初中英语教学中的应用 ………………………………… 48

利用 QQ 群的作业功能布置作业 …………………………………… 57

利用问卷星获取教学信息反馈 ……………………………………… 64

利用微信与 QQ 在课余时间辅助教学的应用实例 ………………… 75

维基平台在教学交流方面的应用 …………………………………… 86

微课制作在英语教学中的应用 ……………………………………… 93

小图片放大的技巧 …………………………………………………… 99

和大家问好——Scratch 的初步认识 ……………………………… 103

利用 PPT 进行微课录制 ……………………………………………… 111

EXCEL 中数据的计算 ………………………………………………… 117

如何利用电子白板制作转盘 ………………………………………… 123

"一师一优课"优质教学资源在生物教学中的有效利用 ………… 129

幻灯片中如何插入 Flash 动画或视频的技巧 ……………………… 137

利用 PowerPoint（PPT）充实美术教学 …………………… 143

如何使用"小猿搜题"解决未知问题 …………………………… 150

利用演示文稿召开一次千里之外的家长会 …………………… 156

利用"百会维基"构建校外国学教育平台 …………………… 166

Wifi-Doc 在《辉煌灿烂的敦煌石窟》中的应用 ……………… 182

无线传屏技术在教学中的应用 ………………………………… 191

会声会影在足球规则教学中的应用实例 ……………………… 198

PowerPoint 模板在高中化学学科中的应用技巧 ……………… 206

"格式工厂"软件在课堂教学中的有效应用 ………………… 211

利用暴风影音截取教学视频 …………………………………… 219

利用微信服务课外教学，促进教学弹性 ……………………… 232

利用中国知网探索数形结合思想在教学中的应用 …………… 237

PPT 演示文稿在英语教学中的应用 …………………………… 243

运用在线检测软件创建学习平台 ……………………………… 254

EXCEL 在数据计算过程中的使用技巧 ………………………… 273

电子白板技术在英语教学中的探索与思考 …………………… 279

利用几何画板完成一元一次方程动点问题的制作 …………… 290

智能手机记录精彩瞬间 ………………………………………… 295

微课在英语教学中的设计与应用 ……………………………… 300

利用电子表格统计数据 ………………………………………… 307

"考酷"在建立智能组卷无纸化考试管理系统的应用 ……… 316

利用移动设备（手机、pad 等）远程控制计算机进行课堂教学 … 328

Excel 数据处理功能在学科成绩统计中的应用 ……………… 337

思维导图在历史教学中的有效应用 …………………………… 344

在 PPT 中如何对演示文稿打包 ………………………………… 355

电子白板在英语单词教学中的应用 …………………………… 362

利用微信公众平台辅助教学 …………………………………… 370

用云盘进行信息的交流和共享 378
制作配乐 PPT 导入新课 383
人人通＋智能手机带给诗歌教学的别样精彩 392
例谈思维导图在高中历史教学中的运用 398
基于互联网的《草房子》多媒体阅读指导课课件制作与应用 403
利用 ipad 在课堂教学中控制投影仪 414
微课在化学方程式计算中的应用 422
电子白板在试卷讲解中的有效应用 431
PPT 教学应用——电子相册的制作 435
问卷星在信息技术课程中的有效应用 448
如何在 PowerPoint 2013 中无缝嵌入 Flv 视频 455

学会使用电子邮箱上传作业

[情境导入]

近年来在寒暑假期,中学生会遇到作业不能及时批改这一常见问题,尤其是语文作文、英语汉译英、数学的解题步骤等批注对学生学习起着关键的作用,学生们在做完作业不能及时得到老师的批注而丧失了对正确知识理解的时效性。鉴于这种情况老师和学生们实时沟通批改作业显得尤为重要,随着计算机网络和平板电脑的普及应用,且平板电脑所具有的廉价性、便携性、操作简单、普及广泛等优点,使用平板电脑通过移动互联网使用电子邮箱上传作业发送给老师批改成为现实,通过此种方法使其达到时间和空间的一致性来解决这一教学上的难题。

[课前准备]

调查班内学生家里拥有平板电脑情况包括品牌和型号等,将学生们按此情况分组保证每组至少有 3-4 台平板电脑,将班内的学生分成 5 组,分别为:A 组、B 组、C 组、D 组、E 组,课前检查电教室内的无线 wifi 情况。

[课程开始]

学生们按事先分好的 5 组坐好,老师开始通过投影多媒体视频讲授:

引题:要想使用电子邮箱上传作业,首先要申请自己的电子邮箱,知道什么是电子邮件? 电子邮件也就是 E-mail,我们把它昵称为"伊妹儿"。它是随着计算机网络而出现的,依靠网络的通信手段实现普通邮件的传输,取代了传统的邮寄方式,随着平板电脑的普及应用,几乎每个家庭都有平板电脑,我们学会在平板电脑上使用电子邮件,这样可以实现不受地点和时间的约束使用电子邮箱上传作业发给任课老师来批改修注。

一、认识电子邮箱和电子邮件,学生们通过平板电脑打开电子邮箱网站。

二、讲授如何申请电子邮箱,学生们开始申请电子邮箱账号。

三、讲授如何登录信箱,学生们开始登陆邮箱,学会写电子邮件,老师把自己的邮箱地址在多媒体上写出来,学生们将已经写成 word 的作业上传为附件发送给老师。

四、老师通过多媒体演示接收邮件,修改学生们发送的作业并批注,发送给学生。

五、讲授如何查看信箱,学生们查看收件箱(夹),阅读信件内容,在"附件"下载作业查看作业批注。

[技术讲解]

一、邮件和邮箱的理解不难,但地址格式不同

初识邮箱地址:电子邮件地址如真实生活中人们常用的信件一样,有收信人姓名,收信人地址等等。其结构是:用户名@邮件服务器,用户名就是你在主机上使用的登录名。而@(备注这里的@是 at 的意思)后面的是邮局方服务计算机的标识(域名),都是邮局方给定的。如 luck@163.net 即为一个邮件地址。如图 1 所示:

二、申请电子邮箱

(1)首先在"地址栏"输入邮箱的网址:mail.sina.com.cn 出现新浪邮箱首页,在单击"注册"按钮。如图 2 所示:

（2）在"邮箱地址栏"输入自己的邮箱账号，"密码栏"输入密码，正确填写"验证码"，如图3所示：

三、申请成功后,提醒学生记住信箱名和密码,以便登录使用
如图 4 所示:

四、登录信箱时,重点在查看"收件箱(夹)"和"已发送"
如图 5 所示:

五、用邮件上传作业发送给老师

(1)找到左上角"写信"按钮并左键单击它。如图6所示：

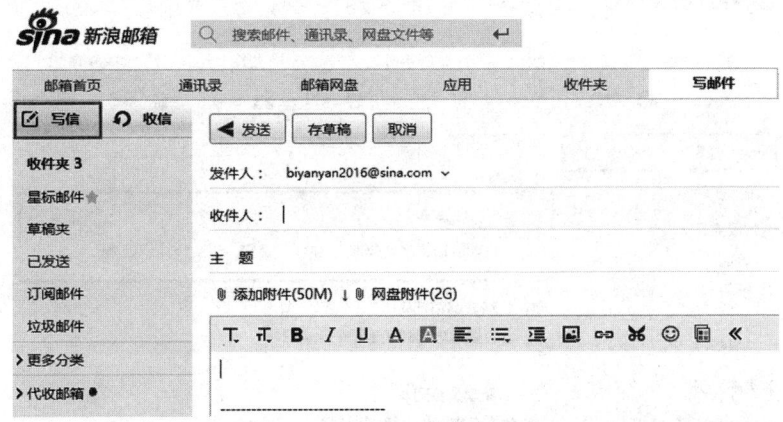

(2)在"收件人"中填写邮件的发送对象，这里填写老师的邮箱地址：biyanyan2016，在"主题"栏中填写要发送邮件的主题，因为此次教学是作业此处主题可以写作：姚期的语文作业，在正文栏开始写信，将信的正文写好后，在"附件"中上传写好的word格式的作业，左键单击"附件"按钮在文件夹中找到作业，左键单击"打开"按钮上传，写信完毕后左键单击"发送"按钮。如图7所示：

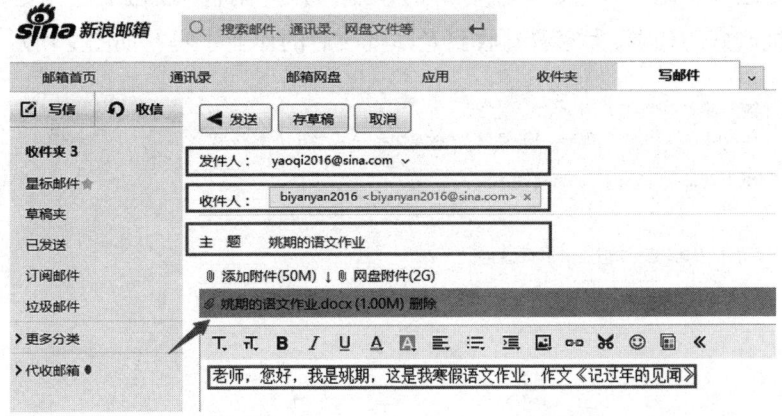

（3）左键单击已"发送"按钮查看已经发送的邮件，检查是否发送成功。如图8所示：

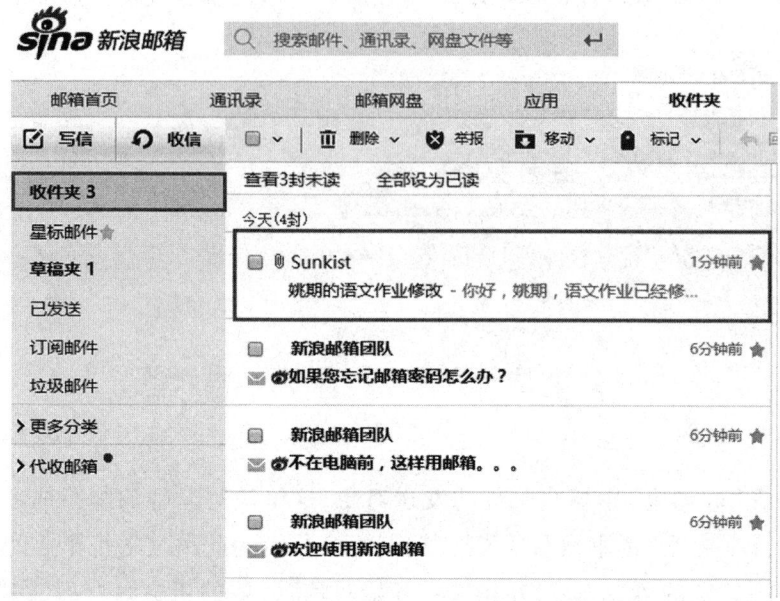

六、检查收件箱（夹），左键单击"收件箱（夹）"查看收到的邮件

打开老师发送的邮件已经批改好的作业，通过"附件"按钮下载作业，阅读老师已经批改好的作业，大家看看收到老师批改后的作业了吗？如图9所示：

七、老师修改批注作文范例如图所示

如图10所示：

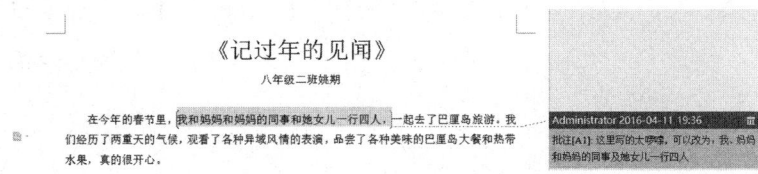

[应用反思]

一、在让学生探究电子邮箱上传作业在平板电脑中的使用方法中形成对知识的掌握,教学活动紧凑、直观且实用。

二、在学生自己动手操作平板电脑使用电子邮箱上传作业的实践活动中一定要让学生观察多媒体屏幕的课件,并形成对课程的理解从而达到动手又动脑的教学目标。

三、教学中电子邮箱充当着学生与老师沟通桥梁的角色,发挥了其及时性,安全性,有效性等作用。

四、平板电脑在教学中充当着媒介载体的角色,发挥了其便携性,操作性,普及性等作用。

五、此教学完成了平板电脑应用与电子邮箱上传作业的结合,让平板电脑在教学中发挥了其作用,更是普及了电子邮箱发送作业的应用,最终达到了在寒暑假期间学生们可以把作业上传到电子邮件传给老师而能得到及时批改的教学目的。

重点

通过平板电脑申请电子邮箱并使用它上传作业。

难点

网上登录注册,出错处理,申请免费邮箱时常常会碰到名字已被使用的情况,在取名时可让学生在名字后加一些数字,可以避免名字重叠的情况。

特点

由于电子邮件服务器每天24小时都在工作,因此,我们随时可以上网收发电子邮件,从而实现了学生把作业通过邮件发送给老师而得到及时修改。而且电子邮件除了可以传递文字信息外,还可以传递图片、声音等各种信息进行交流,除此之外，它还是一种高效率的通信工具，一封一千字大小的电子邮件可以在几分钟内传递到世界的任何一个角落。

作者：唐山市友谊中学　毕彦彦
指导老师：唐山市丰润区教师进修学校　唐建力

"一师一优课"优质教学资源在生物教学中的有效利用

[情境导入]

小陈老师是一名刚走上工作岗位的青年教师,作为新教师她需要参加很多比赛和公开课,而她的教学经验缺乏,准备各类公开课时都很难做到得心应手,陈老师感到非常焦虑,为此她请教了组里的教研组长杜老师,杜老师指导陈老师充分利用国家教育资源公共服务平台中的"一师一优课,一课一名师"活动中的优质资源。

陈老师:"作为新老师我并没有全面系统的教学知识的储备,每次备课时都比较吃力,我需要从网上搜索相关的课件、教学设计等资源,可是网上的教学资源数量庞大、鱼龙混杂,要想从中筛选出优质、系统的资源费时费力。"

杜老师:"国家教育资源公共服务平台中的'一师一优课,一课一名师'活动中的就拥有大量优质系统的教学资源,这些资源涵盖了中小学各年级各学科各版本,且按照版本、学科、年级、课时进行了系统分类,查找起来非常方便。同时这些课件、教学设计等都是一线教师的精心制作,可以保证较高的质量。"

陈老师:"这可是为我备课找资源省了不少力,我不用在像以前那样大浪淘沙般找课件了。现在还有一个问题,我的教学经验很少,平时需要大量听课,可是咱们组的生物教师少,无法广泛的听课,同时平时听课时间上经常会冲突,网上名师授课的优质视频也比较少,通常还会加密,要想借鉴更多优秀教师的授课经验面临很多困难。"

杜老师:"听课的问题也很容易解决。'一师一优课'中有大量一线教师的课堂实录,单是优质课就有上万节,你想听的任何一节课都有相应的课堂实录。听课时不受时间地点的限制,只要有网有电脑,随时可以观摩优秀教师的精彩课堂。你还可以将自己的课录下来,与同课时的优质课进行比较分析,借鉴汲取,与名师进行同课异构。"

陈老师:"太好了,我的难题迎刃而解,一师一优课真是太实用了。现在我就开始去利用这个平台中的优质资源,帮助自己打造优质的生物课堂。"

一、操作流程

1. 搜索"国家教育资源公共服务平台"或直接输入网址"www.eduyun.cn"。

2. 用现有账号登陆系统,如果没有账号可以用邮箱进行注册。不登陆账号也可以进入系统浏览资源,但是不能下载课件。登陆后点击晒优课。

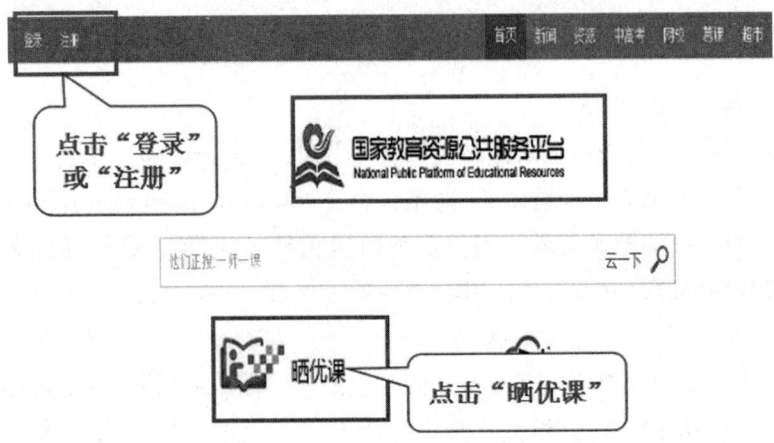

3. 点击优课展示。

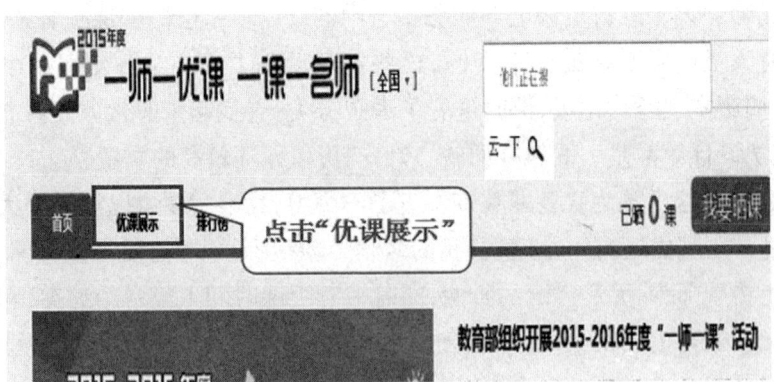

4. 点击生物或其它学科。

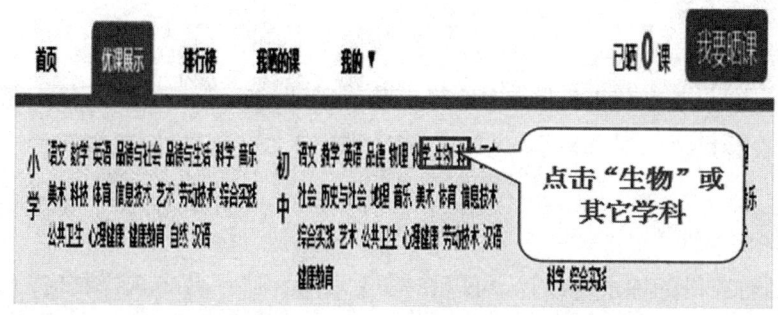

5. 选择教材版本

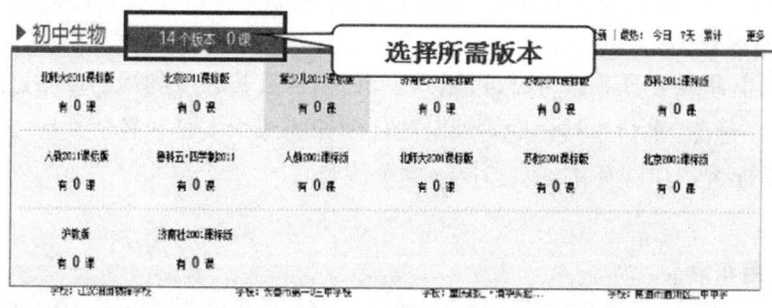

6. 选课时,还要以在筛选条件中点击"优课等级"直接定位部优等获优课,点击进入所选课时。

7. 进入所选课时后,就会呈现出多名教师关于本节课的的教学设计、课堂实录、课件、视频等大量优质资源,自己可以任意选用。

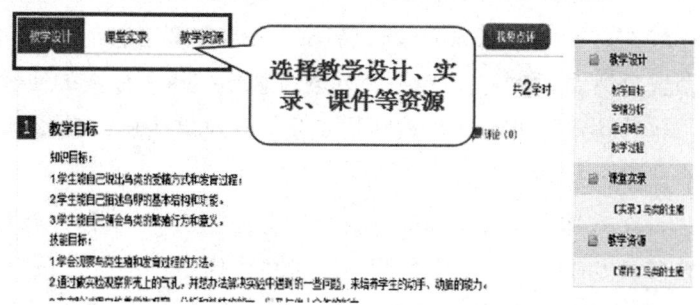

二、操作方案

1. 平日积累

每周从"一师一优课"平台中选择 1 节优质课进行学习研修。分析课堂的教学设计，观看教师的课堂教学实录，做好听课笔记，结合自己的教学实践进行反思和总结。

2. 课前备课

自己对要讲的课进行设计，可以在"一师一优课"平台中选择相应的课时，下载相关课件、视频等素材，结合自己的教学实际进行筛选、整合和完善，完成高效备课。

3. 同课异构。

平时上课或公开课试讲时，可以用手机、相机或其它可利用的设备进行录课。从"一师一优课"平台中搜索同一课时的优质课的课堂实录和教学设计，将自己的课与优质课进行比较分析，取长补短，完善课堂。

[应用拓展]

熟练掌握了运用"一师一优课、一课一名师"活动平台里的各类资源的方法，陈老师觉得备课和上课轻松了不少，可是对如何合理利用这些资源，她还有一些困惑，为此陈老师再次和杜老师进行了探讨。

陈老师："感谢您的引导，利用一师一优课真是为我的教学带来了极大的帮助和提升。在备课时，我可以方便快捷得锁定需要的资源，听课有上万节优质课任意选择，还可以将自己的课录下来，与名师进行同课异构，反思归纳，获益匪浅。"

杜老师："确实，"一师一优课、一课一名师"是教育部组织的有二百多万名教师参与的大型教育活动，为广大教师群体的教育教学提供了极大的便利。"

陈老师："这些优质资源对青年教师的专业提升效果明显，其他教师群体又该怎样利用这些资源呢？"

杜老师："骨干教师也需要不断提升自身的专业素质，利用这些教育资源可以帮助教师打破自身专业发展中的瓶颈期。同时在集体备课中，可以选择一节课进行听评课，在反思评价中提升教学素质。而在一些教育水平相对落后的地区，教师也可以获得大量可学习和利用的优质资源。甚至是学生也可以在课下利用这些资源，做好预习或课后复习工作，为翻转课堂等全新教学模式的实现创造条件。"

陈老师:"原来"一师一优课"中的资源有这么多用处,那在利用这些资源的过程中有没有需要注意的事项?"

杜老师:"利用信息技术和这些共享的优质数字教育资源可以帮助教师更加高效的打造更为优质的课堂,不过利用这些教育资源时也需要注意,各地的教育水平、师资水平不尽相同,教师们可利用的教学设备、面对的学生群体也有很大不同,同时教师也都有自己独特的教学风格。所以"一师一优课"中的各类晒课包括各类优质课都只能作为参考,不能生搬硬套。优质的教学资源只有结合教师的教学实际才能发挥最大的效用。"

作者:石家庄市第九中学　陈　宵

利用智能手机建立班级群

[情境导入]

初一期末考试已经结束,考虑到同学们都已经申请了QQ帐号,为了方便和同学们在寒假期间进行交流与沟通,曹老师决定利用QQ这一聊天工具,建立班级群,帮助同学们在寒假期间解决语文学习方面的困惑。

活动1　QQ的定义及功能

第1步　了解什么是QQ

QQ是1999年2月由腾讯自主开发的基于Internet的即时通信网络工具——腾讯即时通信(Tencent Instant Messenger,简称TM或腾讯QQ),其合理的设计、良好的应用、强大的功能、稳定高效的系统运行,赢得了用户的青睐。QQ是国际的一个聊天工具,标志是小企鹅。

第2步　了解QQ及QQ群的功能和用途

腾讯QQ支持在线聊天、视频聊天以及语音聊天、点对点断点续传文件、共享文件、网络硬盘、自定义面板、远程控制、QQ邮箱、传送离线文件等多种功能,并可与多种通讯方式相连。

QQ群是腾讯公司推出的多人聊天交流的一个公众平台,群主在创建群以后,可以邀请朋友或者有共同兴趣爱好的人到一个群里面聊天。在群内除了聊天,腾讯还提供了群空间服务,在群空间中,用户可以使用群BBS、相册、共享文件、群视频等方式进行交流。QQ群的理念是群聚精彩,共享盛世。

活动 2　班级 QQ 群的注册和创建

如何创建一个 QQ 群来支持学生和老师的在线协作学习交流呢？
以下以曹老师创建班级群为例，介绍创建班级群的操作过程：

第 1 步　在联网的电脑上登录自己的 QQ 账号，创建 QQ 群

在联网的电脑上登录自己的 QQ 账号，创建 QQ 群。

看到熟悉的界面后，找到 QQ 群的图标，点击一下，然后就会看到"创建"按钮，点击"创建"按钮，在弹出的子菜单中选择"创建群"按钮。

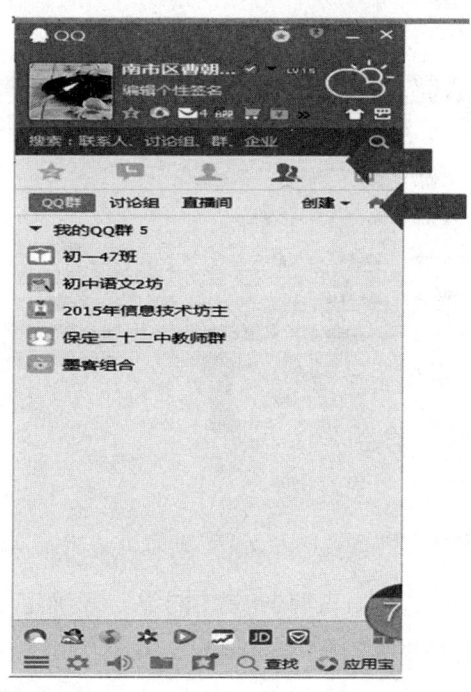

第2步 选择类别,填写信息,完成创建

进入这个界面,就可以选择你想创建的群的类型,粉丝群、同事群、同学群等等,依据自己的选择挑选。在群的类别中选择"家校·师生"类别。

然后填写相关信息,完成创建。完善群的基本信息,如果是班级群,请填写地区、学校信息、班级信息、群名称等信息。在"加群验证"处设置成"需身份验证",以便保证加入该群的人全部为本班学生,方便管理。

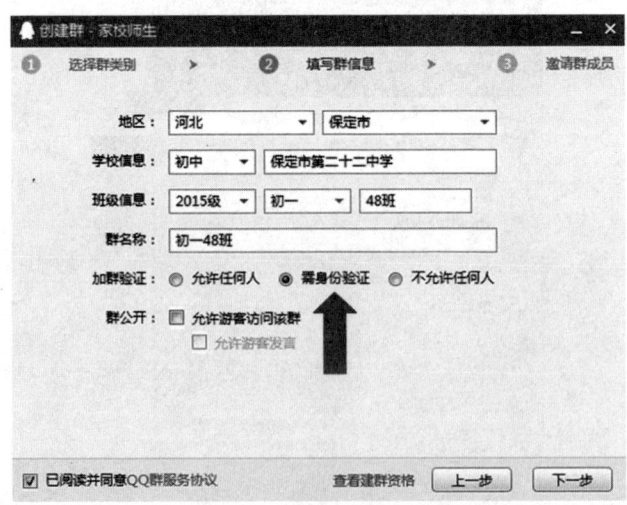

点击"下一步",在"好友列表"处选择"同学",来确定好友性质。接着点击"完成创建",系统将自动生成的群的二维码。

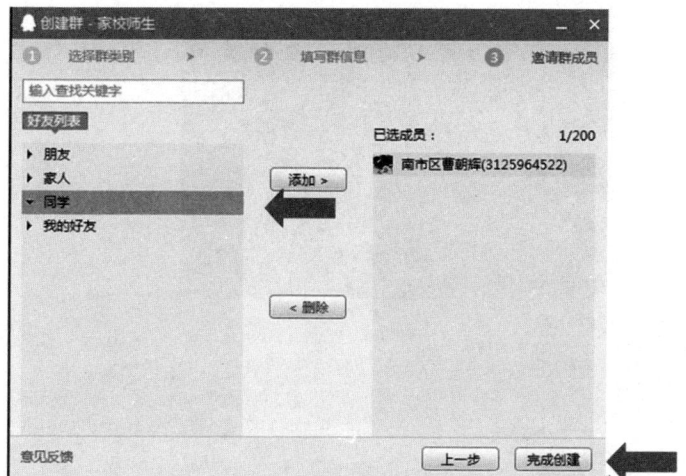

第 3 步　邀请学生加入

将系统自动生成的群二维码设定为"发送到手机",以方便发送给学生扫描。再点击"完成"将创建成功后生成的群的二维码发送给学生,让学生直接扫描。

学生用能够联网的智能手机的"扫一扫"功能扫描群二维码,在手机屏幕上就会出现班级群的相关介绍页面,点击"申请加群"。

注意在加班级群时使用本名,方便成员之间沟通联系。加群请求发送成功后,等待管理员审核。

当学生发送加群申请后,在教师的 QQ 中会出现学生申请加群的"群通知",点击打开。

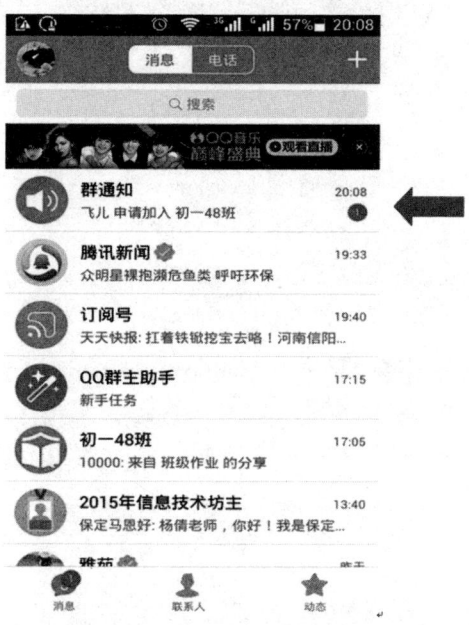

打开"群通知"后,学生的申请信息会呈现出来,教师再根据申请信息确定是否同意申请者加群,如果同意,点击"同意"。

教师同意学生加群后,学生即可在群内发言,课下向教师请教问题,教师也可

以在群中发布作业信息等与学习或班级管理相关的信息了。

班级QQ群是班级管理工作的时代创新,它作为一种信息技术工具,一种网络化的传播工具,成为我们教育教学和班级管理的有效辅助和支持。

首先,对于学生而言,班级QQ群能够帮助学生更好地参与到班级管理和班级活动中,使他们能够自由地、开放地、平等地表达自己的意愿,不仅可以方便及时地向老师提问解惑,还可以加强学生之间的沟通与交流;

其次,对于家长而言,方便了家长与老师之间的交流。由于时间和工作的限制,有些学生家长不能很好的了解学生在校的情况和学习情况,通过建立QQ群,可以方便教师与家长之间的沟通;

最后,对于老师而言,利用班级QQ群,不仅使自己的工作可以得到家长的协助,还可以有效地鼓励学生的参与,通过学生提出的问题、发表的观点、感想等,了解学生的学习情况和心路历程,帮助学生取得进步。

值得注意的是,教师要和家长及时沟通联系,帮助学生树立正确的网络安全意识,监督学生使用智能手机的时间,帮助学生远离不良信息的影响,避免学生沉迷于网络游戏和虚假空间。

[应用拓展]

在QQ2013中,我们会惊喜的发现QQ群增加了很多好玩有趣有用的群应用。其中有一款名叫"易工作"的应用,对于大家的日常工作很有用处。下面我就来给大家介绍一下如何使用这款应用来辅助自己的工作开展吧。

首先,你的QQ版本必须是2013版SP2及以上的,否则的话很可能在QQ群找不到群应用。顺便说说如何确定自己的QQ版本:打开QQ面板上的主菜单(面板左下角的小企鹅),选择"帮助",再选择"关于QQ2013",即可确定自己的QQ版本。如果版本过低,请到腾讯官网下载最新版QQ重新安装。

打开一个QQ群,然后找到群上方群名下方的第三个按钮"应用",点击进去后即可很多QQ群应用。需要注意的是,这里面既有腾讯官方发布的引用,也有网友开发者提供的应用,在使用的时候需要了解哦。如图所示,我们在"最新上架"一栏可以看到一排应用图标,选择第五个"易工作"。

在第二步后,我们进入到易工作应用的主界面:扑面而来的三个颜色不同的按钮告诉我们,易工作主要提供三方面的功能,即任务、文档和消息。种类虽然不多,但已经能给我们的日常工作助力不少了,接下来每个功能一一和大家进行介绍。

易工作应用功能使用介绍

第一个功能是任务,顾名思义,通过这个功能我们可以和群里的小伙伴们一起完成团队工作任务。点击进去,会出现一个提示介绍页面:团队任务多而杂,如何管理和跟进?根据介绍,易工作任务功能的优势在于"文件夹式管理"和"消息即时跟进"。点击下面的"开始你的高效工作",看看如何使用它吧。

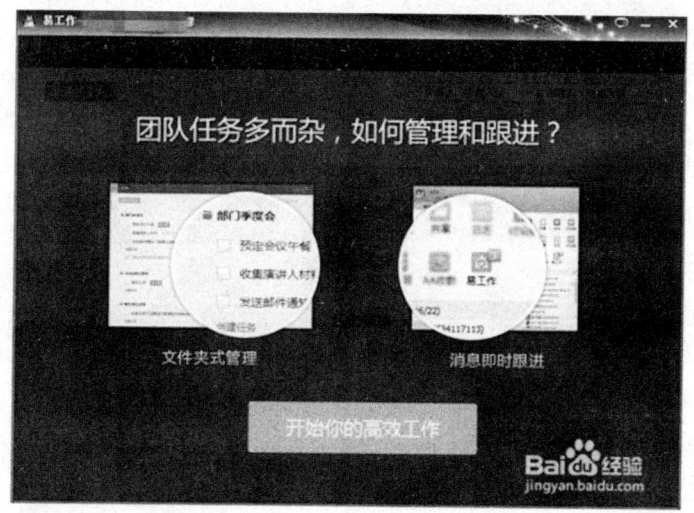

首先我们可以建立一个任务文件夹:点击"创建文件夹",输入任务文件夹名称,然后点击"保存并继续创建任务",继续输入任务名称,在任务名右边可以选择将此任务分配给任意群友,然后点击"保存按钮";此时点击界面左上角的小屋,可以回到任务主页,在下面的最新动态可以看到我们前面的所有流程;点击任务名称,可以进入到单个任务界面。如果完成任务,只需在任务名前面的方框打钩,所有小伙伴就可以知道此任务完成啦。

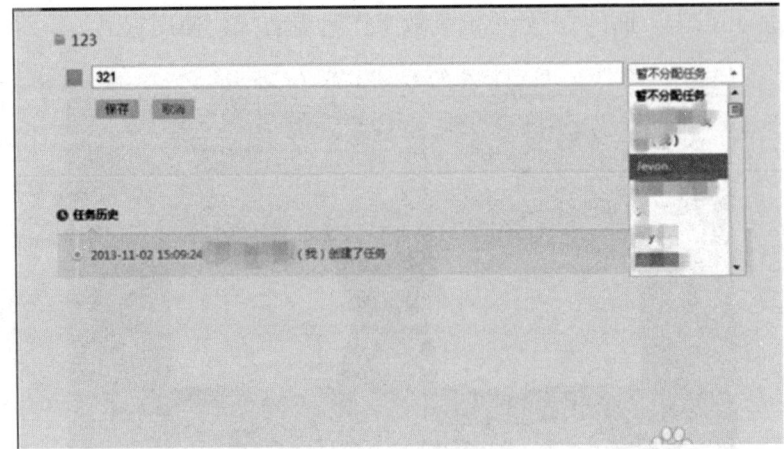

接下来看易工作的第二个功能,文档。我们可以将这个功能当做记事本来使用,每当我们有某些需要大家都看到的内容时,群公告有字数限制,那么我们可以将其写在文档中供大家阅读。每个群成员都有创建文档的权限,文档创建人在保存文档后有再次编辑和删除的权限。

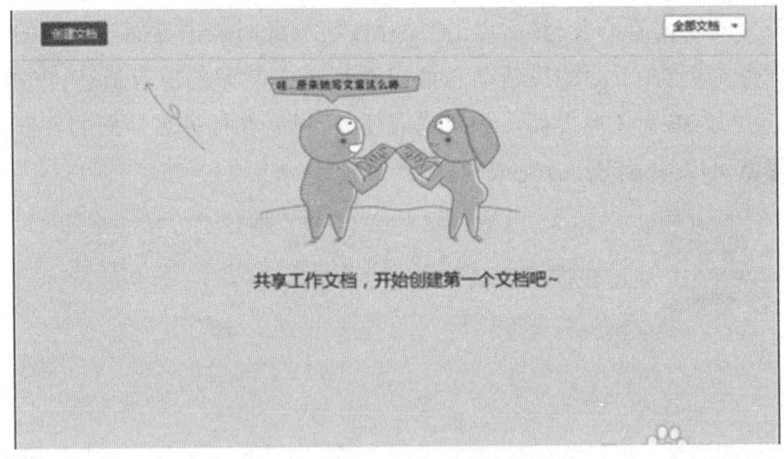

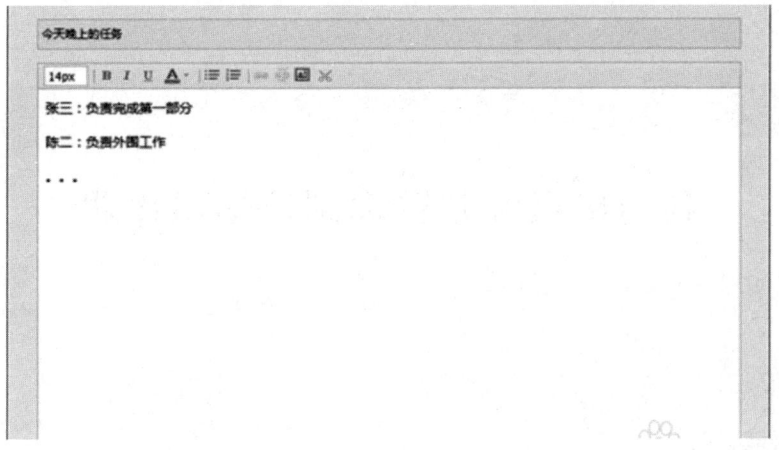

最后一个功能,消息,可以看作是前面两个主要功能的辅助功能。如果没有"任务"和"文档"功能的使用,消息功能也如同鸡肋。因为这里是显示与你相关的动态信息,比如某个任务被其他人分配给你了,或者是在有其他群友在应用中提及你了等等。

作者:保定市第二十二中学　曹朝辉

利用班级维基管理国培学员作业

[情境导入]

（一年一度的远程培训又拉开了帷幕，董老师今年担任"国培计划"（2015）河北省信息技术应用能力提升培训的坊主工作，管理邯郸市初中语文7坊，共有学员100名。董老师是老管理员了，但今年似乎也遇到了难题，这不，她在办公室遇到了负责英特尔未来教育培训的陈艳玲老师，正和她诉苦呢……）

陈老师：你在干嘛呢，为什么愁眉苦脸，唉声叹气？

董老师：唉，我在判国培学员的作业，真让人头疼。

陈老师：去年你也是坊主，做得不错嘛，这有什么难的？

董老师：去年的作业主要是教学设计，老师们并不怎么觉得难。可今年要求写研修计划，这就遇到麻烦了。原先我并不清楚个人研修主题应该和坊里研修活动主题一致，我还没想好坊里的研修主题呢，学员们的计划就已经提交上来了，主题可谓五花八门，而我基本上也都批阅了。接到继教网的通知后，我先确立主题，发布活动，然后把学员的研修计划判为不合格，又在评论中指出了不合格的原因并提出了修改建议，还在班级简报中发布了优秀作业范例，并通过平台公告、小纸条、QQ群、微信群等多种渠道作了说明，但是学员还是不能够完全领悟，重新提交上来的作业仍不尽人意，存在诸多问题。有的作业文句尚不通顺，有的作业答非所问、张冠李戴，甚至有的作业反复打回去三四次，还是原样提交上来，还有学员重新修改后又不会提交了等等。我真是犯难了！耗费了我这么多宝贵的时间，收效却甚微！这可怎么办呢？

陈老师：你不早说，来，我给你支一招！让你看看我是怎么利用技术支持在线协作改变学习方式、管理学员作业的。

（说着，陈老师打开自己的电脑，进入了自己的维基网站……）

董老师：哇！这是你做的网站？真是漂亮啊！

陈老师:这是百会维基网站,它和一般网站有很大不同,它支持在线协作。

陈老师:你看,这是我负责的英特尔未来教育培训项目,我们进到 2014 年第一期培训班去看看。你会看到全班学员的名字。我把他们分成了五个组,每组设有组长。单击任何一个学员的姓名,都可以进入到学员个人页面中去。个人页面是学员的单元计划,学员所有的作业,都在这张单元计划里边。学员可以单击页面左上方的"编辑",即可在线输入内容,像框架问题、教学过程等内容可以直接用 WORD 编辑,如果是相关的支持材料或作品范例,如网站、微视频、PPT 文档等可以通过创建链接显示在单元计划里。另外,教师很容易评审作业,同学之间也便于交流。

董老师:这么说,教师可以在线直接修改作业了?

陈老师:对呀,你可以随意圈点批画,发评论。

董老师:太好了!我可以利用这个平台管理学员的所有作业,这样坊主和学员之间,学员和学员之间可以就很好地互动,相互借鉴学习。学员哪项作业过关了,就可以提交至国培平台,我再也不用为批改作业发愁啦!

陈老师:不仅如此,维基还可以帮你管理自己的资源,你的博客、邮箱、云盘等个人资料可以在这里建立链接,你给学员提供的资料也可以放在这里,学员可以很方便地访问。

董老师:好,我要立即行动!

[技术讲解]

第一步　注册"百会维基"

1. 登录 http://www.baihui.com—点右上角的"免费注册"—进入注册的界面。

输入相关信息后,点"立即注册",注意注册邮箱一定要是能使用的。

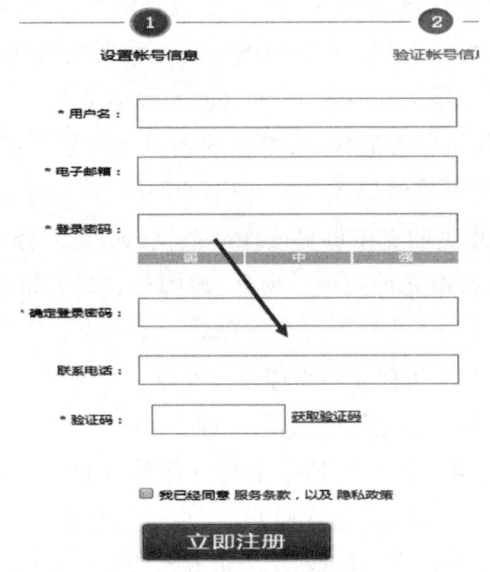

2. 登录注册邮箱验证

当注册成功后,百会要给你的邮箱发一个验证链接。进入注册的邮箱,打开链接就是激活,如果链接不能打开,把验证链接地址粘贴到地址栏,也可以激活。激活后,维基才能正常使用。

第二步 登录"百会",创建百会维基

1. 进入 www.baihui.com 点用户登录,  ,输入注册时的邮箱和密码,点登录就可以了。

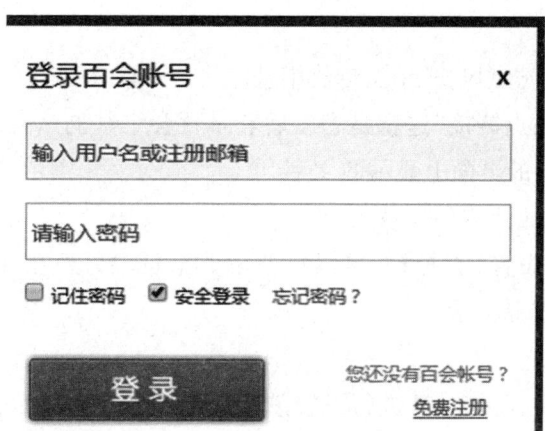

2. 登录后点"选择应用",选择"维基"。

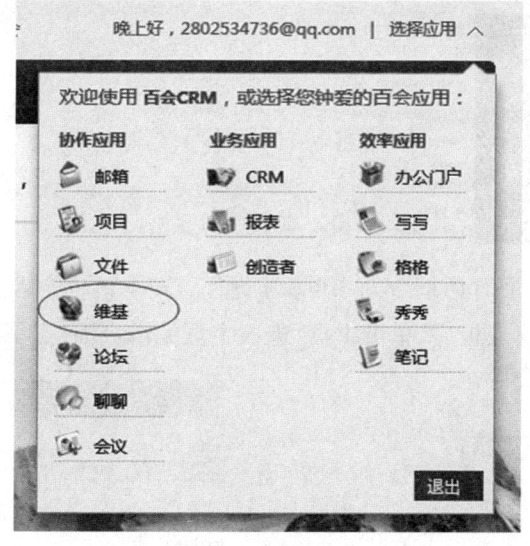

3. 点击"新建维基",开始建立维基

完成此步后,可以根据维基的要求,对您的站点进行标题、权限、风格等方面的设置。

4. 确定标题、站点风格,单击创建维基。

注意:"您的站点链接"这就是您以后登录百会维基的站点网址;站点标题就是在你的百会维基的页面上显示的文字。

5. 设置完成后,进入维基仪表板

把"将仪表板设置"去掉钩,可以重新设置主页。另外在此面板中可以单击"设置"对整个维基站点设置。

6. 对维基设置

当维基建成后,还想对其进行设置怎么操作呢? 当登录百会,进入维基后点击右边的第二个按钮"设置",会出现如下对话框:

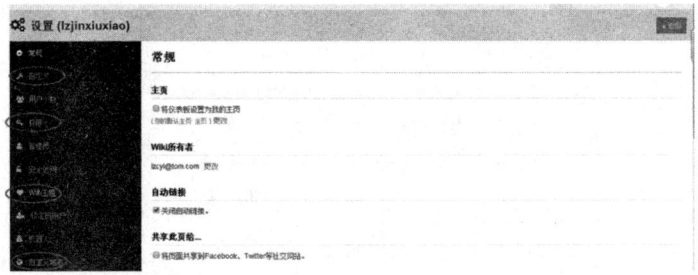

我们可以在这个对话框中对"维基主题"、"安全访问"等进行设置。都设置好后点返回,回到仪表板后,单击主页,进入主页编辑页面,点编辑可以编辑本页。

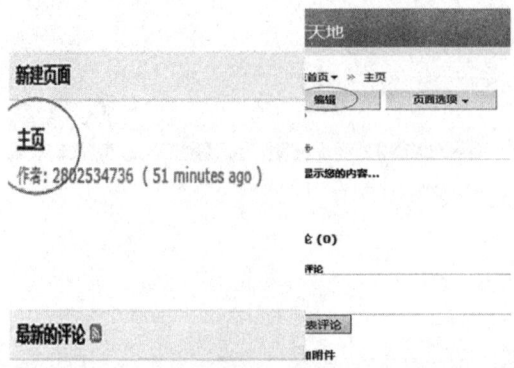

第三步　维基页面的编辑

下面我们以一个维基页面为例来学习页面的编辑。

1. 点"编辑"可以对本维基页面编辑

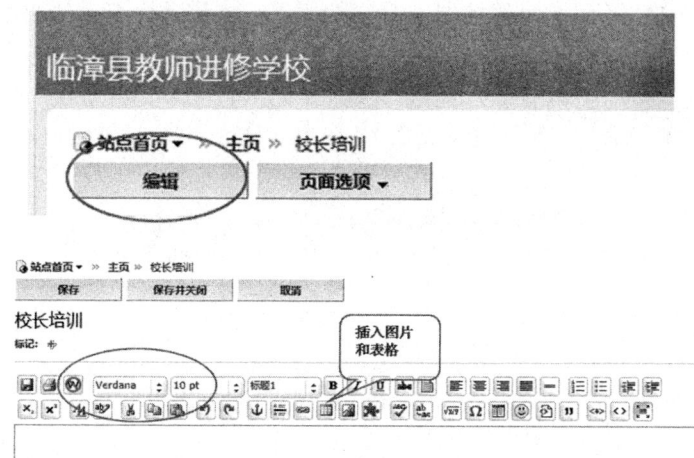

点"编辑"后,出现下面的窗口:

这时光标在空白处闪烁,我们可以输入文字,同时还可以改变文字的颜色、字体、字号等。还可以插入图片和表格。点"保存"可以保存当前的操作,点"保存并关闭"可以退出编辑并保存当前操作,点"取消"可以不保存当前操作并退出编辑。

(1)插入图片

点"插入图片"按钮,出现下面对话框:

选择"上传"选项卡,点"浏览"找到要上传的文件,点"预览"可以在右侧看到要上传的图片,点"插入"就可以把图片插入到当前页面。

（2）插入表格

点插入表格,鼠标拖运就可以选择几行几列,松开鼠标一个表格就可以插入到当前的维基页面。在表格上右击可以对表格的属性进行设置。如:插入/删除行和列,表格的边线粗细等。

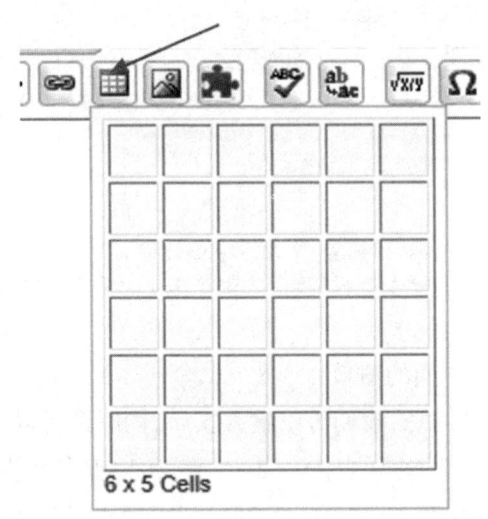

（3）建立超链接

选中要链接的文字或图片,单击工具栏上的"超链接"按钮。

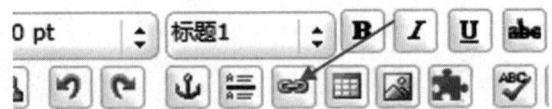

出现了如下对话框:

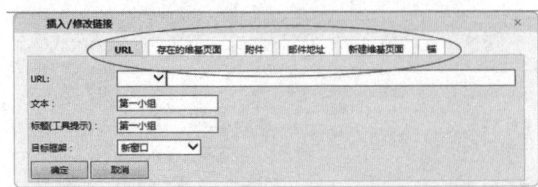

可以链接到 URL、存的维基页面、附件、邮件地址、新建的维基页面。当选择"新建维基页面"时可以链接到一个新页面,这也是添加维基页面的一个方法。

链接确定后,点击"保存并关闭"按钮,回到查看模式,检验链接是否设置成功.

(4)设置主页权限

当页面不处于编辑时,有一个 ,点页面选项出现下面对话框:

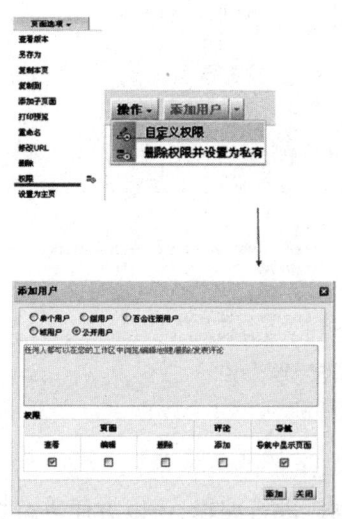

(5)将主页设置为站点首页

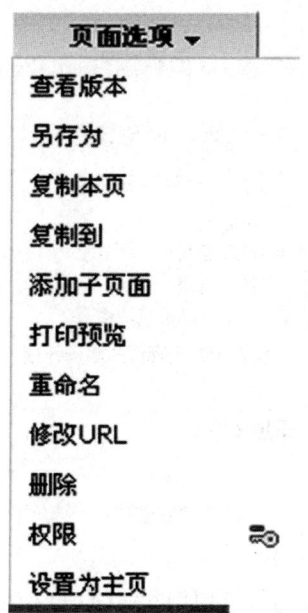

点击"页面选项——设置为主页",就完成了整站主页的设置过程。这就保证

了用户的可读性和易操作性。

(6)新建子页面

在右侧导航界面中,选择"站点地图",点击"主页"选项,然后点击下面的"添加子页":

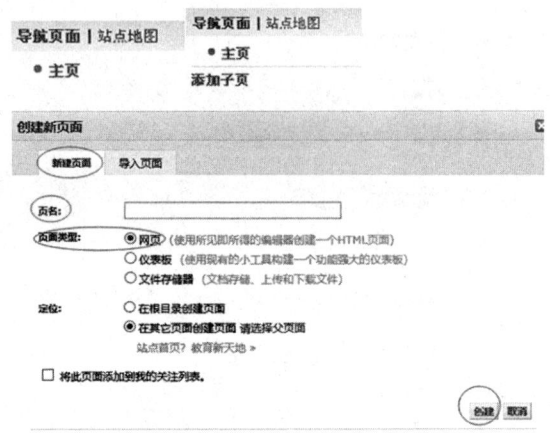

(7)编辑侧栏

单击"编辑侧栏",对侧栏进行编辑,可以方便进行页面之间的跳转。

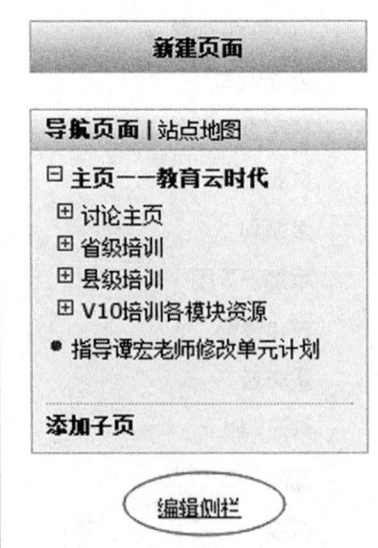

当建好百会维基后,可以通过微信群和QQ群把百会维基的网址分享给学生。

以上步骤操作完成后,创建者对页面的基本编辑和设置工作都基本了解。接下来,你可以根据教学实际需求,创建相关的界面,更好地服务于教学管理工作。例如:你可以在网页中直接批改学生的作业;改变学生提交作业的方式;学生可以建立属于自己的学习档案袋;建立更好的优秀作品的展示交流平台……希望百会维基能为你提供一个广阔的教学空间。

注意事项:

1. 用360浏览器编辑,如果360浏览器不行可以尝试别的浏览器,如:QQ浏览器等。不管是哪种浏览器须设置浏览器模式为"兼容",步骤如下:

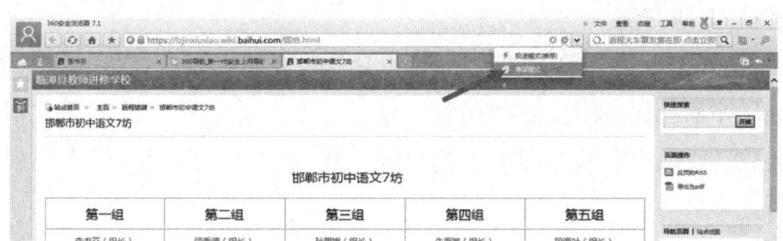

进入班级主页后,点击地址栏右侧闪电或e图标,可以在极速和兼容模式间切换,但是只有在兼容模式下才能编辑。

2. 进入自己的页面后点击"编辑",就可以填写内容,点击"保存"可以保存目前的修改,点击"保存并关闭"可以退出编辑页面。

补充:实例查看

● https://chenyanling.wiki.baihui.com/

● https://dingyuhai.prewiki.baihui.com/

● https://xdjyjs.wiki.baihui.com/

● https://lzjinxiuxiao.wiki.baihui.com/国培.html

[应用反思]

百会维基用到课堂教学中的好处:

1. 可以建立一个属于自己的、学校的、班级的、小组的网站。可以开设各种栏目并超级链接到各个子网页,网页中的各项元素如文字、图片、音视频的插入等操作与WORD类似,使用起来相当方便。百会维基具有评价的功能,每个网页都可以设置能否发表论评,可以利用这个平台交流,相互学习。

2. 可以对自己的知识进行管理。我们每个人可能有邮箱、网盘、QQ、喜欢的网站、学习资料、上课课件等资源,怎样对这些信息进行管理呢? 我们就可以利用百会维基,把自己的这些资源集成到一个页面上,方便管理、学习和交流。

除了百会维基平台之外,微信平台、QQ群、博客、网盘(360云盘、百度云盘)的分享等都可以实现作业共享。

百会维基具体的教学应用方式:

建立班级维基,把学生分成小组,每个学生有一个维基页面,这样便于小组内和小组间学生的交流。也可以在班级维基上分学科建立页面,这样不同学科的老师可以把学生需要完成的任务发布到班级维基平台上,学生把自己的学习成果在维基上展示,方便交流。

例如:在语文教学中的作文教学,可以让学生把自己的作文发表在维基上,让学生进行自评和互评。语文老师还可以在平台上推荐一些优秀阅读文章让学生阅读鉴赏;在班级管理中,老师可以把班级文化、班级优秀小组、好人好事等在平台上发布。

作者:邯郸市临漳县教师进修学校　董运玲　陈艳玲

PPT 动画和声音在教学中的应用

[情景导入]

张老师在讲七年级英语下册 unit5 Why do you like pandas? 中，觉得这单元的知识和学生们的日常生活比较接近，如果能让学生从视觉和听觉两方面去体会，那带来的将是身临其境的感觉，将会带来绝好的教学效果。但是单凭黑板和粉笔难以将这种效果表达出来，于是教微机的刘老师建议张老师使用多媒体课件 PPT，可以让那学生欣赏到图片、声音和视频。

张老师是计算机使用的初学者，对 PPT 不是很了解，PPT 到底是什么？有哪些功能？又该如何使用呢？

PPT 是 powerpoint 软件生成的幻灯片文件．是微软办公软件 Office 的系列之一，它的主要用途是制作成幻灯片供演讲或课堂使用。他的优势有：

1. 制作容易、资源共享 PPT 文件的制作很简单，将需要的文字与图片粘贴上去即可，其他一切都有计算机来自动完成。

2. 形式多样、变化灵活 PPT 文件不管是文字还是图片，其大小、位置、色彩、动态、音效都可以选择，还配备了图表功能，便于数据分析及直观的表达；

3. 信息量大、修改自如。PPT 文件可以随时修改、补充、完善，教师备课内容版本也可随时升级。PPT 文件利用它的信息传播快、内容含量多的优势，能适应现代教学所需。

下面我们就简单介绍一下他的制作方法：

一、如何建立一个新的 PPT 文件

1. 找到 office2003，选中 powerpoint 的图标，单击就可以新建一个文档

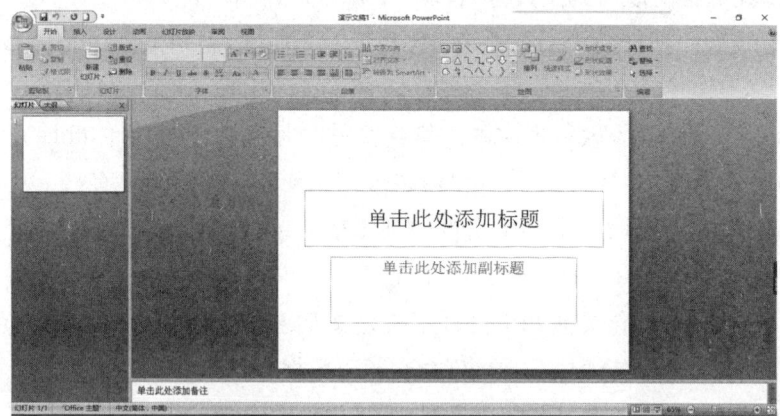

2. 也可以打开一个 PPT 文档，点击新建

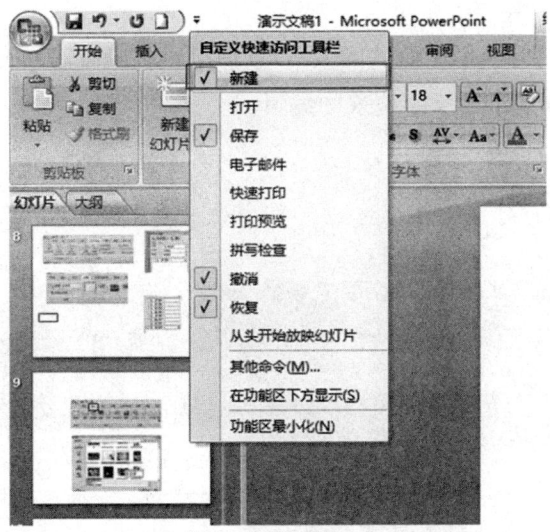

3. 为了编辑的同步性，我们要及时进行保存

二、如何编辑文字

1. 第一个幻灯片有两个默认的文本框,可以直接单机输入所需内容。可以通过已下这些命令来完成对文字格式的编辑。

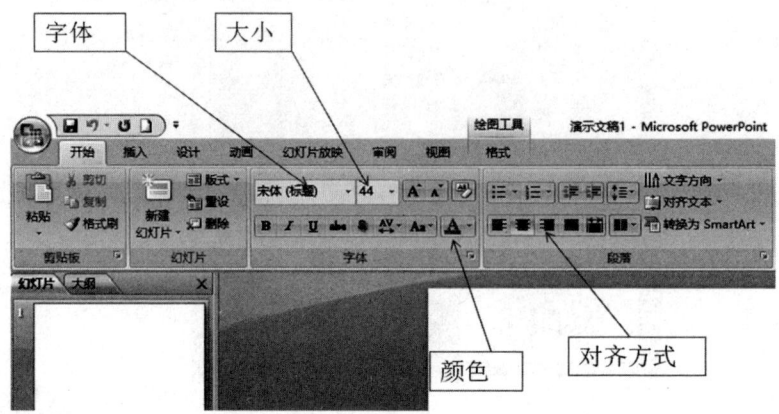

2. 如果我们想插入更多的文字,可以点击插入→文本框(可根据需要选择横排文本和竖排文本)。

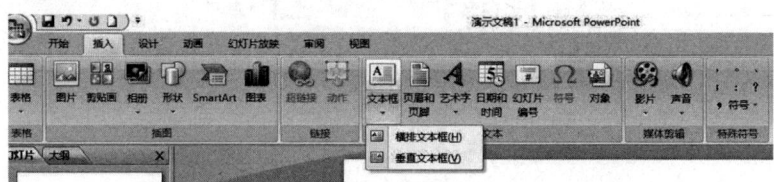

3. 如果我们想删除文字,可选中文本框→Delete 删除即可。

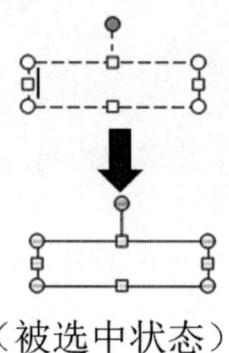

(被选中状态)

三、如何新建一个幻灯片

当我们第一张幻灯片编辑结束时,我们可以在左侧单击右键,新建一个空白幻灯片;或者单击新建幻灯片按钮。

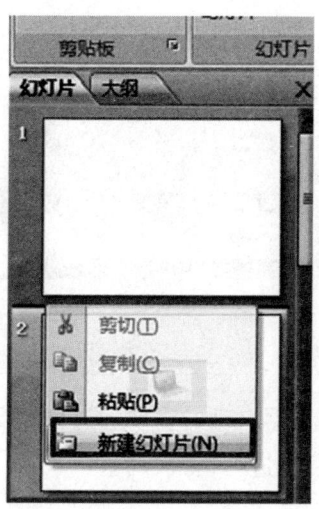

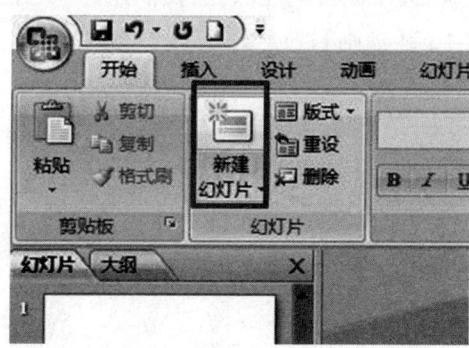

四、关于图片的编辑

单独的文字缺乏趣味性,所以我们要加入一些图片,是抽象思维具体化。

1. 我们可以使用插入命令→图片→来自文件的图片(根据路径选择自己要插入的图片)

2. 插入图片之后,可以根据自己的需要通过拖拽调整图片的大小。选中图片(会出现八个控点)→通过控点进行拖拽,调整。

五、PPT 的动画效果:为了图片的趣味性,我们还可以给图片添加动画效果

1. 选择【功能区】中的【动画】选项卡。

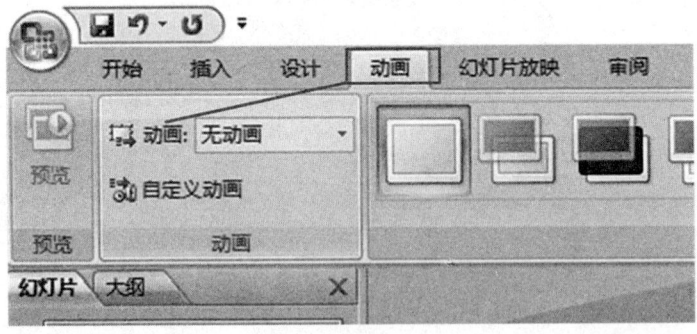

2. 点击切换效果处的下拉箭头,指针指到之处可以预览效果,根据自己的需要选择一个喜欢的方式即可。

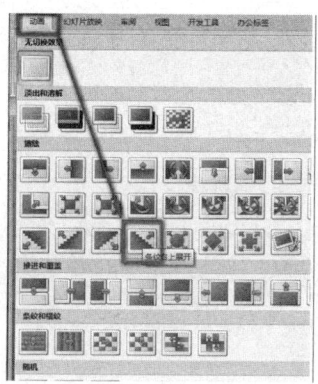

3. 在功能区右侧,还可以选择

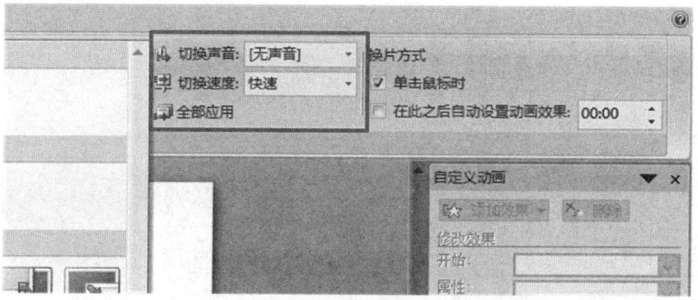

4. 下面我们来对上面的图片设置动画效果,用鼠标选中该图片。

5. 这时,功能区【动画】处的下拉菜单被激活。我们选择下面的【自定义】动画。

6. 然后,在操作界面右方会出现一个设置界面,可以选择切换的方向、速度等。

7. 点击上方的【添加效果】还可以设置更多的效果,比如说进入、退出动画等。

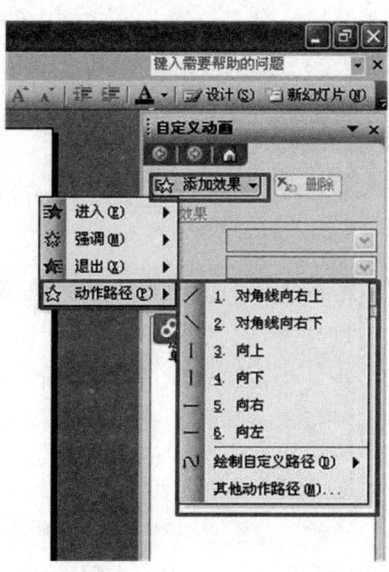

六、如何插入声音文件

为了使动物的形象更生动,张老师还添加了动物的声音文件,更加刺激了学生的学习热情。具体操作步骤如下:

选择插入命令→声音→文件中的声音

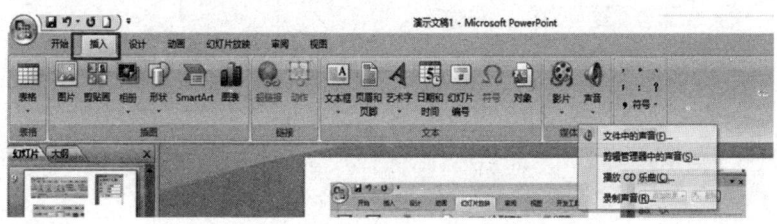

七、为了培养学生爱护动物的感情,在课件中加入了一段人类破坏这自然环境,猎杀动物的视频

具体操作步骤如下:选择插入命令→影片→文件中的影片

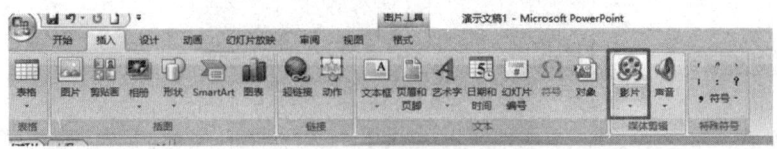

八、所有的效果都必须是在播放的情况下才能实现,在工具菜单里面可以看到

幻灯片放映(从当前幻灯片开始,从头开始)因为我们是要看当前的效果,所以选择当前幻灯片开始。(这就告诉大家在以后做动画效果时如果想马上看到效果就选择从当前幻灯片开始,避免浪费时间)

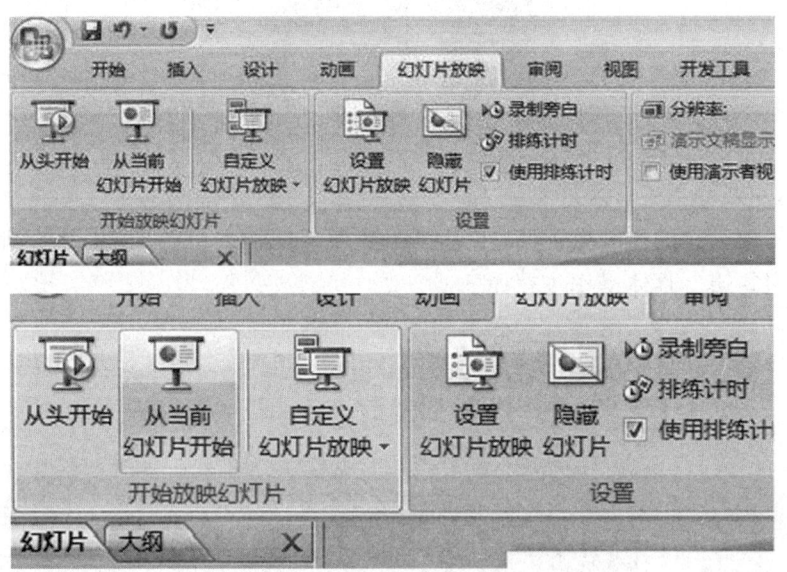

[应用反思]

张老师在运用多媒体教学后,发现教学负担减少,课堂的信息量增大了。课上减少了板书的输入,给孩子们留出了更多的宝贵时间,可以增加阅读量和反思的时间。通过动物的声音来判断动物的名称、图片和动物名称的先后出现又给学生留出了思考的空间,此设计大大的提高了学生的学习热情。正在学生们沉浸在对动物的喜爱之情时,张老师又放了一段关于人们在动物园

不良行为导致动物生病以及人们为了暴利而大肆屠杀野生动物的视频，使学生们心灵受到了很大的震撼，从而达到了引导学生们热爱动物、保护动物的道德目标。

作者：迁安市杨各庄镇青山院中学　陈　钰
指导老师：张家口市怀来县教师进修学校　王裕晓

PPT 课件在初中英语教学中的应用

[**情境导入**]

县级骨干教师来我校送课,我校英语教研组长向骨干教师及电教站的领导咨询了 PPT 课件在教学中应用的相关问题。

崔老师:王老师,我校是一所农村中学,学生接触英语的时间较短,他们的英语思维习惯还没养成,再加之,初中英语语法。教学比较枯燥,英语时态更是英语教学中学生感到最困难的内容之一,学生在面对英语时态学习时感到不易理解、感到茫然,从而出现学生们在做与时态有关的题目时容易出错的现象。这种现象您是怎么解决的呢?

王老师:为了更好提高教学的实效,我们要运用相关多媒体技术,帮助学生更好地学习和运用语言。现在是信息化时代,多媒体技术给英语教学带来教学内容呈现方式、学习方式、教师的教学方式的改革。在信息技术与英语课程整合的过程中,教师要首先认真备课,确定每个单元、每一节课的主要内容,依据对教材的分析,确定教学目标、教学重点和难点,并做好教学课件与多媒体使用的设计。

崔老师:哦,我们学校有些老师在课堂中使用演示文稿不够熟练,平时我们使用简单的多媒体课件,如插入文本,图片。我们欠缺的就是制作插入音频、动画这方面的知识和技术。

王老师:那好,我们一起看一个范例,看看四中赵老师是如何利用 PPT 课件处理人教版七年级下册第六单元内容的。

活动 1　利用超链接插入 flash 动画

Leading in——巧妙导入

（与学生欣赏一首著名儿歌：Are you sleeping？通过 flash 引出了本课学习的重点：现在进行时。）

在素材库中找到提前下载好的儿歌动画，将其添加到课件中，然后把它们再合并保存，具体操作如下：

1. 运行 powerpoint 程序，打开要插入动画的幻灯片。
2. 在其中插入任意一个对象，比如一段文字、一个图片等，用于编辑超链接。

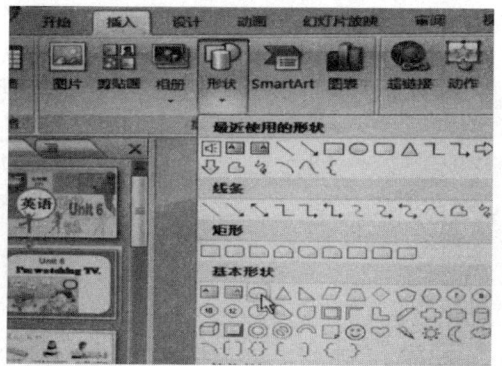

本例中插入一个椭圆形。

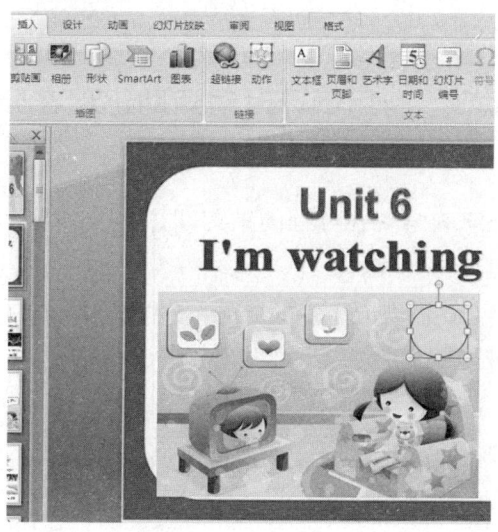

3. 选择这个对象,点击"插入"菜单,在打开的下拉菜单中单击"超级链接"。

4. 在弹出的窗口中,"链接到——"中选择"原有文件或 web 页",点击[文件]按钮,选择到想插入的动画,点击[确定]完成。播放动画时只要单击设置的超链接对象即可。

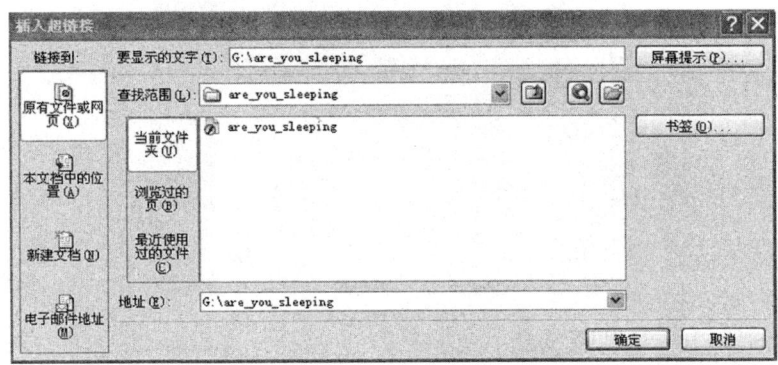

活动 2　利用倒计时动画助记现在分词

运用传统的方法来教学现在分词的结构,时间一久,学生容易忘记。但是动画效果使学生感知迅速,记忆深刻。

男生女生对抗赛:10 秒内记住多少个现在分词?

倒计时动画设计

方法/步骤:

打开 PPT－2007,选择"新建幻灯片",选择合适的版式

<<< PPT课件在初中英语教学中的应用

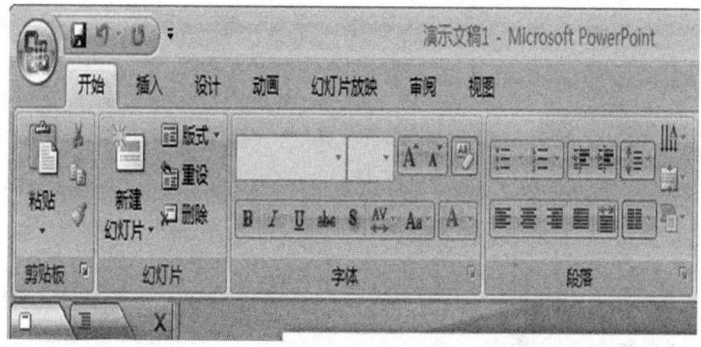

1. 依次选择:"插入"——"图片"——选择背景图片。

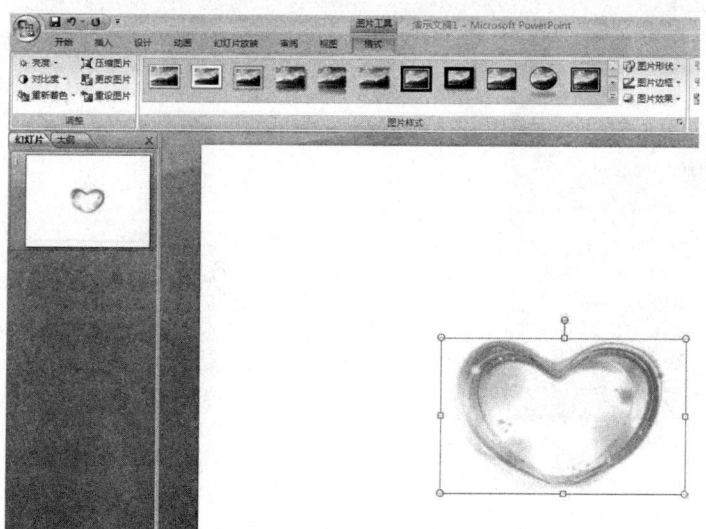

2. 选择好背景图片后,选择"文本框"添加数字 10,调整字体大小、颜色等参数。

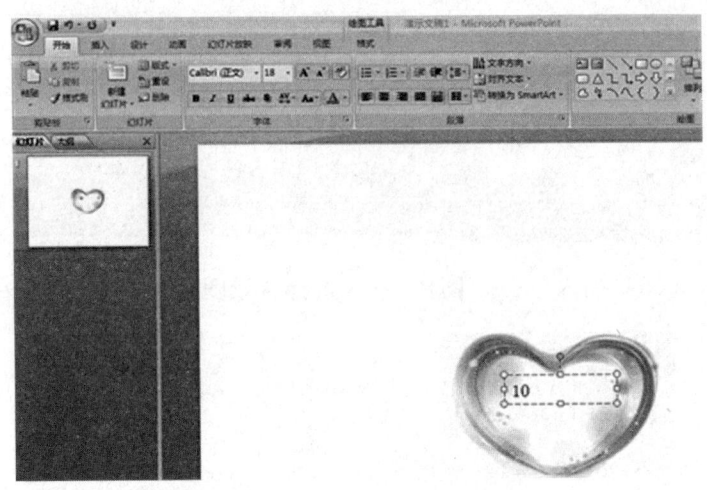

3. 选定文本框,依次选择"动画"——"自定义动画"。

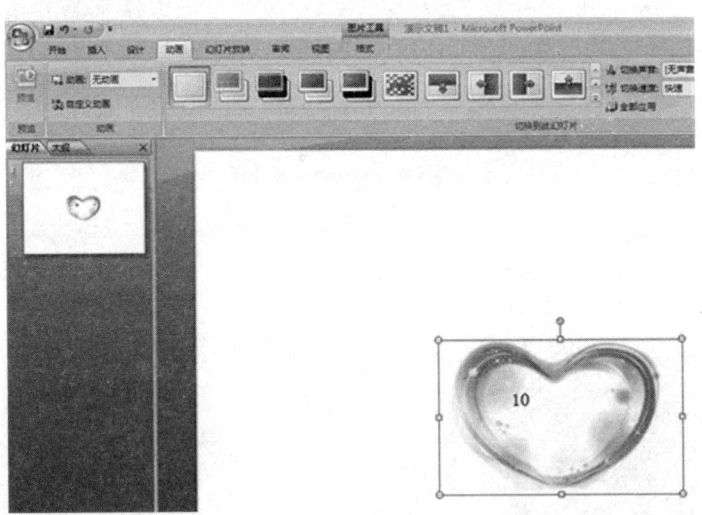

4. 点击右侧的"添加效果"。

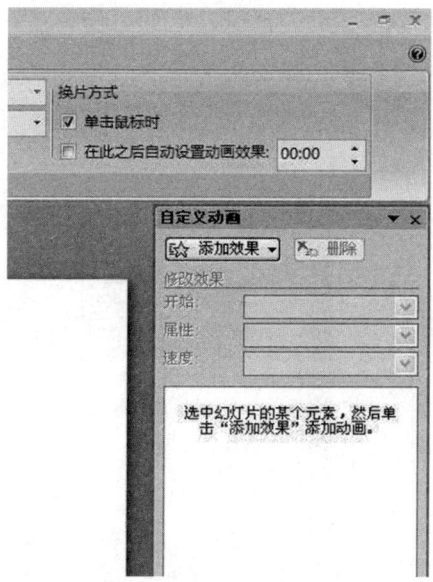

5. 依次选择"进入"——"轮子"。

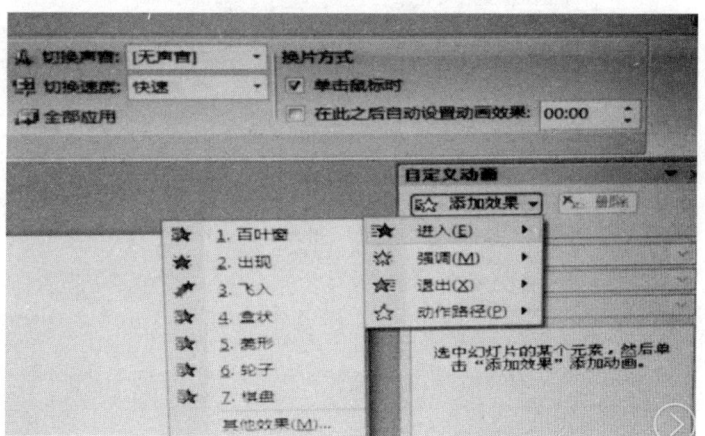

6. 轮子效果图如下：

7. 继续添加效果，选择"退出"——"消失"，开始选择"之后"，如图：

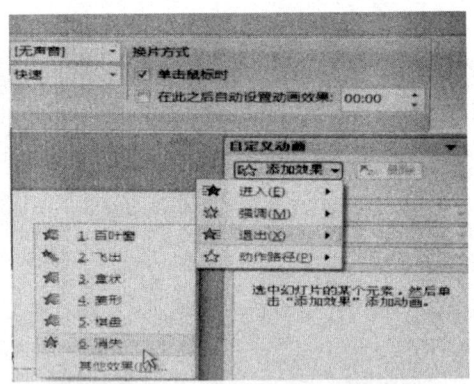

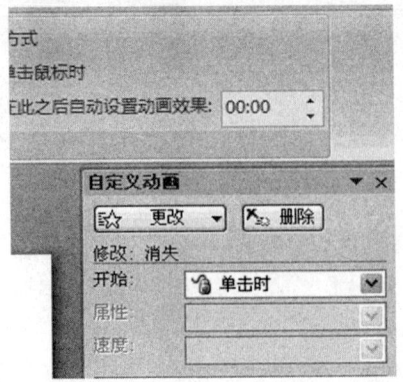

8. 选择数字 10,适当的放大并复制 9 次,然后把数字改成 9、8、7、6、5、4、3、2 和 1,重叠排列。如图:

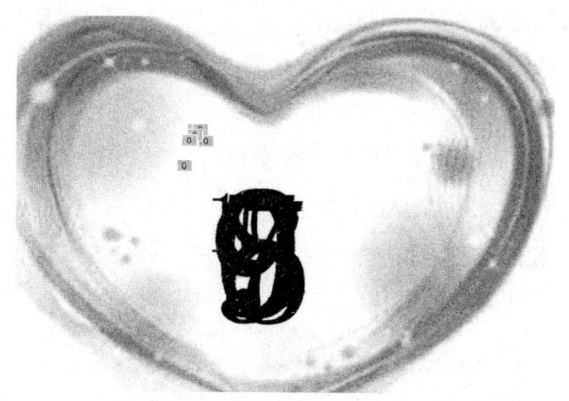

9. 将数字 9 到 1 的参数设置的和 10 一致,"开始"项全部选择"之后",如图:

10. 全部设置好后,可以播放预览,直看效果。

[应用拓展]

　　现代教学中 PPT 已成为必不可少的一种辅助教学工具,它集视、听于一体,在学生的学习过程中发挥着强烈的多媒体刺激作用。在英语学习中,视听功能对在非英语国家环境中习得第二语言更起了重要作用。

我校英语教研组长崔老师为了激发老师们学习制作PPT课件的兴趣，号召其他英语教不断学习多媒体技术，和她一起建立七、八年级上学期内容的课程资源库，要求各组将设计好的资源随时上传到学校网站上，并能给校内其他老师提供浏览，交流。在这个过程中，我们充分发挥每个人的能动性和创造性，共同参与到资源库的建设中来，使教学资源不断得到充实和完善，并结合教学实际来优化自己的教学。在设计和实施教学时，根据教学目标、内容和学生的实际情况，采用正确的教学策略，既充分发挥传统教学媒体的优势，又积极运用现代多媒体技术，使二者有机结合，各取所长，相得益彰，实现课堂教学效益的最大化，让我们农村学生也享受到优质教育资源。

英语教学不是一味地灌输语法词汇，更多的是一种不同于中文的思维方式。当学生学会了英语的思维方式，学习英语也就更加容易简单。在制作PPT课件过程中，素材要紧扣教学重难点，提高学生的参与度。应该注意到，教师若一直使用PowerPoint提供的单一模板，会导致画面风格雷同，造成学生审美疲劳，缺乏观赏兴趣，以后应尽量使所用模板与特定的主题内容相匹配。在实际的教学中，有些教师无论是教材中的图片、表格、问题及答案，还是口头即可回答的判断题都统统输入课件，而且花样繁多，边框上配以各种闪动的小顽偶，这样不仅浪费准备课件的时间，还给学生造成额外的视觉负担，分散学生的听课注意力。在不断充实自己的素材库的同时，还要注意自己私密的东西不要上传，要有安全上网意识。

作者：秦皇岛市昌黎县碣石中学　崔会玲　赵蕾
指导老师：秦皇岛市昌黎县教师进修学校　钱英

利用 QQ 群的作业功能布置作业

[情境导入]

我们语文课有一个板块是"综合性活动"或者是"语言的综合运用",我在教学中是安排两周一次,每一次的活动开展,我都会让学生有一个周的准备时间。我把活动主题提前一周告诉学生,要求学生利用回家的时间和课余时间进行准备,其中有很多情况是需要学生提交一些语音作业或者视频作业。我们学校是寄宿制,一周回一次家,学生们都是在返校后给我面对面,一个一个用优盘往电脑中交作业,这样占用了学生的很多时间,也非常麻烦。一次在教研活动中我提出了这个问题:"有没有一个好的办法,可以比较高效地完成和收集学生的作业。"有老师就建议我,可以利用 QQ 群家校师生群的作业功能来解决这个问题,这样既可以减少交作业的麻烦,又可以实时监督学生及时完成作业,于是我就跟学生建立了这样的师生互动群,利用"作业"来布置和收缴评阅作业,效果很好,学生们也很喜欢,有效地提高了完成作业的效率和效果。

活动 1　qq 作业群的功能

qq 家校·师生群与一般的 qq 群不同,qq 群作业是腾讯最新推出的一项群发功能,主要是为了方便学校教育给学生布置作业相关使用,实现多媒体作业布置方式,即老师可以下发语音、图片、视频、文字等多种形式的作业。家长与学生通过电脑或者手机能够随时随地地收到作业,并在线作答提交。不仅如此,qq 家校·师生群还具有一键提醒功能,对未能按时完成作业的学生集中提醒,还能一键提醒家长查阅。

活动 2　qq 作业群的创建

1. 这个操作有个两个前提:一个你必须是群主或者管理员,有自己的 QQ 群;另一个你的 QQ 软件必须是最新版本。或者登录 http://qun.qq.com/homework/ 进行开通

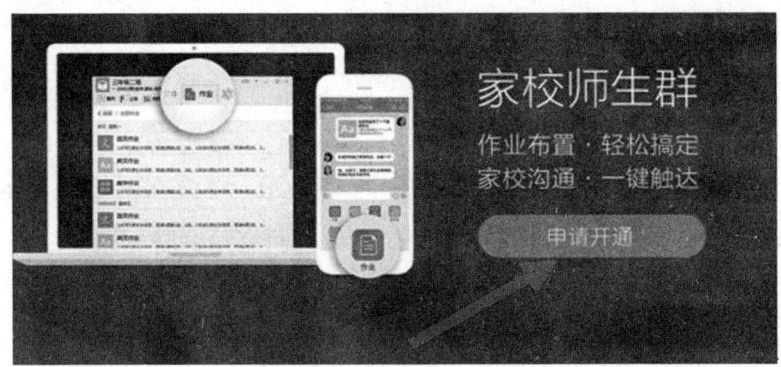

2. 打开群窗口如果看到"作业"的菜单项,那么创建成功。

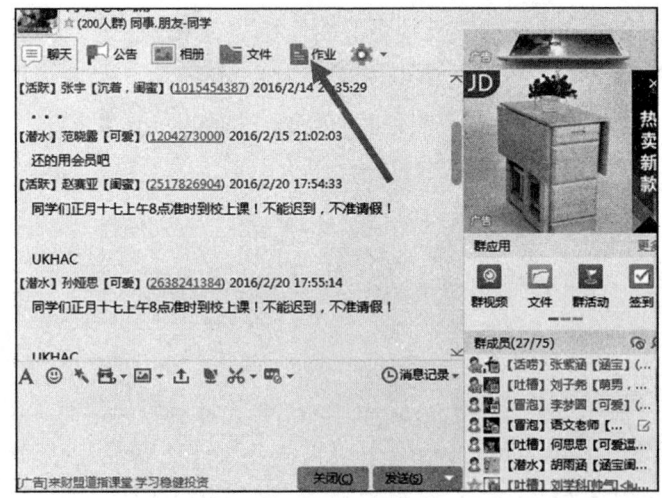

活动3　作业群的使用

1. 点击"作业"项,打开"布置作业"页面。点击"布置作业"开始布置作业。

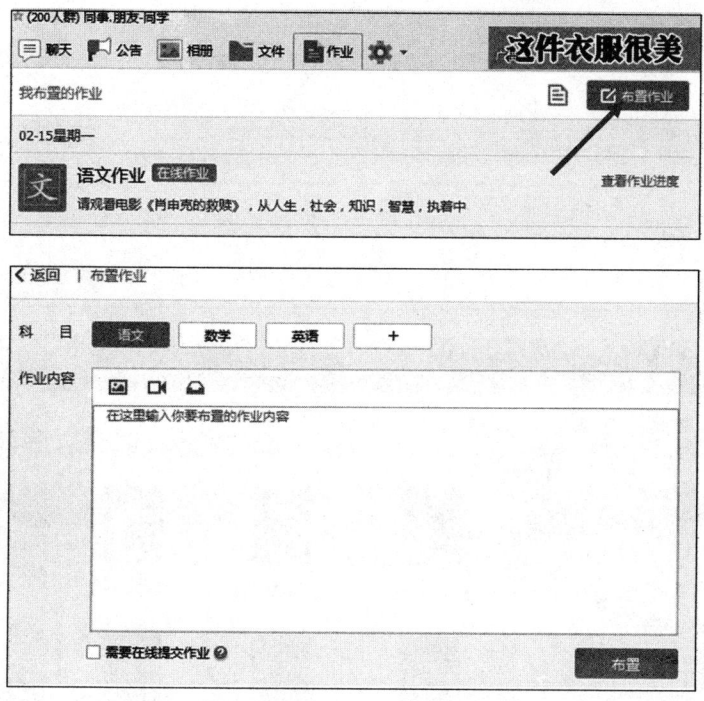

2. 选择学科,可以用不同形式进行布置,如图片、视频、文件等。学生的作业也可以根据情况选择是否在线提交。

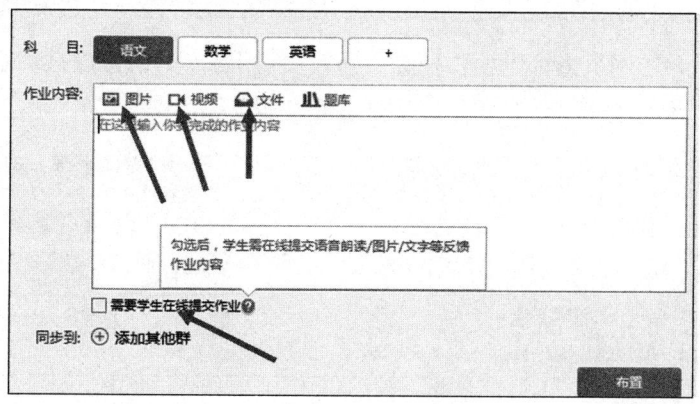

3. 还可以根据需要选择一些题库的作业来布置。

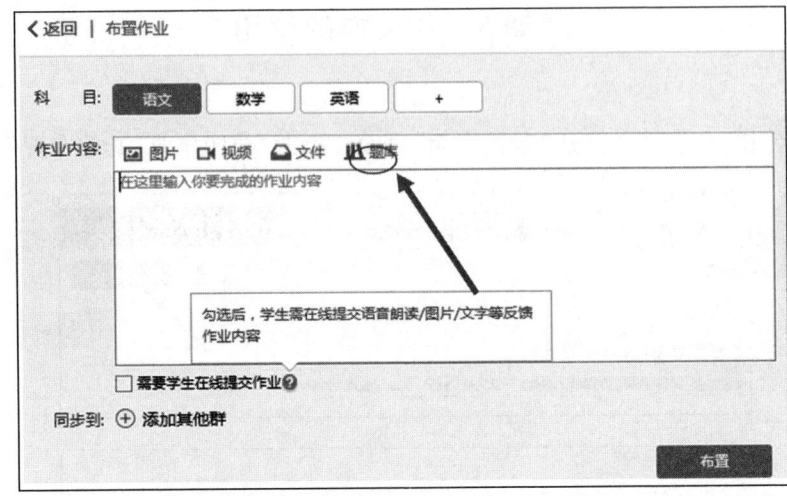

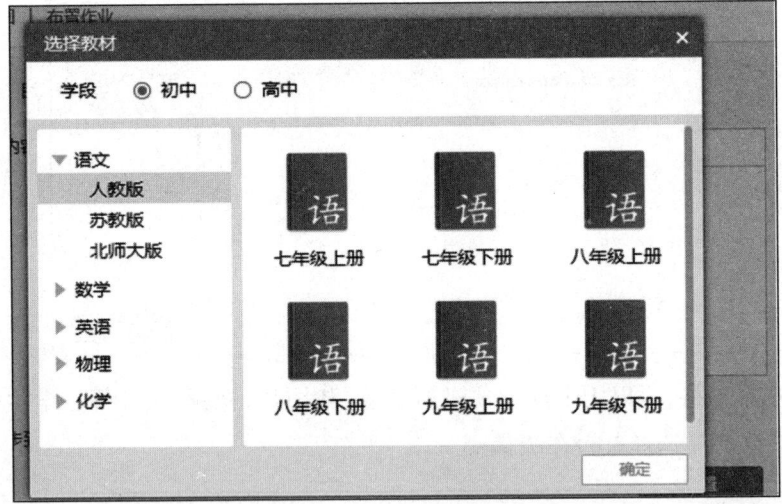

4. 可随时在网上查询学生作业完成进度,使用题库的话可以自动生成作业的完成正确率,结果分析,对于没有完成的还可以加以提醒。

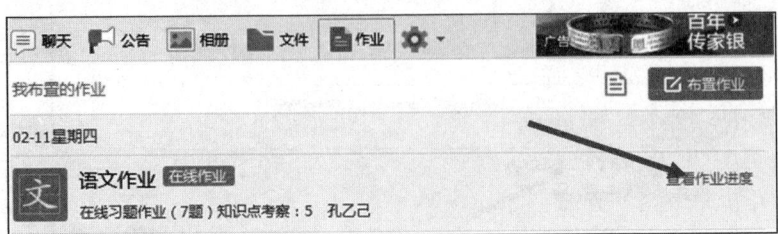

<<< 利用QQ群的作业功能布置作业

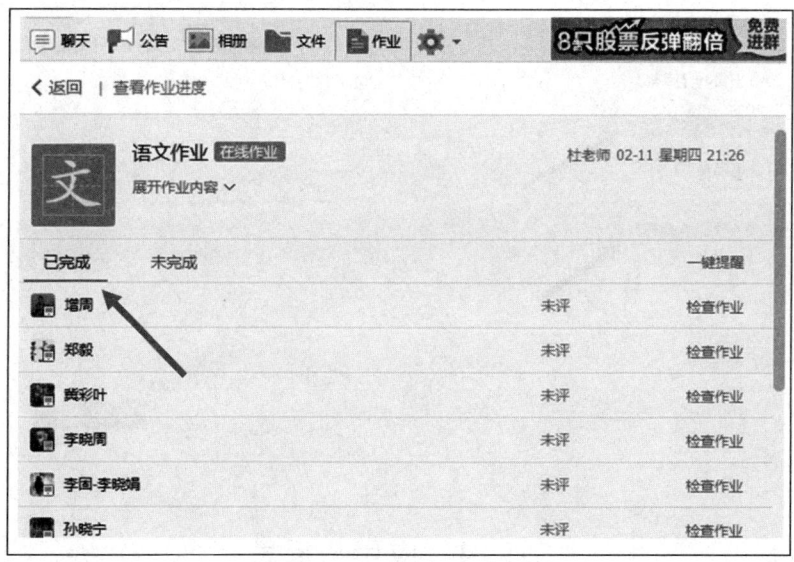

5. 已经完成的可以点击"检查作业"或者"查阅"来看学生的作业详情,并加以评阅。

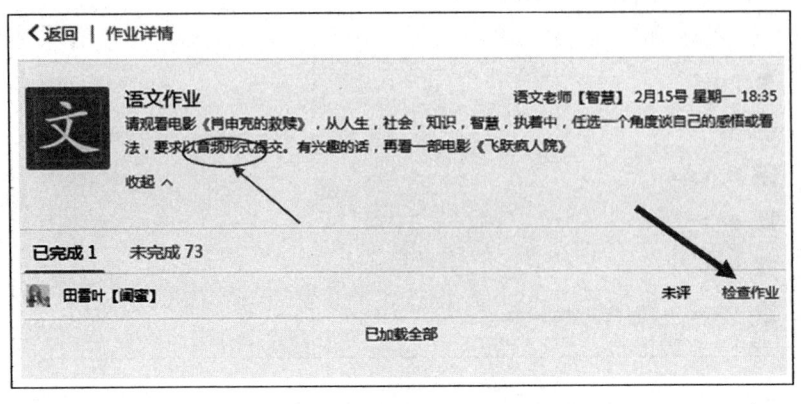

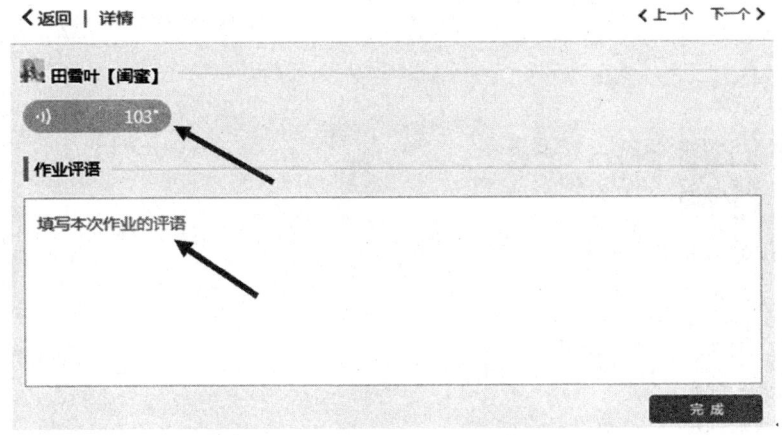

活动4　应用与反思

本学期我们的"语言的实际运用"中,设计了一个关于"亲情"的活动。我想,一直以来我们的孩子都是站在自己的角度,以自己认为的看法来看父母亲人,并且现在父母子女之间的沟通不很好使得代沟问题越来越严重,我们寄宿制学校的情况更是突出,针对这种情况,我想到可以给家长一个平台,让家长把想对孩子说的话说出来。于是在一个周末我给学生布置了这样的一个作业:请父母给自己说一些话主题就是"孩子我想对你说",要求利用qq作业群以音频的形式提交,如果实在有的父母不好意思也可以以word文档的形式提交。作业布置下去以后,学生完成的速度很快，我在周末就把学生的作业进行了整理，到活动课时，直接利用多媒体进行展示和总结交流，效果很好。收集作业和整理作业的时间上比原来减少了一多半儿，并且提交的作业质量也很高，对于提交作业有问题的，我在网上就直接进行了点评指导，帮助家长和学生比较好地完成作业。

自从用作业平台布置和收缴作业，提高了收作业的效率，不仅活动课的资料作业在网上提交，平时一些练习类的作业也在网上发布，都获得很好地效果。同时利用这个作业群，也可以与家长们进行很好的沟通，让他们参与到孩子的学习中来，了解孩子的学习情况，实现家校互联，共同承担起对孩子的教育任务。

使用作业群不足的地方是让学生网上交作业，也就是用交流群的平台，也会产生上网监督的问题，我就针对这个问题跟学生交流过，九年级的学生，能够认识到网络的利弊，我们协议互相监督文明上网，还有就是邀请家长的参与也起到监督的作用。

现在我们学校其他学科也在使用这种平台，大家都说补充了课下对学生督促不够的空白。

作者：邯郸市永年县第六中学　杜英芳
指导老师：邯郸市永年县第四中学　任晓敏

利用问卷星获取教学信息反馈

[情境导入]

小冯老师在开展教师培训,培训中需要对培训教师进行问卷调查,了解培训教师在培训中的培训情况,如培训教师完成任务的情况、培训教师在培训中出现困惑的环节、哪些技术增强了学习效果、培训的满意度等等,进行问卷调查前的任务是制作调查问卷,小冯老师需要使用问卷星来完成调查问卷的制作,并进行问卷的发布。之后,通过反馈信息的分析统计情况,适时调整教学,当前的进一步提升参加培训的教师的培训效果。

如何利用问卷星完成问卷的制作与发布?

利用问卷星获取教学信息反馈技术讲解

第一步 登录平台 http://www.sojump.com

点击注册,进行用户注册;

之后,点击登录,用注册的用户名和密码登录平台;

第二步 创建新问卷

点击创建新问卷;

在问卷名称处输入问卷的名称;

点击确定;

第三步　创建问卷题目及选项

根据问卷题目类型选择题目类型；在此点击多选；

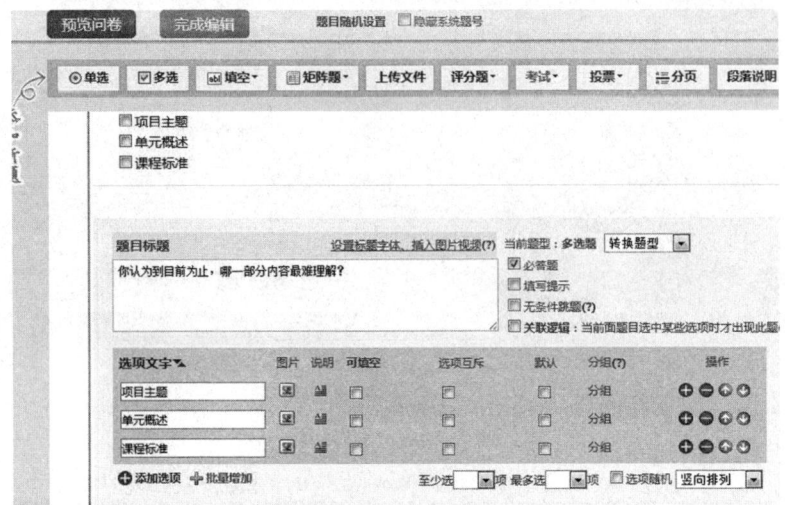

在题目标题下面输入标题；

在选项文字下面输入选项内容；当输入选项栏目不足时，可以点击左下角添加选项，再次添加选项；

当需要一次性添加更多的选项可点击批量添加，出现以下文本框进行添加；

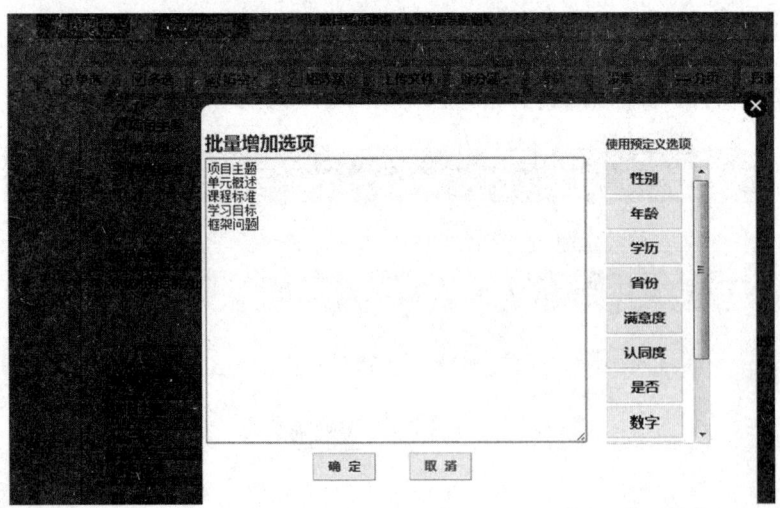

全部添加后点击确定；

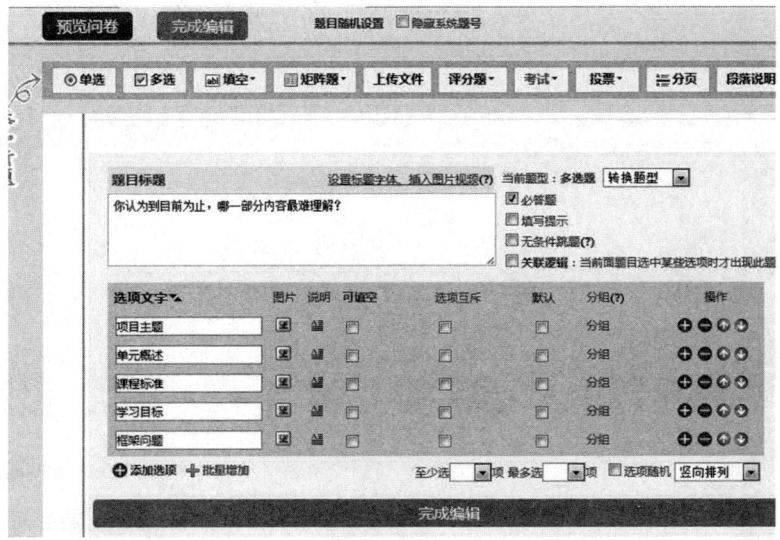

点击完成编辑；

至此将完成一道题目的编辑；

第四步　完成问卷其他题目编辑

点击下方批量添加题目,如下：

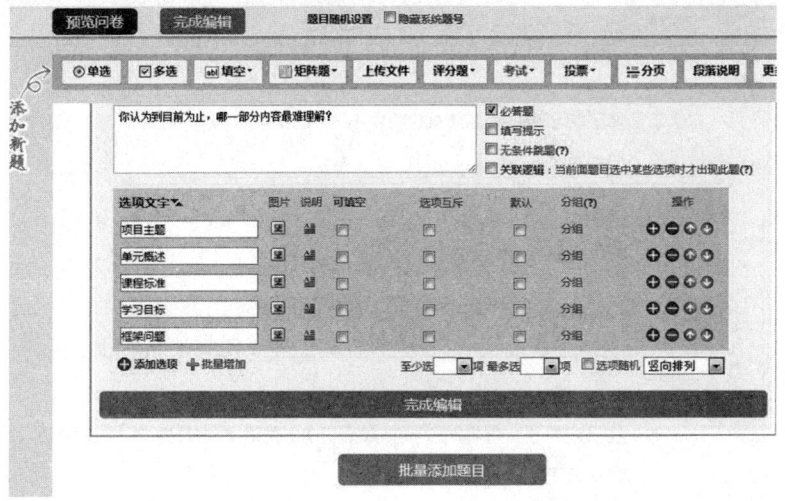

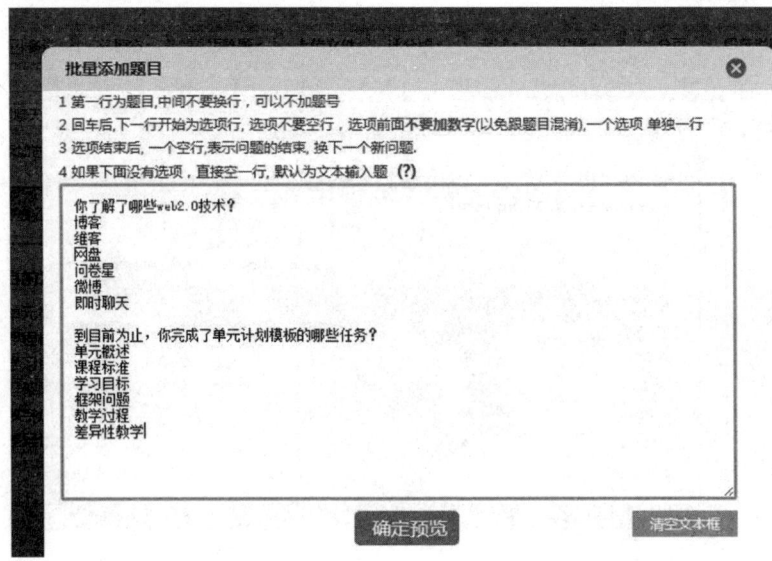

点击确定预览;

弹出预览界面如下:

点击完成编辑;

第五步　发布问卷

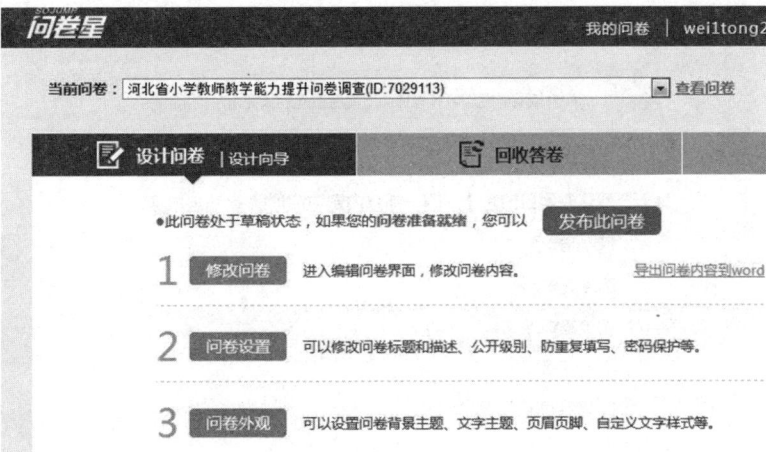

点击上图中的发布此问卷,弹出如下对话框:

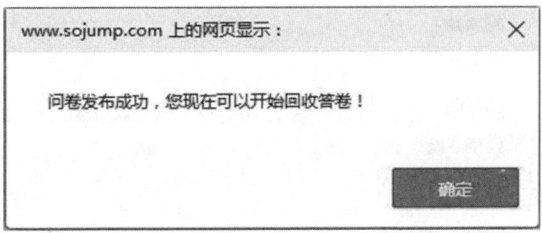

点击确定,弹出如下界面:

通过以上两种方式的任意一种填写问卷。

问卷如下：

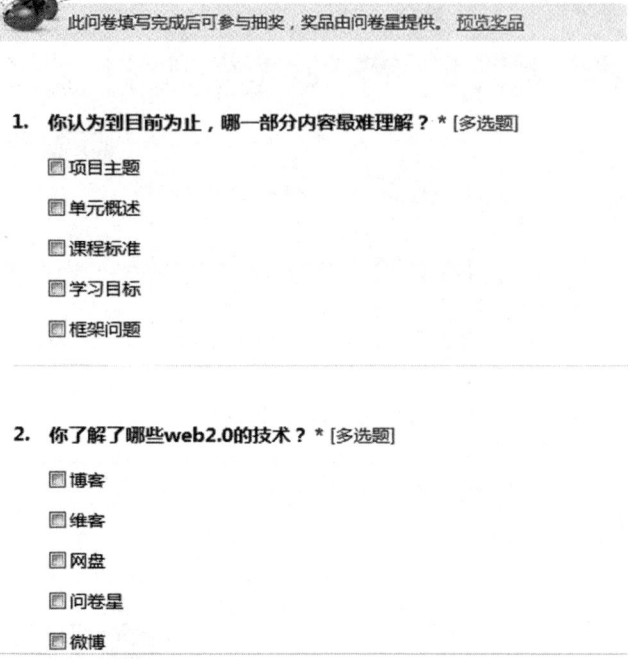

第六步　查看问卷数据统计

点击下图相应问卷右下角的分析下载菜单中的统计分析；

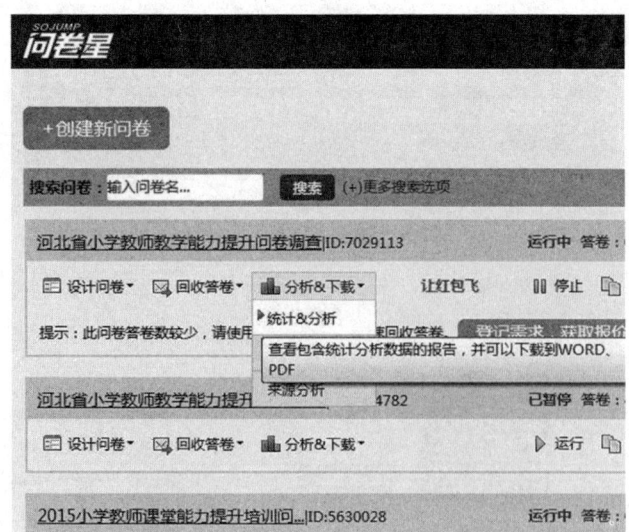

弹出以下数据分析界面；

[应用反思]

日常教学工作中，教师经常需要获取学生的反馈信息，以帮助教师对教学做出及时调整，更好的促进学生的学习。通过问卷星对调查问卷的制作、发布以及数据分析，可以很方便的完成对学生反馈信息的获取与分析。传统的信息反馈不能面向全体学生，有耗时多、工作繁琐等缺点，使用了问卷星，它能在很短的时间内获取我要的信息反馈，如在学员的问卷中，我通过"你认为培训最难理解的环节"的问题调查，有61.54%的培训教师认为框架问题最难理解，通过此信息的反馈，我会及时调整教学策略，通过小组合作同题异构的活动策略，加强培训教师对此部分内容的理解。问卷星是我教学工作的得力助手，为我在教学中获取和分析数据提供了很大方便。但是，让我感到不方便的是，如果教师培训不在多媒体网络环境下，会给我的问卷调查带来很多不便，我也遇到过网络断网、断电等特殊情况，会破坏我的教学计划，实际上，"问卷星"除了在多媒体网络环境下使用，还可以在wifi或移动环境下通过手机来使用。下面做一详细介绍，希望能帮助到大家。

"问卷星"在 WiFi 或移动环境下的手机操作

第一步　用手机登录自己的微信号,进入主界面后会看到右上角有个"＋"号,点击一下。

第二步　点击第一步中的"添加朋友",进入搜索界面,在搜索处输入"问卷星"。

第三步　点击第二步搜索问卷星,出现下图选项,点击搜索结果中的问卷星。点击图 2 关注,出现图 3。

图 1　　　　　　图 2　　　　　　图 3

第四步　点击用户中心,选定"绑定问卷星账号",点击"查看全文",输入账号和密码,点击"绑定账号"。

第五步　点击绑定账号后,看到我的问卷,在下方找到想要发布的问卷,如河北省小学教师教学能力提升,点击后,弹出下拉菜单,点击"分享",点击右上角分享朋友或朋友圈,完成问卷调查。

第六步　查看数据分析：进入通讯录 – 公众号 – 问卷星 – 我的问卷 – 点击问卷 – 点击结果，即可看到统计结果，右图所示。

 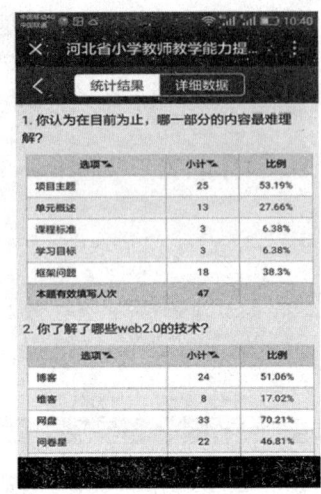

作者：衡水市教师进修学校　冯　炜
指导老师：衡水市教师进修学校　邱雅娟

利用微信与 QQ 在课余时间辅助教学的应用实例

[情境导入]

我是一名在校中层人员,兼任学校一部分课堂教学,平时在校的工作很忙,除了上课时间,很少能面对面地对班里的孩子进行有效的教学指导。如何利用我的业余时间和日常的碎片化时间,做到课后辅导和有效跟进呢?联想到如今人人都有了智能手机,每个孩子和家长都有了自己的微信号和 QQ 号,人们时时处处都可以 WIFI 和数据上网。因此,我建立了班级微信群和班级 QQ 群,在互联网上就可以利用课下业余的点滴时间指导学生的作业和学习情况。我想,这也是翻转课堂的一种吧,我是怎样做的呢?请跟我一起来操作吧。

[技术分解]

一、首先,你要利用微信或者 QQ 平台,建立自己班级或者学科的微信群或者 qq 群

你需要在你的智能手机上下载"微信"和"QQ"的"APP 客户端"服务窗口,之后在 APP 平台上,建立自己的"微信号"或者"qq 号",点开登录自己"用户名",即可登录到自己在微信或者 qq 的个人主页,然后建立自己的微信群,或者 qq 群,之后加入或者邀请所有的学生用户、或者家长用户们入群。微信和 QQ 非常的普及,剩下的就是我们今天的重点了。

二、关于微信在教学中的应用实例

(一)在微信群里发布文字作业、语音作业或者图片作业

打开至手机微信群页面,点击页面右下角加号,可以发送图片;点击左下角扩音图标,就可以发送语音了;学生也可以在这个群平台中发送自己的作业图片,发送自己背诵的课文语音,这时,老师可以点击图片进行手机截图批改作业,再把作

业批改情况发送回馈给学生,当然,也可以语音批改学生的作业,提醒错误等等。

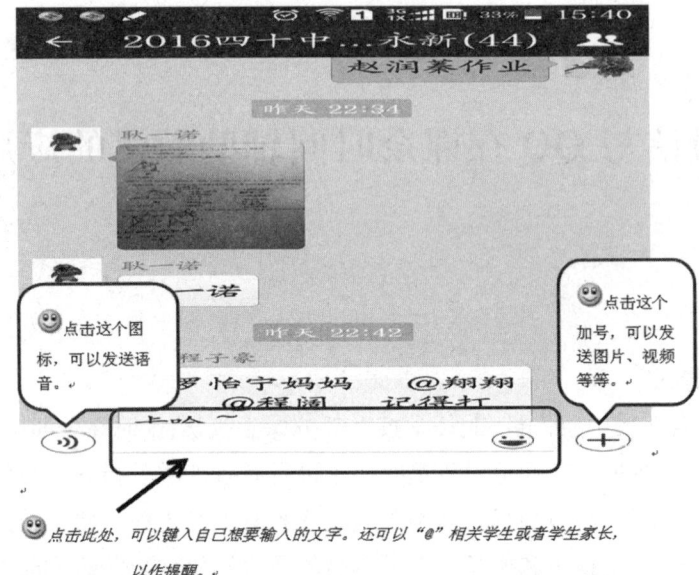

如下图:这是老师在平台中发布当天的作业,有图片和文字两种形式。

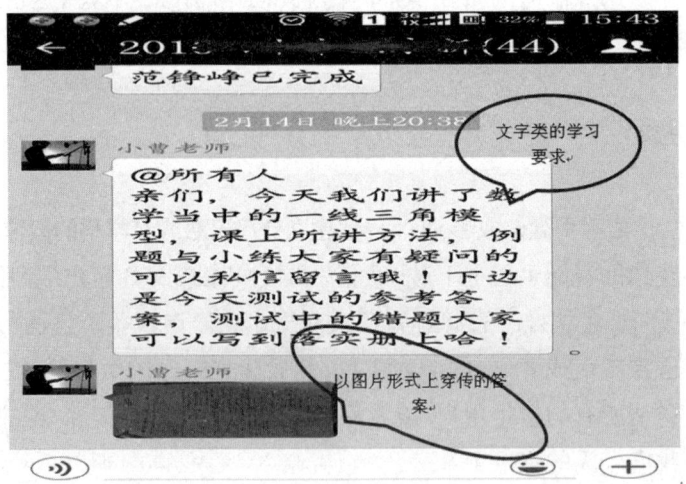

(二)在微信群发布学生现场学习的照片

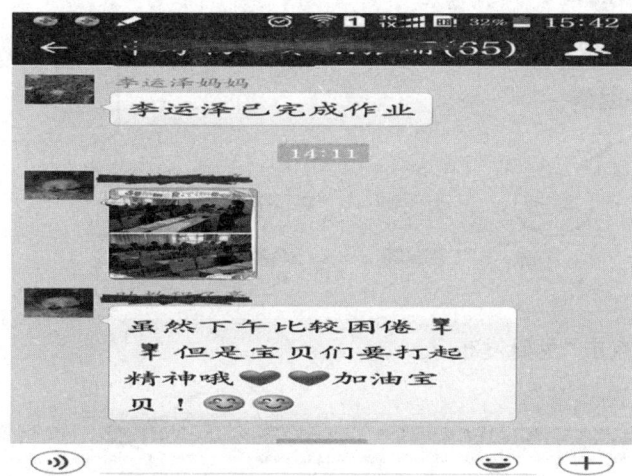

(三)在微信群推送学生的考试分数

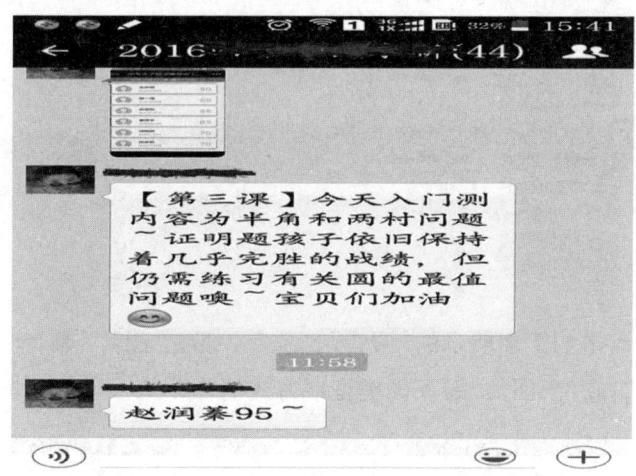

三、关于QQ群在教学中的应用实例

在网络信息化的今天,利用QQ群进行课下监督检测和辅导学生,也很方便。QQ群的优势在于,可以长久的保存相关图片、文件或音频内容。另外就是QQ群有专门针对师生教学的"家校师生群"。下面一一给大家介绍。

(一)利用QQ群发布作业

第1步　首先要登录你建立的、包括你的学生或家长的QQ群；

第2步　点开群右下角的加号图标,找到"作业"点开；

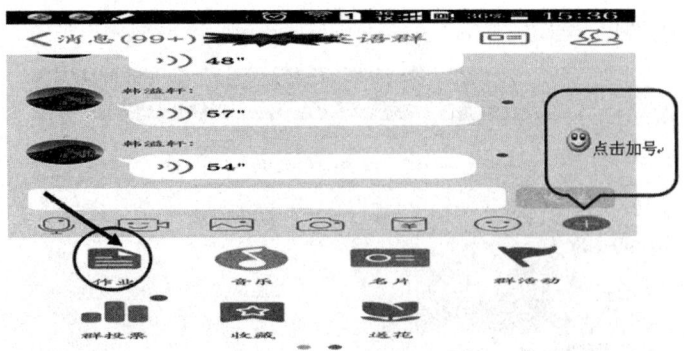

第 3 步 点击"我要发布"

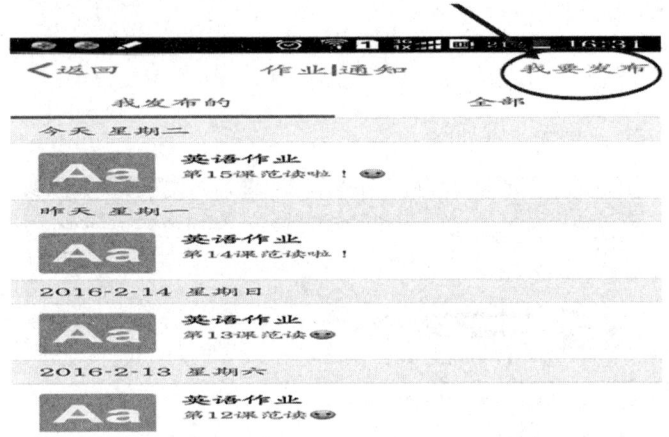

第 4 步 点击如下图所示的"语音"、"文字"或者"图片"等,就可以编辑你的"语音"、"文字"或者"图片"等不同类型或方式的作业。

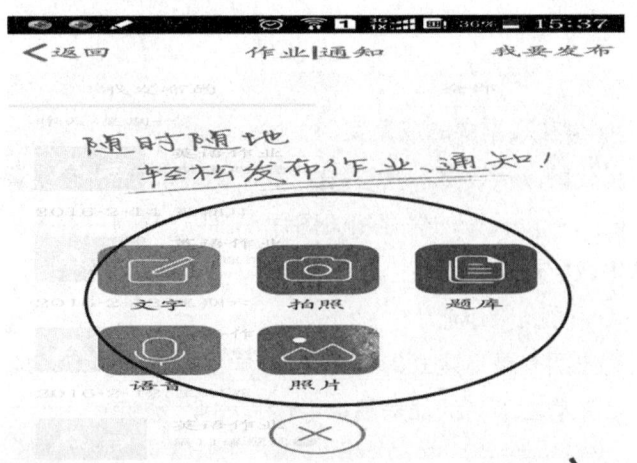

第 5 步　输入你的作业内容,选择学科,点击提交即可。

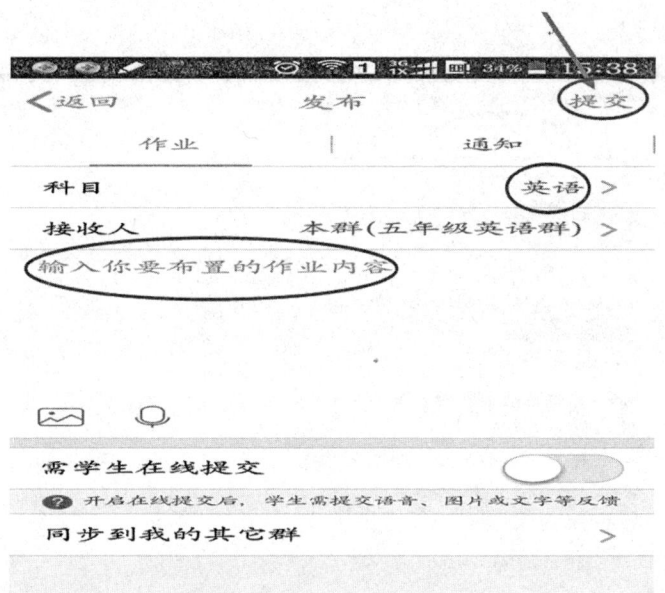

第 6 步　你还可以"一键提醒"或者单独"提醒"学生们记得查看当天作业。

第7步　你可以点开"我发布的"作业内容，查看作业详情和学生们查阅作业的情况统计。

(二)利用 QQ 群听学生们读背课文,监督学生课下英语学习

第 1 步　入群后,点击左下角的"话筒"图标,就会出现下图的界面,按照指示,"按住说话",松开手指即可上传自己的语音内容。

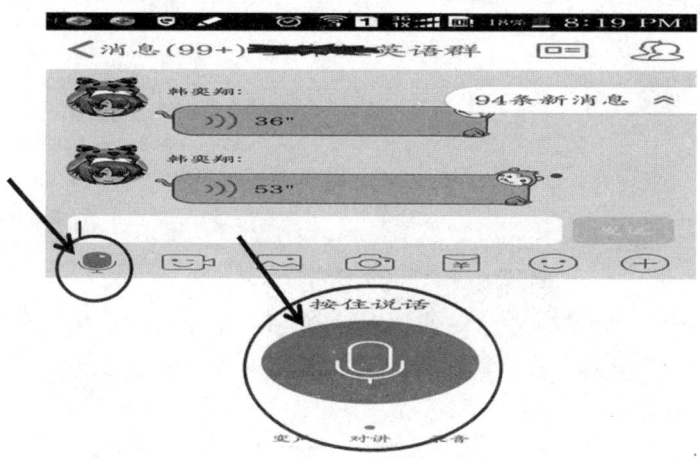

第 2 步　群里的任何一个人,点击该"语音条",即可听到语音内容。

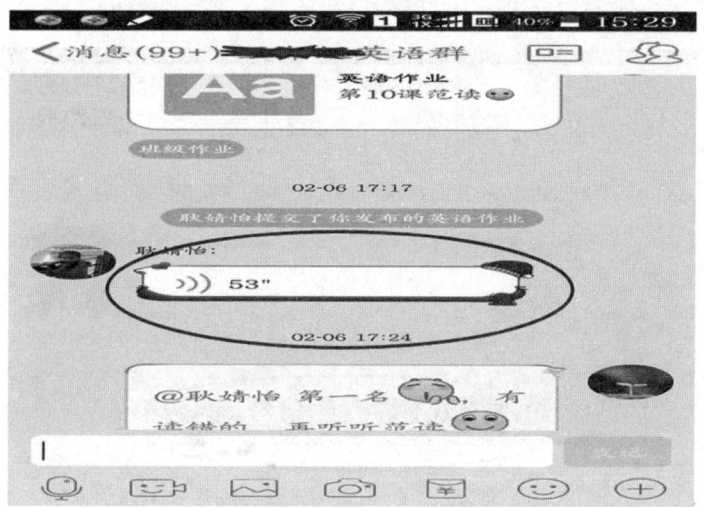

(三)利用QQ群对学生进行课后指导的应用

1. 对学生的语音作业、学生发送的作业图片进行适时检查和鼓励。

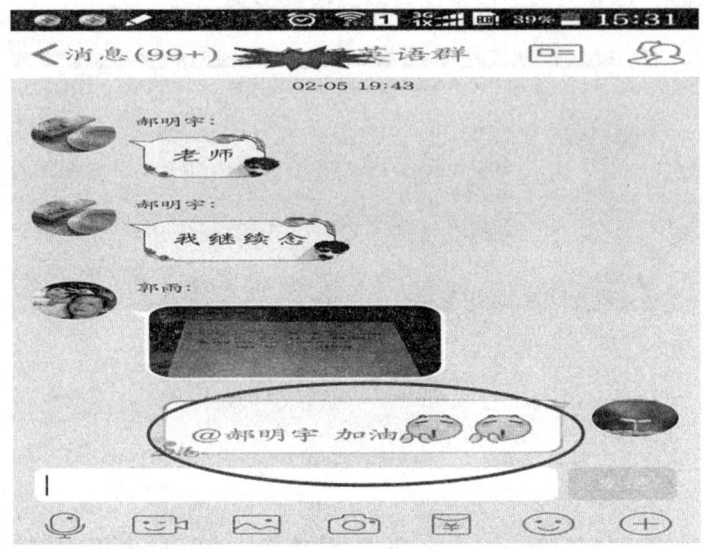

2. 学生可以留言发送自己的问题，留待老师发现后解答

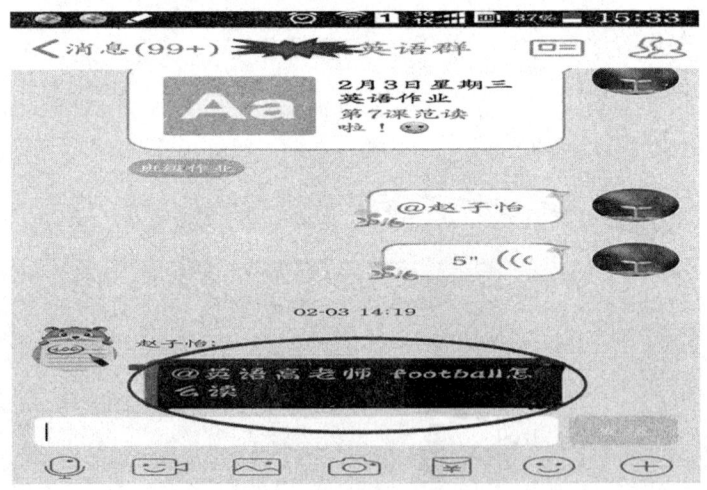

3. 学生还可以把自己网上的学习类英语小软件"英语趣配音"等微信分享发送到群里,孩子们的兴趣很高。

4. 在"发布作业"的界面中,还有各种教材版本、各种学科、中小学各年级段、各单元知识点的练习题题库,你可以留给孩子们题库里的练习作业,QQ群平台系统还会自动帮你看题、批改、评分。

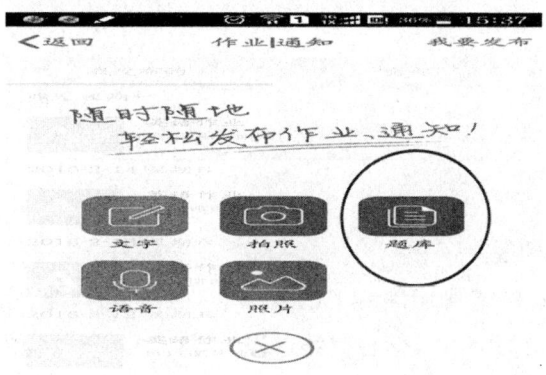

5. 在发布作业的界面中，还可以让学生在查看作业详情的同时，同步回馈发送自己做好的作业内容，学生同步发送提交自己的作业时，群内会同步提醒：某某同学已提交相关作业。

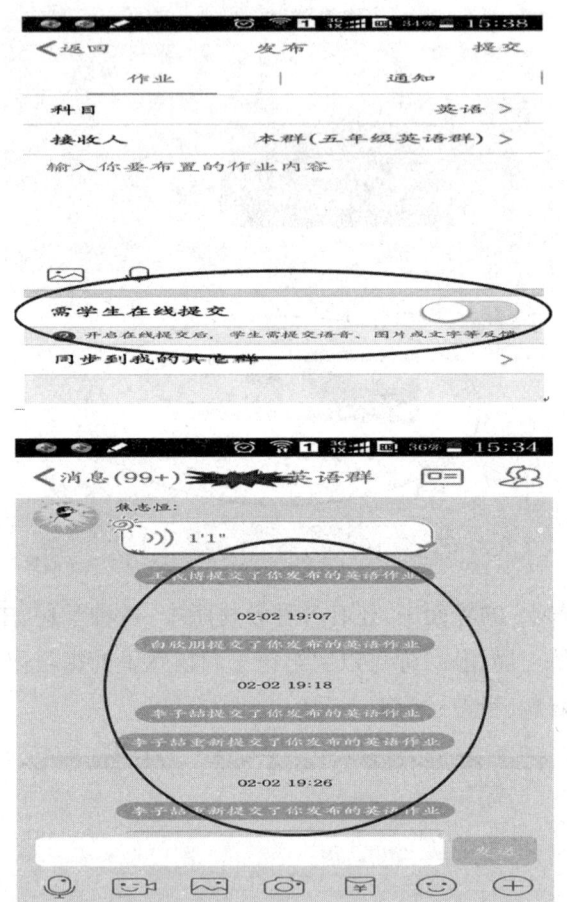

[需要注意的问题]

日常教学工作中，老师们课堂上的重点和难点也可以拿到群里呈现给学生，学生就可以随时随地的学习，但在便捷过程中有如下几点尤其要注意：

一是老师一定要及时做好对群的规范管理。比如：设定群规，不许乱发表情，发水帖等等，又例如：不许讲脏话，不许使用 QQ 群中的"变声"和"匿名"功能等等；

二是老师一定要和家长做好监督管理工作。比如说：不能让学生利用网上交作业、读课文的机会，玩游戏或者上网无休止地聊天，要给学生规定发作业，使用手机的时间限制,要合理健康地利用智能手机,不能随意浏览无关或者有害青少年健康的网站等等。

三是作为老师,一定要对学生的学习及时进行回馈,如果学生不能在群里或者课堂上,得到老师们有效及时的教学反馈,那么群的作用就会慢慢消失,或者变成负面的了。

总之,网络为我们每个人打开了一扇窗,在今天互联网的大时代,我们不可避免地要学会适应和正确利用。

作者:石家庄市红星学校　高　霞
指导老师:石家庄市第四十一中北校　李　卿

维基平台在教学交流方面的应用

[情境导入]

郭老师经常组织学校初二年级组的语文教研活动。有一次她在办公室与孟老师讨论"写人要抓住特点"的作文教学时,想到如果能够把我们研究出的教学设计马上展示给本年级的语文老师进行交流的话,那么学科教研活动就会做得更加深入更加有效了。针对这一想法,进修校的董运玲老师向她建议使用维基平台来实现教学交流。

董老师说,其实要想创建好一个维基平台是很容易的。大概步骤如下,教师首先需要注册一个百会账号,登录账号后进入维基;再设置维基网址,然后设置维基主页。这样一个简单的平台就创建好了。如果教师想要进行交流的话,可以在平台上给每位教师创建子页面,也就是教师的个人主页,让各位老师把自己的教学设计上传到个人主页上,这样别人就能看到这些优秀的教学设计,而且还可以在上面发表评论,交流起来也很方便。

郭老师很欢喜,终于有办法进行教学交流了。心动不如行动,让我们一起来创建一个临漳二中的维基平台吧。

[技术讲解]

第1步 注册

(1)在浏览器地址栏中输入网址 http://www.baihui.com/wiki,进入百会维基主页,如图。

百会维基首页页面截图

（2）注册账号成为用户。维基的注册方法非常简便，用你已经拥有的邮箱就可以完成注册，如图所示。

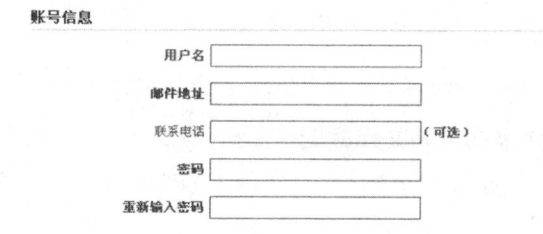

百会维基注册页面截图

（3）注册后登陆注册用的邮箱进行验证，完成验证后，就可以开始创建维基了。

第2步 登录

（1）在浏览器中输入地址 http://www.baihui.com/wiki，进入主页。

（2）单击页面右上角的"用户登录"，输入账号和密码。

（3）登录后，在"选择应用"菜单项，出现下拉菜单选项，如图所示。

百会维基登录后页面截图

(4) 单击"维基",出现如下页面,如图所示。

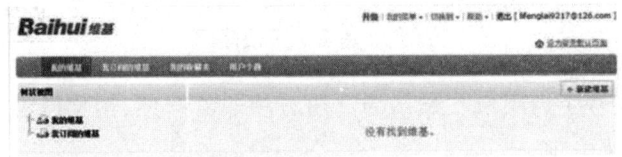

百会维基新建维基截图

(5) 完成此步后,可以根据维基的要求,对站点进行标题、权限、风格等方面的设置。

第3步 设置维基网址和站点标题

单击"新建维基",出现"构建并共享您的站点"页面。要注意,在输入站点地址时应考虑可读性,如:lzezywviki 意思是"临漳二中语文维基平台"。在使用之前,必须确定好名称,一旦设置将不能更改。比如,使用了 lzezywviki,那么就要请记住你的站点链接地址(https://lzezywviki.wiki.baihui.com),当你和他人访问你的维基时,需要这个地址。

第4步 设置权限

将维基的权限设置为"任何人(公开)",系统默认是"只有我(私有)"。在这里,由于我们创建的是小组维基,希望多人能够访问该网站参与学习,因此,我们将类型设置为公开。

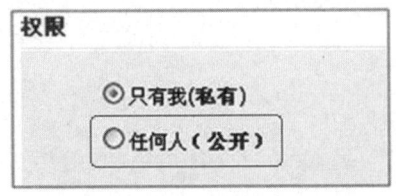

设置维基访问权限页面截图

第5步 将主页设置为默认启动页

(1)创建维基后,页面直接进入到"维基仪表板",如图所示。

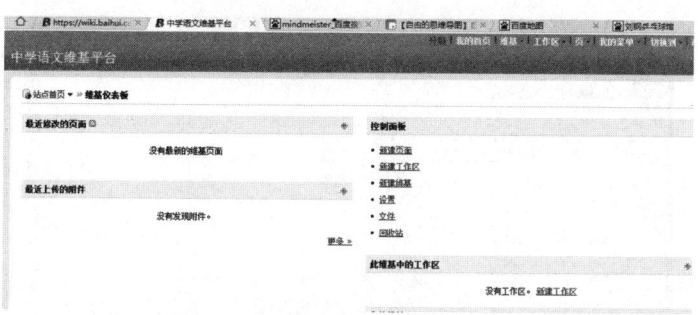

维基仪表板截图

(2)单击"控制面板"中的"新建页面",新建一个名为"主页"的页面。如图所示。

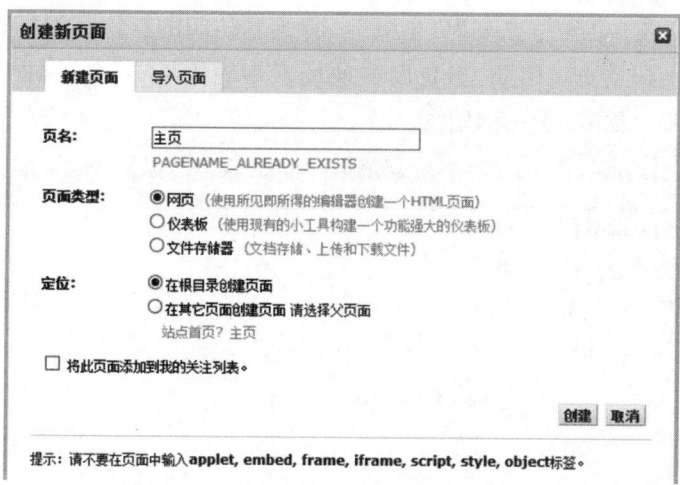

创建新页面对话框截图

(3)单击创建,出现"主页"编辑页面,可输入文字,插入表格,单击"保存并关闭",主页面创建完毕。

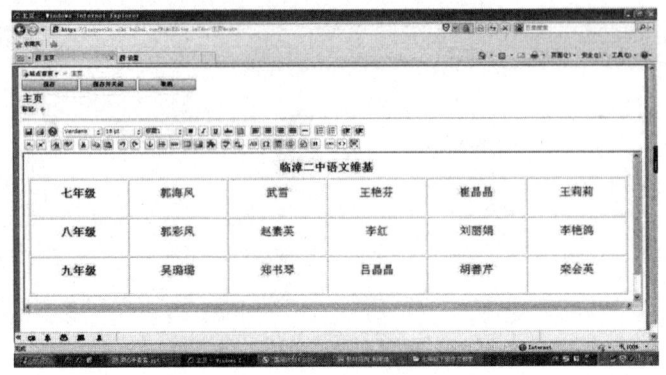

站点主页截图

(4)"设置"或单击"维基"菜单中的"设置"。取消"将仪表板设置为我的主页"勾选项,单击"更改",更改为"主页"。将维基访问的默认页面(首页面)设置成了直接进入到主页。由此,当我们在地址栏中输入 lzezywviki.wiki.baihui.com 时,就可以进入"临漳二中语文维基"。

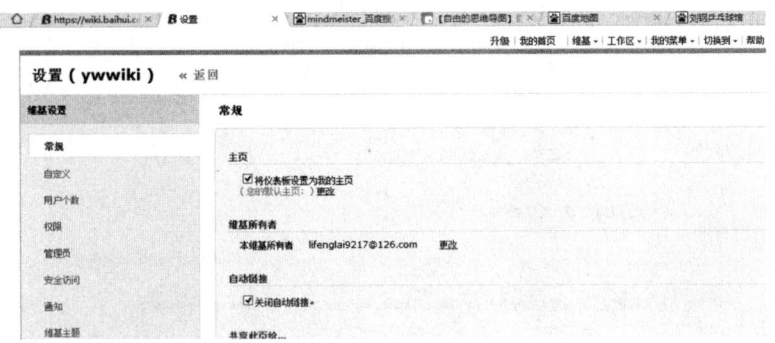

维基设置页面截图

第6步　编辑教师主页并保存

(1)利用维基页面编辑工具可以进行页面设计,可以插入表格、图片,也可以设置超链接,丰富主页内容。注意,页面编辑完毕,要"保存并关闭"主页面。

(2)设置超链接,需要选中内容,单击右键选择"创建链接",然后点击"保存并关闭"。

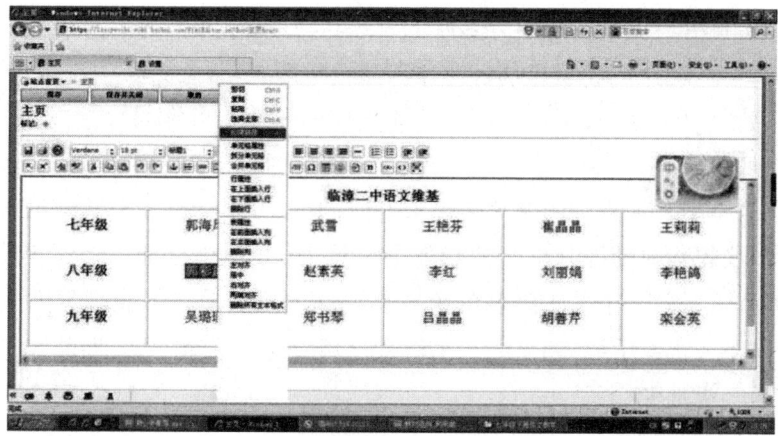

超链接编辑界面

(3)在主页上点击设置好的超链接,进入个人主页,编辑好之后点击"保存并关闭"。

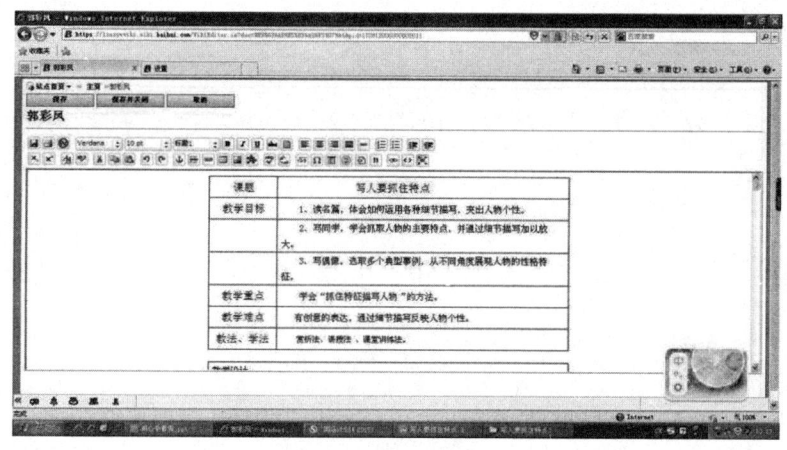

个人主页编辑界面

[应用反思]

郭老师在创建的临漳二中维基平台里,为每位语文教师开设了个人主页。在使用的这段时间里,各位教师感到很新奇,他们不仅编辑了具有个性特点的主页,还积极地将自己优秀的教学设计上传的个人主页上。除此之外,教师们还时常打开其他人的主页下载教学设计,发表个人见解。在这样的平台中学校语文组的老师不仅在作文教学中受益匪浅,而且在阅读、朗诵等其他教学方面也有很多收获。

维基平台虽然不是面对面的交流平台,但这种便捷的方式广受教师好评。董老师还建议学校的班主任们创建一个属于本班的班级维基平台,这样不仅能够改变教师的教学方式和学生的学习方式,还可以向家长们介绍这一平台,从而密切家校的沟通和联系。

虽然维基平台为教师的交流提供了方便,但是由于学校并不能满足人人一台电脑,所以要想随时随地分享交流难度会有点大。这也确实是一个普遍性问题。因此笔者提议开发一个关于维基的手机客户端。虽然学校不能满足人人一台电脑,但是每个人都有手机,如果能在手机客户端上使用维基的话,那就人人都可参与,交流也会更加便捷了。

作者:邯郸市临漳县第二中学　郭彩凤

指导老师:邯郸市临漳县教师进修学校　董运玲

微课制作在英语教学中的应用

[情境导入]

因为培训,要离开学校3天,其他老师也都工作繁忙。有没有一种方法既不耽误学生学习,又不影响教师的自身培训呢?这时,有同事提醒我,可以做出几节微课,让学生根据微课自学。这真是一个好办法。

[技术讲解]

第一步　ppt 课件制作——制作相关 ppt 课件

请根据以下信息,介绍贝多芬。

} Name: Beethoven
} Birth Date: 1770
} Nationality: Germany
} Hobby: playing the piano
} Illness : deaf
} Most famous achievement:
} Fate (命运交响曲).

(课件要求:1. 美观大方,字体、字号、颜色恰当;2. 每页 ppt 文字不要过多,每页 ppt 文字不要超过 10 行,特殊情况除外。)

第二步　录制音频

(一)录制前的准备

打开屏幕录像专家。打开后会出现以下界面:

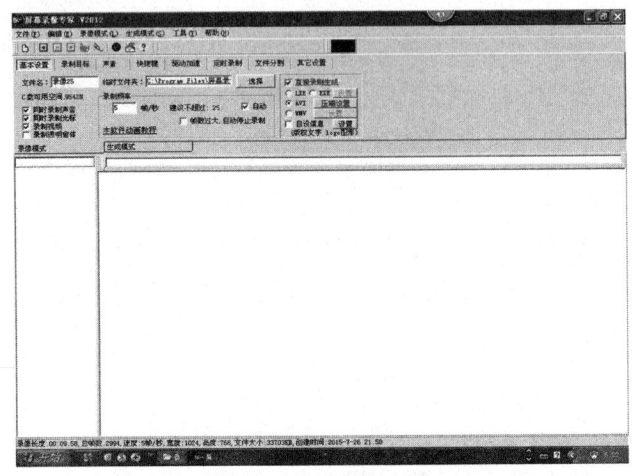

点击这个带红点的按钮就可以开始录制微课了。

在开始之前,要先确保:

1. 调出需要讲解的 ppt 课件,根据教学设计,将其进行幻灯片放映或对其进行各种操作。(要求:在录制的过程中,电脑桌面上显示的只有要操作的课件)

2. 话筒已连接,并打开。录制环境良好,无干扰的杂音。

3. 点击"录制目标",设为全屏,并选择适合的范围。

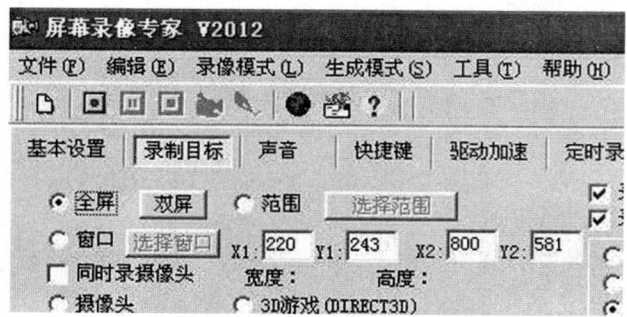

点击"声音":通常选择 16 位

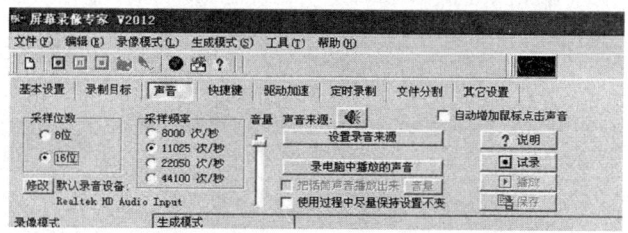

选择录制 AVI 格式

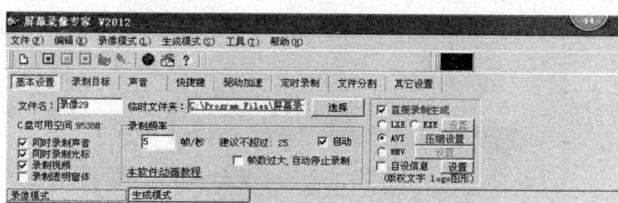

如果担心效果,可以先点击"试录",录制,播放,试听录制效果。
(二)正式录制微课
点击开始录制按钮,会出现以下界面:

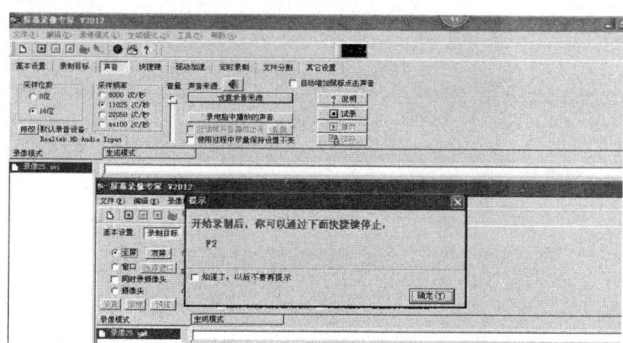

点击"确定",打开 ppt 课件,点击"幻灯片放映"就可以根据教学内容进行讲

95

解了。

(三)录制结束

1. 如果讲解的内容已经全部录制完毕,在电脑桌面的右下角会有录屏专家的图标,(像个红红的嘴巴)

点击,进入,点击带黑点的按钮,结束录制。

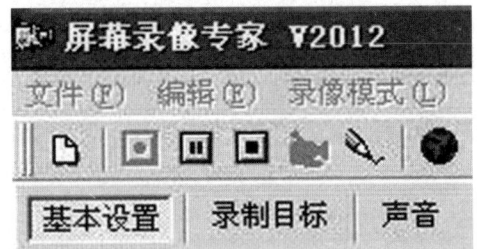

结束后,会出现以下界面

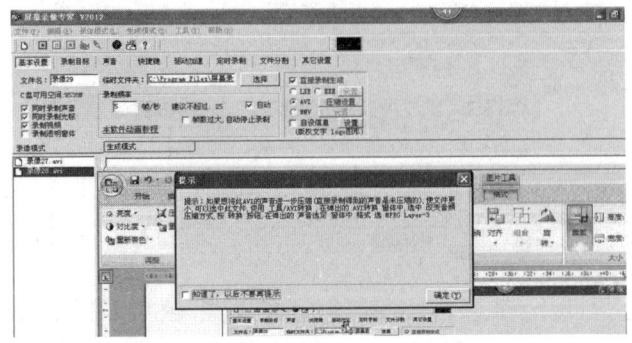

点击"确定"。然后给你的微课重命名

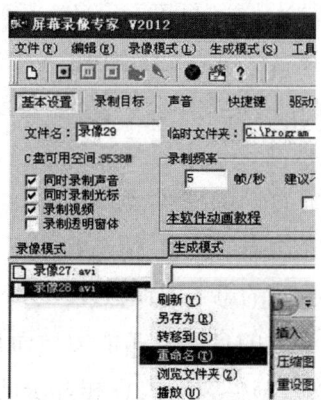

点击"文件","另存为",保存在相应位置。

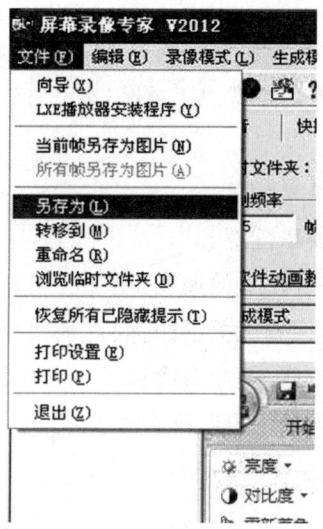

现在,我们需要的微课就录制好了。录制之后,还可以用格式工厂等软件进行编辑。

[应用反思]

微课是课堂教学的有效补充形式,微课不仅适合于移动学习时代知识的传播、也适合学习者个性化、深度学习的需求。微课可以集中于重要的知识点,给学生提供一个自我学习的机会,而这是传统课堂所不能达到的。

只要有网络的地方,学生就可以流畅地在线反复观看微课课例,也可以灵活方便地将其下载保存到各种多媒体数码终端设备(U盘、电脑硬盘、手机、MP4等)

上,方便没有网络时观看。

教师也可以自己申请一个云盘(百度云、360云等),将设计好的微课传到云盘上,学生可以在云盘中查找自己所需要的知识。

在此介绍的这种微课制作模式操作容易,所需费用少,利于推广。但是,它是"无生上课"。没有学生,上课时语言很容易变得平淡,机械。教师在讲解时不能照本宣科,对讲解的知识要有自己的理解,对PPT上的内容要有展开和解说。因此,优秀的微课应该让学生在恰当的情境、情绪和节奏中,集中精力体会和思考微课所呈现的内容,进而养成良好的思考习惯,过度的可视化、动态化和趣味化可能会分化学生的注意力,削弱学生的自主思考能力。而在传统的教学方式下,教师是可以根据课堂学习情况及时调整教学内容和方法的,还可以根据不同的班级,学生的不同能力水平,采用不同的教学方法,较好地实行因材施教。微课就显得不够灵活。

这就从设计水平、制作水平和呈现模式等方面对教师提出了要求。因此,教师在微课程制作的过程中就要注意以下操作技术细节(很多时候,细节往往影响了微课程的使用效果):

1. 鼠标不要在屏幕上乱晃。
2. 字体和背景的颜色要搭配好。
3. 讲解课程时,鼠标在屏幕上的速度不要太快。
4. 画面要简洁,与教学内容无关的图标、背景、教师人头像等,都要删除。
5. 录制视频的环境要安静、不要有噪音。

希望微课可以帮助大家更好的为教学服务。

作者:涿州市实验中学　郭春艳

小图片放大的技巧

[情境导入]

(实验中学七年级部的张老师教授思想品德学科。王老师经常在电脑上处理一些图片)

有一次,她问王老师一个问题:

王老师,我今天做幻灯片,用到一张图片,本来很清晰,但是比较小,放映在白板上,学生根本看不见,我想把它放大处理,这样学生就能看到了。但是,我把它放大后,图像失去了原型,变的很模糊。难道,就不能做放大处理了吗?

王老师:可以。比起制作一个完整的幻灯片简单多了。

张老师:那你教我吧。

王老师:图片放大操作 ppt 根本弄不了的,用另外一个软件 PhotoShop(我们可以直接百度下载的)。

张老师:别说了,快教我吧。

王老师:好吧,开始启动电脑,打开软件。随便找了一张图,一步一步教了起来。时间不长,张老师学会了。

ppt 利用现在图片,PhotoShop 加工 ppt 不能用的图片。

张老师:这方法,还不错,很实用,而且可以和别的老师分享了呢。

技术讲解小图片放大处理过程。

大家先别急于学习教程,先看下没有经过处理而直接应用的效果。打开一张小图片。下图是原图,直接放入幻灯片中,图像太小学生几乎看不见的。

直接放大后,加入幻灯片又变得太模糊了。

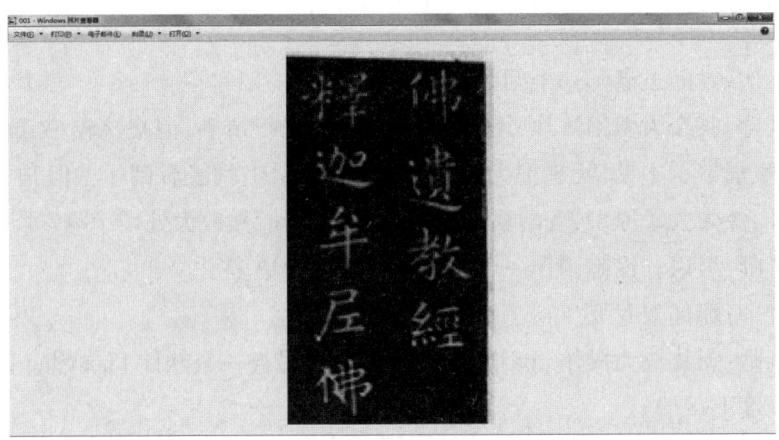

下图是经过放大处理后的。

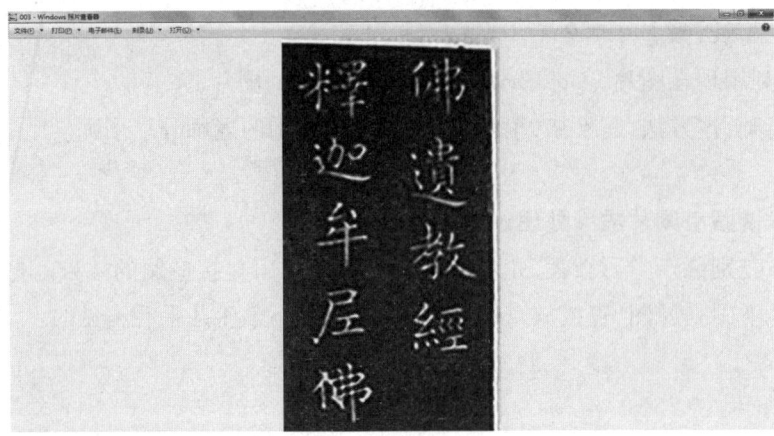

小图片放大处理

第1步 百度搜索并下载 PhotoShop。打开已经下载好的软件进入程序界面之后,然后打开要处理的图片

先点击位于左上角的图像菜单选择图像大小。

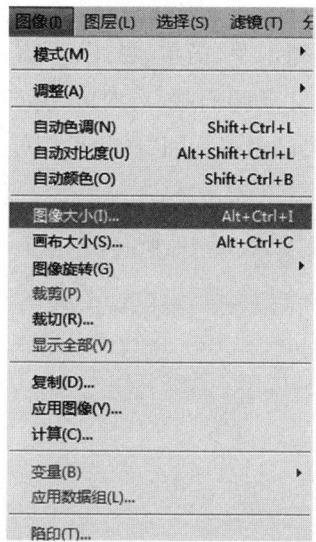

第2步 在弹出的窗口中按我列出来的数值设置,文档大小选110,选百分比。下面重定图像像素一定要勾上,选两次立方。这样图像会以百分之十的大小增大。

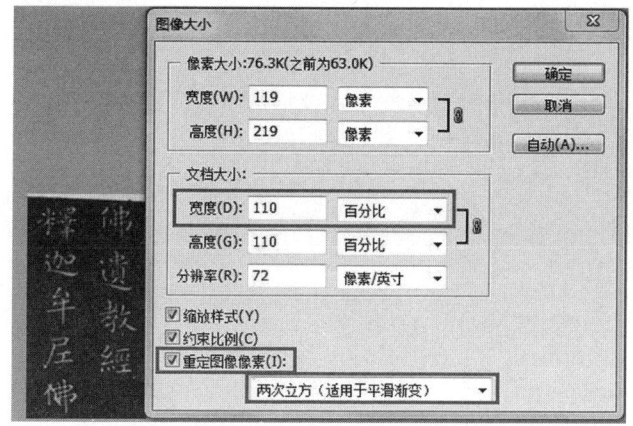

第3步 老师们,可以根据所需图片大小,重复第1、2步操作即可。

[应用反思]

日常教学工作中,教师经常遇到一些小尺寸的图片,如果必须用此图片怎么办?用以上方法,即可。图片稍微有点模糊,图像不够锐怎么办?上面我们用的PhotoShop软件,滤镜菜单中有一个锐化选项,可以对图片进行锐化,使图片变得更清晰锐利。

还有其它软件比如光影魔术手,简单、易用,不需要任何专业的图像技术,就可以制作出专业胶片的效果。老师们呢,有时间不妨可以学一学。把手机、数码相机拍摄的照片进行处理,自己也当一回"图像后期处理"制作人。

作者:廊坊市文安县实验中学　　张建阁

廊坊市安次区杨税务中学　韩景茹

和大家问好——Scratch 的初步认识

[情境导入]

邻居小弟酷爱电脑游戏,痴迷如狂,让家人苦恼不堪。在电脑普及的今天,很多家长都会遇到这样的问题,但又无计可施,这就要求教师科学合理的引领,转移孩子的兴趣爱好,使孩子从痴迷的游戏玩乐中走出来。

本节课,涉及的是简单的电脑编程。孩子们在创意制作的过程中,能培养他们学习、使用计算机的意识,增强他们自主学习、科学探究、创新思维等方面的能力,体验到自己创造中的无限乐趣。同时,也为进一步纠正邻居小弟和众多痴迷游戏的孩子不恰当的游戏习惯奠定基础。

今天,让我们走进编程小游戏,创作自己的得意作品,大家有兴趣吗?那就让这只"小猫咪",带领我们先认识一下 Scratch 吧。

活动 1　软件介绍

Scratch 是美国麻省理工学院为中小学生开发的一种简易的图形化编程软件。它最大的优势就是孩子们可以通过"积木堆积"的方法来进行自主创作,简便易学,容易掌握。孩子们兴趣大增,想象力也得到充分发挥。

在使用中,孩子们可借助"控制""动作""外观""声音"等模块中的指令,通过点击拖曳的方式,将指令从模块区移进编程区,完成编程创作自己喜欢的故事、动画、游戏、音乐等作品。

它也是个分享平台,是 Scratch "想法程序分享"的主旨所在。孩子们的作品可以直接上传到网络与同伴分享,也可以下载别人的程序进行分析,且全部免费。

这样不但激发孩子们的创意,同时又让孩子们学会了分享学会了评价,有利于促进孩子合作式学习氛围的形成。中文版的 Scratch 官方网站(scratch.mit.edu)已建立。

因此,本软件自开发来得到广大师生的认可,孩子们在很短时间内也能学会学通,积极思考、创意思考能力也得到提高。

活动 2　页面介绍

第 1 步　操作界面认识

第 2 步　功能介绍

(1)菜单栏:可以完成语言、分享、撤销、开始单步执行、设定单步执行程序、压缩声音、压缩图像等任务。

(2)模块区:点击模块类型区,选择合适指令语言。

(3)编程区:编辑不同脚本,根据不同脚本完成不同程序制作。

(4)角色区

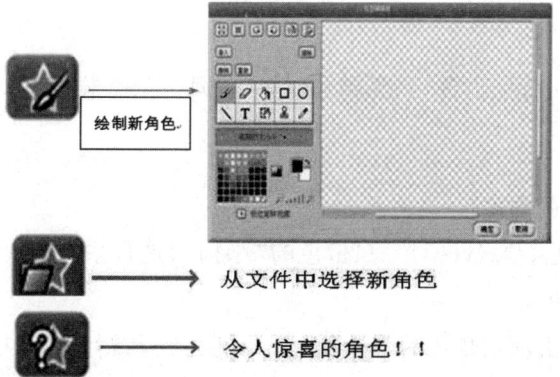

(5)舞台区:有可展示程序效果,调整大小,新增背景等功能。

(6)控制区

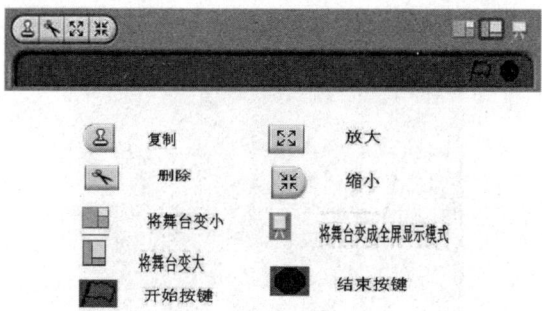

第3步 简易操作:使用简易的鼠标拖拉方式,将积木块从模块区移进程序脚本区,如图

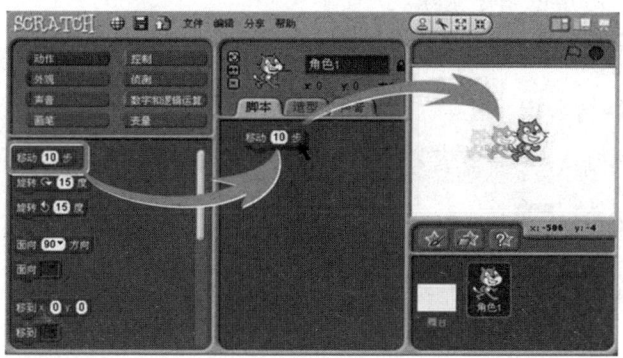

活动3　简单编程：让小猫动起来！

第1步　角色确定

(1)默认角色。舞台区有一只橙色的"小猫"，这是系统默认的角色。

(2)新增角色

在角色区点击新增角色的三个按钮，分别为绘制新角色，从文件夹中选择新角色，来个令人惊喜的角色吧。

(3)编辑角色：单击选中角色、编辑。

说明：角色有脚本、造型和声音三种属性，不同的造型表现了角色的不同外观，脚本控制角色在舞台上的动作。如图

(4)角色删除

方法1　右击角色图标删除。

方法2　可用删除。

第2步　舞台编辑

(1)点击控制区可以调整舞台大小。

(2)点击角色区在编程区点击多个背景，可以新增舞台背景。如图

<<< 和大家问好——Scratch 的初步认识

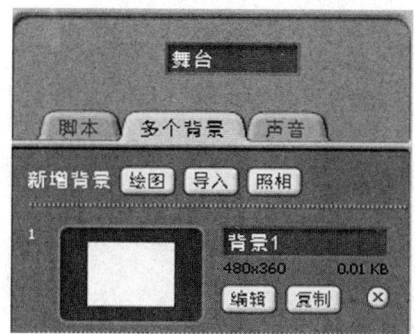

角色和舞台都具备了,下面,就请我们的"小猫"招呼起来吧。

第3步 程序制作—让小猫和我们"打招呼"

(1)指令编辑。在模块区,熟悉指令,编辑需要的指令模块。"小猫"要和我们打招呼说"你好"了,怎么办呢?

①寻找合适的模块:点击"外观"——寻找 说你好! 模块—拖至脚本区;

②点击脚本中的 说你好! 模块,小猫就会说出"你好"了。

③编辑需要的模块:点击文字—修改文字——编辑需要的语言模块。

(2)多个指令添加与重复。小猫说了"你好"之后,又说了一句"很高兴认识你",不断重复两个指令。

①点击"控制"按钮——找到 这个模块——拖至脚本区;

②把 说你好! 拖到它的开口里面;

③再拖一个 说你好! 放在它下面,编辑文字为"很高兴认识你",像积木一样拼成。 。

如图

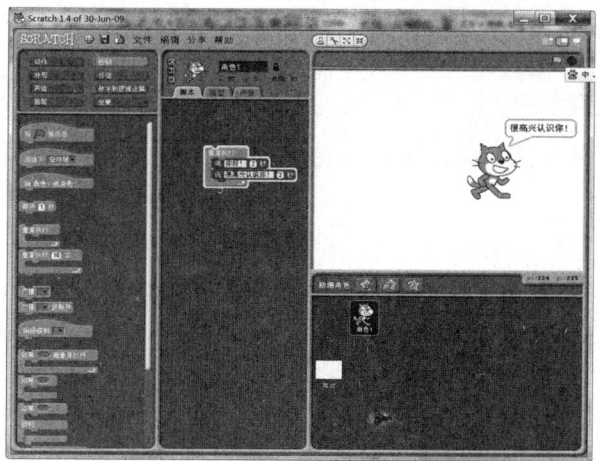

107

④点击 ▮ "小猫"就能重复打招呼了。

第 4 步　指令停止

我们试试 ▮ 按钮吧。

现在"小猫"在鼠标的点击下能"说话"了,也能在适时的情况下停止"说话"了。

第 5 步　程序启动

让学生寻找,还有没有让"小猫"说话的其他方法呢?

学生们找到 ▮ ,尝试后发现,点击 ▮ "小猫"仍不能"说话"。问题在哪呢?

是因为我们没有给 ▮ 加上指令,程序不能启动。

让我们给 ▮ 加上指令,试试看哦。

①点击"控制"按钮——找到 ▮ ——拖动到脚本区;

②把 ▮ 放在两个指令的上面;

③点击 ▮ ,程序开始。点击试试吧。

说明:在编程区,我们组装好的简单的指令模块,这是一个脚本,也是一个简单程序。脚本控制角色完成具体行动,无数个脚本使角色完成若干个动作。

活动 4　文件保存和分享

第 1 步　文件保存

方法 1　点击"保存"按钮;

方法 2　打开"文件",另存为即可。

第 2 步　文件分享

点击 ▮ ,文件自动上传到 Scratch 服务器。

[技术局限性]

Scratch 功能部件的效果可选,但选择不多,且不可扩展。Scratch 为学生提供了可选的声音效果、动作效果以及外观效果等,内含丰富的素材,但并不能满足不同学生的需求。

Scratch 不能脱离其本身的运行环境,只能用 Scratch 程序打开,限制了作品的广泛传播与交流学习。用 Scratch 设计的单个造型的动画小巧生动,且制作简单,但是只能导出 Sprite 格式的文件。如果针对单个造型的动画如果能够生成如 Jif、Jpg 等支持动画的或者与很多软件相兼容的文件格式就更好了。

Scratch 对培养孩子自主、探究、创新等能力起到了很大的辅助作用,在训练孩子的动手、参与、体验中也是大有益处的。

[拓展活动]

1. 角色的旋转:点击动作按钮,添加"旋转 15 度"指令,角色就会按照指令的相应旋转。

2. 添加声音

活动 1　让小猫叫起来

当点击 ▣ 时,小猫发出"喵"的声音。

①点击"控制"按钮——找到 ▣ ——拖动到脚本区;

②点击"声音"按钮——找到 ▣ ——拖动到脚本区,放在 ▣ 的下方。

③点击 ▣ 小猫就会发出"喵'的声音。

活动 2　让音乐响起来

①点击"控制"按钮——找到 ▣ ——拖动到脚本区。

②点击"声音"按钮——找到 ▣ ——拖动脚本区

③放在 ▣ 的下方

④根据歌曲修改音符和节拍,如。

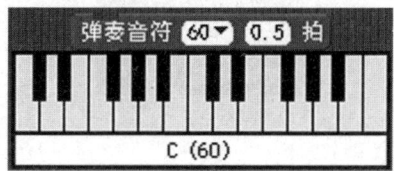

⑤以小青蛙之歌为例

⑥如图:

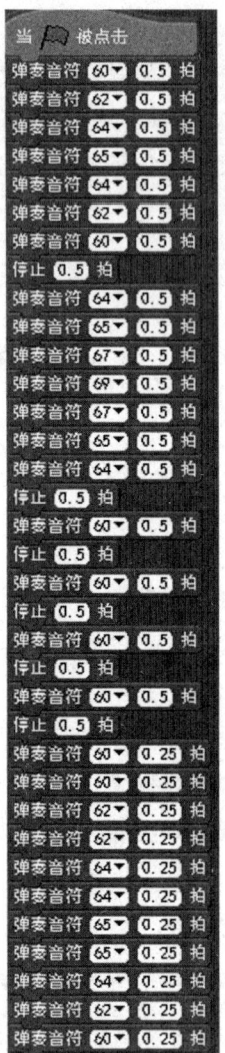

[实践教学分析]

　　Scratch 作为面向学生的程序设计软件,它把让学生望而生畏的计算机命令变成了一个个中文标识化的控件,学生只要看到字面意思就能大概知道这个指令的作用,然后把它们像搭积木一样进行组合即可,大大降低了学习难度。在实际教学中,学生能轻易掌握基本的命令,体现出了对 Scratch 的极大喜欢,自发探究,不断修改完善自己的作品。

作者:沧州市渤海新区实验小学　　何　曼
黄骅市羊二庄镇齐庄中心校　　闫　伟
指导老师:沧州市渤海新区黄骅港开发区文教局　　闫桂霞

利用 PPT 进行微课录制

［技术环境］

一台电脑 office 2010 版本以上

［情境导入］

广平二中的张老师要去市里学习一天,学校教师资源紧张,一个萝卜一个坑,没人帮他上课,而他自己的课又不能耽搁。于是他制作了一节微课,由班长在班上播放。那么他是如何利用 PPT 进行微课录制的呢？

［技术讲解］

第一步 制作 ppt 课件（ppt 要用 2010 以上版本）

1. 在桌面右击新建一个演示文稿

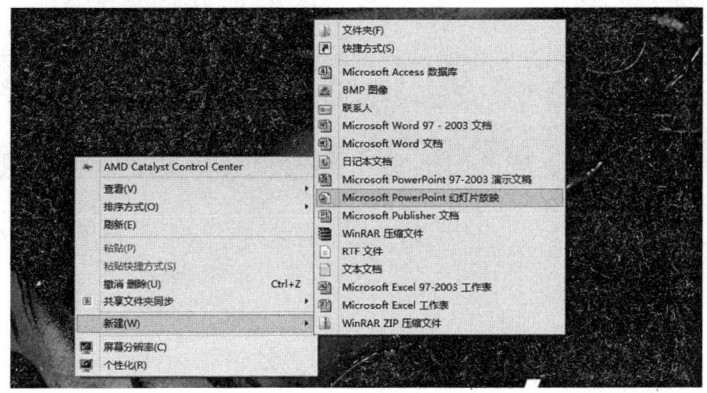

双击打开,如下图显示一个空白显示文稿。

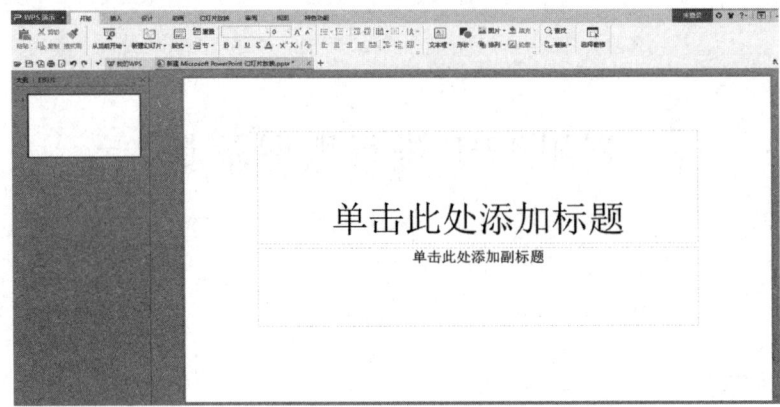

2. 在幻灯片中输入内容,设置好字体、字号和字符颜色。

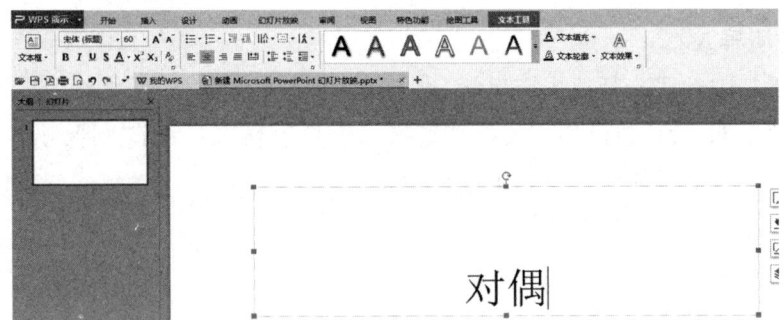

3. 设置幻灯片背景。在"插入"菜单中点击"图片"按钮,弹出一个对话框,选中要插入的图片。

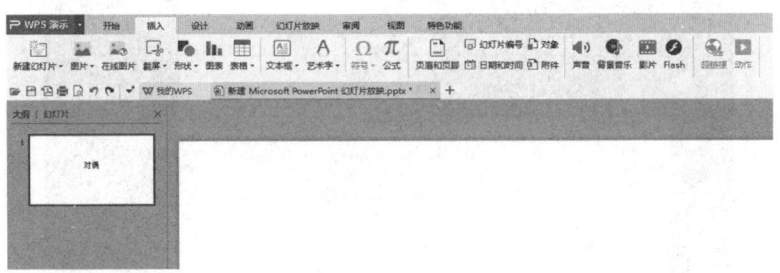

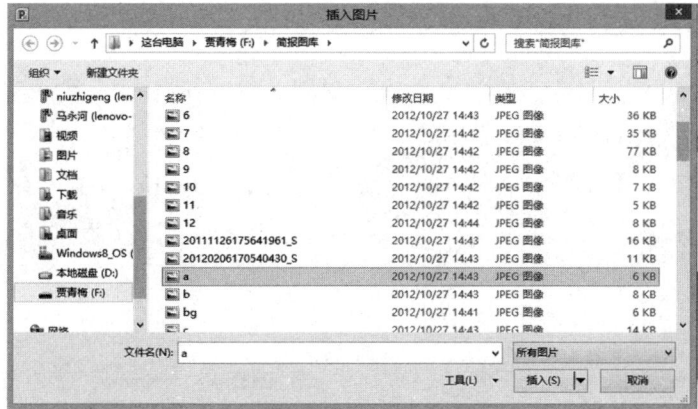

将图片置于底层,(如下图)拖拽调整图片大小。

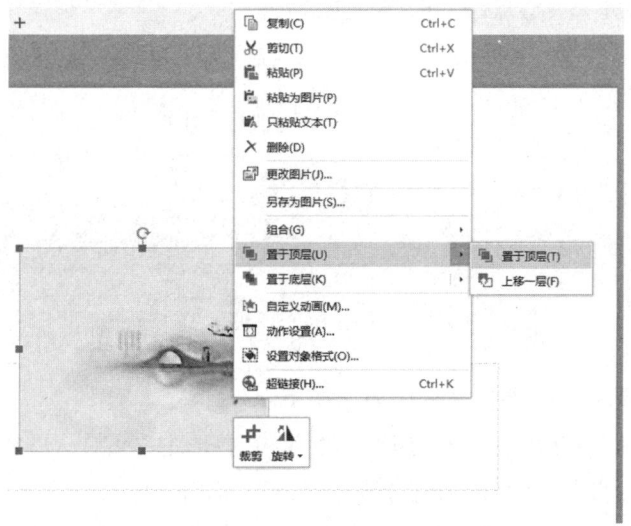

如下图,一张完整的幻灯片制作完成。

用同样的方法制作以下几张幻灯片。

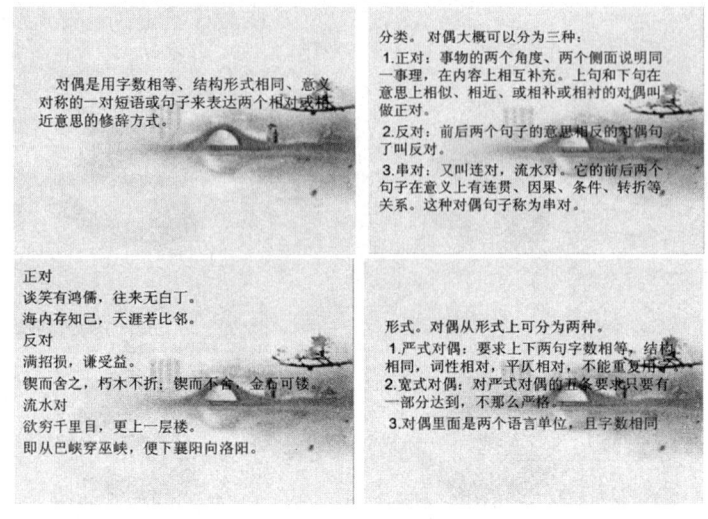

第二步 录制 ppt 课件。具体操作如下：

选中第一张幻灯片,在"幻灯片放映"菜单中选中"录制幻灯片演示"点击小箭头下拉菜单,选中"从当前幻灯片开始录制"。如下图:

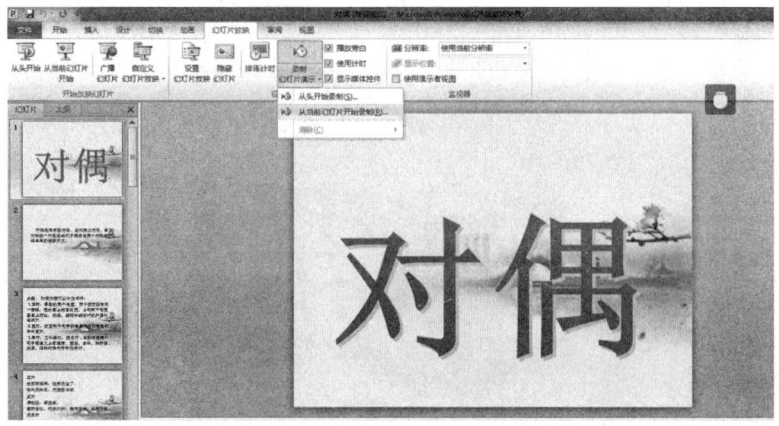

它会弹出一个对话框,如下图:

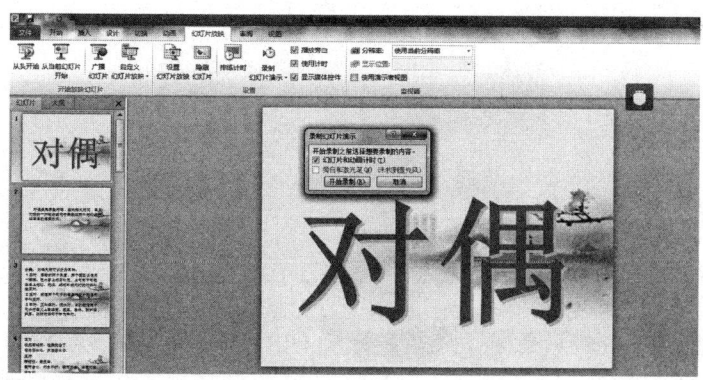

在对话框中点击"开始录制"按钮,会弹出录制计时对话框(如下图)。开始录制讲解的内容。

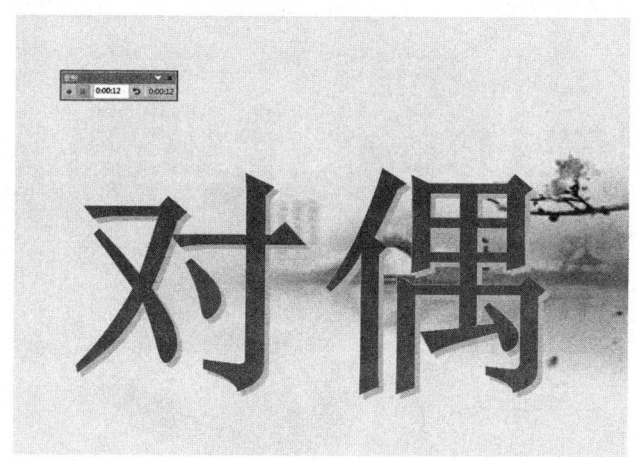

录完后关闭"计时对话框",会弹出如下图的对话框。

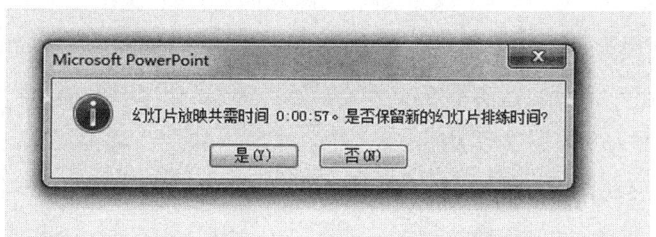

点击"是"按钮,保留新的幻灯片排练时间。第一张幻灯片就录制完毕。
以此方法录制余下的几张幻灯片。

第三步 将录制好的 ppt 转换成 windows media 视频格式

在"文件"菜单中点击"另存为"(如下图)。

会弹出一个对话框,在保存类型下拉菜单中选中 windows media 视频格式,最后点击"保存"按钮。录制好的 ppt 就转换成了 windows media 视频格式。如下图:

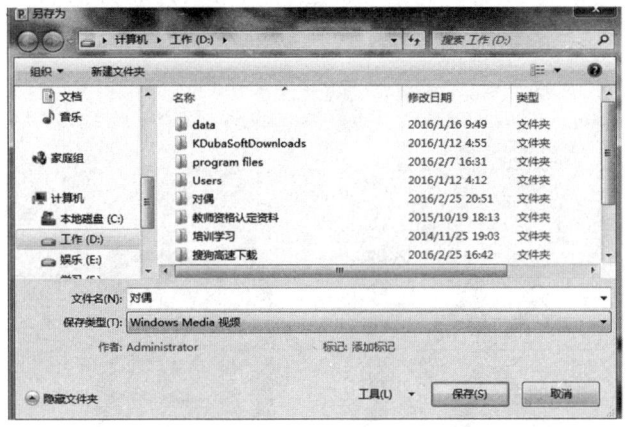

[应用反思]

对于一个小知识点的讲解,利用 ppt 录制微课,比较方便,直观。它有效地解决了我们教学中老师外出学习不能给学生上课的问题。在平时的课堂上利用微课讲解知识点也不失为一个好方法。在录制时一定要注意:选择一个安静的房间,要把握好语速,音速与画面的转换不能脱节等问题。但是对于讲解一篇课文却不能录制成微课,一是因为一篇课文内容较多,二是微课缺少师生互动,无法掌握学生学习情况。利用 ppt 录制微课,还可以用于标语、商家的广告宣传等领域。制作微课除了上述方法外还可使用"屏幕录像专家",用手机、数码相机、DV、摄像机拍摄等。

作者:邯郸市广平县教师进修学校 贾青梅

邯郸市广平县第二实验小学 郑志千

邯郸市广平县教师进修学校 尹丽敏

EXCEL 中数据的计算

[**情景导入**]

从上一节课的学习中,我们已经了解到 EXCEL 电子表格软件的基本构成及各种工具的基本使用方法,并练习了电子表格中数据的输入与自动填充技巧,学习了如何对表格中文字或数据进行字体、字型、字号、字的颜色、背景颜色进行设置等内容。而电子表格还具有强大公式计算和函数运算功能。这一节课我们就来学习利用公式或函数对表格中数据进行运算。

初一年级的期末考试已经结束,王老师作为班主任想要更深入的了解一下本班学生的语文、数学、外语这三门学科的成绩——对每名同学的这三科成绩进行分析,即计算各科的平均分、优秀率(达到满分的 85% 以上为优秀)、及格率(达到满分的 60% 以上为及格)等。

如何利用 Excel 完成这些统计和分析任务呢?

活动 1 了解函数与公式的基本意义

请同学们回顾一下我们在数学中是如何运用公式和函数进行计算的?

如:$(a3+b3)c3-d3=?$ $\bar{x}\dfrac{x_1+x_2+\cdots+x_n}{x_n}$ 等。

而在 EXCEL 中的数据又是如何运用公式或函数进行运算的呢?

在 Excel 中,函数与公式既有区别又互相联系。如果说前者是 Excel 预先定义好的特殊公式,后者就是由用户自行设计对工作表进行计算和处理的计算式。

以公式"=SUM(E1:H1)*A1+26"为例,它要以等号"="开始,其内部可以包括函数、引用、运算符和常量。上式中的"SUM(E1:H1)"是函数,"A1"则是对单元格 A1 的引用(使用其中存储的数据),"26"则是常量,"＊"和"＋"则是算术运算符(另外还有比较运算符、文本运算符和引用运算符)。

如果函数要以公式的形式出现,它必须有两个组成部分,一个是函数名称前面的等号,另一个则是函数本身。

简单总结,函数可以是公式的一部分,但公式不一定总需要包含函数。

活动 2　用函数进行计算(以求各科平均分为例)

第 1 步　选定要存放结果的单元格

	A	B	C	D
1	姓名	语文	数学	外语
2	李明	90	57	66
3	王红	63	63	86
4	赵琳	76	89	57
5	王君	80	56	60
6	孙杨	59	49	66
7	张越	86	86	72
8	平均分			
9	优秀率			
10	及格率			

第 2 步　插入——函数,打开函数列表找到相对应的函数

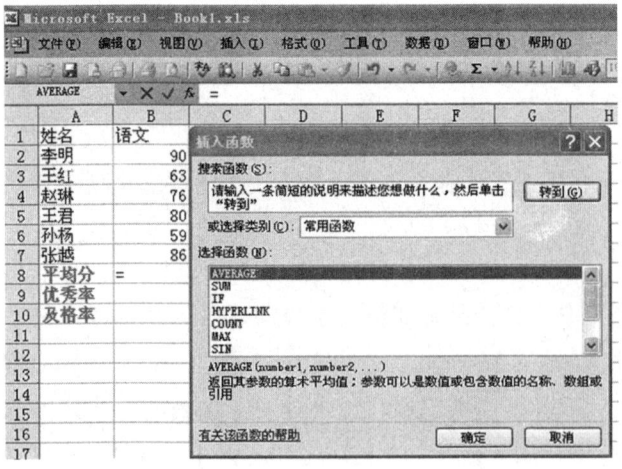

第 3 步　在函数参数对话框里的 number1 里确定要求数据区域的范围

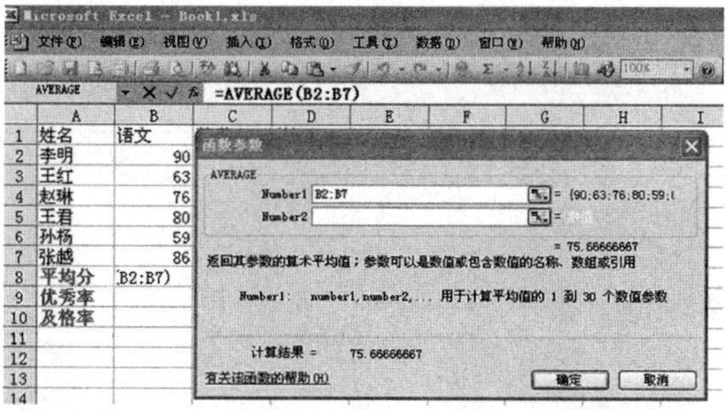

第 4 步　确定,然后横向向右拖动填充柄批量计算

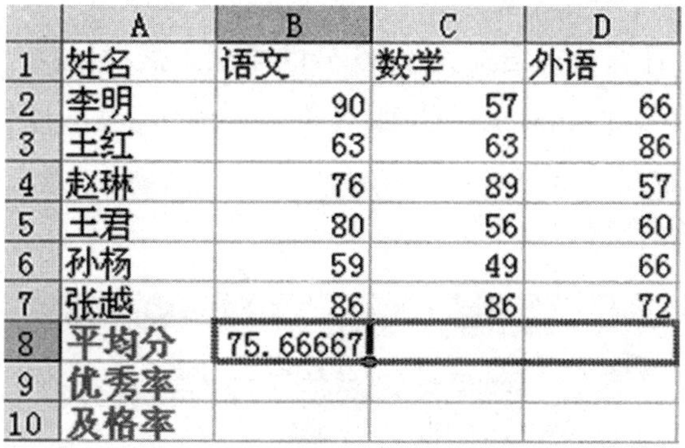

活动 3　用公式进行计算（以求各科优秀率为例）

第 1 步　选定要存放结果的单元格

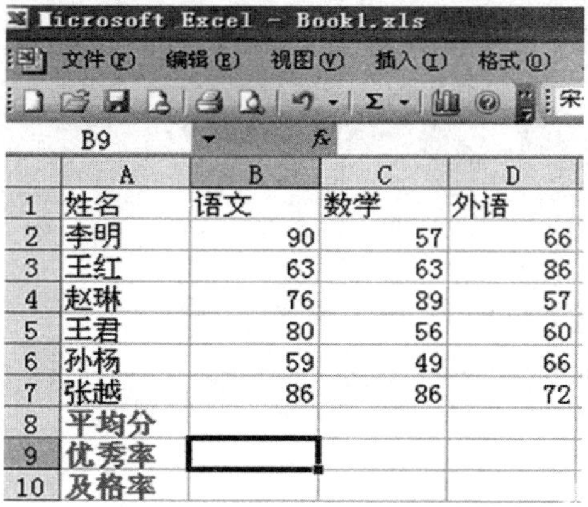

第2步 输入"="

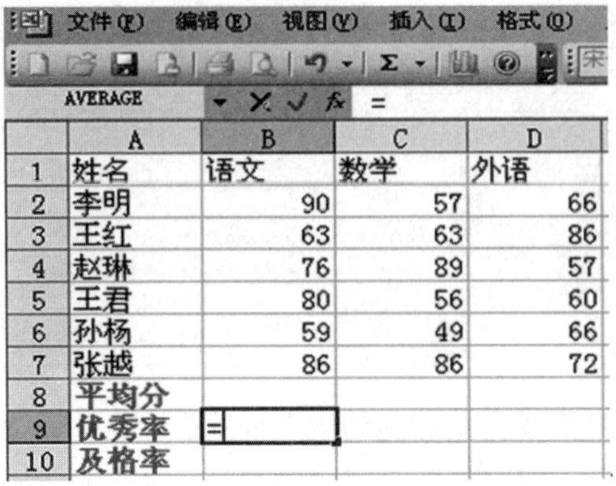

第3步 写出计算公式语文大于85分的学生人数/学生的总人数

在这里涉及两个函数 countif(范围,条件)与 count(范围)的用法,其中 countif(范围,条件)用来统计所在区域内满足条件的单元格数量,count(范围)用来统计所在区域内单元格的数量。

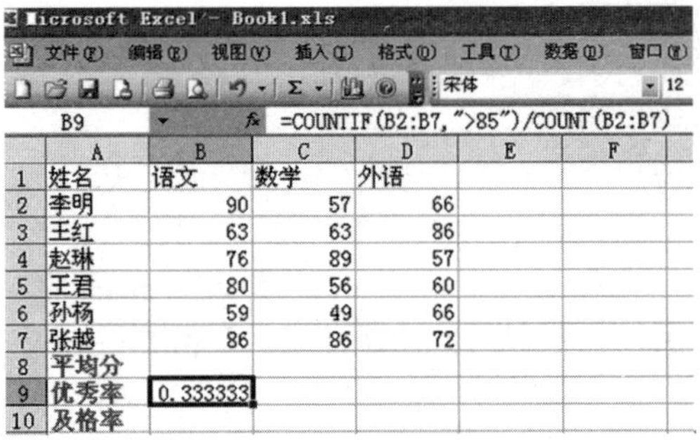

第4步 把光标从单元格跳出来,然后横向拖动填充柄向右填充

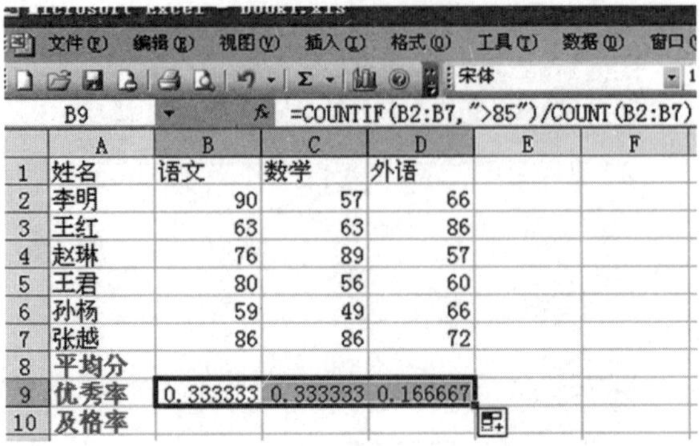

[应用拓展]

也许你已经在Excel中完成过上百张财务报表,也许你已利用Excel函数实现过上千次的复杂运算,也许你认为Excel也不过如此,甚至了无新意。但我们平日里无数次重复的得心应手的使用方法只不过是Excel全部技巧的百分之一。

其实Excel还能完成其他很多发杂的要求。

比如以下案例:

一、让不同类型数据用不同颜色显示

在工资表中,如果想让大于等于2000元的工资总额以"红色"显示,大于等于1500元的工资总额以"蓝色"显示,低于1000元的工资总额以"棕色"显示,其它以"黑色"显示,Excel就可以帮我们完成。

二、提取字符串中的特定字符

除了直接输入外,从已存在的单元格内容中提取特定字符输入,绝对是一种省时又省事的方法,特别是对一些样式雷同的信息更是如此,比如员工名单、籍贯等信息。

如果我们想快速从A4单元格中提取称谓的话,最好使用"=RIGHT(源数据格,提取的字符数)"函数,它表示"从A4单元格最右侧的字符开始提取2个字符"输入到此位置。当然,如果你想提取姓名的话,则要使用"=LEFT(源数据格,提取的字符数)"函数了。还有一种情况,我们不从左右两端开始,而是直接从数据中间提取几个字符。比如我们要想从A5单元格中提取"武汉"两个字时,就只须在目标单元格中输入"=MID(A5,4,2)"就可以了。意思是:在A5单元格中提取第4个字符后的两个字符,也就是第4和第5两个字。

三、控制特定单元格输入文本的长度

你能想象当你在该输入四位数的单元格中却填入了一个两位数,或者在该输入文字的单元格中你却输入了数字的时候,Excel就能自动判断、即时分析并弹出警告,那该多好啊!要实现这一功能,对Excel来说,也并不难。

例如我们将光标定位到一个登记"年份"的单元格中,为了输入的统一和计算的方便,我们希望"年份"都用一个四位数来表示。所以,我们可以单击"数据"菜单的"有效性"选项。在"设置"卡片"有效性条件"的"允许"下拉菜单中选择"文本长度"。然后在"数据"下拉菜单中选择"等于",且"长度"为"4"。同时,我们再来到"出错警告"卡片中,将"输入无效数据时显示的出错警告"设为"停止",并在"标题"和"错误信息"栏中分别填入"输入文本非法!"和"请输入四位数年份。"字样。

四、Excel 帮你选函数

在用函数处理数据时,常常不知道使用什么函数比较合适。Excel 的"搜索函数"功能可以帮你缩小范围,挑选出合适的函数。

执行"插入→函数"命令,打开"插入函数"对话框,在"搜索函数"下面的方框中输入要求(如"计数"),然后单击"转到"按钮,系统即刻将与"计数"有关的函数挑选出来,并显示在"选择函数"下面的列表框中。再结合查看相关的帮助文件,即可快速确定所需要的函数。

关于 Excel 数据的处理和计算还有很多强大的功能,再此就不一一列举了,总之电子表格强大的计算功能,可以有效解决数据的批量快速计算问题,通过这部分内容的学习,你认为它能为你的学习和家庭解决哪些问题呢?通过日常生活中实际应用,我们对表格信息加工的技术与方法有了更深刻的理解,我们要懂得怎样利用信息技术来解决我们身边的一些实际问题,这也是一种新型表达能力的具体体现。

作者:廊坊市文安县第二中学　姜彦丽
指导老师:廊坊三河市第七中学　李　振

如何利用电子白板制作转盘

[**情景导入**]

九年级的学习已经进入复习阶段,以往的复习方法都是以教师讲解和学生做题为主。尤其是语法复习课,单纯依据教材、辅导书、模拟试卷进行复习教学,题海战术,只重数量不求质量的复习方法,让师生均感到身心疲惫。在电子白板的支持下能否实现让学生在轻松愉快的氛围下系统、全面的复习所学知识,提升综合语言运用能力呢?本案例力图探索如何利用电子白板的转盘和超链接功能,解决复习课枯燥乏味、效率不高的问题,提高复习课的有效性。

[**技术讲解**]

在国培计划—交互式电子白板课程学习知道—专题解析—想一想,做一做,拓展学习资料(http://hbzxjsnx2015.e.px.teacher.com.cn)中找到懿文德电子白板程序,即e—world,并下载。

下载完毕后,双击安装程序,按照提示安装完毕。

利用电子白板的转盘复习英语语法的现在进行时。整堂采用学生分组比赛的形式,通过电子白板转盘功能随机抽取各组的学生回答问题,为小组加分。以游戏激发学生学习的积极性,提高教学效率。下面是实施的具体步骤。

第1步 将学生照片导入电子白板的面板中

首先双击e—world图标,启动电子白板程序[H1],进入电子白板主界面。

中间大面积空白为电子白板的面板,我们的文字、照片、音频和视频等素材就可以部署在面板上进行播放展示。右侧和底端的是电子白板的功能按钮,我们在之后的操作步骤中会为大家进行简要介绍。

熟悉了电子白板的界面后,我们就可以开始逐步设计学生分组竞赛的小游戏了。

点击电子白板插入照片按钮,将事先准备好的 40 名学生的学籍照片导入电子白板的面板中。

在面板上画一个矩形框。

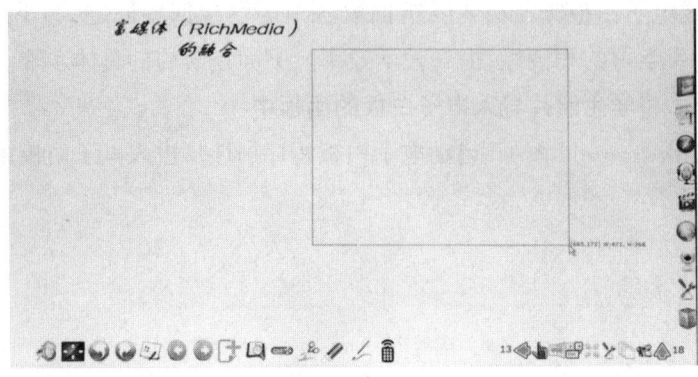

之后便会弹出选择照片的对话框。

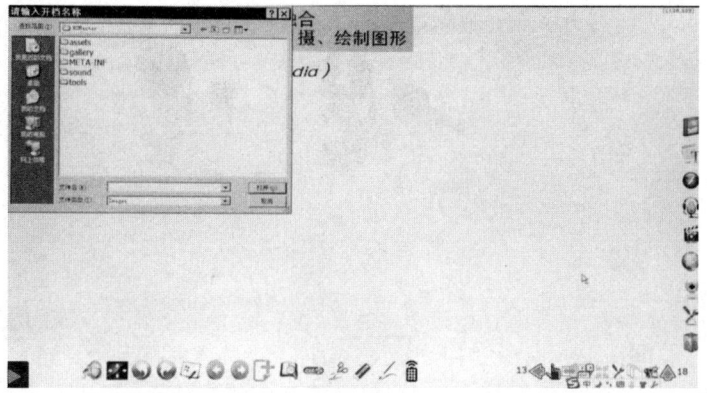

选择好照片后点击打开,照片便会显示在之前选好的矩形框中了。

照片四周是边框,拖拽照片右下角四个箭头的标志,可以将照片调整到合适的大小,拖拽照片可以将其放置面板中合适的位置。

有时候遇到照片不合适的情况,可以使用面板底端的矩形剪刀工具,对照片

进行裁剪,将不用的照片拖入面板右侧垃圾桶中删除。

以同样的方法再导入7个学生(设定8个学生为一组)的照片,将照片位置摆成环形,这样一组学生照片就导入完成了。

第2步 为每组学生制作随机转盘

接下来,我们要为每组学生制作一个随机的点名转盘。

点击面板右侧工具按钮,弹出工具对话框,点击工具栏中的画圆功能,以之前8个学生所形成的环的中点为中心,做一个圆将8个学生照片包围起来,形成一个圆盘。

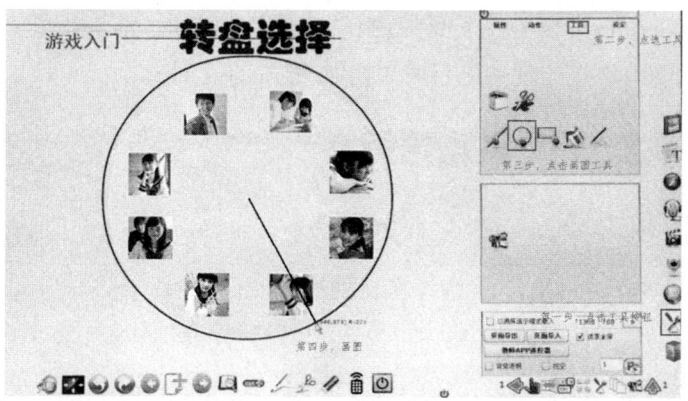

点击圆盘,在右侧的工具对话框中点选属性栏,将圆盘的层级降至1(目的是让学生照片在圆盘之上),勾选锁定(固定圆盘位置)、容器(容纳学生照片)、按钮(添加点击功能)复选框。

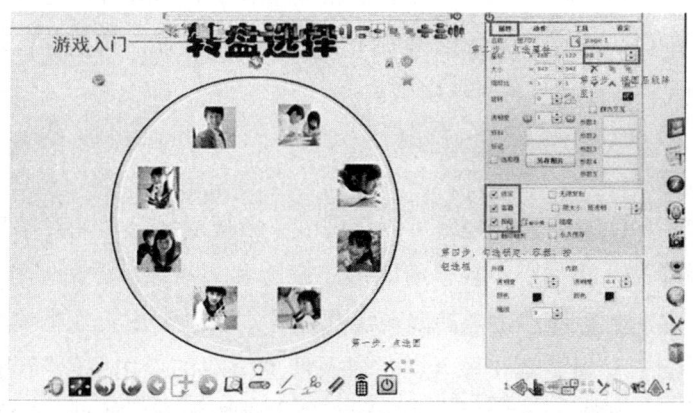

选中圆盘,在右侧工具对话框中点选动作栏,勾选转盘选框,这样一个可以转动的圆盘就做好了,点击圆盘,图片就会转动。

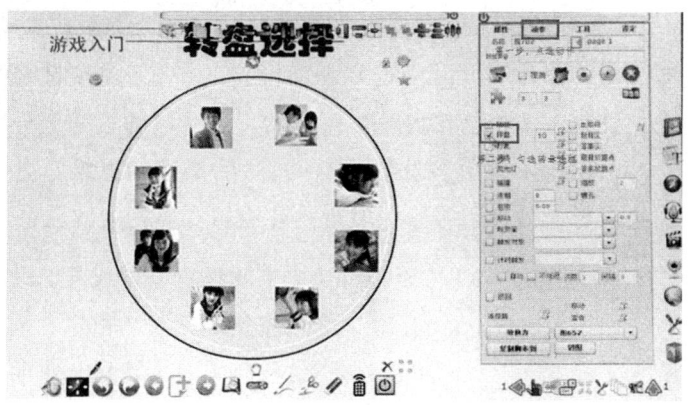

最后,在转盘右侧画上一个箭头,当转盘转动停止时,箭头指到谁,谁就要做动作,其他同学用学过的现在进行时说出她/他正在干什么。

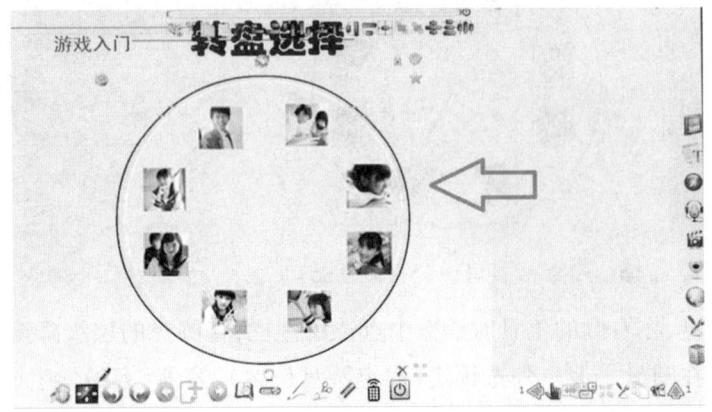

重复步骤2、3,将剩余的32名学生分组建立4个转盘,并摆放到合适的位置。

通过以上步骤,电子白板辅助英语课堂教学的比赛游戏就制作完成了。接下来便可以在课堂上充分的发挥其作用了。

[应用反思]

在日常教学工作中,教师经常可以利用电子白板的转盘功能对学生随机的点名、教学以及竞赛。比如小学数学的图形的旋转和七年级数学的平移与旋转、小学低年级的识字转盘、英语的看转盘英汉互译等。通过利用转盘将抽象的概念转化为具体的图形,转盘游戏在导入课堂以及课堂游戏的应用可以降低教学难度、提高学生的学习兴趣,让不同层次的学生都能在课堂中有所收获。制作的转盘可以在以后的教学中连续使用,别的学科也可以继续使用,实现学科的整合。

在利用电子白板对复习内容再现后,可以采用电子白板的超链接功能对复习内容有针对性的巩固和运用。电子白板中的超链接无需添加一个特定的图标便可实现,教师要注意在制作课件时预设好画面链接的位置,操作时根据教学需要让画面自由来去,让每一步都衔接得流畅而自然。这样教师就完全可以将教学中的提问变得更开放,留给学生更多选择的空间,激活学生的思维。更重要的是这样的前后链接,也能够有效地引导学生发现内在逻辑和事物间的关系。

作者:保定市物探中心学校第三分校　贾昊
　　　保定市徐水区崔庄中学　　　　　袁华
指导老师:保定市徐水区张丰学校　刘艳玲

"一师一优课"优质教学资源在生物教学中的有效利用

[情境导入]

（小张老师是农村中学的一名生物教师,虽然从教多年,面对农村中学生物学科的素质教育,还是有很大的困惑,于是请教了主抓生物教研的高老师,下面是小张老师请教高老师的部分谈话内容。）

小张老师:在基础教育全面推进素质教育的今天,一些家庭对教学质量的片面理解,不利于学生素质的全面优化。尤其是农村初中的生物教学,生物是非中考科目,农村家长以孩子升学为目标,不注重学生综合素质的培养。由于学生及其家长对生物学不重视,学生学习的积极性不高,导致教学效果不佳。

高老师:新课标的理念,更强调初中生物学的学习是一个主动建构知识、发展能力、形成正确的情感态度与价值观的过程,这就需要调动学生学习的积极性,使学生爱学、会学、学会,实现课堂教学效益最大化。

小张老师:面对我们来自农村的孩子,如何实现课堂教学效益最大化？

高老师:这就需要教师要通过不断的学习来提升教育理念,改变教学方式来激发学生的学习兴趣。

小张老师:我也不断的学习,力图提高教学技能,比如学习一些现代教育理论,积极参加培训学习,认真聆听专家的讲座等。

高老师:老师就需要树立终身学习的理念,只有不断的学习才能与时具进。

小张老师:我们学校的生物教师少,担任的班多,出去学习汲取优秀教师的经验很不容易实现。

高老师:国家教育资源公共服务平台中的"一师一优课,一课一名师"活动会使你的面临的一系列难题迎刃而解。"一师一优课"中有很多优质的课件、视频、教学设计以及其它素材,每一节课生物课都凝聚着众多一线教师的教学智慧。教学方法是百花齐放,百家争鸣,但教学理念都是意在培养和提高学生的综合素质。如果你能有效地利用这些优质的教学资源,相信你一定会走出困惑,实现农村生物课堂教学效益最大化。

小张老师:心动不如行动!我会在生物教学中有效利用"一师一优课"优质教育资源,将"一师一优课"优质的教学资源融入整合到我们农村初中的生物教学中,来提高教学质量。

下面就让我们体验一下,小张老师是如何有效利用"一师一优课"活动中的优质教学资源,优化课堂教学,提高教学质量。

一、登录利用"一师一优课"优质教学资源的操作流程

1. 登录"国家教育资源公共服务平台"

网络搜索"国家教育资源公共服务平台"或直接输入网址"www.eduyun.cn",不需要注册就可直接登录进入"国家教育资源公共服务平台"的主页面。主页面如下:

2. 点击"晒优课"

在"国家教育资源公共服务平台"的主页面中,点击"晒优课"(如下图),则进入"一师一优课、一课一名师"活动的页面。

3. 点击"优课展示"

在"一师一优课、一课一名师"页面中点击"优课展示"（如下图），则进入综合不同学段各学科的"一师一优课、一课一名师"的"优课展示"页面。

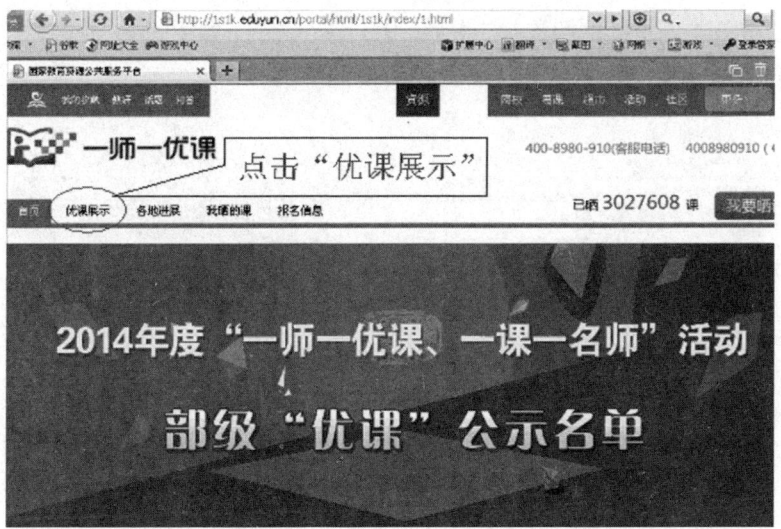

4. 点击"生物"或"其它学科"

在综合不同学段各学科的"一师一优课、一课一名师"的"优课展示"页面中，点击自己需要的学科，比如我们点击初中学段的"生物"（如下图），则进入"一师一优课、一课一名师"的"初中生物"的"优课展示"页面。

5. 选择教材版本

在"一师一优课、一课一名师"的"初中生物"的"优课展示"页面中,选择适合自己的教材版本,比如我们选择"人教 2011 课标版"(如下图),则进入"初中生物"中的"人教 2011 课标版"的"优课展示"页面。

6. 选择"课时"

在"初中生物"中的"人教 2011 课标版"的"优课展示"页面中,根据不同年级不同学习阶段选择需要的课时(如下图),则进入所选课时的"优课展示"页面中,会呈现出多名教师所晒的本节课,如果想优中选优,可点击页面右侧的小框,省优、市优等精良优质课。

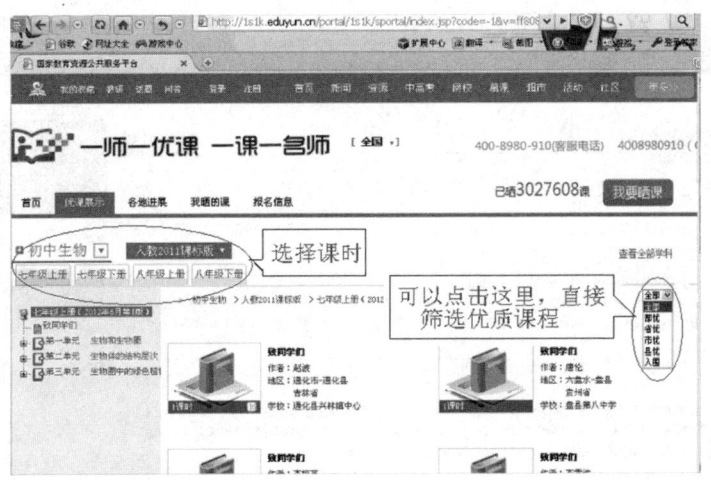

7. 点击"需要的课时"

在"初中生物"中的"人教 2011 课标版"的同一课时的"优课展示"页面中,会呈现出多名教师所晒的本节课,根据需要选择某一位老师的课,则进入该位老师的"优课展示"页面中。

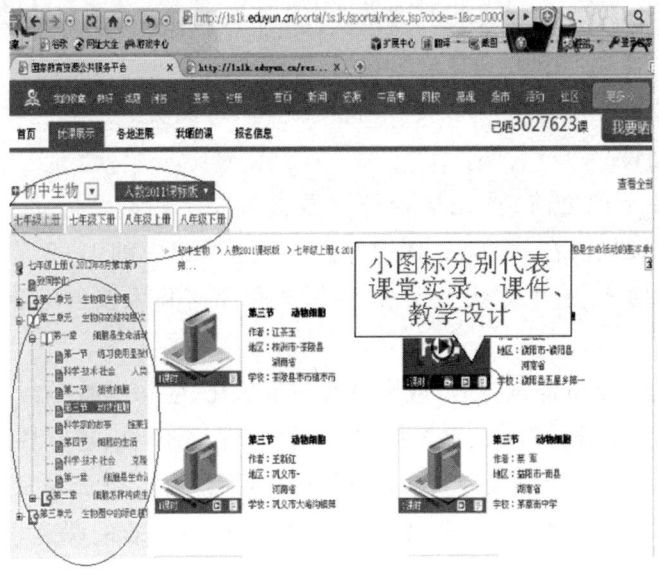

8. 点击"需要的素材"

点击哪一位老师的课的图标,进入的"优课展示"页面中就会显示关于该位老

133

师本节课的的教学设计、课堂实录、课件、视频、作业等素材,点击需要的素材,可以根据需要观看、下载、选用素材。

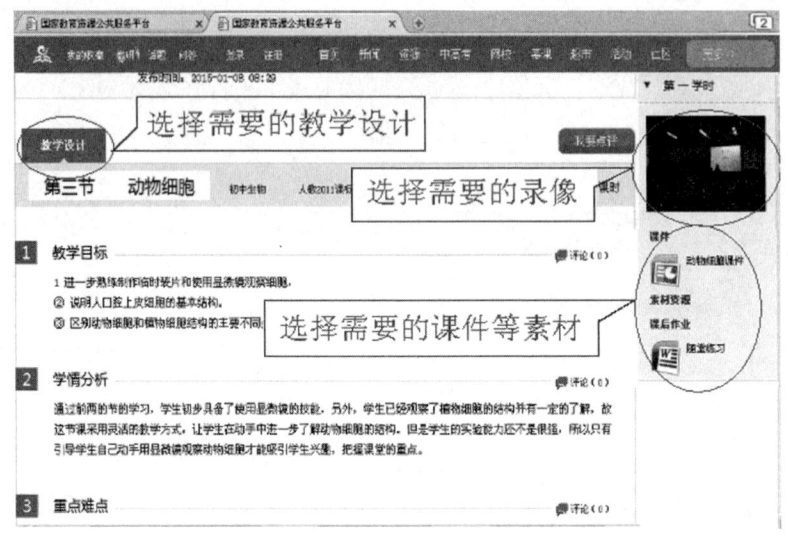

二、应用反思

通过学习和实践,小张老师感悟到只有将"一师一优课"优质教学资源合理有效地整合到生物教学中,才能提高课堂效率。小张老师将自己的收获感悟概括为两个方面的内容,意与同仁分享。

一是有效整合利用"一师一优课"优质教学资源的实施方案

1. 高效备课

在备每一节课之前,首先结合教材教参对要学习的课时进行设计,有了自己的教学思路后,在"一师一优课"平台中选择相应的1—2节优质课进行观摩,在教学模式、教学方法上探索,分析老师如何利用教学资源引导学生探究学习。

教师在对教学资源选择时,应充分考虑最优化,应根据教学目标、教学内容和教学对象,紧扣教材重点,精选那些具有针对性、科学性、趣味性的教学资源,做到在集中多方优势的基础上取长补短,这样经过筛选、整合和完善,编写出适合自己教学实际的教学设计,完成高效备课,为优质高效的课堂教学做好充分准备。

2. 立足课堂

"以'一师一优课'优质教学资源在生物教学中的有效利用"为主题开展教

学研究活动,聚焦教育教学改革中的重点、难点问题,把所学到的理论知识应用于实践,按照"一师一优课"内容要求上好研究课,开展观课、评课、研课活动,从教师态度、教学模式、教学手段、学生情况来探索"一师一优课"优质教学资源在生物教学中的有效利用,如根据自己的教学实际把经过筛选的相关课件、图片、视频等优质素材整合融入到自己的教学中,改变教学实施过于强调接受学习的现状,为学生的主动参与,乐于探究创造了优越的条件,调动了学生学习的积极性,使学生在教师的引导下能够探究学习,从而达到对所教内容的全面深刻地理解并掌握,不仅解决了农村孩子由于对生物学不够重视而厌学的问题,还有效促进了教学改革中教育教学重难点的突破,优化了课堂教学,提高了教学质量。

3. 总结提升

观看"一师一优课"中的优质课视频,学习"一师一优课"中先进的教学理念和教学经验,随时记录下课堂教学的精彩片段和成功之举,分享典型经验,汲取名师的教学智慧,在学习中提升了自己的教育理念。收藏好从"一师一优课"中精选的课件、教学设计、视频等优质的教学资源,建立适合自己教学实际的优质教学资源库,为优质高效的课堂教学做好充分准备。在实践中,加强与同仁之间的互动交流,定期对自己有效利用"一师一优课"优质教学资源的教学实践进行反思和总结,在交流、反思和总结中促进自身教学素质的提升。

可见,在生物教学中有效利用"一师一优课"优质教学资源,不仅能提高教学质量,还能促进教师的专业成长。

二是有效整合利用"一师一优课"优质教学资源应注意的问题

小张老师建议,要更加有效地利用"一师一优课"优质教学资源,应充分考虑最优化的原则,应因材施教。"一师一优课"中有很多优质的课件、视频、教学设计以及其它素材,如果能充分合理地使用这些优质生物教学资源,必然会提高课堂效率。但我们在运用这些教学资源的时候,切记"生搬硬套",直接使用,如果不做合理的取舍,学生学习如同走马观花,结果定会事倍功半。在利用"一师一优课"中优质教学资源进行教学时,要明确使用某种教学资源的目的,是为了激发兴趣或是为了突出重点或是为了突破难点等等,应充分考虑最优化,应该根据教学目标、教学实际,精心选择那些具有针对性、科学性、趣味性的教学资源,切记"生搬硬套",直接使用,如果不做合理的取舍,学生学习如同走马观花,结果定会事倍功半。总之要学会取舍,因材施教,优化课堂教学,达到教学效率最大化。

总之,"一师一优课"活动平台为生物教学提供了优质的服务,为教师的成长提供了广阔的空间,如果我们能有效地利用"一师一优课"优质的教学资源,定会使我们的教学质量和专业素养有很大的提升,达到事半功倍的效果。

作者:承德市平泉县小寺沟中学　康淑春
指导老师:石家庄市第九中学　陈　宵

幻灯片中如何插入 Flash 动画或视频的技巧

[情境导入]

化学是在分子、原子层次上研究物质的组成、结构、性质以及变化规律的科学。任何基础自然科学都有自己的支撑理论部分,教材中理论部分难免枯燥、生硬、抽象,学生学习困难较大;微观概念学生难以捉摸;研究物质的性质以及变化规律时,离不开实验。而现行条件和现行教材中有的实验现象不太明显;有的实验过程太快,有的实验过程又太慢;有的实验有毒,有的又比较危险等等;这些都不利于学生对实验现象进行准确、细致、完整的观察,不利于学生对实验的全面了解,若将这类实验进行信息处理和图像输出,使之图文并茂,形象逼真地展现出来,从而就可以解决实验室无法解决的问题。给学生创设一种身临其境的氛围。促使学生不由自主地参与教学,共享实验的成败,思考存在的问题,并展开丰富的联想。

再比如教材中如分子、原子、离子、原子结构等微观世界,比较抽象,学生的想象力受到抑制,降低了教学效果。若在教学中,我们利用计算机插入制作好的 Flash 动画或视频,既形象、又逼真,促进学生积极思考。

那么如何在课件中插入 Flash 动画或视频呢?

在这里我向大家介绍一种最简单、最实用的方法,即使是只有初步计算机水平的教师来说,操作起来也是没有任何困难的。那就是"利用超链接的方法"向幻灯片中插入 flash 动画或视频。这种方法的特点是简单,易于使用,更适合对于 Powerpoint 不太熟悉的老师。同时它还能将 *.EXE 类型的文件插入到幻灯片中去。

以 Powerpoint2007 版本为例,具体操作步骤如下:

第 1 步　运行 Powerpoint 程序,打开幻灯片,找到要插入动画或视频的一页。

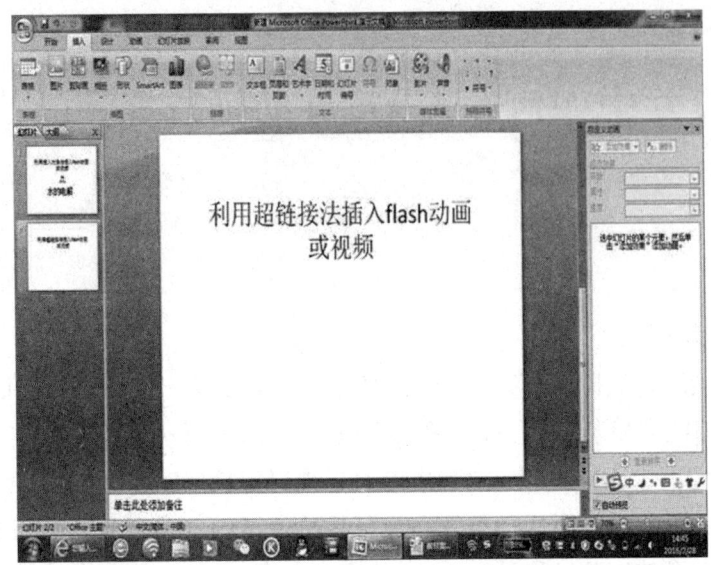

第 2 步　在其中插入任意一个对象,比如一段文字,一个图片等。目的是对它设置超链接。最好这个对象和链接到的动画的内容相关。比如在这里我们输入"水的电解"。

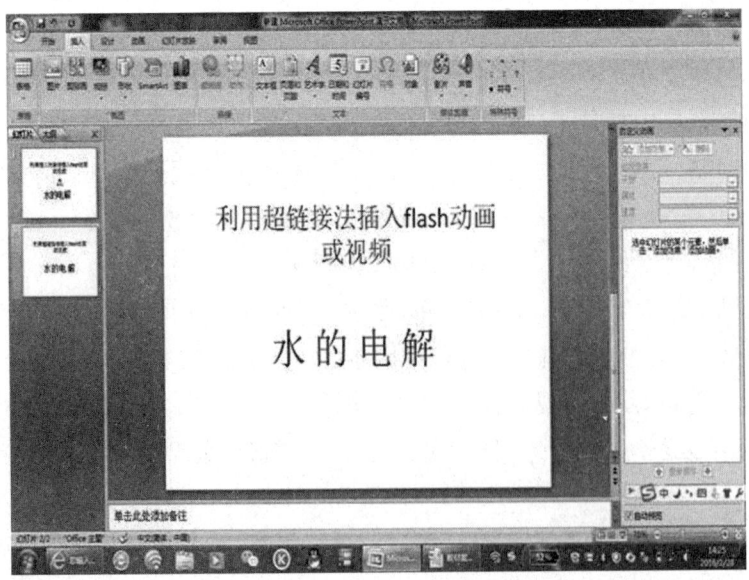

第3步 选择"水的电解"这个对象,点击"插入"菜单,在打开的下拉菜单中单击"超级链接"。或直接单击右键,找到"编辑超链接"单击。

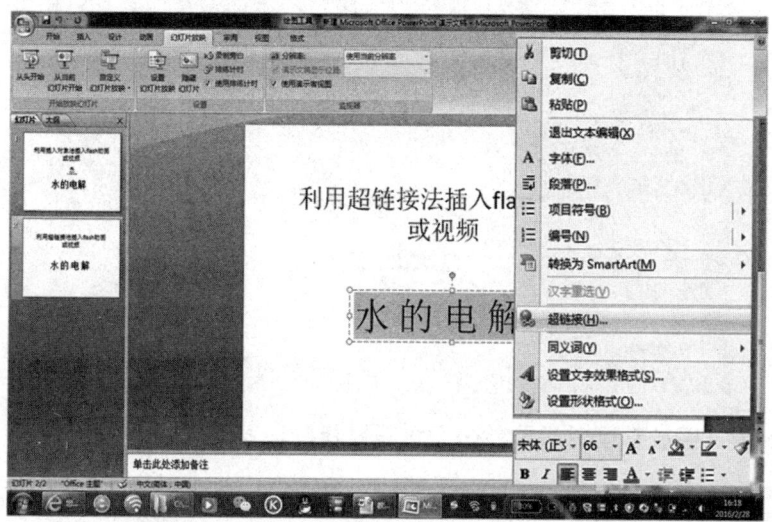

第4步 弹出窗口后,在"链接到"中选择"原有文件或网页",点击"当前文件"按钮,找到你想插入的动画或视频。

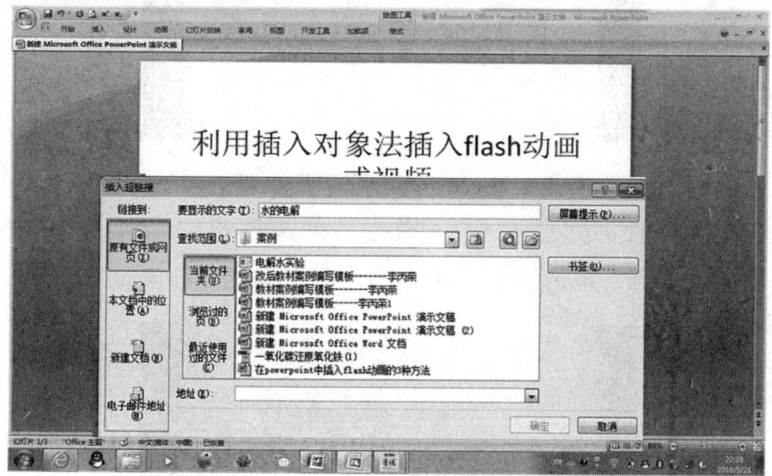

第 5 步　找到你所选择的 flash 动画或视频后,点击"确定"完成。

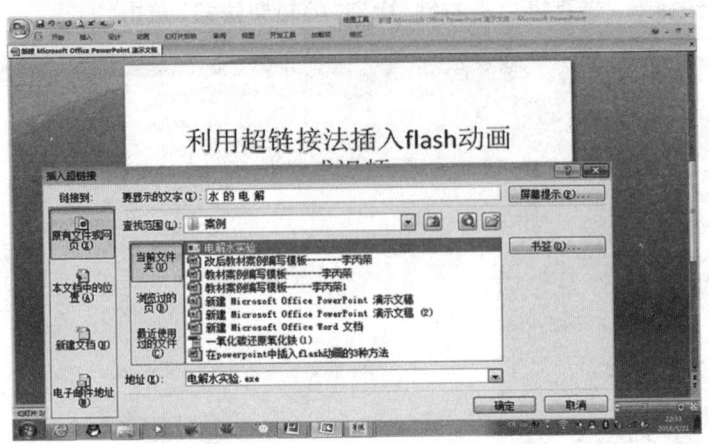

第 6 步　播放动画时只要单击设置超链接的对象即可。

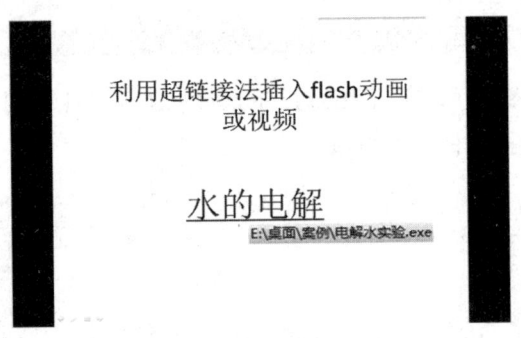

第 7 步　使用超链接插入动画或视频时需要注意:
　　动画或视频文件名称或存储位置改变都将导致超链接"无法打开指定的文件"。即在 ppt 播放时,点击超链接,有时将会弹出如下窗口

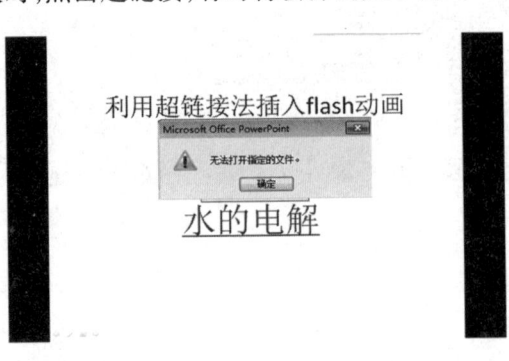

第 8 步　解决方法是：右键点击超链接的地方，找到"取消超链接"。

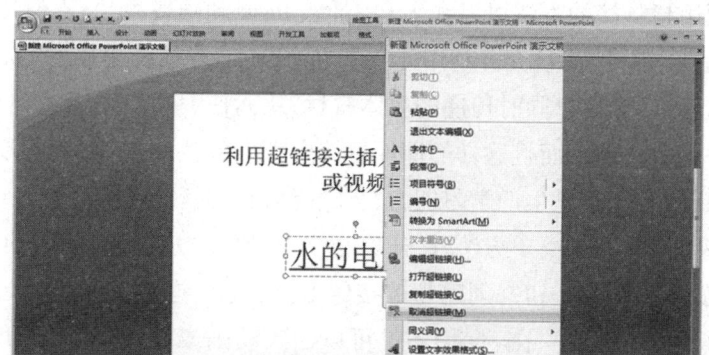

第 9 步　在进行文件复制时，要连同动画或视频文件放在同一个文件中一起复制，并重新编辑超链接。重新编辑时，方法按从步骤 3——步骤 5 操作。当编辑好后再次打开时，将会出现下面的窗口。

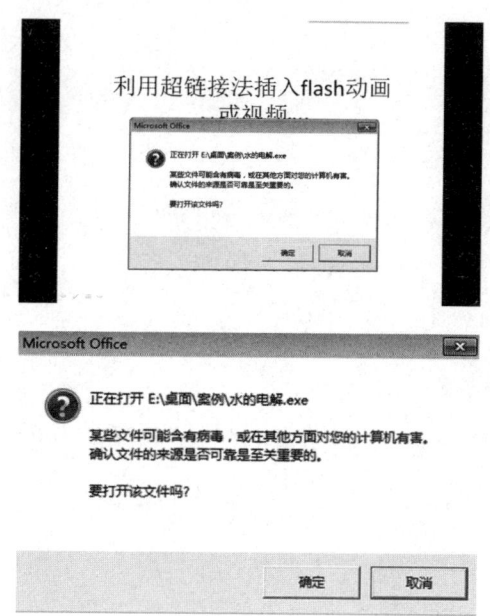

这种情况下，通常做法是点击"确定"。只要使用的计算机上安装有 flash 播放器或其他视频播放器就能正常播放了，即链接成功。

[应用拓展]

通过利用超链接的方法可以在 ppt 中插入 flash 动画或视频,不但帮助我设计出了精美的 ppt 课件,而且充分利用此技术方法,还能使设计出来的 ppt 课件成为具有模拟仿真、声像信息同时传递的立体教材,从而使我在教学中达到节省时间、提高教学质量的目的。而且这样的课件更符合学生的认知规律,能有效地激发学生的学习兴趣,有利于学生的学习能力、实践能力和创新能力的培养。

除了我上面介绍的简单方法外,还有很多其他的方法也可以在 ppt 中插入动画或视频,如利用动作按钮来创建超链接的方法;或者是直接利用"动作设置"来创建超链接的方法等等。在 ppt 中不但可以插入动画或视频,甚至还可以插入图片或声音等等,希望和大家共同交流学习。尽量熟练运用更多的信息技术在我们的学科教学中,使多媒体发挥更好的作用。

作者:廊坊市安次区杨税务中学　李丙荣
指导老师:廊坊市文安县教师进修学校　牛素军

利用 PowerPoint（PPT）充实美术教学

[情境导入]

在制作美术微课《面具》的过程中，因为这节课的内容设计到一些少数民俗的文化，若只是光看图片，没有音乐的介入，学生不能很好的了解少数民俗文化气息，学生就没兴趣，不易引起学生的共鸣。那么这节课也就枯燥无味了！

信息技术高老师提出可以在播放图片的同时播放音乐。同时，也可以在 PPT 中加入视频。这就能很好的解决上述问题。

一、PPT 中加入音乐

PowerPoint 2003 的功能已经相当丰富，但还没有一种直接为整个幻灯片添加背景音乐的功能。虽然我们可以通过依次点击"插入－影片和声音－文件中的声音"的方法来插入音乐（图1），但是当演示到下一张幻灯片的时候音乐就会停止。因此要使整个幻灯片使用一个背景音乐似乎是不可能实现的事情。

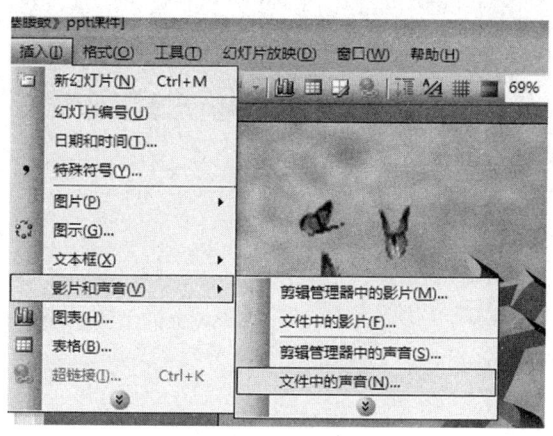

（图1）

但事实并非如此，下面我就将我在实际操作中所总结的在 PowerPoint 中实现插入背景音乐的两种方法和大家一起分享（本文以 PowerPoint 2003 为例，其它版本请参照操作）。

1. 依次点击"插入 – 影片和声音 – 文件中的声音"（图1），在出现的"插入声音"对话框中选中要作为背景音乐的文件，然后单击"确定"（图2），在弹出的对话框中点击"自动"按钮插入音乐对象（图3）。

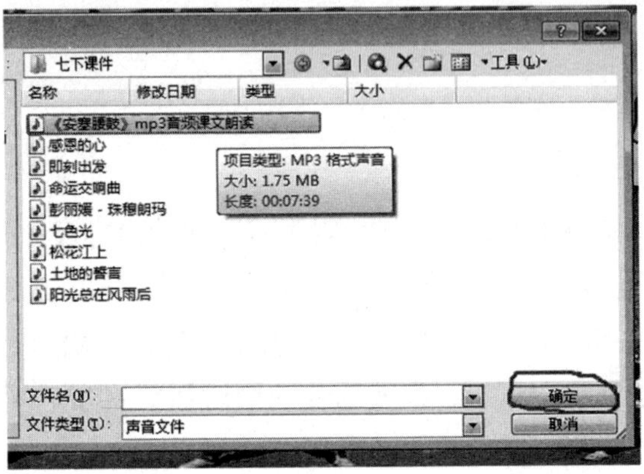

（图2）

（图3）

2. 用鼠标右键单击插入的声音对象（喇叭图标），在弹出的快捷菜单中选择"自定义动画"（图4），在出现的"自定义动画"任务窗格中，点击刚刚插入的音乐选项右侧的下接箭头，在出现的菜单中单击"效果选项"（图5）。

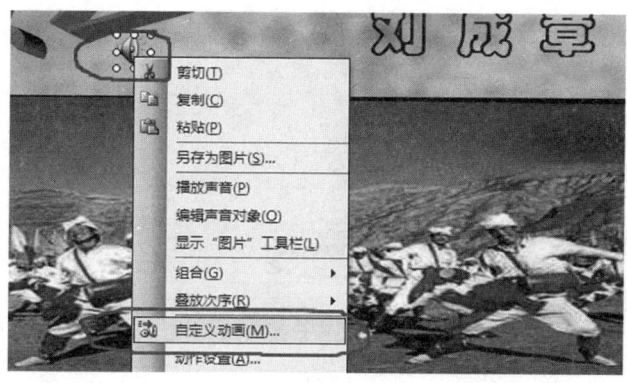

（图4）

（图5）

3. 在弹出的"播放声音"对话框中,在"效果"标签中,在"停止播放"项下面选中"在(F):XX 张幻灯片之后"(中间 XX 为数字),在中间的数字增减框中输入适当的数字(图6)。

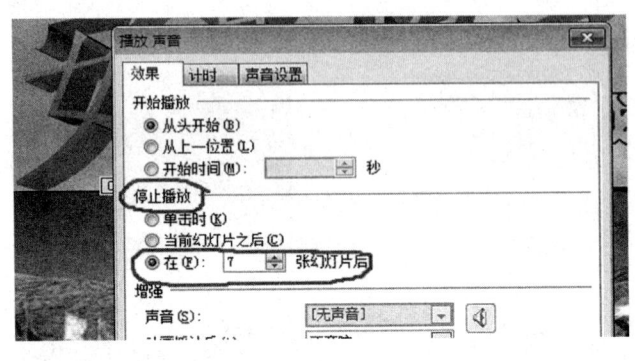

(图6)

数字可以根据幻灯片的总张数来设定,比如幻灯片共有 49 张,那么你可以设定为 50,这样就可以实现直到幻灯片结束都没有达到设定的张数,所以声音也就不会停止了。

如果插入的声音文件比较短,可以切换到"计时"标签,在"重复"后面的下拉列表框中选中"直到幻灯片末尾"项(图7),这样就可发避免因为声音文件太短,导致演示到后来没有背景音乐的情况的发生。

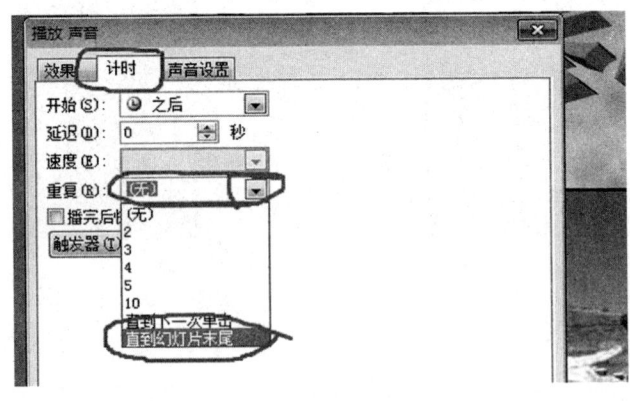

(图7)

另外别忘了,切换到"声音设置"标签,勾选"幻灯片放映时隐藏声音图标"项(图8),这样在放映的时候小喇叭图标就不会显示了。

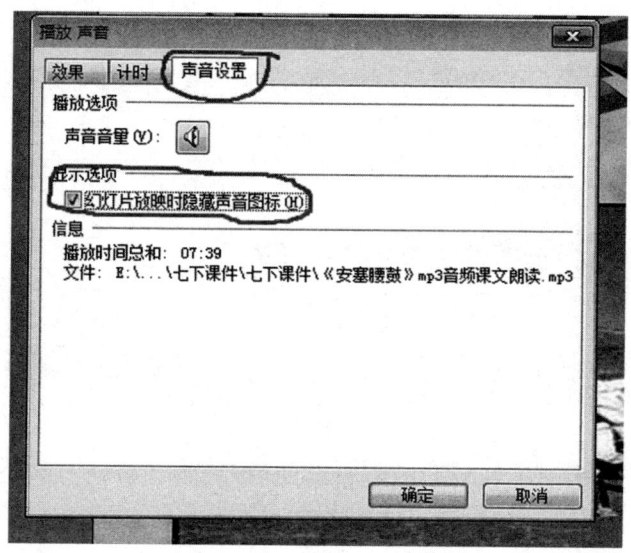

（图8）

4. 这时再放映幻灯片试试，是不是实现了背景音乐的功能了。

二、PPT中加入视频

在演示文稿软件找到需要就如视频的页面单击工具栏中的"插入"后，在"影片和声音"中找到"文件中的影片"。如下图（图9）所示：

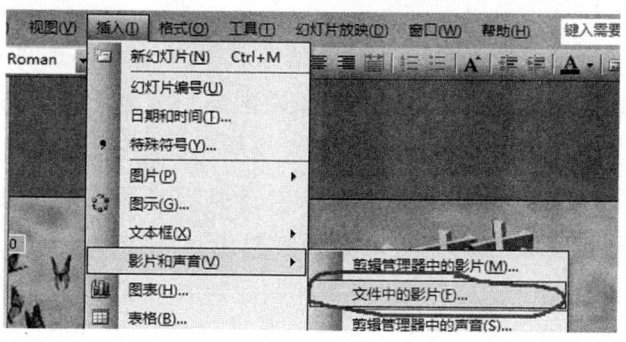

（图9）

进入"插入影片"对话框，在①的位置上选择要加入影片的位置，在②的位置选中影片，然后单击"确定"。如下图（图10）所示：

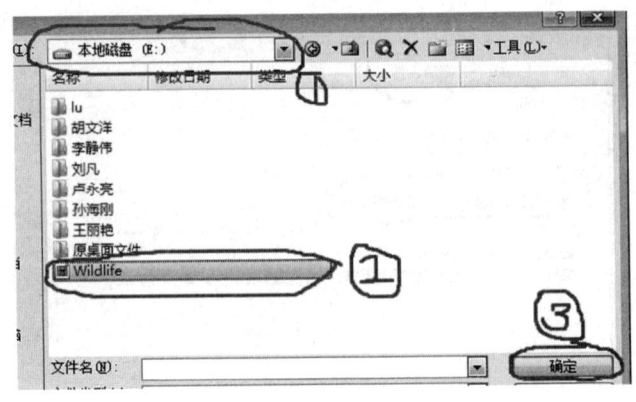

（图10）

出现如下图所示的对话框，根据自己的需要选择"自动"或"在单击时"。完成视频的插入。

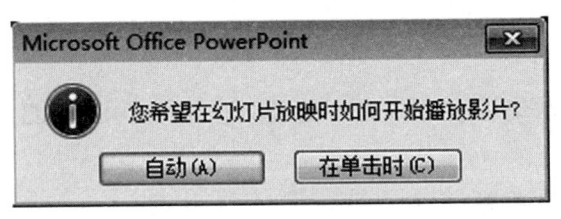

（图11）

[应用拓展]

日常教学工作中，会经常 PPT 软件制作课件，而有些课的课件会因为没有背景音乐显得很枯燥无味（如在讲《学画中国画》中，若只是看图片、教学生绘画技法、临摹这些常规的教学手段，整节课给学生的感觉就会很枯燥，学生学的很没有兴趣，第一节课还好些，因为他们对国画山水比较陌生，会有一定的兴趣；上课的时间一长，学生的兴趣就会慢慢消失，对国画的兴趣也会慢慢消失。如何能够让学生兴趣一直保持新鲜，这样的问题大家可能都遇到过。我的方法就是在教学生绘画技巧时，给学生讲述一些大师的故事，来加深学生对国画的了解，在讲故事的时候给学生播放幻灯片，在幻灯片中插入古典的音乐来烘托课堂氛围，如在讲《清明上河图》时，展示开始的时候，画面是山水画面，在这里播放《高山流水》之类音乐，展示中间集市场景是可以找一些市井买卖的声音，从而来提高学生的兴趣。）

尤其是在美术课中，里面有很多的课程是需要重现当时的一些创造背景，音乐就是最好的途径。但是很多时候就是不能够把音乐与PPT很好的结合在一起。这次的学习后,我觉得通过简单的操作,便能PPT与音乐结合在一起,很好的解决了美术课堂中的枯燥无味问题。

作者:迁安市上庄乡望都庄学校　李静伟

指导老师:遵化市教育教学研究与教师培训中学　齐晓荣

如何使用"小猿搜题"解决未知问题

[情境导入]

科技飞速发展的今天,现代教育技术的广泛应用是教育现代化的一个重要标志,现代信息技术教育已成为中小学生的必修课程,并且现代化信息技术作为教育教学的有效手段,已经逐渐渗透到各科教学中。应用于学生群体的学习类软件也是越来越多,小猿搜题就是一款软件,它可一键拍照帮助学生解决难题。由于我校是一所城乡结合部学校,学校的大多数学生是打工子弟,有时有些学生因为作业题量大,老师不能一一讲解,总会遇到一些自己不会的问题或者是不太清楚所做题是否正确。有时有些学生基础没学好,简单题老师不讲又不好意思问,可是有些题目自己也不会做,而他们的父母有的是根本没有时间来管孩子,有的文化水平比较低管不了孩子,这时我建议学生和家长可以用——小猿搜题来解决问题。

[技术讲解]

一、功能介绍

小猿搜题是一款为中小学生创造的拍照搜题软件,软件占用太存小,操作简单,手机拍照,即可得到答案解析。这款软件下载即用,无需注册,完全免费。全面覆盖语数外、物化生、政史地九大科目,海量题库,精选几十万道难题,配备视频讲解。作文也能搜索,只要输入关键词,就能搜出千万好作文。难题好题还可以一键收藏给自己,轻松分享给同学。

二、小猿搜题的下载安装

1. 在浏览器地址栏中输入"小猿搜题",进入小猿搜题官方版,点击下载,如图所示。

2. 界面"出现名称、目录及文件大小",点击"确认",如图所示。

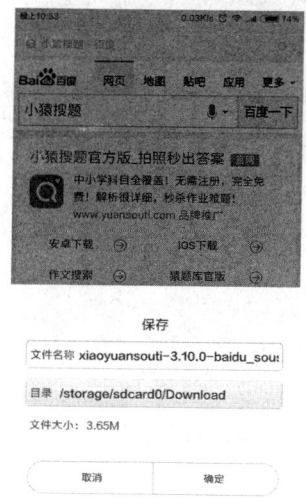

3. 界面出现小猿搜题的"应用安全提醒",如果下载点击"仅允许一次",如图所示。

4. 界面出现小猿搜题"来源、安全相关权限、隐私相关权限、其他权限",请仔细阅读,点击"安装",如图所示。

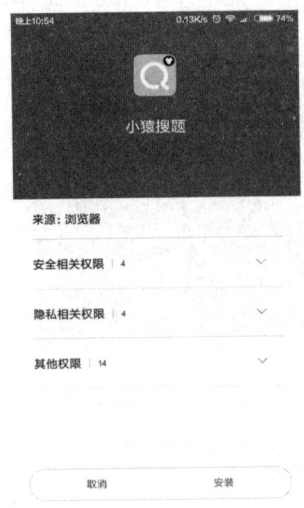

5. 下载完毕,界面出现"小猿搜题安装成功",点击"完成",如图所示。

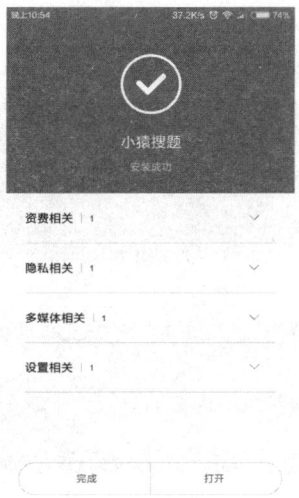

三、小猿搜题使用方法

1. 在应用宝打开"小猿搜题",首页出现"拍照搜题",按"拍照搜题"。

2. 用摄像头拍你不会做的题目(不支持手写题目),用框选住搜索的题目。

注意:需要横屏拍照,题目文字尽量与参考线平行

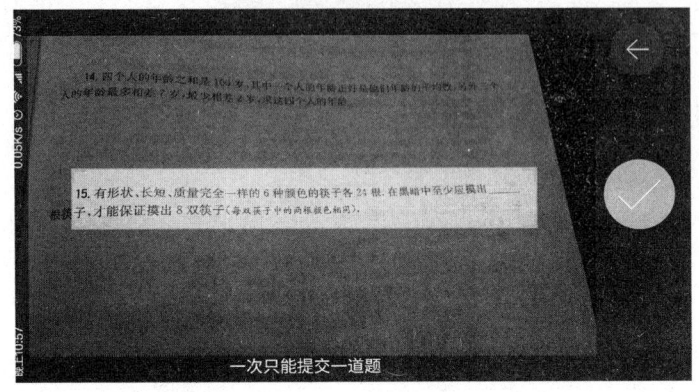

3. 稍等片刻,就可以得到题目的解题思路和答案。

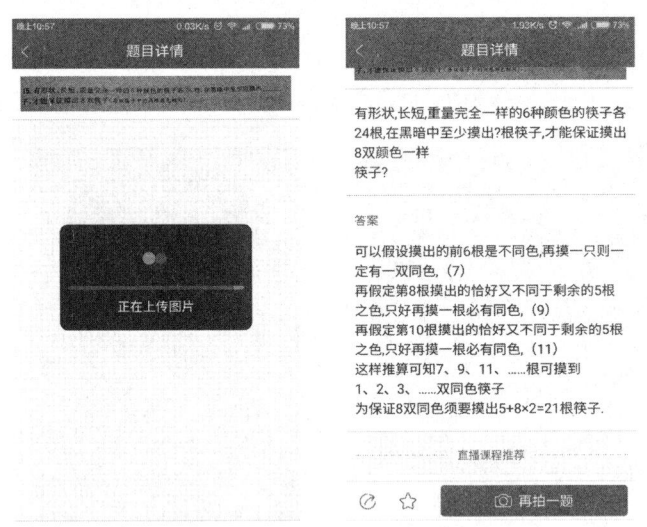

4. 如果还有不会的可以再来一张呦。

[应用反思]

自从孩子们用了小猿搜题以后,在数学学习上的积极性有了很大的提升。孩子们说"我父母不在家遇到不会做的题我再也不用上愁了。小猿搜题的简单易用,不会的题都有解析,有些题目还有视频。好棒啊!平时做题不知道对不对,现在终于有底了"。但是有的同学疲于抄作业,不再认真学习、独立地去完成作业,

孩子难免受到影响,孩子毕竟是孩子嘛,这时候,老师和家长的监督显得尤为重要了。小猿搜题不仅可以搜数学题,还可以搜物理、化学等其他学科的题,其实,搜题的软件有很多种,比如:百度、作业帮、学霸搜题等。

作者:邢台市文星小学　李　莉
邢台市桥西区教师进修学校　乔培曼

利用演示文稿召开一次千里之外的家长会

[情境导入]

家长会是老师和家长相互交流学生情况,共同寻找最佳教育方法和途径的有效渠道。因此召开家长会非常必要。然而,班里有相当一部分学生的家长在外地打工,不能按时参加学校组织的家长会。如何跨越时间、地点的困难,帮助在外打工的家长了解孩子学校学习情况,取得家长对学校工作的理解和支持呢?考虑外出务工人员的特殊情况,我以演示文稿为载体召开了一场千里之外的家长会。在其中的一张幻灯片上,我还利用电子表格的制作图表功能清晰地展示了学生成绩的变化情况。

活动1 PowerPoint2003 软件介绍

Office2003 是全球使用最广泛的办公软件。Powerpoint2003 是 MicrosoftOffice 系列办公软件中的一个演示文稿制作软件。它功能丰富,制作简单,面且在各个升级版本的电脑中都能顺利打开,在较低版本的电脑中也能打开,方便使用。

活动 2　制作演示文稿

第一步　制作 PPT 封面

1. 打开演示文稿,【文件】→【新建】,单击文本框,添加标题和副标题。

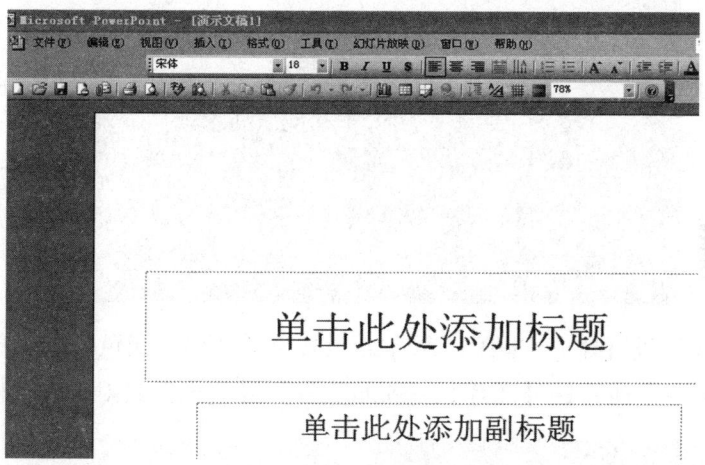

2. 粘贴准备好的封面图片,调整大小,并将图片置于底层:右键击图片,【叠放次序】→【置于底层】。

3. 对文字进行处理:选中文字,重新设置字体、字号、颜色。把副标题框中文字设置艺术字:【插入】→【图片】→【来自文件】→【艺术字】,对字体、字号再编辑。

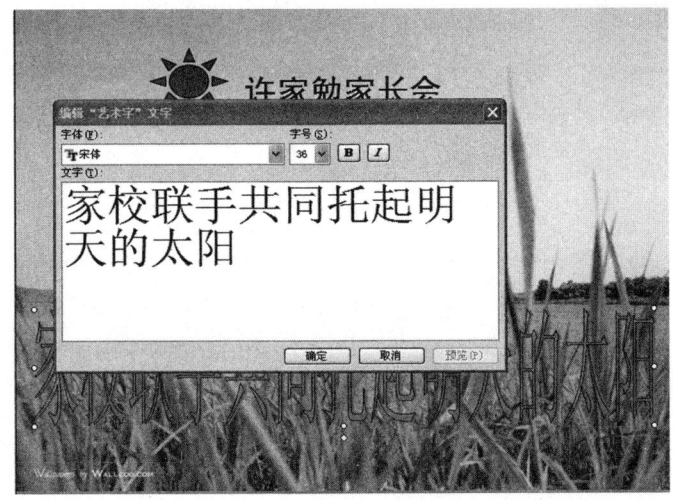

4. OK,PPT 封面制作好了。

第二步　插入新幻灯片

1.【插入】→【新幻灯片】,粘贴准备好和背景图片,并置于底层

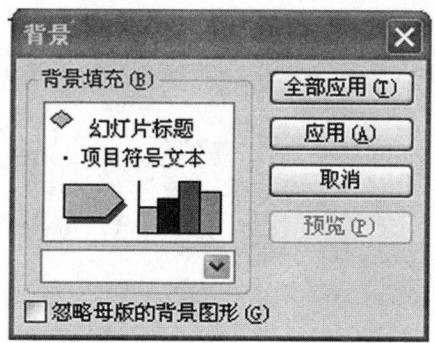

2. 在这张幻灯片上展示学生考试成绩。

启动 EXCEL,在默认工作簿 sheet1 中输入学生五次单元测试卷测试日期,分数。

利用 EXCEL 的计算功能得出学生每次得分率百分数。

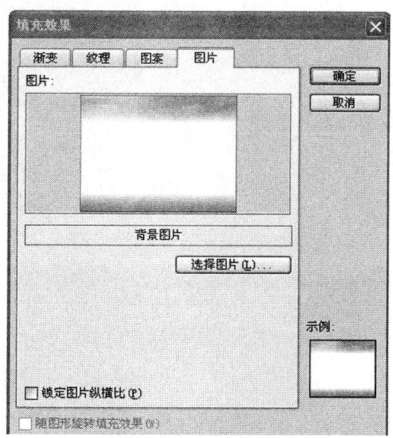

利用 EXCEL 制作,以柱形图表展示学生成绩:【插入】→【图表】,按照"图表向导"四步骤【图表类型】→【图表源数据】→【图表选项】→【图表位置】依次完成。

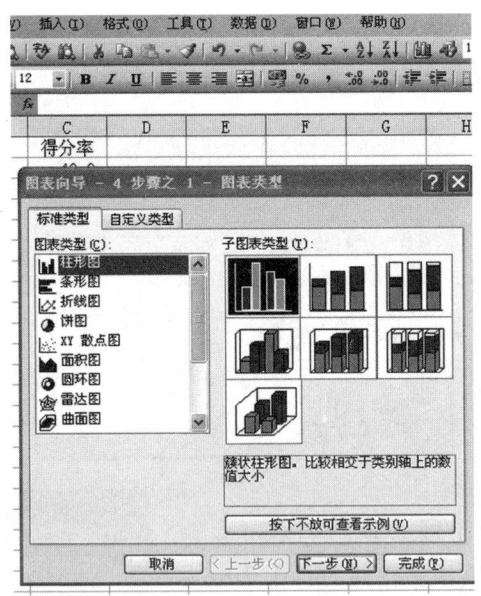

<<< 利用演示文稿召开一次千里之外的家长会

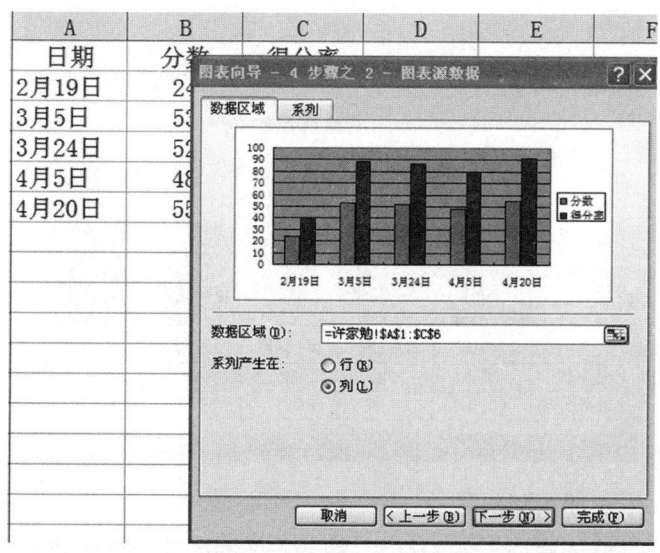

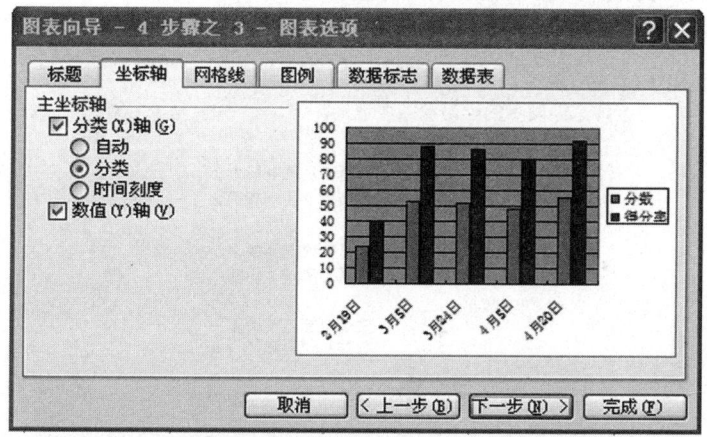

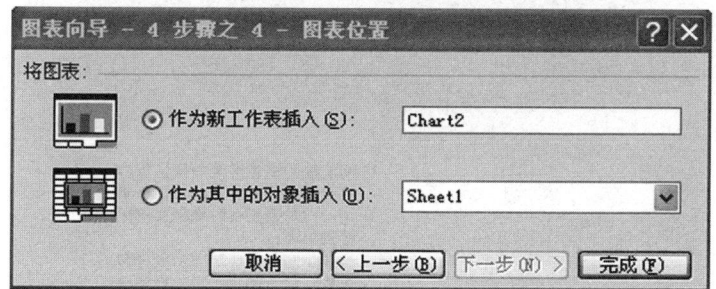

将制作好的图表利用 QQ 截图,粘贴到第二张幻灯片上就 OK 了。

161

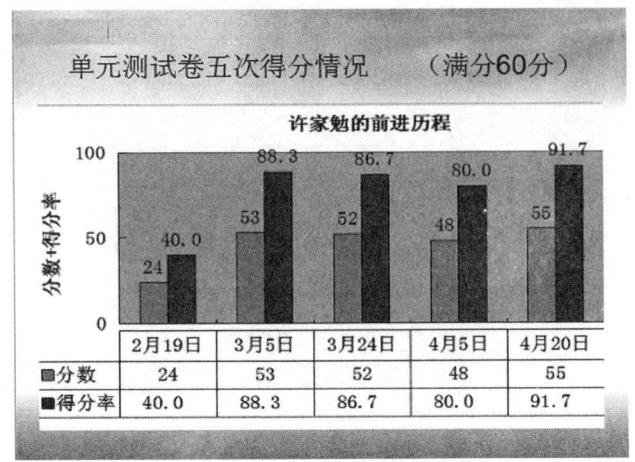

第三步 依次插入新幻灯片

根据内容需要依次插入新幻灯片，粘贴需要的图片、文字，也可以对文字和图片添加动画效果。

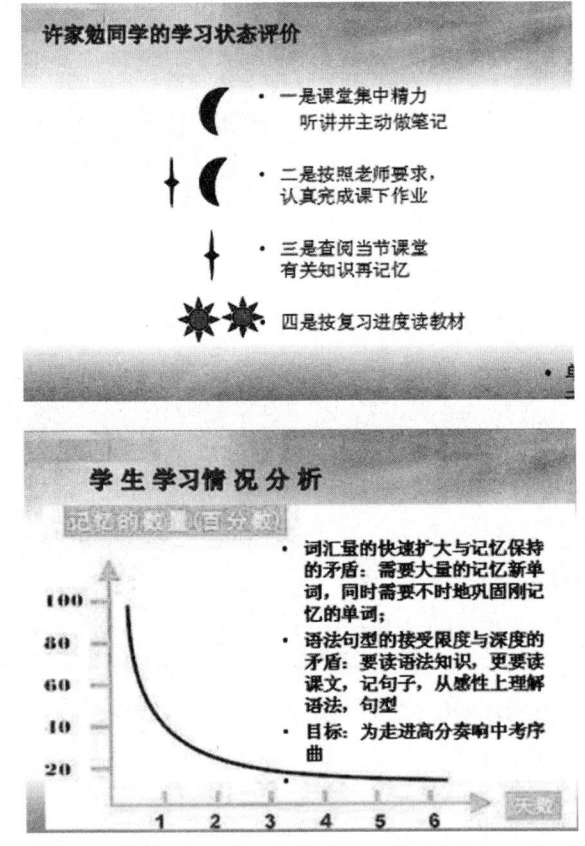

第四步 保存演示文稿

制作好的演示文稿在关闭前需要保存：点击【文件】→【保存】，在弹出的对话框内选择保存位置，输入文件名：点击【保存】。好了，这次可以关闭了。

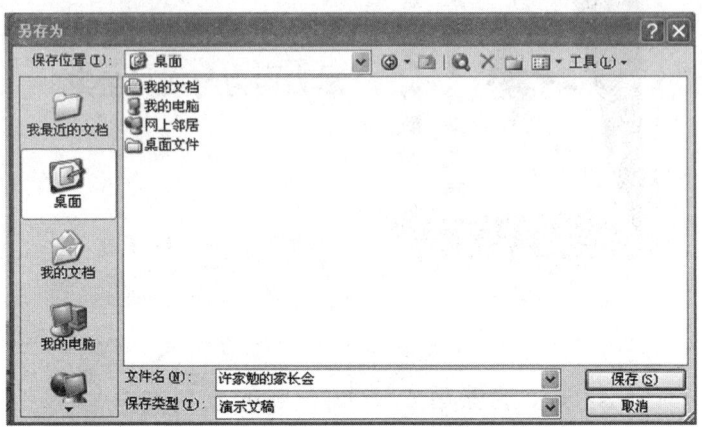

第五步 将 PPT 共享给千里之外不能出席家长会的家长

登陆 QQ，在打开的对话框中，点击图标"远程演示"下拉菜单"【分享屏幕】"，待对方接受后，打开制作好的 PPT 文稿开始放映。不管对方坐在电脑前，还是使用智能手机，千里之外的家长会都可以面对面的召开了。

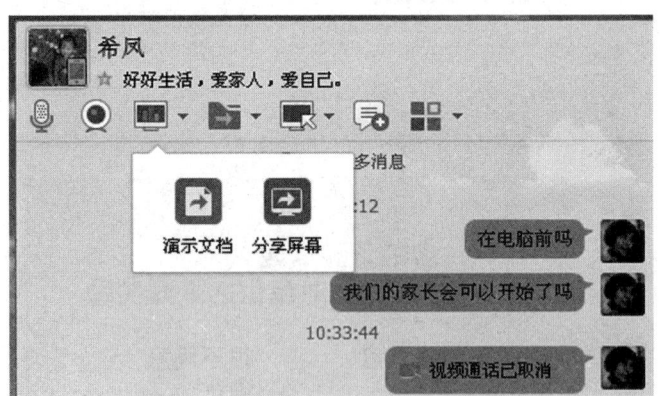

[应用拓展]

演示文稿制作容易,操作方便,尤其它的强大的信息演示功能,越来越被教师认可,成为教师喜欢的软件工具之一。那么,制作怎样的 PPT 演示文稿才能收到事半功倍的效果呢?

1. 演示文稿的封面:PPT 封面的主标题在字体、字形、颜色上要醒目,要有震撼力,要能够抓住学生的眼球。PPT 的副标题要简洁、直白,点明本次演示文稿的性质,内容。

2. 演示文稿的正文:图文并茂胜过单纯文字出现。在正文页面,可以插入视频,动画,图片和声音。每页的文字控制在十行以内,表达不完的信息在放映幻灯片时可以解说出来。

3. 删除无关信息:幻灯片展示的是与学习主题紧密相关的词语,画面和声音。反之,删除。例如,有的幻灯片在屏幕下端放一张 flash,一个漂亮的小女孩或者一只可爱的小动物在不停的晃动,很萌萌哒,很吸引人,与讲述的内容无关,分散学习者的注意力。

作者:成安县第二中学　李美花

指导老师:邯郸市成安县教师进修学校　安海云

利用"百会维基"构建校外国学教育平台

[**情境导入**]

在高度信息化的今天,在云计算、大数据这些当今前沿科技面前,信息的获取、分析、处理、应用能力将成为现代人最基本的能力和素质的标志,如何把握时代脉搏进而走在时代最前列,成为新时期教育工作者一项光荣而艰巨的任务。为了适应新时期教育工作的需要,我们必须不断学习、不断提高,才能适应当今飞速发展的教育形势。

作为一线的教师,如何更好地利用资源为教学服务,特别是真正拥有自己的教学网站,这是大多老师的美好想法。"百会维基"在线网站制作的推出,让大众化网站建设成为可能,更为我们的教学提供了一个得力的帮手。"维基"利用信息技术实现了师生在线协作,改变了传统的学习方式,有效促进了翻转课堂的构建,并最大限度地实现了教学资源共享、师资共享。在这个平台中,学生不仅仅是一个学习者,也是一个资源的创造者,学生可以在线编辑发布分享他们学到的知识、心得、其他学习资料等,教师则可以真正成为学生的良师益友。

活动1 利用百会维基创建校外国学教育网站

怎样利用百会维基创建网站?下面以我创建校外国学教育网站的操作步骤和截图来逐步介绍:

第1步 注册

在浏览器地址栏中输入网址 http://www.baihui.com/wiki,进入百会维基主页,注册账号成为用户,如图1。

图1

维基的注册方法简单快捷,用你已经拥有的邮箱就可以完成注册,如图2。

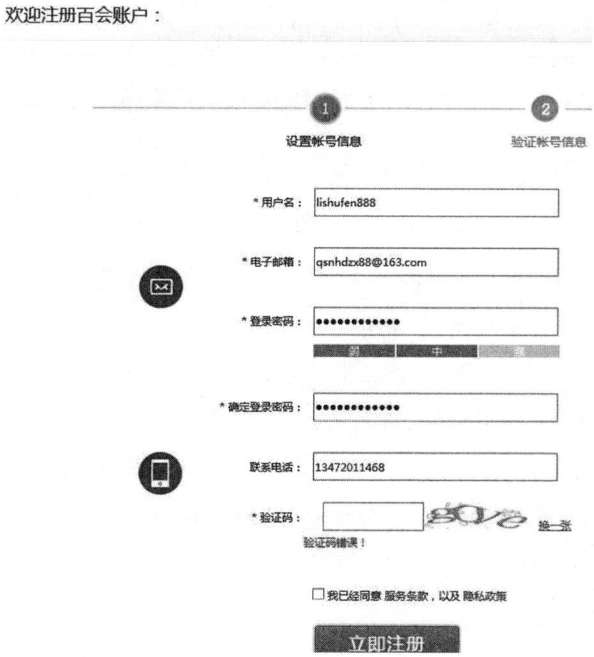

图2

注册后登陆注册用的邮箱进行验证并激活,完成验证激活后,就可以创建自己的维基了。

第 2 步 登录

在浏览器中输入地址 http://www.baihui.com/wiki，单击页面右上角的"用户登录"，输入账号和密码，登录后，点击"选择应用"菜单项，出现下拉菜单选项，如图 3 所示。

图 3

选择"维基"后，出现如图 4 页面。

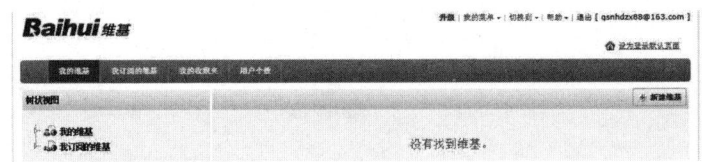

图 4

完成此步后，可以根据维基的要求，对站点进行标题、权限、风格等方面的设置。

第 3 步 设置维基的网址、站点标题

单击"新建维基"，出现"构建并共享您的站点"页面，如图 5 所示。要注意，在输入站点地址时应考虑可读性，如：xwgxjyxl 意思是"校外国学教育系列"。在使用之前，必须确定好名称，一旦设置将不能更改。比如：使用了 xwgxjyxl 维基，那么就要记住你的站点链接地址（http://xwgxjyxl.wiki.baihui.com），当你和他人访问你的维基时，需要这个地址。

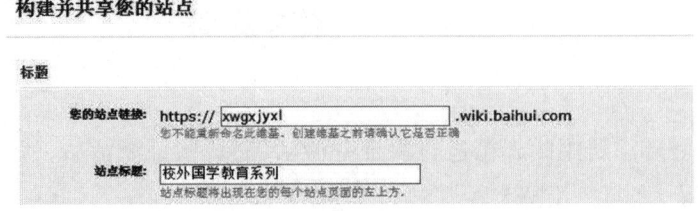

图 5

第4步 设置权限

将维基的权限设置为"任何人（公开）"，系统默认是"只有我（私有）"。在这里，由于我们创建的是校外国学教育维基，希望很多学员能够访问该网站参与学习互动，因此，我们将类型设置为公开，如图6所示。

图6

第5步 将主页设置为默认启动页

创建维基后，页面直接进入到"维基仪表板"，如图7所示。

图7

单击"控制面板"中的"新建页面"，新建一个名称为"主页"的页面。如图8所示。

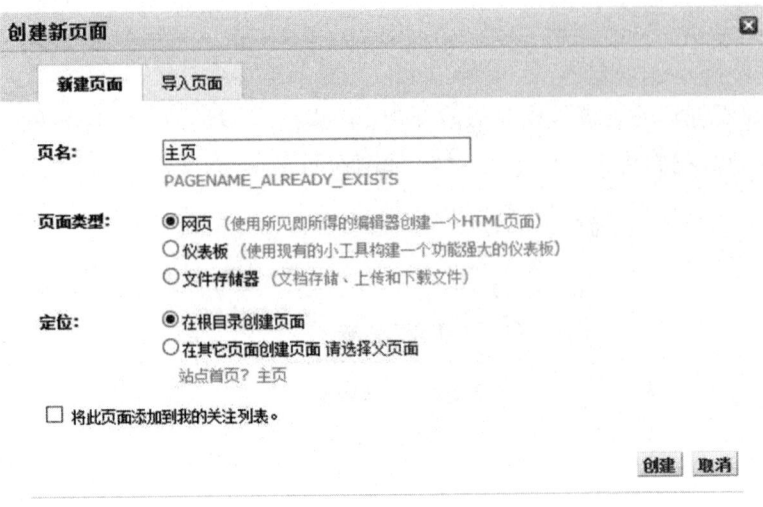

图 8

单击创建,出现"主页"编辑页面,简单输入"欢迎访问校外国学教育维基平台",单击"保存并关闭",主页面创建完毕,如图9。

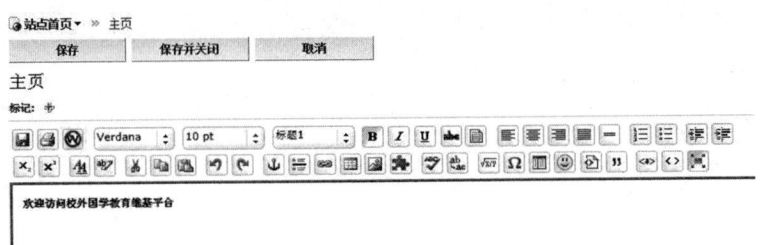

图 9

如图10:"设置"或单击"维基"菜单中的设置。取消"将仪表板设置为我的主页"勾选项,单击"更改",更改为"主页"。将维基访问的默认页面(首页面)设置成了直接进入到主页。设置完成后,当我们在地址栏中输入 xwgxjyxl.wiki.baihui.com 就可以直接进入自己的维基主页面了。

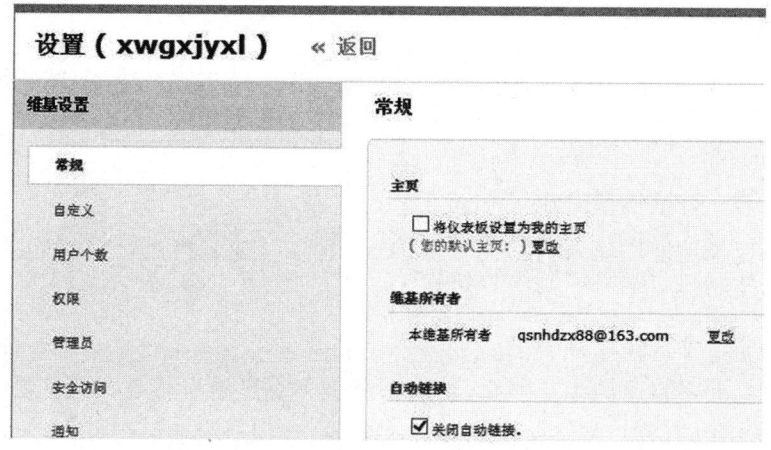

图 10

第 6 步 编辑主页并保存

利用维基页面编辑工具进行主页设计,如图 11,可以插入表格、图片等,丰富主页内容。注意,主页面编辑完毕,要"保存并关闭"主页面。

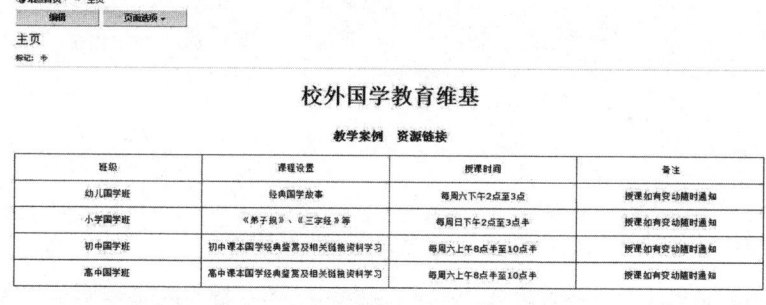

图 11

在浏览器地址栏中输入你的维基地址,即可看到你所设计的主页页面。单击"编辑"按钮,可以继续编辑主页面的内容。还可以创建子网站或子页面,并设置主页与子网站、子页面的链接。

当一个完整的维基建成之后,校外国学教育平台也可以构建并不断更新完善了,而维基中的所有知识信息也可以有效应用于实际教学和学生学习了。

活动 2　利用维基网站构建校外国学教育平台

第 1 步　登录维基网站

在浏览器地址栏输入自己的维基网址,就可以进入自己已经创建的维基网站,如图 11。

第 2 步　个性化设置

根据需要对自己的维基网页,特别是维基主页进行个性化设置。图 12 是我针对本中心实际情况,重新设计的网站首页。

图 12

※顶栏设置方法：

1. 点击页面右上角的"维基",出现如图 13 下拉菜单,：

图 13

2. 选择下拉菜单中的"设置",出现如图 14 界面:

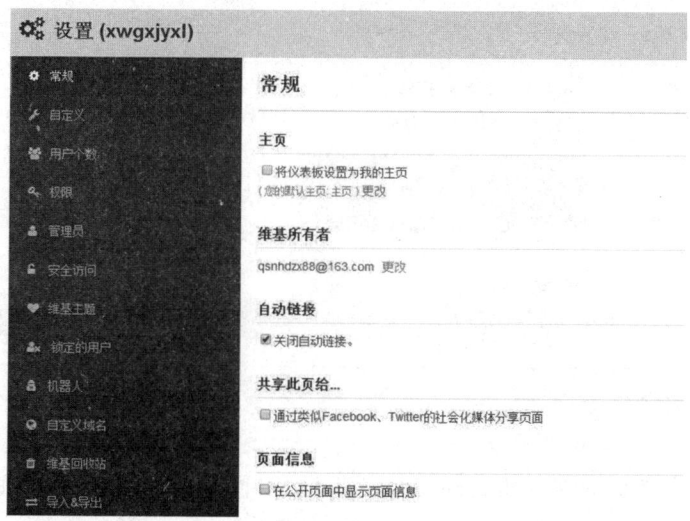

图 14

3. 选择左侧"自定义"项,出现如图 15 界面:

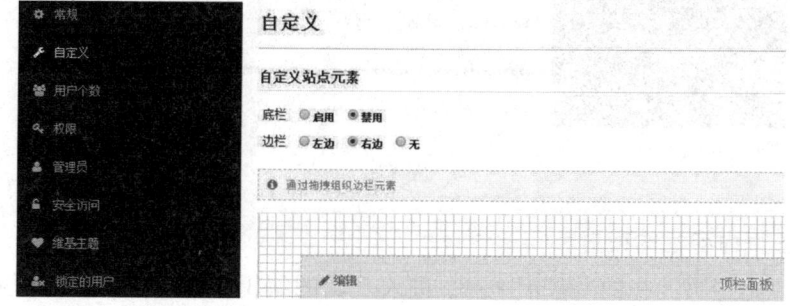

图 15

4. 点击界面中的"编辑",设计自己中意的维基顶栏。

如果更倾向于用图片代替文字,可以上传自己编辑好的图标,勾选如图 16 复选框"只显示标识"来展示自己独一无二的风格。

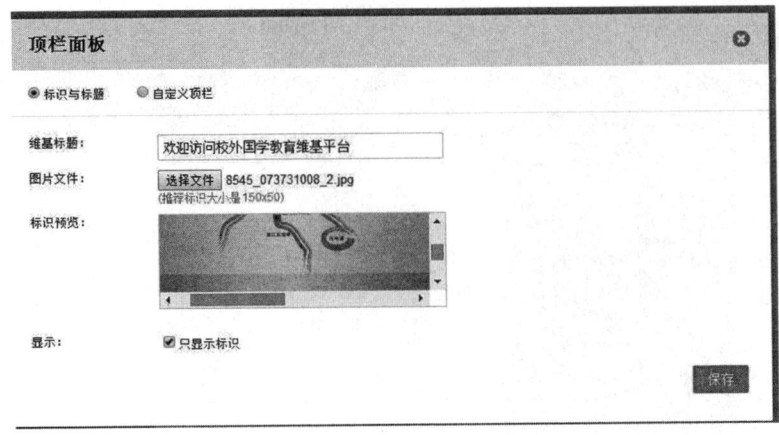

图 16

点击自定义页面左上角底栏"启用"选框,页面下方出现如图 17 底栏"编辑"字样,然后采用与顶栏同样的方法设置"底栏"样式。

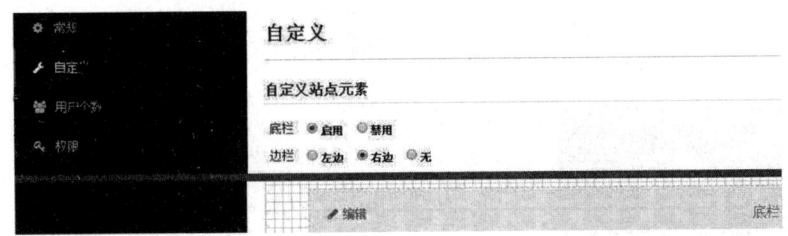

图 17

※主页内容栏的设置:

1. 点击主页面中的"编辑"按钮,进入页面的编辑状态。文本内容可在页面中直接输入,并点击上方相应按钮设置自己中意的字体、字号、颜色、背景、行距、编号等等,如图 18 所示。

图 18

2. 表格插入:点击如图19左上角按钮就可以插入表格,并可以根据个人需要在表格中插入文本、图片等内容。

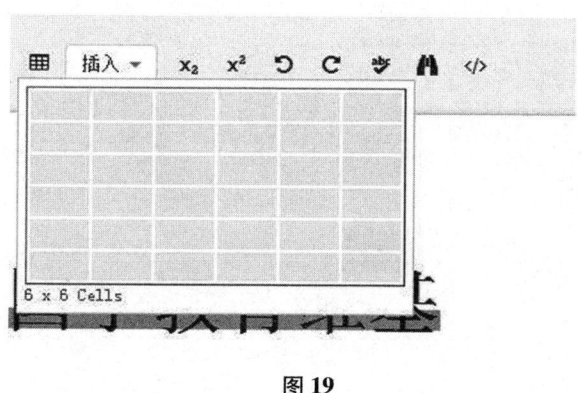

图19

3. 图片插入:点击如图20左上角按钮就会出现"插入图片"页面。

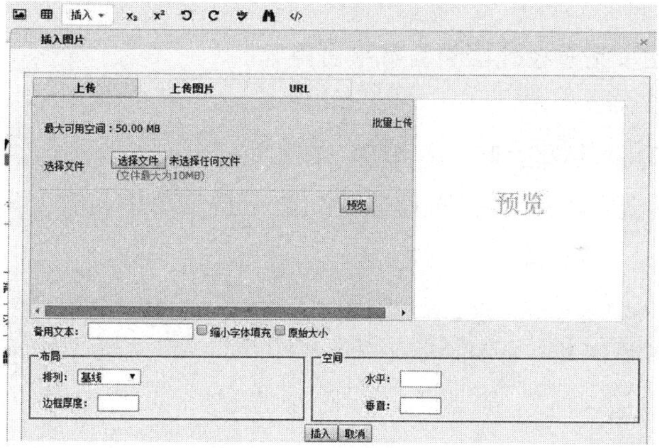

图20

4. 点击"选择文件"出现图21界面,找到自己已经编辑好的小于10MB的图片,选中后点击"打开"即开始上传。

上传成功后又返回到图20界面,再根据个人需求进行相关设置,最后点击上图中的"插入"按钮,图片就插入到主页内容栏中了。

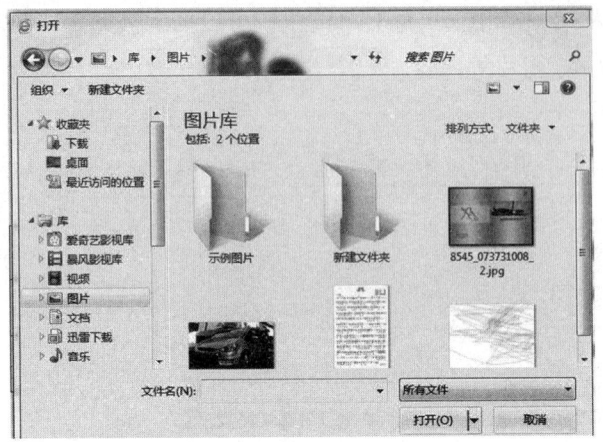

图 21

5. 在编辑页面中对图片位置、显示大小及其他内容进行再设置,直到自己满意为止。

第 3 步　逐步完善校外国学教育平台内容

以小学国学内容为例:

1. 以主页为根目录创建"小学国学"子网页

如图 22:点击主页左上侧"页面选项",在下拉菜单中找到"添加子页面",点击即出现

图 22

图 23 创建新页面界面,在"页名"栏输入子网页名称,然后点击"创建"即可创建子网页。

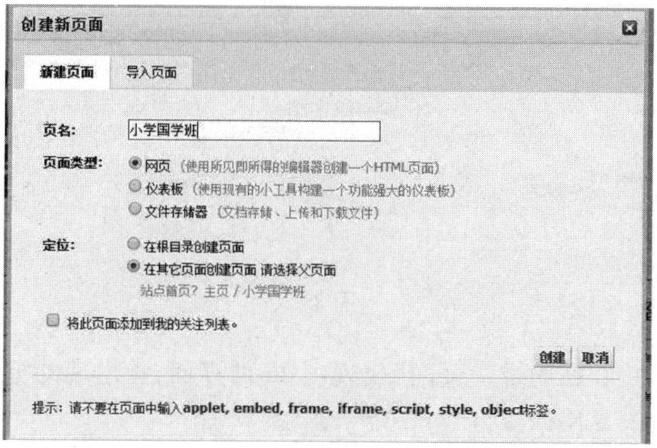

图 23

按照活动2的方法对新建子网页做个性设计。

同样的方法,还可以以子网页作为根目录创建以相关主题为内容的子网页,如图24。

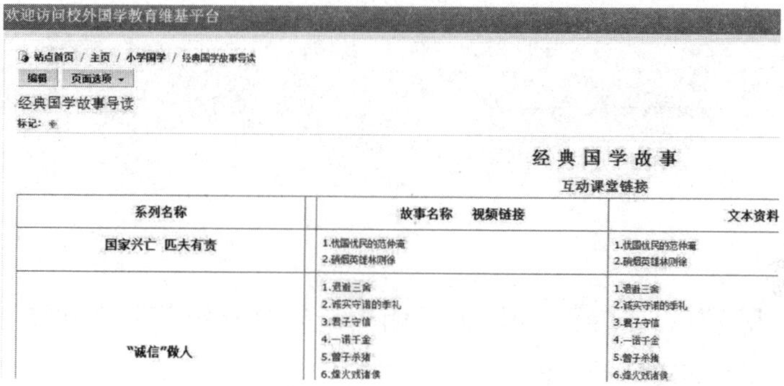

图 24

2. 链接方式丰富平台内容

所有创建的网页会在侧边栏显示,点击标签就可以进入相关的网页,但创建的多了不免眼花缭乱,找起来很困难,采用链接方式就会很便捷。

网页间链接:在网页编辑状态,选中文字"经典国学故事"右击,在快捷菜单中选择"创建链接"就出现如图25界面:

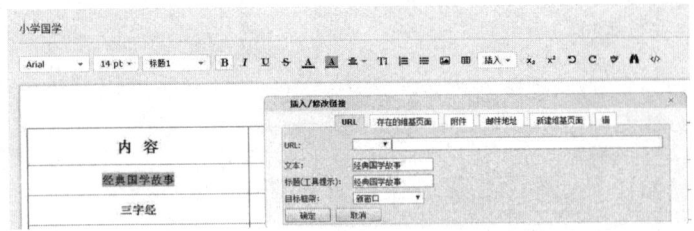

图 25

点击界面中"存在的维基页面"出现图 26 的界面,在出现的标签中选中已经创建的子网页"经典国学故事",再点击"确定"按钮。

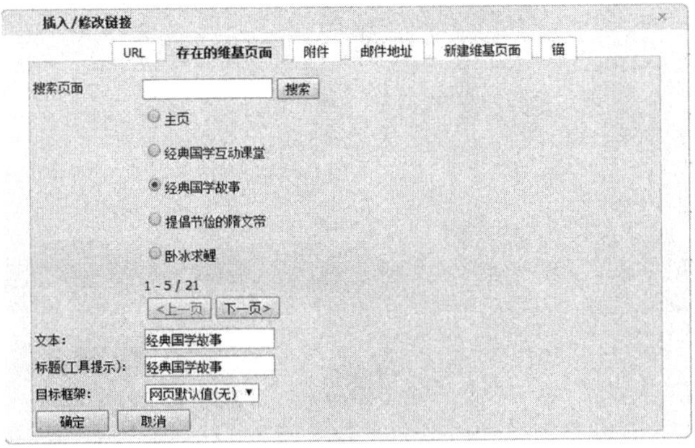

图 26

最后点击网页右上角的"保存并关闭"按钮,链接的文字变成蓝色,这时点击就可以直接进入链接的子网页。

网页间的转换靠标签链接完成,简明扼要,一目了然,是不是便捷多了。

链接网站:百度及其他网站中有很多关于国学的资料,我采用链接的方式进行整合来完善校外国学教育平台,省时省力,何乐而不为?方法如下:

选中要链接的资料标签右击,在快捷菜单中选择"创建链接",出现如图 27"插入/修改链接"页面。从其他网站找到自己需要的资料,点击打开网站,复制网址然后粘贴到"URL"栏中,点击"确定"就完成了链接,瞬间实现远程资料调用,方便至极。

图27

链接云盘：自己编辑制作的诸如视频等容量较大的资料，可以先上传至自己的云盘，然后将分享得到的共享网址复制到如图28"URL"栏中，点击"确定"就完成了网页上内容标签与云盘的链接。

图28

值得注意的是，对页面的每一次编辑完成后，一定要点击网页上方"保存并关闭"按钮，确保编辑内容安全保存。

当所有链接都做好后，点击标签就可以逐层打开网页并浏览其中的内容了。

当然，校外国学教育平台建设并不是一蹴而就的事情，其中的内容需要师生共同努力并随时代发展不断更新完善，愿日臻完善的平台能让中国传统文化得以优化传承。

[应用反思与延伸]

"维基"作为目前比较前沿的知识，让我耳目一新，也让我深刻领悟到学无止境的真谛。回顾所学，反思实践，感觉收获颇丰。

1. 实践出真知，致用是关键。

培训中，我认真聆听了专家教师有关"维基"的视频讲解，下载了相关教学资源。虽然听得认真、记得仔细，但是在实际操作中，却还有很多细节性的问题难住了我。比如：在利用维基建立校外国学教育网站时，按照讲解内容操作，却怎么也无法建立新维基,请教进修校陈老师后,才知道维基建站浏览器的版本不能低于7.0、浏览器要处于兼容模式。在陈老师的热心帮助下,我终于成功建成了自己的国学教育网站,并成功建立了单位维基与国学教育维基网站的链接。

2."维基"促进新课改,"校外"弊端巧解决。

校外国学教育平台依托"维基"构建,从根本上解决了校外教育时间跨度大的问题。校外国学教育主要利用星期天节假日进行教学,时间跨度大,如果单靠规定课时进行教学,不仅知识含量过小,而且会因时间间隔过长出现前面学后面忘的知识脱节现象,教学效果也因此大打折扣。维基建成后,国学在线平台中的内容永久呈现,学生可以随时登录学习。此外,通过维基平台,我可以随时与学员进行互动,确保了学习的连续性、实效性。

维基平台打破了时间与空间限制,促进虚拟课堂的构建,开阔了学生的视野,丰富了学生的学习形式,激发了学生的学习兴趣。①在维基网页中,我利用标签形式导航教育平台主要信息。如:根据自己需要设置教学资料、预习目标要求、在线作业、学习信息反馈等标签。学生点击标签进入链接的学习页面,方便学生复习以往所学、了解下次授课内容及要求、在线做作业、随时质疑等,教师则可以及时完善学习资料、批改作业、了解学情、释疑解惑等。②校外国学教育平台因在线而得以优化,因虚拟而得以创新。a. 因为每一节课都会有新的知识充实到在线平台中,而已经学过的内容仍然可以反复调用,这时的平台不再是单纯一节国学课,而是众多节国学课共享平台。同时,系统完善的国学知识库也有望建成,并且内容与时俱进、丰富多彩。b. 在虚拟平台中我以列表方式提前一周发布教学内容,学生就能在学习之前充分预习,真正实现先学后教。③维基为学生创造了互动的在线课程内容,我利用维基可以插入诸如音频、视频、PPT演示、报告和图表等动态内容的优势,让那些必选又无聊的内容变得生动形象;利用维基支持学生在线发布学习成果、观点、疑问或为他人解决难题等优势让每一位学生都能获得成就感;鼓励家长随时参与到课堂活动中,并让他们实时了解子女的表现。——学生学习激情因此被点燃。

3."V"型融合,创新课堂

随着4G网络的普及,手机更加成为人们形影不离的学习助手,可以说已经超过了电脑的使用频率。为达到教育效果最大化,现在我开始尝试将校外教育国学维基与微信公众平台进行恰当融合。即利用维基和微信都可以建立网络链接的共性,将维基网站中的教学资料网址链接第一时间发布到客户端,供学生随时随地学习。这一融合为师生学习互动提供了更广阔的空间。

当然，我对基于维基构建虚拟课堂还处于摸索阶段，还存在很多困惑。如：维基网页中链接的百度云盘中的视频，总是因为云盘的账户和密码限制而无法实现异地随时播放，还必须公开自己的云盘账户和密码；对学生发布的评论，无法进行有效的管理，学生发布的消极的东西传播快捷，无法及时消除影响等。目前，网页中很多内容也还在进一步完善中，但通过这一尝试，我的确积累了很多知识，不仅有网站的注册与建立方法，而且积累了一些网站的维护与管理经验，同时也提升了自己编辑整理资料、版面设计、在线图文混排等能力，而这些都是构建虚拟课堂不可或缺的。

作者：邯郸市临漳县青少年活动中心　李书芬
指导老师：邯郸市临漳县教师进修学校　董运玲

Wifi – Doc 在《辉煌灿烂的敦煌石窟》中的应用

[情境导入]

随着国家对教育教学的投入不断加大,很多学校都已经配备了多媒体教学平台。当我们把电子白板投影仪等设备引入课堂后教学发生了很大的变化,但新的问题又来了。

在实践中逐渐发现这种教学方式也存在着很多弊端。在使用多媒体平台的时候教师往往需要不断的操作,被固定于电脑周围,与学生的近距离交流少了,师生距离被拉大无法充分调动学生的积极性,课堂效率并不高。

对于《辉煌灿烂的敦煌石窟》这样的欣赏.评述课,教师要用多媒体平台展示大量图片、视频短片和音乐,帮助学生更充分地认识我国石窟艺术的悠久历史和辉煌的成就。本课的敦煌艺术虽然灿烂辉煌博大精深但离学生实际太远,知识量大,如果教师只是一味的围绕讲台展示图片不予学生进行交流,很可能会让学生失去好奇心,探究能力达不到预期效果。很难理解其中的宗教文化意蕴。

而如果老师把手机或平板当遥控设备,那么在教室的每一个角落都可以操作电脑,教师不用在固定于讲台,不需要讲到情到浓处跑向讲台打断学生的情感,也不再需要频繁的鼠标操作。利用手机或平板通过无线网络可以轻松的实现对电脑和白板的控制。这样教师可以自由的行走于教室之中更加贴近学生,增强互动,更好地掌控课堂。

活动 1 通过 Wifi – Doc 手机连接电脑

上述课堂中需要用到的软件是 Wifi – Doc 与 MirrorOp. Receiver,WiFi – Doc 可以将自己的屏幕透过网络投射到装有收屏端的装置上,如电脑,投影机,手机或是平板，让教师可以自由在课堂上与同学互动，而不必被套在讲台上，彻底实现"无线传屏"。MirrorOp. Receiver 是一个收屏端，它的作用是给发送端提供一个接收器名字和 IP 地址，方便发送端连接。

课前先用手机或平板安装 Wifi－Doc，电脑端安装 MirrorOp Receiver，并使他们处于同一网段下。具体操作如下：

Wifi-Doc

（手机安装）

MirrorOp Receiver

（电脑安装）

步骤：

（1）下面这张图片是电脑端 MirrorOp Receiver 打开时的画面，有接收器的名字以及 IP 地址；

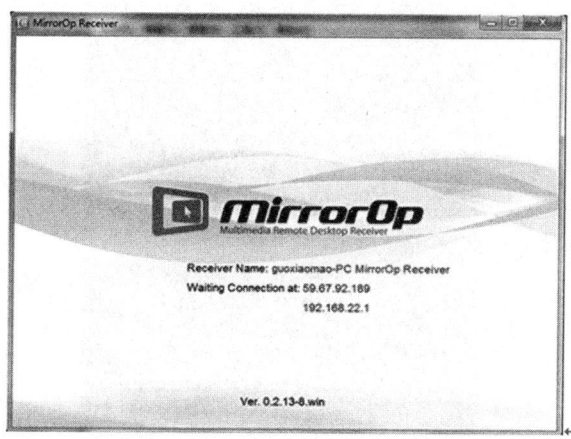

(2) 接着我们来看手机端的画面：

(3) 点击手机端的 Wifi – Doc，会出现如图所示的画面：

（4）点击上图的粉红色图标，连接到所选择的设备上，（如果未搜寻到上述设备，可以手动添加 IP 地址）会出现如下图所示的画面：

（5）我们先以 PPT 为例讲解，点击上图的文件，出现如下图所示的画面：

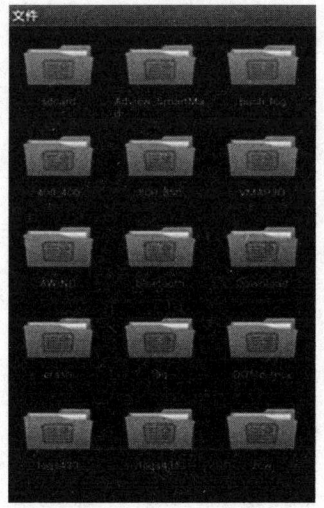

(6)点击 Download(这里我们将要演示的文件放在 Download 中),出现如下图所示的画面:

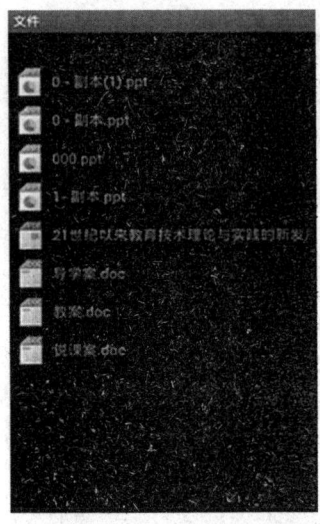

(7)点击 1-副本.ppt,出现如下图所示画面:

(8)此时,我们看到电脑端也出现了和手机端一样的画面,如下图所示:

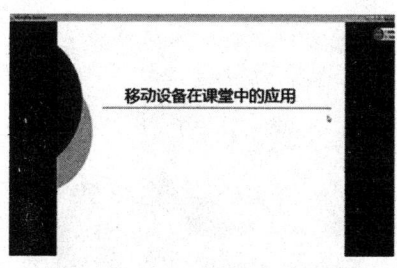

随着在手机端 PPT 触屏换页,电脑端的 PPT 也在跟着换页,这样就可以轻松实现老师将手机上的 PPT 共享给全班学生。

下面我们再以图片为例给大家介绍这两个软件:

(1)返回到此页面,如下图所示:

(2)点击图片图标,点击下图的 Camera 图标:

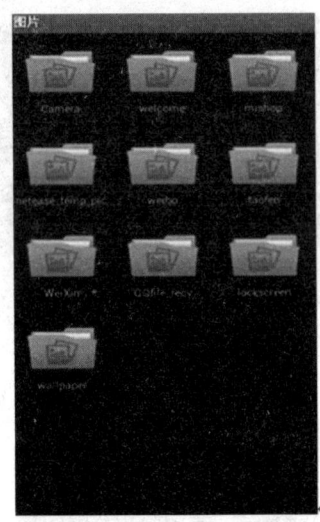

(3)在 Camera 中选中一张图片,如下图所示:

(4)此时我们看到电脑端的屏幕上显示如下图所示的画面:

当我们在手机端放大缩小图片时,电脑端的图片也会同时放大缩小,同样能

实现老师将手机端的图片共享给学生,与学生交流。

有了 Wifi – Doc 与 MirrorOp Receiver,给学生与老师课堂互动提供了很大帮助。我们都可以玩转课堂。

类似《辉煌灿烂的敦煌石窟》这样的欣赏．评述课,课上知识较多,教师要用多媒体平台展示大量图片、视频短片和音乐,如果教师只是一味的围绕讲台展示图片不与学生进行交流,很可能会让学生失去好奇心,课堂效率达不到预期效果。而将移动设备通过 Wifi – Doc 运用到美术课堂中来,帮助教师解除了被电脑鼠标的束缚,方便了授课,拉近了与学生的距离,还可以让学生参与操作,互动交流。

[应用拓展]ipad **连接投影仪**

除了 Wifi – Doc 的运用,我们还可以通过 ipad 连接投影仪来演示 PPT。Ipad 连接投影仪,需要使用专用的 VGA 连线方可连接显示输出设备。

第一步:在投影机上显示照片或视频频。

直接连接投影机是不出图像的,要想在投影机上看到 iPad 上的照片或视频,必须播放它们才会显示。

第二步:把教学常用的 PPT 通过 iPad 显示在投影机上。

1. 需要先下载一个苹果的类似 PPT 的制作工具 Keynote,安装在 iPad 上。有了这个软件,可以把电脑上的 PPT 等转到 iPad 上。当然也可以用 Keynote 来制作幻灯片。

2. 连接投影机后,打开 Keynote 上的演示文稿,包括从电脑转来的 PPT,此时投影机依然无图像,只有点播放才会看到投影机的图像,只是这时 iPad 上没有图像,代之的是个简单的操作界面,可以滑动或点击换片。

平板中的 PPT 可以通过云盘下载。如果有事先已经做好的 PPT,可以放在云盘里,在连网的状态下直接下载就可以,既方便又安全。

[应用反思]

以上这些方便的前提是教师熟悉各种移动设备链接电脑白板的软件 APP 和硬件设施。这些对于年纪稍大的教师来说做到熟练掌握非常难,年轻教师如果只是学会皮毛在应用过程中如果不是很顺利,比如软件安装到手机里但是打不开或者连接不了电脑等问题,出现这些状况时就会降低课堂效率。还有个别课型是不太适合用移动设备进行教学的,教师在选择教学方式上要经过慎重考虑,精密设计,当务之急是加紧对这些信息技术的熟悉及使用。在以后的职业生涯中,我将不断地探索应用熟练,多向同事交流学习,完善我的美术课堂。

作者:保定市清苑区温仁中学　李亚威

指导老师:保定市博野县兴华小学　孟丽卿

无线传屏技术在教学中的应用

[情境导入]

王老师是一名优秀的数学教师,她工作中虚心好学、勇于尝试新方法和新思路,最近王老师很苦恼,原因是工作中遇到了新问题,主要是:学生小组讨论活动中成果展示环节效果不理想,由于学生的作品篇幅比较小,无法做到使全班的同学都能看清楚,不能起到很好的展示效果。为此我向王老师推荐了无线传屏技术,通过对王老师进行技术指导,不但解决了前面的问题,还使王老师的课堂教学效率获得极大的提高,通过在教学中使用无线传屏技术,多种形式呈现教学内容,丰富了教学手段,还使教师能够深入到学生中间,参与学生的学习活动,关注学生的学习体验,清晰的呈现学生的学习作品和活动过程,师生互动、生生互动做的有声有色,学生的学习积极性空前高涨。

体验是金,让我们一起体验一下无线传屏技术是如何应用的。

[技术讲解]

移动设备主要包括智能手机和平板电脑,我们以智能手机为例介绍一下移动设备在教学中的应用,平板电脑的使用和智能手机应用很类似,可以参考使用。

支持移动控制的软件很多,常用的有 MirrorOp Receiver(安卓系统)、airplay 与 itools(苹果系统)。

一、安卓系统智能手机的安装步骤

安卓手机和电脑通过 MirrorOp 手机发射端+电脑接收端来完成无线传屏。

图1

　　MirrorOp 手机端可以将自己的屏幕透过网络投射到装有收屏端的装置上,如电脑,投影机,手机或是平板,效果显示如图1,让使用者能够轻松地与朋友分享自己手机上的内容,或是教师可以自由在课堂上与同学互动,而不必被套在讲台上,彻底实现"无线传屏",需要注意的是:手机端需要授予 root 权限,方可正常使用。

　　MirrorOp Receiver 是一个收屏端,它的作用是给发送端提供一个接收器名字和 IP 地址,方便发送端连接。

　　连通模式如图2:

图2

　　第一步,在智能手机上安装 MirrorOp receiver. apk 发送端,安装后图标显示如图3 ,在电脑上安装接收端 Mirroropreceiver. EXE,安装后图标显示如图

图3

4 。

图4

　　第二步,将智能手机的 WiFi 和电脑的 WiFi 调整到同一 WiFi 环境中

第三步,打开电脑上的 MirrorOp Receiver,显示如图 5

显示了接收器的名称 IP 地址。

第四步,打开智能手机上的 ,显

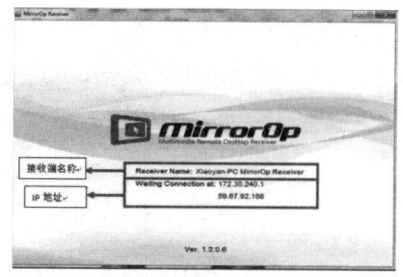

示如图 6

图6

图 5

第五步,点击图 6 图标,连接到电脑,也可以手动输入 IP 地址。

第六步,连接成功后,手机端会显示如图 7,点击播放按钮就可以实现传屏了。

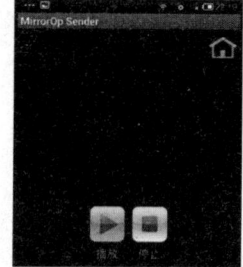

图 7

二、苹果系统手机安装步骤

iOS 系统的苹果手机和平板电脑的连接需要使用系统自带的 Airplay 和 itools 软件配合使用,具体方法如下:

连接模式为图 8:

图 8

第一步:在电脑端安装 itools,并将 WiFi 调整到和苹果移动设备同一 WiFi 下。

第二步:打开电脑端 itools,显示如图 9:

图 9

点击打开"苹果录屏大师",显示如图10：

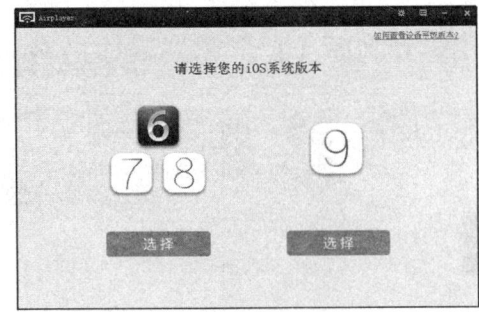

图10

选择苹果移动设备的版本,电脑端显示如图11。

图11

第三步：苹果手机打开蓝牙,从底部向上滑动屏幕,Airplay软件就显示出来,如图12所示：

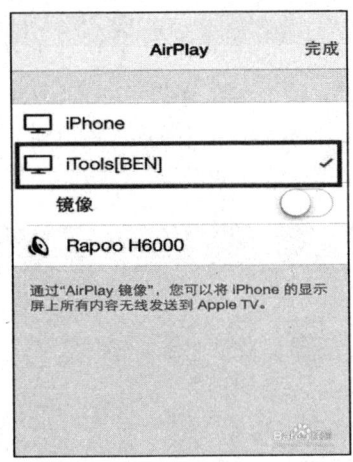

图12

点击选择 itools,打开"镜像"开关,点击右上角的"完成"按钮,如图 13 所示:

图 13

这样就完成了移动设备同步到电脑上了,如图 14 所示:

图 14

三、智能手机和电脑无线传屏功能介绍

智能手机和电脑同屏以后,可以同步传屏 Word、Excel、PPT、PDF 文件、图片、视频、音频等,下面以安卓系统的手机为例就这些功能来介绍一下。

传屏技术还可以对于 PPT、Word、Excel、Pdf、图片、音频、视频等文件进行传屏演示,下面就 PPT 文件、视频文件的传屏演示进行介绍。

1. 智能手机和电脑 PPT 文件传屏

点击图 15 中右上角 图标，就可以回到智能手机的桌面，显示如图 16，打开"文件管理"图标，出现如图 17 所示 ，找到"信息技术"文件夹（将需要播放的文件放在此文件夹中）并打开，出现如下图 18 所示的画面：，打开这个 PPT 文件就可以进行传屏播放了，显示如图：

手机端显示如图 19 所示 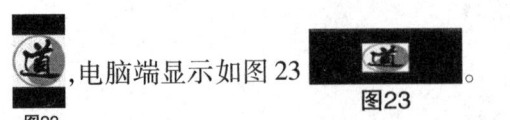 电脑端显示如图 20 所示，显示是一致的。

随着在手机端 PPT 触屏换页，电脑端的 PPT 也在跟着换页，这样就可以轻松实现老师将手机上的 PPT 共享给全班学生。

在 PPT 播放过程中，我们可以使用"画笔"功能对于 PPT 中的重点内容进行强调说明或对于问题的答案进行填写，如图 21 所示

2，智能手机和电脑进行图片文件传屏

打开智能手机中"信息技术"文件夹，打开一张图片，手机端显示图 22 为，电脑端显示如图 23 。

当我们在手机端放大缩小图片时，电脑端的图片也会同时放大缩小，同样能实现老师将手机端的图片共享给学生，方便教师与学生交流。

3. 智能手机和电脑进行视频文件传屏

打开智能手机中的视频文件《未来的教育》如图 24 所示，，智能

手机端显示如图25

电脑端显示图26 为 ，声音和视频图像可以同步传送到电脑上。

图25

图26

4. 智能手机在教学中拍照功能的使用

点击移动设备上"相机"按钮,启动相机功能,调整好焦距、光线后对准学生的作品进行拍照,移动设备端的照片会时时传送到电脑端,便于随时分享学生的作品。

5. 智能手机在教学中的摄像功能使用

点击智能手机上的"相机"按钮,启动相机功能,调整到摄像功能,可以对学生中的表演活动进行时时摄像,电脑端会同步显示学生的学习活动,更加方便的全体学生进行欣赏。

[应用反思]

无线传屏技术在教学中的应用,可以极大的促进课堂教学,教师可以从讲台上解放出来,深入到学生中间,关注到每一个小组的活动和每一位学生的学习状态,可以充分体现以学生为主体、教师为主导的教学理念,充分的实现教师作为学生学习活动的引导者和合作者,在课堂上充分实现教学活动中师生互动、生生互动,有效的提高课堂效率,打造高效的课堂教学。

在无线传屏技术的使用中,苹果系统的移动设备比较安卓系统的移动设备要方便使用,由于苹果系统设备自带 Airplay,手机端不需要安装发射软件,但是苹果系统设备普遍价格比较高,安卓系统的移动设备造价比较低一些。很多的硬件设备可以实现无线传屏技术,例如小米盒子、无线同屏器等,在实际应用中可以尝试使用。

无线传屏技术在传屏的过程中,无线信号的不稳定还不能保证视屏文件流畅的同步传屏,需要不断的完善,在未来的技术发展中,还可以实现多屏互动无线传屏,将极大的丰富课堂教学,使教学方式更加多样化。在使用过程中需要不断更新教师的教学理念,加强硬件设施的配备,鼓励广大教师进行信息技术和学科教学的融合体验,不断改进课堂教学,真正打造出学生喜欢的高效课堂。

作者:石家庄市正定县教师进修学校　李银贵

会声会影在足球规则教学中的应用实例

[情境导入]

在前一段时间的中超倒数第二轮比赛中,山东鲁能对阵广州恒大,山东鲁能队通过一个有争议性的进球战平了广州恒大队,正是这个有争议性的进球使广州恒大队失去了提前一轮问鼎2015年中超冠军的机会,使2015年中超冠军的悬念留到了最后一轮。这个进球之所以有争议,就是因为这个进球是否存在越位的判定,而裁判的判定结果直接影响到了中超冠军的归属。那么,究竟该如何才能够更加形象、直观地掌握这项规则呢?其实用视频剪辑播放越位规则的实例是最好的方式,而绘声绘影恰好就是这样一款简单易学而又实用的视频编辑处理软件,它可以对视频进行裁剪、合成操作,还可以添加字幕进行讲解,非常适合在教学中的使用。

理论要应用于实践才会发挥它的作用,让我们一起体验用会声会影编辑视频吧。

[技术讲解]

会声会影编辑器提供了分步工作流程,使视频资源的编辑制作变得简单轻松。本节内容简单介绍会声会影编辑器的操作界面,并重点说明制作影片的操作步骤。

一、用户界面

包含一些对应于视频编辑不同步骤的按钮。

1. 步骤面板

2. 菜单栏

包含一些提供不同命令集的菜单。

3. 预览窗口

显示当前素材、视频滤镜、效果或标题。

4. 导览面板

提供一些用于回放和精确修整素材的按钮。在捕获步骤中,它也用作 DV 或 HDV 摄像机的设备控制。

5. 工具栏

包含一些按钮,这些按钮用于在三个项目视图和其它快速设置之间进行切换。

6. 项目时间轴

显示项目中包括的所有素材、标题和效果。

7. 选项面板

包含控制、按钮,以及可用于自定义所选素材设置的其它信息。此面板的内容随正在执行的步骤有所变化。

8. 库

存储和组织所有媒体素材。

二、影片制作流程

第1步　启动会声会影

当打开会声会影后,会打开下图中的界面,在初始界面中有三个选项,选择"会声会影编辑器"选项,进入编辑界面。

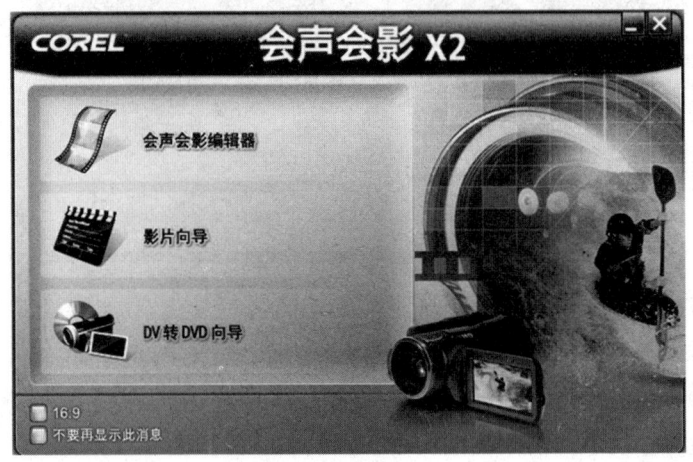

第2步　导入视频文件

在这一步骤中,在导入素材类型下拉列表框中,选择"视频"选项(如下图),再单击旁边的文件夹,既可以打开选择文件对话框。

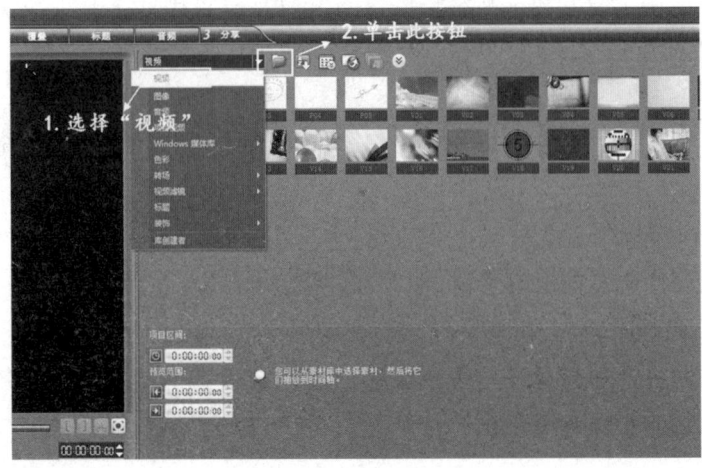

在下图中，选择需要导入的视频文件，单击"打开"按钮，选中的文件就导入到会声会影视频库里面了。

刚刚导入的视频文件在下图界面中显示出来了。同时，在右侧的预览窗口中会有该视频资源的预览界面，如下图所示。

第3步 裁剪视频文件

先将需要编辑的视频文件拖拽到时间轴轨道上,以便于进行裁剪等编辑。

单击播放按钮播放视频文件,就可以在视频轨上看到播放头在向前移动,同时在上方的预览窗口中有视频文件的播放画面。当播放到自己想要裁剪的位置时,单击停止按钮,再单击"剪刀"工具,视频文件就在当前位置被剪断。

继续往下面播放视频文件,找到下一个需要裁剪的时间点,单击停止按钮,并用裁剪工具将视频在该时间节点剪断。

单击两个剪切点之间的需要剪断的这段视频片断,按键盘上的删除键即可删除掉该段视频片断。这段视频片断被删掉后,该片断前后两个剪切点的视频会自动连接上。

按照上面的方式继续裁剪不需要的视频片断,并删除掉,这样,剩下的视频内容就会自动连接成一个完整的视频文件。

第4步 将多个视频合成一个视频

上面三步内容介绍了如何裁剪同一视频文件中不需要的片断,下面介绍如何将不同的视频文件合成到一个视频文件中。

参照第2步导入视频文件的方式,将其它视频文件导入到会声会影视频库中。

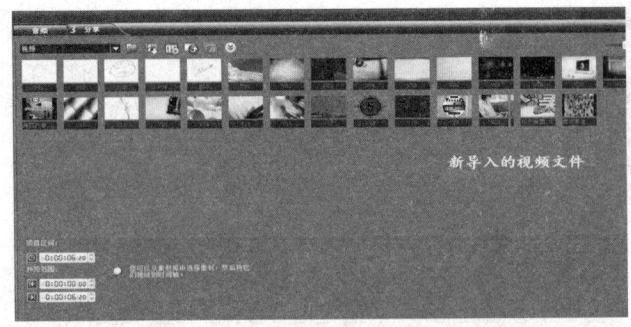

将需要合成的视频文件拖拽到视频轨道上,并放置在前一视频的后面。

这样两个视频文件就连接到一起了,编辑好以后分享影片就可以生成一个视频文件了。后面新添加的视频文件同样可以和之前的视频一样进行裁剪,可以把不需要的视频片断裁剪掉。

同样,视频轨道上不同的视频片断还能够互换位置,例如想要将上图"那个美丽的地方"片断放置到"美丽的香格里拉"片断前面,只需要在后面的视频片段上按住鼠标左键不放,并将其拖拽到前面的视频片断之前即可,下图为互换位置后的两段视频。

第5步　分享影片

分享影片就是将编辑好的内容生成一个完整的视频作品,生成的视频文件格式可以是 AVI,MPEG,WMV 等,分辨率也可以设置,根据需要选择不同的大小,最后选好生成路径。

[课后反思]

会声会影作为一种简单易学而又功能强大的视频编辑软件,处理视频资源非常方便、实用。它能够对视频文件进行裁剪,合成,添加字幕等操作,广大教师在教学中经常会用到一些视频资源辅助教学,但经常会遇到有的视频太长,有时候有需要几个视频的合成裁剪,这时就可以发挥会声会影的作用了。

如本案例中"足球教学中越位规则"的学习,越位规则的界定是一个非常复杂且难于理解的内容。越位或者不越位是有很多种情况的,如果仅靠语言讲解学生会越听越乱的,这就可以发挥视频资源形象、直观,一目了然的有点,可以把越位规则很好的展示出来,老师可以把各种情况的视频实例结合在一起,合成一个完整的视频资源集锦,供学生观看。

作者:秦皇岛经济技术开发区第一中学　刘海宝

PowerPoint 模板在高中化学学科中的应用技巧

[**情境导入**]

PowerPoint 作为传统的教学展示软件,一直被广大教师群体以及培训讲师所应用。基于 PowerPoint 的使用便利、展示清晰而简洁的特点,所以 PPT 的使用至今仍有很大的生机与活力。但是,自己设计 PPT 的布局以及颜色,不仅费时耗力,还不能保证放映效果。而 PowerPoint 模板则能在很大程度上助使用者一臂之力。PowerPoint 模板是幻灯片的结构性框架,给了幻灯片统一的风格,模板的应用会使制作 PPT 的过程更加方便、快捷、严谨。下面笔者就以高中化学中盐的水解的复习小专题的 PPT 为例来介绍一下各种模板的使用方法及技巧。具体操作的技术环境是 PowerPoint2010。

活动一

一、PowerPoint 自带模板的使用方法

(一)对于欲将全部的 PPT 设计成同一种风格的需求,选用以下这个方法。这是最简单的使用模板一种方法,只需要作者从菜单中找一下,再点击就能完成。

对于上边这个 PPT,点击最上边一行的菜单栏的第四个"设计"按钮,在菜单栏下方就会出现一行备选的模板,单击就可以选定了,这样,整套 PPT 就被设计成了一种风格。完成后,可以看到在上行菜单栏的右方有颜色、文字、效果的下拉菜单,可以自己再进行定义,把 PPT 修改成自己喜欢的字体或者颜色等。

此种方法简单、实用,但是局限性在于只能应用同一种模板,难免会有些单调、死板。

(二)当我们想给整套中某张 PPT 以调整的时候,用这个方法即可。该种方法适用于个性化的去选择模板,比如想单独定义第三张 PPT,就选用这个方法。这就能解决用第一种方法幻灯片都统一成了同一种模板,可能会使整个幻灯片感觉单调死板的弊端。比如,我想单独定义第三张,具体操作方法是:切换到普通视图,选中第三张,右击菜单栏上方欲选择的模板,点击"应用选定幻灯片",就完成了设定,如下图。

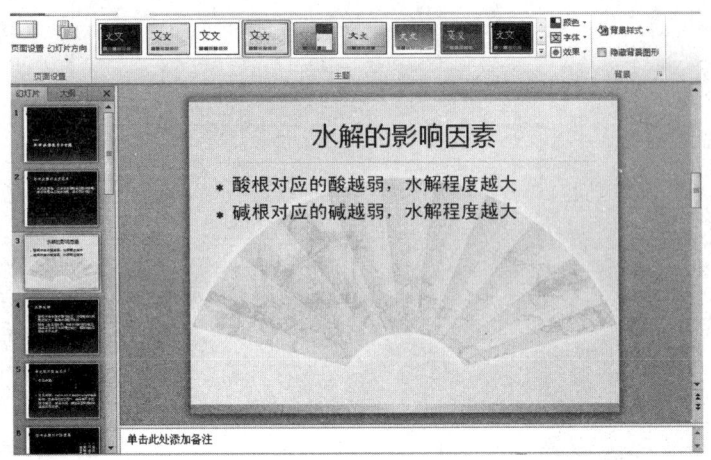

活动二

二、使用网络来下载、创建模板

以上都是系统自带的模板,使用方便,但是会大众化。如果您想使自己的PPT有些特色和个性,就要自己动手来创建了。下面我们看一下具体做法。单击"文件"、然后单击"新建",打开后右侧看到"可用的模板和主题"任务窗格,找"Office.com 的模板"板块,可以看到"SmartArt""专业型""业务""个人""会议"等模板的文件夹。

点开这些文件夹图标，就能选择自己的需要的模板了。单击板块上的模板文件夹，比如点击"专业"，点开后就可以看到里边包含的各种模板，然后点击自己需要的模板，在右侧板块就可以看到这种模板的下载地址。点击"下载"按钮即可将模板下载到硬盘中，以后系统会自动用PowerPoint打开该模板。这样，就可以对该模板进行应用了。

活动三

三、使用自己电脑中的其他文件作为模板的方法

打开PPT后，单击"设计"，在"颜色""字体""效果"左边有下拉菜单，点开后，出现"浏览主题"对话框，单击，就会出现对话框"选择主题或主题文档"，从里边选择想要借用的模板文件后缀是potx或者是pptx、ppsx的文件，也可以是Web页文件。

活动四

四、将外部模板安装在电脑内部的方法

当我们想把一些在网络上的幻灯片模板转化为内置模板的时候，就可以把需要转化的模板复制粘贴到C盘的指定位置就可以。转化的文件要求是powerpoint2010版本能够识别的 *.pot 和 *.potx 格式的模板。具体路径是：C:\Documents and Settings\Administrator\AppData\Roaming\Microsoft\Windows。具体做法就是打开"我的电脑"找到"Documents and Settings"文件夹，然后逐步进入路径即可。

[应用拓展]

化学学科的知识点零散、繁杂，教师在处理过程中就需要积累、完善、充实。精选一些题目、知识点粘贴到PowerPoint中，稍加编辑，就是可以持续使用的教学资源。精加工的PPT则可以在公开课、示范课的时候派上用场。

以上对于常用模板的使用方法做了一个简单的介绍，实际对于现有模板还可以进行修改和完善。修改的时候从"视图"菜单里边进行。点击"视图"、点击"幻灯片母版"就出现了能够修改的界面，进行修改后，点击右上方的关闭"幻灯片母版"按钮，就完成了修改。保存的时候点击"文件"里的"另存为"，保存类型选择"演示文稿设计模板"，这样就完成了修改模板的完整过程。

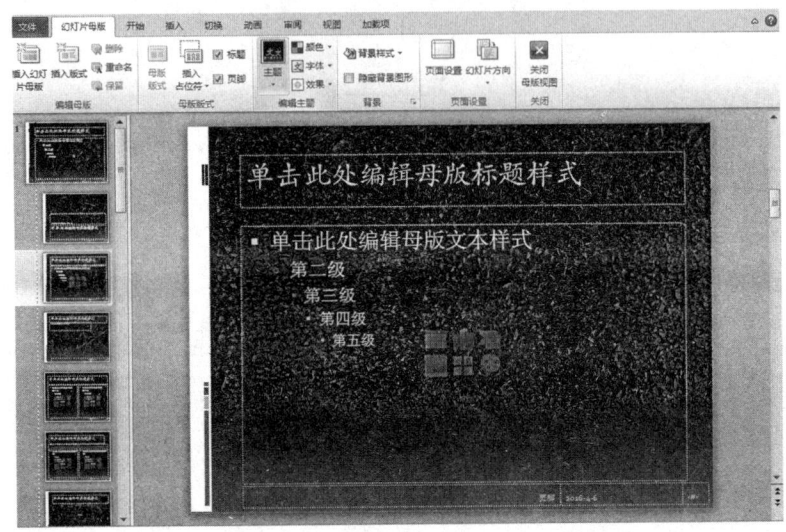

PPT的使用非常简单，但简单技术也有提升空间，这就需要使用者自己在实践中探索和积累了。随着使用者的熟练程度的提升、用心探索、尝试，就会发现很多细节和技巧。本文由于时间和作者水平有限，希望各位读者给予批评指正。

作者：保定市涞水县教师进修学校　刘海伊

"格式工厂"软件在课堂教学中的有效应用

[情境导入]

之前我参加区里举办的青年教师优质课评选大赛,在比赛准备阶段,为了突破一个知识难点,我需要在 PPT 课件中插入一段时长约 3 分钟的视频,并且需要是 MWV 格式。我在网络上搜索并下载了一段相关视频,这段视频资料是一个 MP4 格式的,播放时长约 50 分钟,如果直接插入到我的 PPT 课件中显然是不合适的,所以我需要对这段视频进行加工处理。于是同组的同事向我推荐了"格式工厂"这款软件。

"格式工厂"是一款可以免费使用的视频加工软件,它能将所有类型视频转换为 MP4、WMV、FLV 等常用格式,转换过程中可修复某些损坏的视频,可提供视频的裁剪、合并等等。我利用这款软件进行对我下载的视频进行了处理,最终得到一段时长约 3 分钟 MWV 格式的视频,它完全符合我的教学需要。

在教学中,老师们难免会遇到与我一样需要处理视频的问题,所以我想把一款视频加工软件"格式工厂"介绍给大家。这款软件怎么使用呢?

[技术讲解]

第一步　下载"格式工厂"软件

下载的时候尽量去那些大的软件下载网站下载,避免中毒。

点击"立即下载"。下载完成后双击安装软件,桌面会形成一个快捷方式。

第二步　编辑视频

1. 视频格式转化

双击快捷方式打开格式工厂,界面非常的清爽,我们可以看到,格式工厂不但能够转换视频,还有音频图片,光驱设备,还有视频合并和音频合并,可谓是麻雀虽小,五脏俱全。

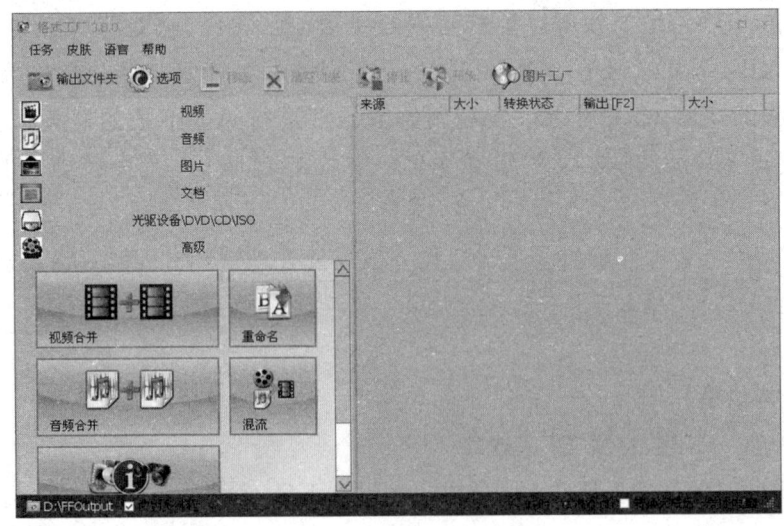

点击"视频",界面如下:

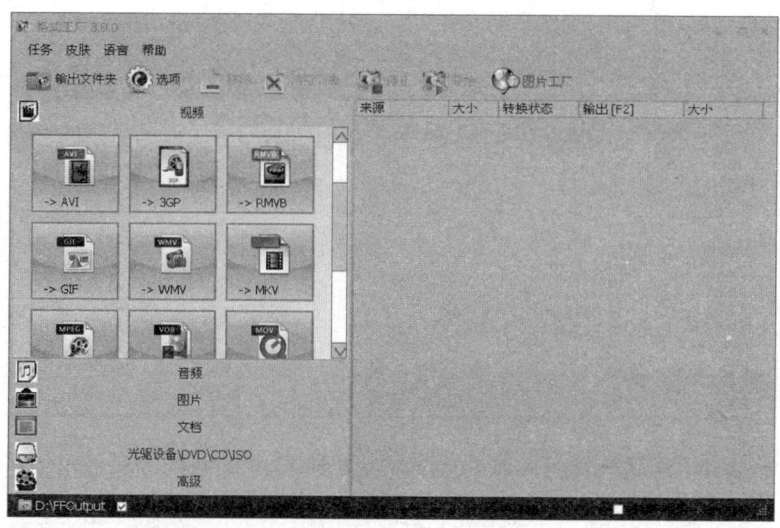

如果将一个 mp4 格式的视频转化为 wmv 格式,操作如下:点击界面左侧"wmv",点击之后便会弹出操作对话框。

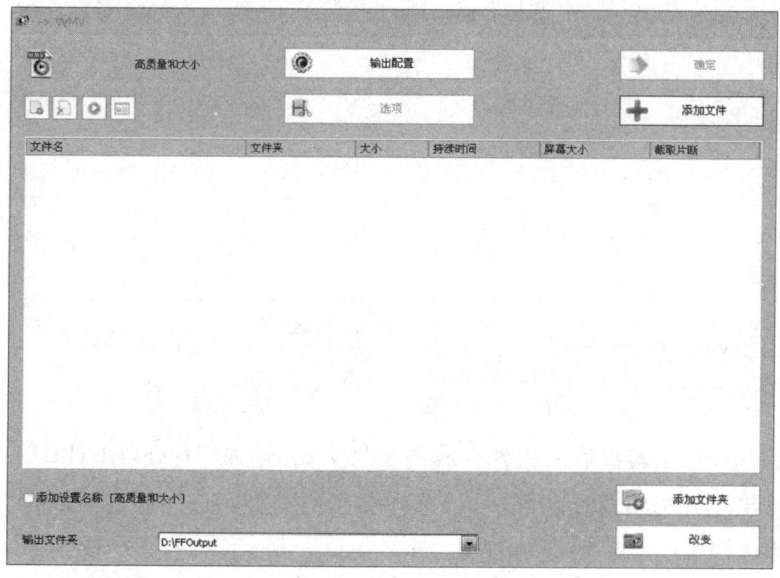

点击"添加文件",选择要添加的文件所在的路径,如在"D:\课件七下课件\七年级下课件\第二章\视频"路径下找到"血液的组成.mp4",然后单击选定。如果要转换多个文件就选择"添加文件夹",操作相同。

213

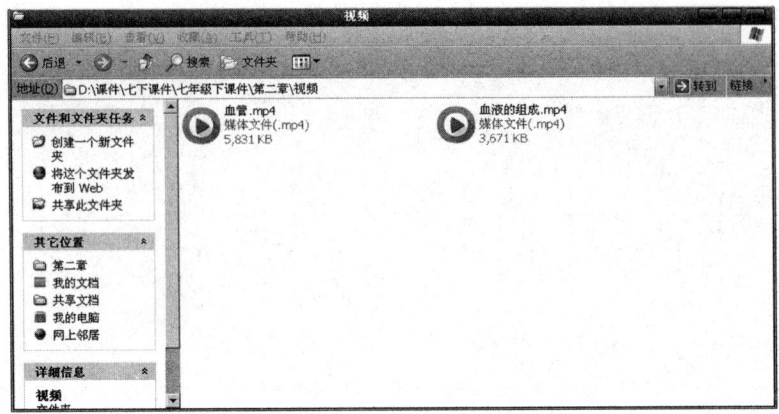

选定"血液的组成.mp4",点击"打开",出现以下界面。

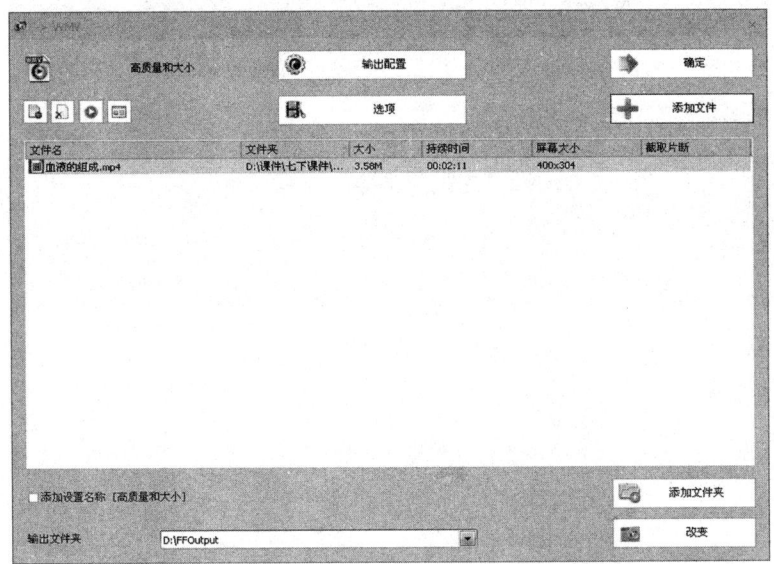

然后选择输出转换后的文件存放的文件夹,如输入"D:\FFOUTPUT",其中有一项是输出配置选项,我们可以自行选择输出的类型。选择好之后点击"确定",回到主界面。

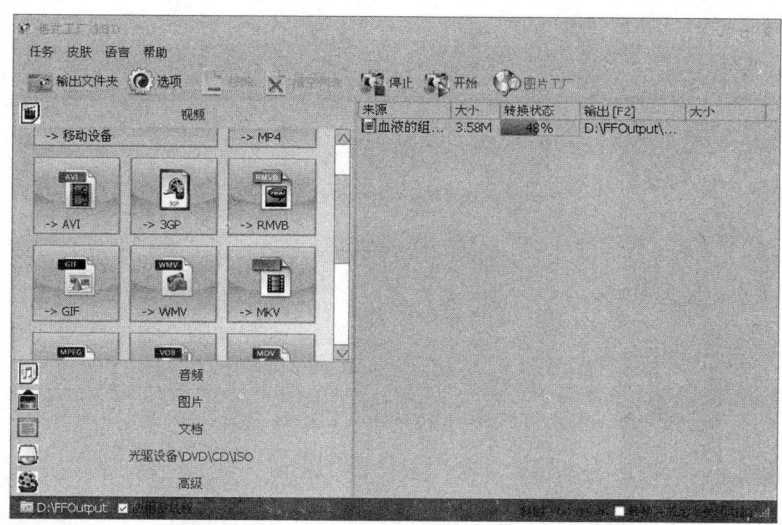

点击主界面"开始"按钮,就会开始转换了,然后在转换状态栏会出现进度条,方便我们查看。任务完成进度达到"100%"之后,点击"输出文件夹"就可以查是转化后的视频了。(其他格式的转化方式相同)

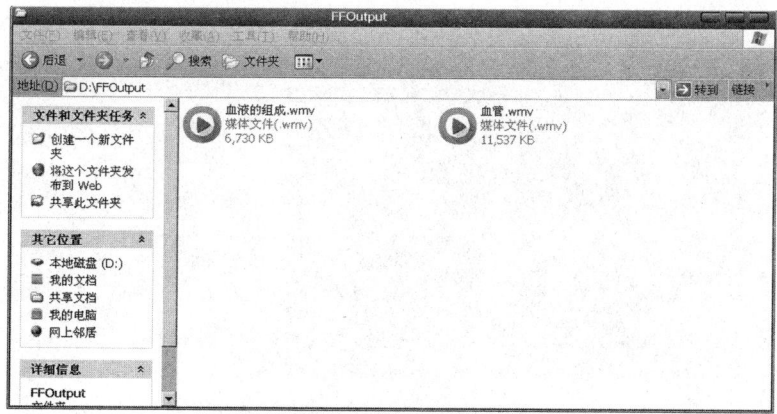

2. 视频剪切

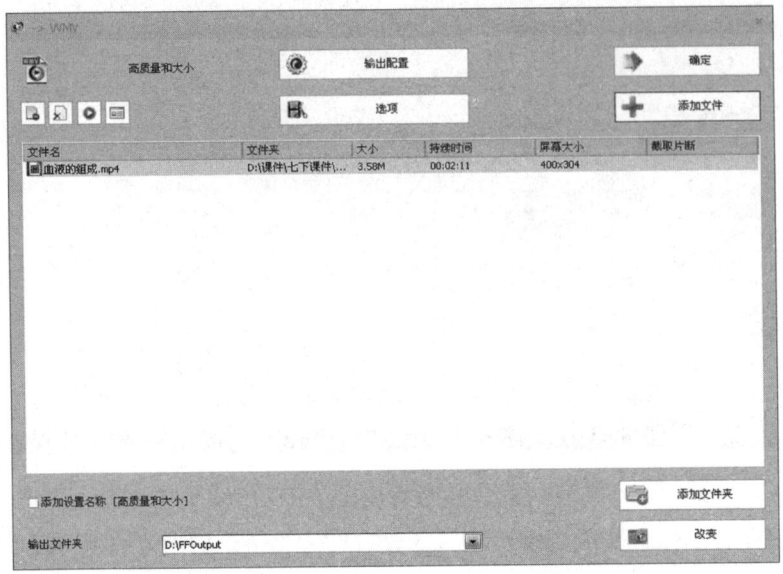

在上图所示的界面下点击"选项",进入一个新界面,如下:

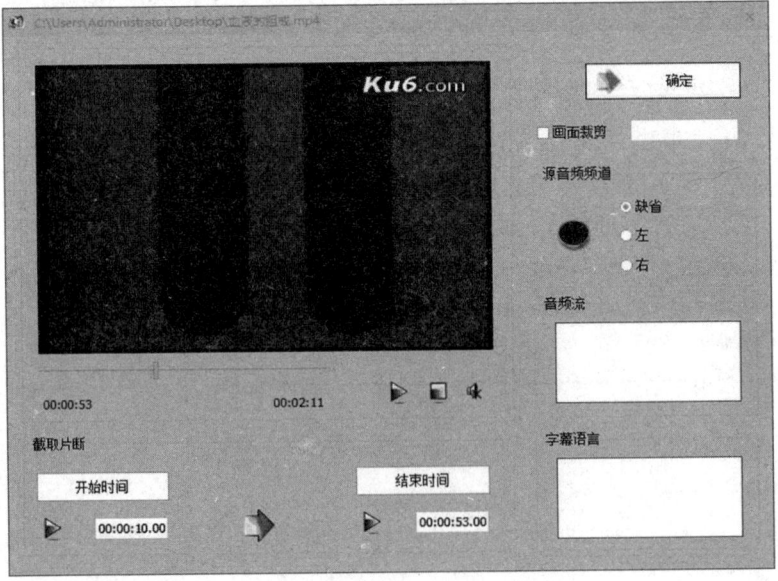

当视频播放到需要的开始界面时,点击"开始时间",播放到需要的结束界面时,点击"结束时间"。也可以自行输入需要的"开始时间"和"结束时间"。

点击"确定",回到主界面。

点击工具栏的"开始",就可以剪切所需要的片段。

3. 视频合并

在主界面下点击"高级"

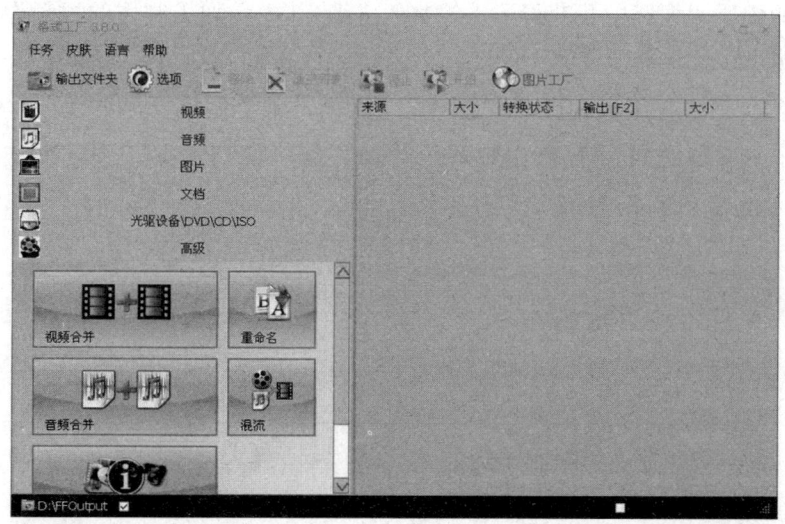

在"高级"界面下,点击"视频合并",点击"添加文件"或"添加文件夹",找到要添加合并的文件。

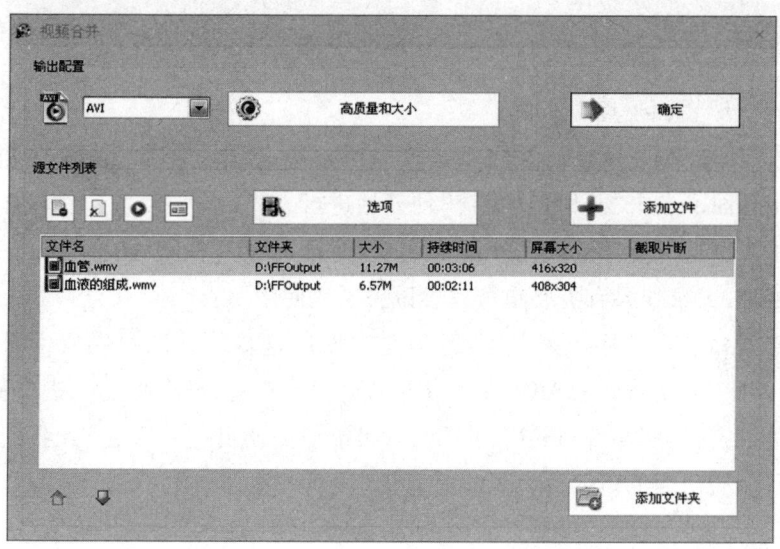

然后点击"确定",回到主界面:点击工具栏的"开始",格式工厂便开始合并添加的多个视频了。

[应用反思]

掌握了"格式工厂"这款软件,就会大大方便了我们的教学,提高教学效果。在年前的优质课大赛中我获得了一等奖的成绩,其中我加工制作的视频为我的课堂增色了不少。

"格式工厂"在编辑视频时,"混流"功能也常常会用到。比如在教学中我们给视频加一段解说词等等,操作如下:

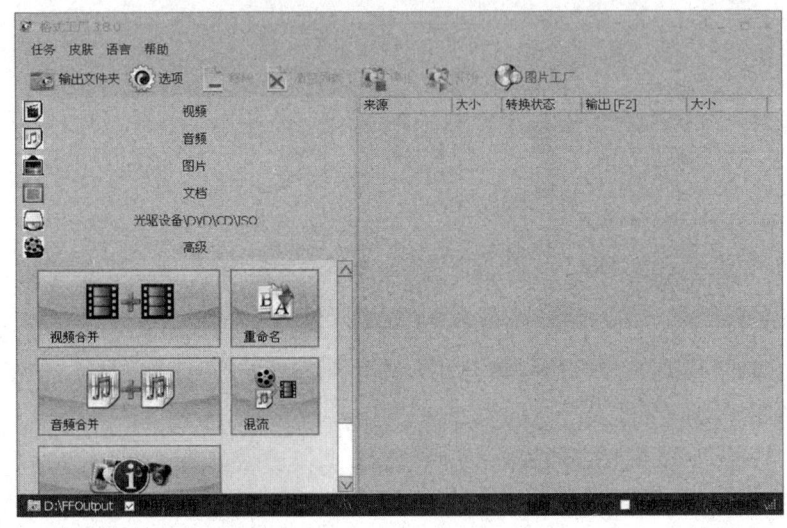

在"高级"界面下点击"混流"。

点击"添加文件",分别添加要编辑的视频和音频。点击"确定",回到主界面。在主界面下点击"开始","混流"便开始进行了。

除了可以编辑处理视频之外,"格式工厂"还可以对音频、图片、文档、光驱设备进行处理,大家如果有需要也可以尝试去了解使用。

尽管"格式工厂"用起来很方便,但是在使用这款软件的时候我也遇到过问题,比如 MKV 的格式转成 MP4 和 AVI 格式时只有声音,没有画面,"格式工厂"不能对此进行解码,期待着"格式工厂"的升级能够解决此类问题,或者我们也可以试一试其他的视频编辑软件,比如"魔影工厂"。

作者:石家庄市第四十一中学北校　刘晓慧
指导老师:石家庄第四十一中学北校　李　卿

利用暴风影音截取教学视频

[情境导入]

小刘老师是一位刚刚入职的新教师,对于课程教学有着许多奇思妙想,当讲到《杠杆》一节的时候,小刘老师想:许多学生对于物理的学习或者其他学科的学习都存在着一种疑惑,就是"为什么我要学习杠杆?"于是小刘老师决定在新课引入的时候插入一段"利用生活中的杠杆救人"的视频,但由于视频来源于电视剧中的一段,需要先把视频下载下来,然后小刘老师只能截取一部分让学生观看,接下来的任务就是视频的截取了。

那么如何利用暴风影音来截取视频呢?

让我们一起来学习吧。

活动1 暴风影音的下载和安装

第1步 下载暴风影音

暴风影音软件是由北京暴风网际科技有限公司出品,暴风就致力于为互联网用户提供最简单、便捷的互联网音视频播放解决方案。截止2012年末,暴风的工程师分析数以十万计的视频文件,掌握了超过500种视频格式的支持方案。暴风影音也是国人最喜爱的播放器之一,因为它的播放能力是最强的。

接下来，介绍暴风影音的下载方法。

①打开浏览器，在地址栏输入"www.baofeng.com"，按回车键进入暴风影音官网，如图所示。

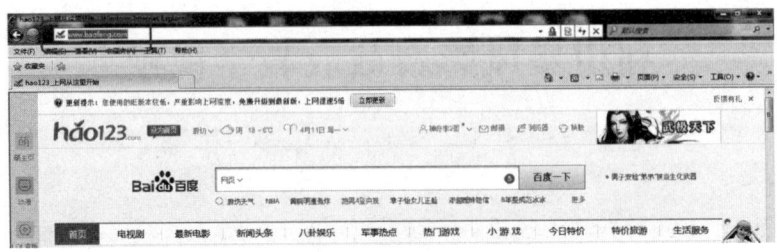

②单击暴风影音官网右侧"下载"，在弹出的对话框中点击"立即下载"。

③在弹出的对话框中，设置好文件保存地址，如"C:\Users\lizhiwen\Desktop"（下载者应注意：安装包可下载到桌面，更方便寻找），单击"立即下载"。

第2步　安装暴风影音

①下载完成后，找到安装包所在位置，双击暴风影音安装包，在弹出来的对话框中，点击"开始安装"。

②设置好软件安装位置,请记住您的安装地址,方便以后软件的管理;

　　选择适合您的安装选项,例如:勾选"暴风影视库快键方式"可以方便您在桌面直接打开暴风影音库;

　　选择完成后,单击"下一步"。

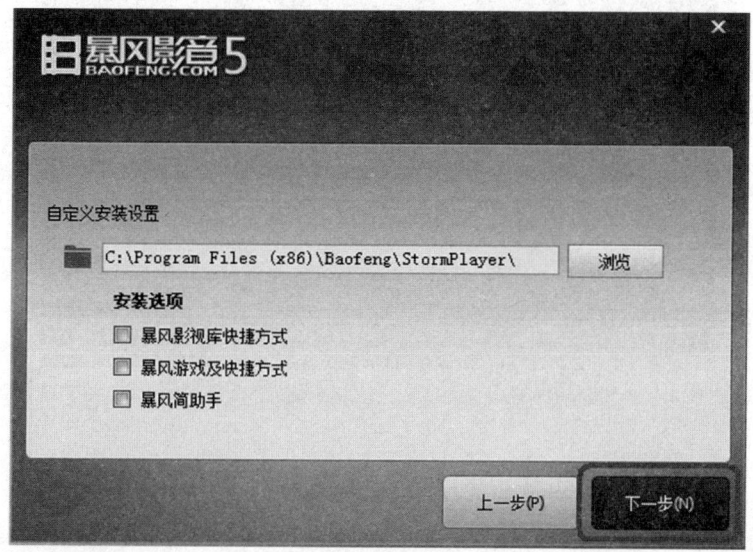

③在弹出的对话框中,您可以根据自己的需要选择暴风影音为你推荐的其他优秀软件,选择完成后继续单击"下一步"。

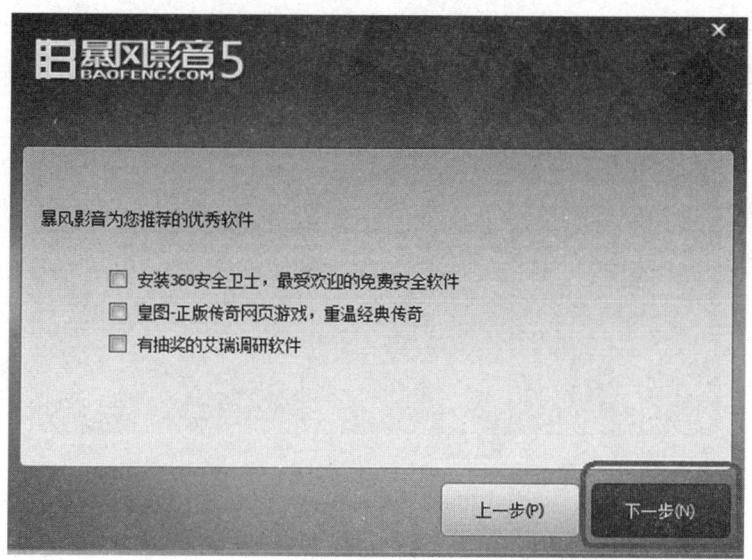

④在弹出的对话框中,最后单击"立即体验",完成安装,进入暴风影音。

活动2　利用暴风影音下载视频

暴风影音也是国人最常用的播放器之一,该软件所提供的"在线影院"包含丰富的视频资源,您可以根据需要选择观看和下载自己喜欢的视频。

接下来简单的介绍一下,如何使用暴风影音下载视频。

①双击暴风影音图标,进入暴风影音软件。

②单击"在线影视",在弹出的对话框中输入您要想搜索的资源名称(暴风影音支持模糊搜索,例如:输入"初二物理",会显示和"初二物理"相关的所有视频信息),然后单击"查询"。接下来会在软件右边显示相关视频。

右键单击所要下载的视频,在弹出的菜单中选择"下载",即可下载您喜欢的视频文件。(注意:下载视频需要登陆自己的暴风影音账号)

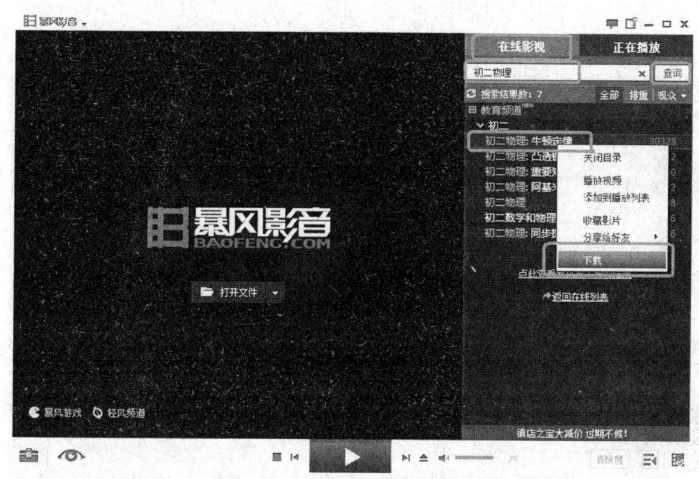

活动3　利用暴风影音截取教学视频

暴风影音不仅可以播放绝大多数的视频格式,而且拥有丰富的视频资源,利用暴风影音还可以截取视频。

接下来向您介绍一下如何利用暴风影音截取视频。

1. 双击暴风影音图标,进入暴风影音软件。

2. 点击右上角"＋"号,在弹出的对话框中找到需要截取的视频文件,点击"打开"。(如果无法找到要播放的视频文件,可以尝试点击"常见某题格式"对应的下拉箭头,在弹出的下拉菜单中选择"所有文件")

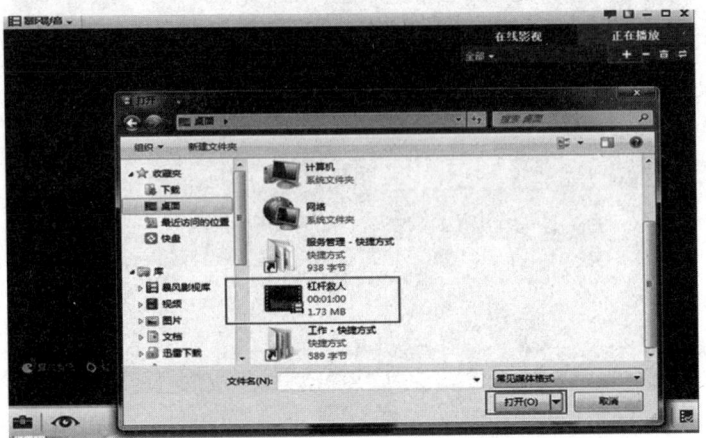

步骤阅读

3. 播放您需要截取片段的视频,确定您截取的部分。

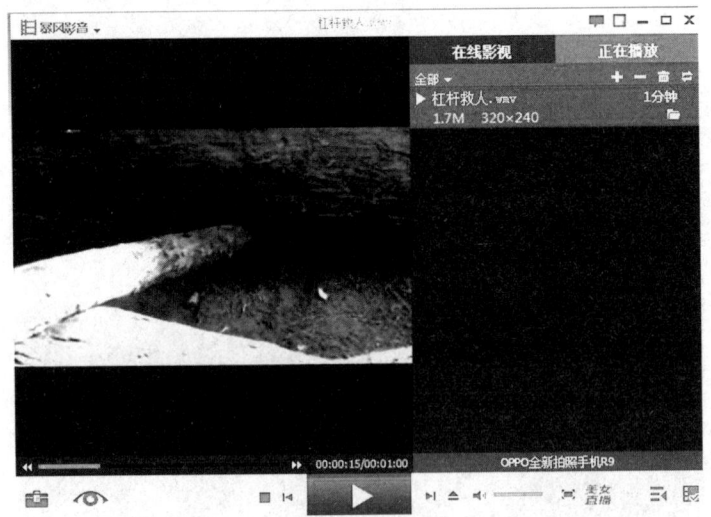

4. 播放界面中，点击鼠标右键，在弹出的对话框中单击选择"视频转码/截取"，在弹出的菜单单击"片段截取"。

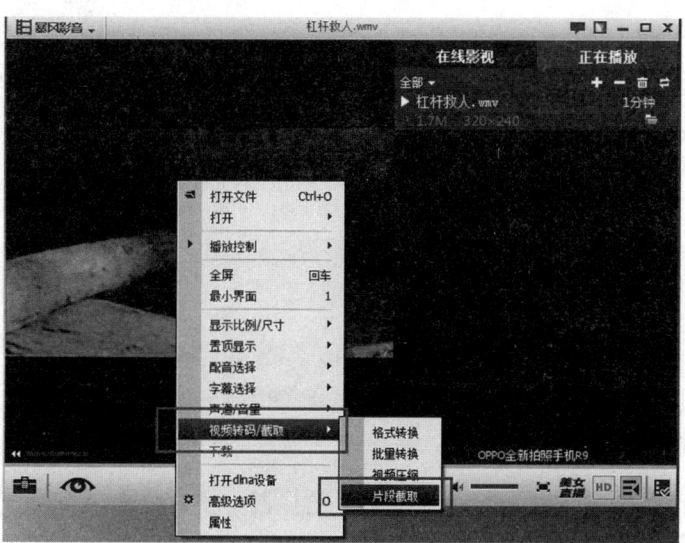

5. 呈现出暴风转码界面。

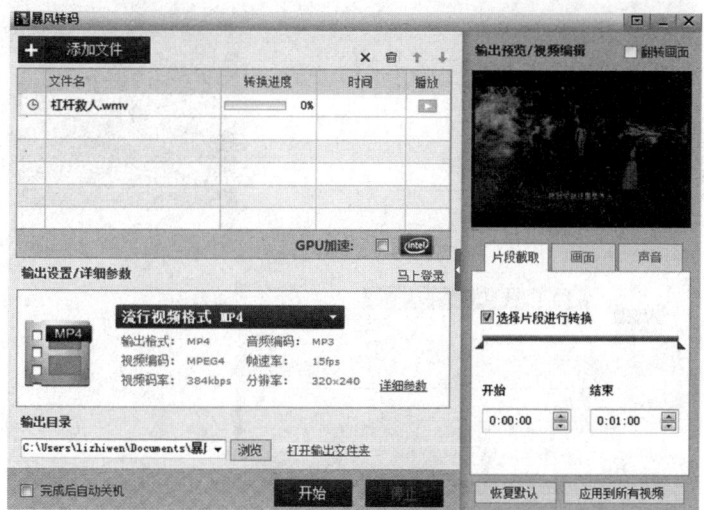

6. 根据需求,通过输入开始时间和结束时间或者直接在时间轴上拉选来确定需要截取的视频段。

7. 在软件右下角,选择"画面",可以进行实现画面裁剪功能。

8. 在软件右下角,选择"声音",可以实现声音调节功能。

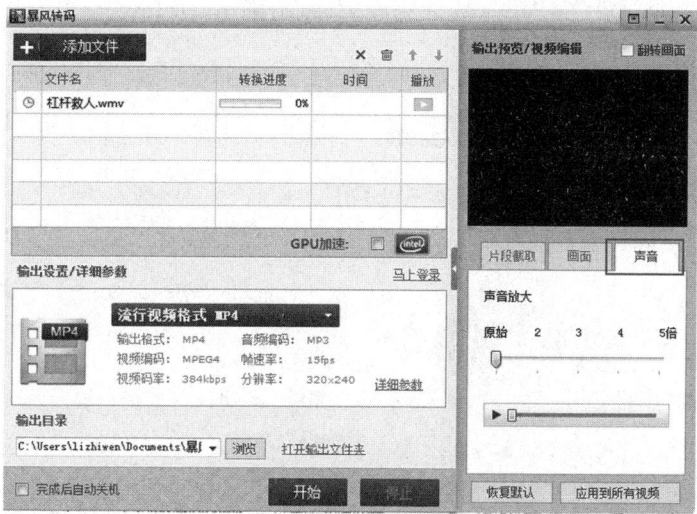

9. 左键单击示图中的下拉菜单。

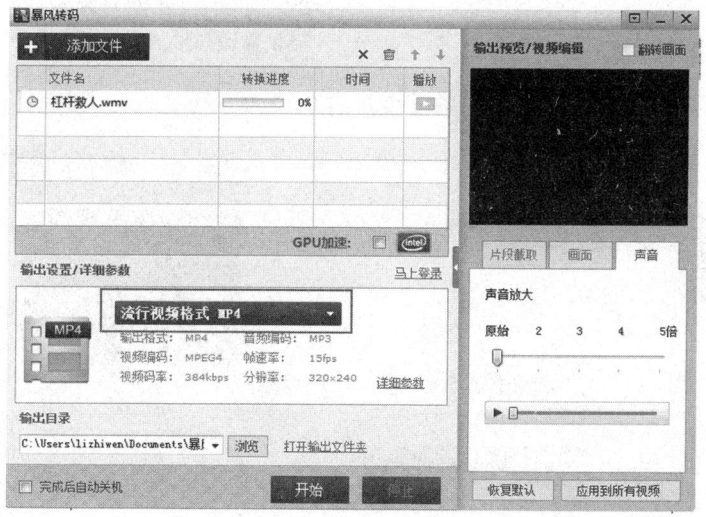

10. 在弹出的对话框中，选择合适的输出格式。例如示图中输出类型为"家用电脑"，视频格式为"MP4"。选择完成后，点击确认。

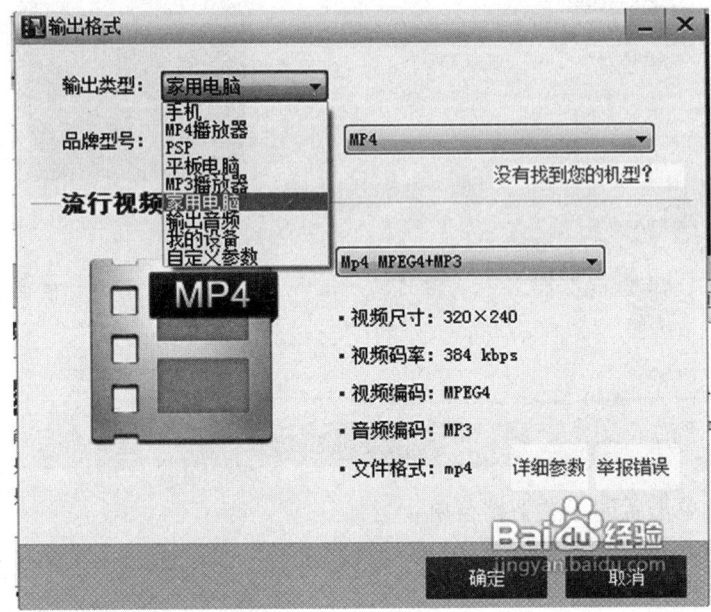

11. 在示图位置选择截取视频需要保存的位置。

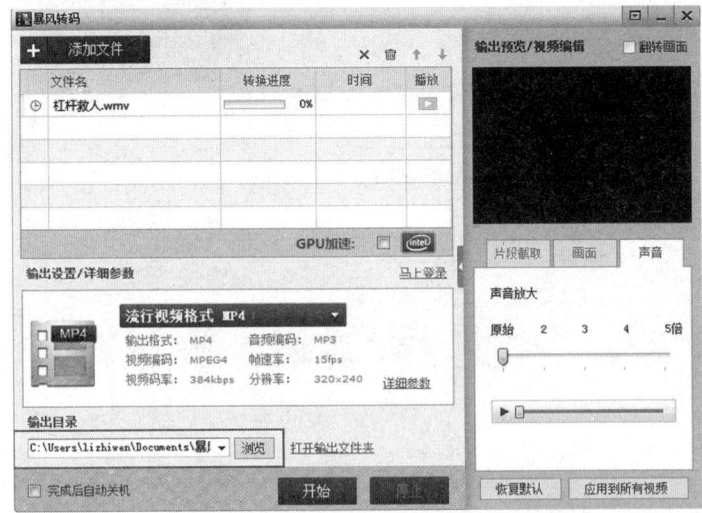

12. 完成以上操作后,左键单击"开始",进行视频截取。

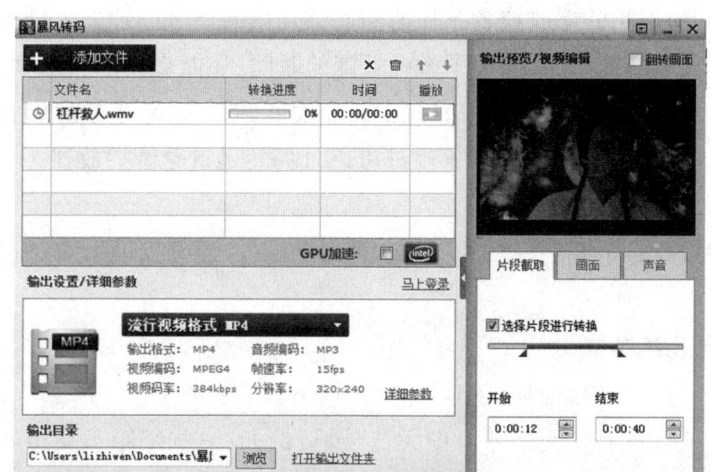

13. 通过下面示图,可以看到原视频和截取视频及两个视频的不同。

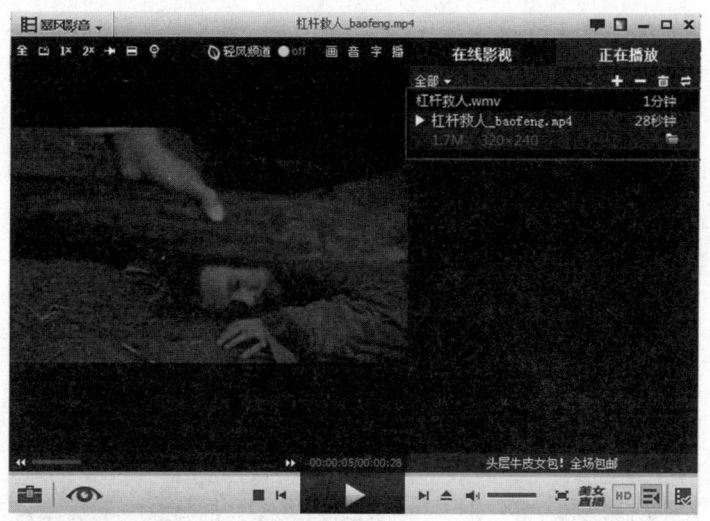

［应用拓展］

　　暴风影音是一款绿色万能的视频播放器,支持 avi\rm\rmvb 等常用主流媒体格式,也支持＊.mkv\＊.tp\＊.ts 等高清视频格式,兼容 realplayer,kmplayer 等主流播放软件,集 flash 播放器、电影播放器、高清播放器于一身的全能播放器。在日常的教学中,教师需要掌握多种信息技能来辅助我们的教学,特别是情景的创设中,新颖、创新才能调动学生的积极性,让学生被动的学习化主动,能够提高学生的学习兴趣,而视频的播放或者图片的插入都是用的最多的地方。利用暴风影音软件的视频截取功能,大大缩短了教师备课的时间,还能提高课堂效率,所以需要每个教师的学习和掌握。而在信息技术高速发展的今天,除了暴风影音可以帮助我们完成这项任务,其他的视频软件都可以,比如:迅雷看看播放器,土豆播放器,百度影音等。

这些播放器除了我们提到的下载和截取功能外,还有以下用途:

一、视频压缩功能

利用暴风影音进行视频压缩可以达到以下目的:

①视频文件在有些网络环境中无法传输,例如:一些邮箱不支持发送视频文件。如果您把需要传输的视频文件进行压缩,则可以在网络上自由传输。

②节省磁盘空间;

③可以把多个视频文件压缩成一个压缩包,此功能在发送邮件时用出比较大,因为邮件附件多个文件通常要一个个的上传,把多个文件压缩成一个压缩包后就可以完成一次上传了;

④可以把一个大视频文件分解压缩成多个小压缩包,此功能在文件拷贝中作用比较大,比如所你现在有个300M的文件需要拷贝到别的电脑中,而你的优盘只有256M,这时候你就可以用压缩软件把文件分成两个150M的压缩包然后分别拷贝就行了;

总之,暴风软件的视频压缩功能,可以方便您对视频文件的管理和传输。

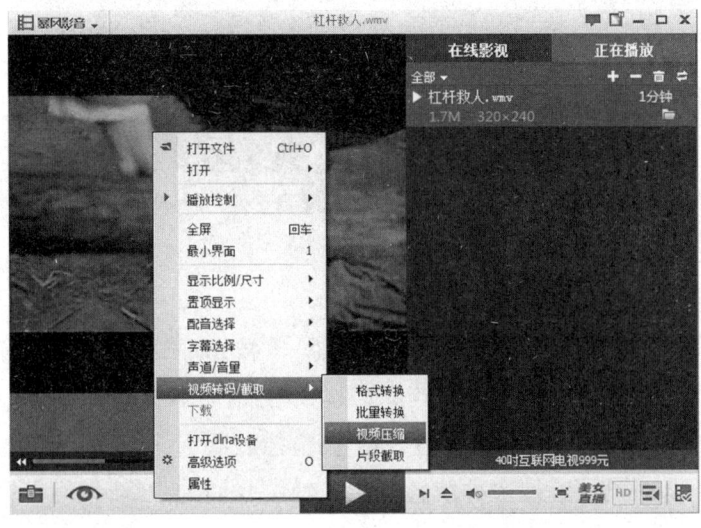

二、视频转码功能

当您发现了一个好的教学视频素材,下载下来后却发现无法播放,您肯定会感到很郁闷,暴风影音恰好可以为您排忧解难。您可以利用暴风影音软件改变视频的格式,进而播放您想要看到的视频。

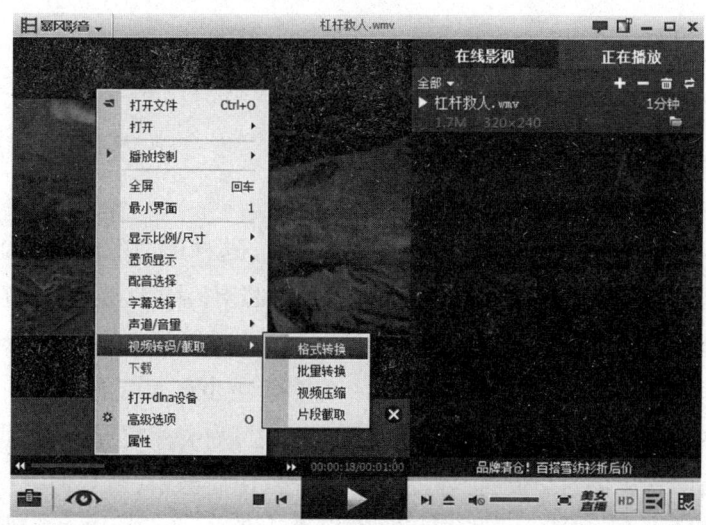

作者:廊坊市第四中学　刘晓玉
指导老师:廊坊市大城县第一职业中学　张建通

利用微信服务课外教学,促进教学弹性

[情境导入]

语文课有一个板块"综合活动·口语交际"。这种能力的培养不能只在课堂发展,更重要的要在日常生活中培养。有一次我的同科同事郑老师拖着疲惫的身体从课堂上回到办公室,哀声叹气。我问她怎么了?她说,上口语交际课真费事,课堂时间短,设置几个情境训练学生说话,好多学生由于羞涩或不愿意上台表演,完成较难,效果极差。正说着,我的手机微信来了,我突然想起来说,我们何不利用手机微信给学生沟通交流,正好现在手机普遍使用微信,给我们提供了将教学延伸到课外的平台,特适合我们教师课外节假日操作。她说,这方法可行,我们可以尝试。

再说微信交流平台可以使师生,生生通过手机微信相互交流学习,这样既锻炼了学生的口语交际能力,又提高了知识水平,增进了师生感情,可谓一举多得。微信这个新型的沟通方式让教学突破课堂以及学时的限制,将其延伸到课外,学生可以根据自己的实际情况合理安排时间,使得教学更加灵活、有针对性。

活动1 班级微信群的功能

班级微信群,主要是为了方便教师给学生布置作业相关使用,即老师可以利用微信的语音聊天、短信、群聊、图片视频、文字等多种形式给学生布置作业,学生通过手机能够随时随地地收到作业,并在线作答提交。利用微信群聊师生,生生之间可以进行相互交流。

活动 2　班级微信群的创建

教师建立班级微信群,让学生加入朋友圈。详解如下:

第 1 步　打开手机的微信。使用 QQ 号直接登录或使用手机号注册好自己的微信号码后登录。

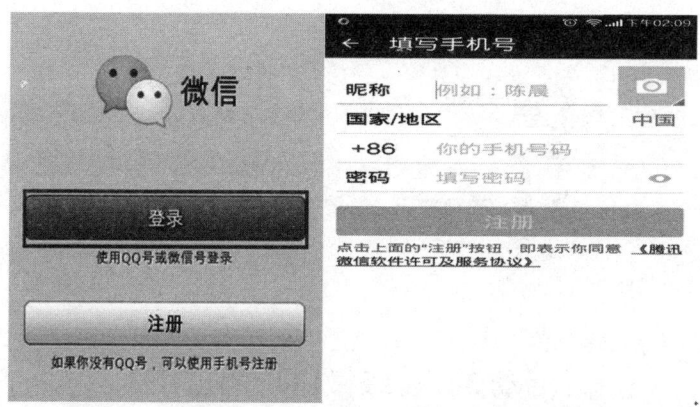

第 2 步　注册登陆之后就可以进入微信主页,点击上方的"＋"。在选项中点击"发起群聊"。

第3步 可以在好友中选择想加入群的人,在后面打勾,最后点击右上角的确定就可以了。

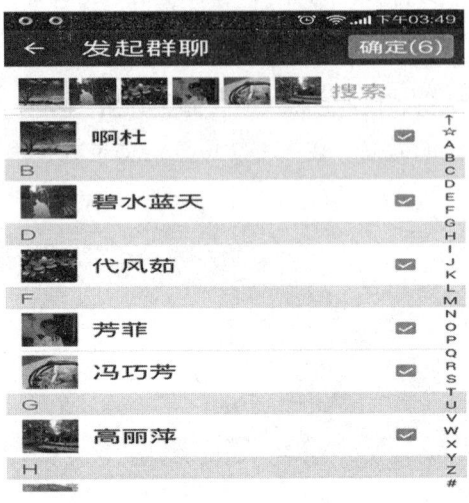

活动3 班级微信群的运用

第1步 通过微信平台发布学生感兴趣的视频、图片文字等(布置教学任务),明确任务要求。例如:对清明节的认识体会。

第 2 步　让学生自主地参与讨论,可以采用多种方式交流体会。例如运用微信视频通话和短信的功能进行讨论,调动学生的积极性。

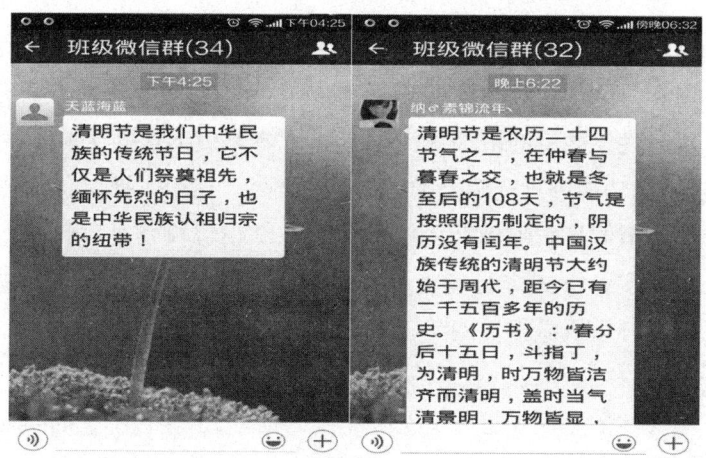

第 3 步　教师评阅学生作业

利用微信网络交流平台随时阅读学生的作业,教师随时发现学生共性问题和个性表现并及时评阅。谁的作业最棒教师可发个红包奖励。

第 4 步　师生、生生之间交流学习心得

师生,生生形成了一种相互了解沟通的良性循环,这样既锻炼了学生的口语交际能力,又增进了师生情感,可谓一举多得。

活动 4　应用与反思

将微信这个现代化的交流平台作为一种学习工具,促进了教学弹性,有利于学生自主学习和协作学习氛围的形成,在发挥学生的主观能动性方面充分体现了其独特性和优越性。微信的出现深深地吸引了本来就对手机充满好奇的初中学生,学生通过微信功能进行交流新鲜有趣,兴致高。克服了课堂的局限和纸质文本阅读的枯燥.节假日教师借助手机平台发布微信群聊信息,可以使用语音、文字、图像、视频等多种形式进行交流,给人以真实感。学生据教师提供的大量信息,有时间,就打开手机微信,涉猎阅读,健康等方面的知识与见闻,传播正能量,交流学习心得,这样做开阔了学生的视野,培养了学生的交际能力,增进了师生感情。但是学生关注的不仅仅是语文老师提供的信息,也存在不少的问题。

一是存在微信交际依赖。有一些同学沉湎于其中而不能自拔,解决这个问题,除了教师要明确学生交流内容和时间外,还要有家长的配合监督,课堂不得私自带手机,不能过度依赖手机导致危害身体健康。二是滋生错误的认识观。一些同学对身边人事物的看法不是根据事物本来的是非曲直来进行评判,往往根据自己的喜好发表偏见或过激的看法,要坚决杜绝这种想象的发生,学生要互相监督,教师要奖罚分明。三是可能遭遇交际陷阱。中学生社会经验不足,好奇心强驱使很多时候会主动与陌生人搭讪。因为微信交友不善而引发被抢劫、敲诈、勒索的案件时有发生。老师和家长要共同教育监督学生不加陌生的微信圈和微信公众号,不要和陌生人交流。

利用好微信新型的网络交流平台,指导初中学生进行语文学习,给广大教师带来了新的挑战。因此,作为教师,不仅要时刻注重专业知识和教学技能等业务素质的提升,还要努力学习和掌握现代教学技术。以便适应网络化教育所带来的教学方法和教学手段的变化,充分发挥网络等信息化工具的优势,促进教学的稳健发展。

作者:邯郸市永年县第六中学　刘月风
指导老师:邯郸市永年县第四中学　任晓敏

利用中国知网探索数形结合思想在教学中的应用

[**情境导入**]

在平时的数学教学中时常会告诉同学们在解决问题时常常要使用数形结合的思想,但是学生却不能很好的应用这种思想,于是我想利用一下发达的信息网络,改变一下教学方式,所以我去请教了教授信息技术的李老师,想通过网络信息技术得到一些对教学方法的启示。

我:李老师您好,我在最近的教学过程中觉得教学方式并不能使学生很好的接受我所讲授的知识,很希望能够得到一些教学方面的启示.

李老师:其实现在有很多的专业文献数据库,我们可以进入这些网站通过使用关键词的方式来检索出大量你想要的文献。如中国知网等

我:我最近一直想教给同学们想让同学们体会一下数形结合思想,但就是找不到好的案例,可不可以利用这个中国知网找到一些案例应用呢?

李老师:好的,接下来我就来向你演示一下数形结合思想在初中教学的一些应用吧。

[**技术讲解**]

活动1 中国知网的定义及功能

第1步 了解什么是中国知网

中国知网,是国家知识基础设施(National Knowledge Infrastructure,NKI)的概念。采用自主开发并具有国际领先水平的数字图书馆技术,建成了世界上全文信息量规模最大的"CNKI数字图书馆",并正式启动建设《中国知识资源总库》及

CNKI 网格资源共享平台，通过产业化运作，为全社会知识资源高效共享提供最丰富的知识信息资源和最有效的知识传播与数字化学习平台。

第 2 步　了解中国知网的功能和用途

一是大规模集成整合知识信息资源，整体提高资源的综合和增值利用价值；二是建设知识资源互联网传播扩散与增值服务平台，为全社会提供资源共享、数字化学习、知识创新信息化条件；三是建设知识资源的深度开发利用平台，为社会各方面提供知识管理与知识服务的信息化手段。基于海量的内容资源地增值服务平台，任何人、任何机构都可以在中国知网建立自己个人数字图书馆，定制自己需要的内容。越来越多的读者将中国知网作为日常工作和学习的平台。

活动 2　中国知网的注册

登陆 http://www.cnki.net/ 进入中国知网的主页面。

中国知网首页页面

点击右上角的"注册"选项，进入注册页面。即可进入注册页面。中国知网的注册十分方便，只要按照要求写出用户名设置密码即可。

中国知网注册页面

进行注册后,登陆即可进行文献检索。

活动3　文献检索

第1步　选择高级检索

登陆后点击搜索框右侧的高级检索选项进入高级检索页面。

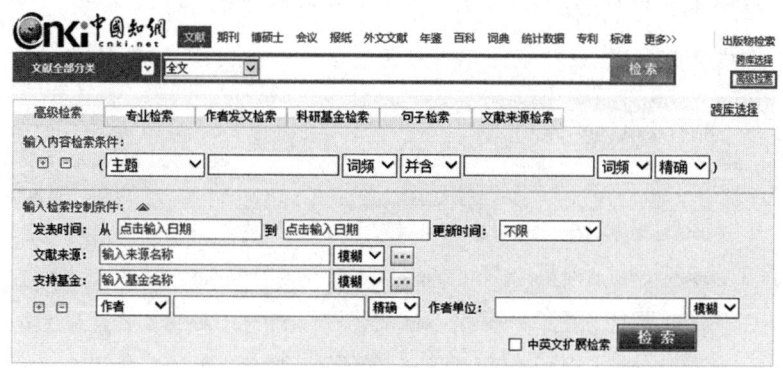

中国知网高级检索页面

第 2 步　设定检索条件

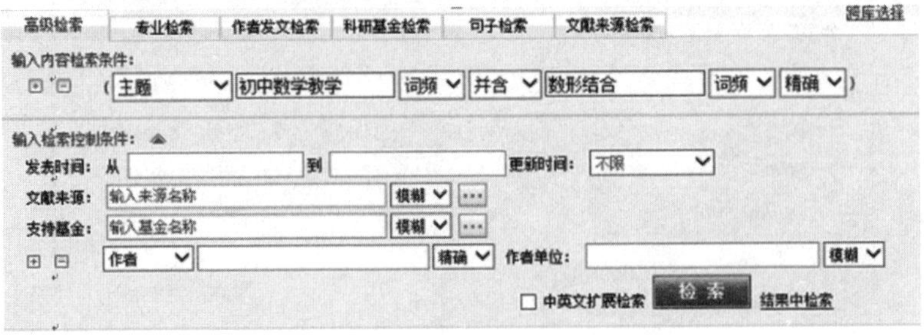

在内容检索条件中输入“初中数学教学”和“数形结合”两个关键词。检索条件可以为篇名、关键词、摘要、全文、参考文献、中图分类号等几个角度进行，初中数学教学是一个大内容，可以选择主题作为检索条件，在框内输入初中数学教学，同时可以继续输入第二个关键词，可以输入数形结合，这样检索出的文献就是关于初中教学中有关于数形结合思想方面的一些案例及应用，根据所需要的不同方面的教学案例来设定不同的检索条件，最重要的是可以提取出关键词。

同时可以通过下方的检索控制条件来设定文献的时间及来源，可以获取的一些最新的高质量的文献。例如可以搜过 2010 年至现在的所有已发表的关于初中数学教学问题的文献。也可以是特定的作者所发表的文献。

输入好以上设置好的条件点击检索。出现文献列表

	题名	作者	来源	发表时间	数据库	被引	下载	预览	分享
1	数形结合方法在初中数学教学中应用研究	刘冰莉	内蒙古师范大学	2012-05-13	硕士	7	1184		
2	初中数学教学中数形结合思想的应用	朱家宏	科技视界	2015-03-25	期刊	3	291		
3	数形结合思想在初中数学教学中的实践研究——以人教版初中数学教材为例	武俊英	陕西师范大学	2014-05-01	硕士	3	1382		
4	数形结合思想在初中数学教学中的渗透探究	杨艳丽	教育实践与研究(B)	2011-05-25	期刊	20	956		
5	数形结合思想在初中数学教学中的应用	李宁宁	剑南文学(经典教苑)	2013-07-25	期刊	5	432		
6	“数形结合”在初中数学教学中的应用	柏纪锋	才智	2011-05-15	期刊	4	293		

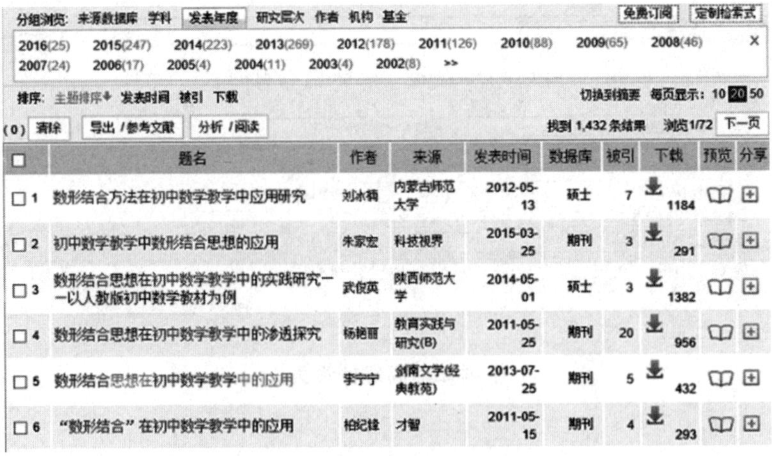

第3步 浏览下载

任意点击想要浏览的文章就可以进入文献页面,在这个页面中可以看到作者信息单位、文章摘要、文章的关键词等信息。

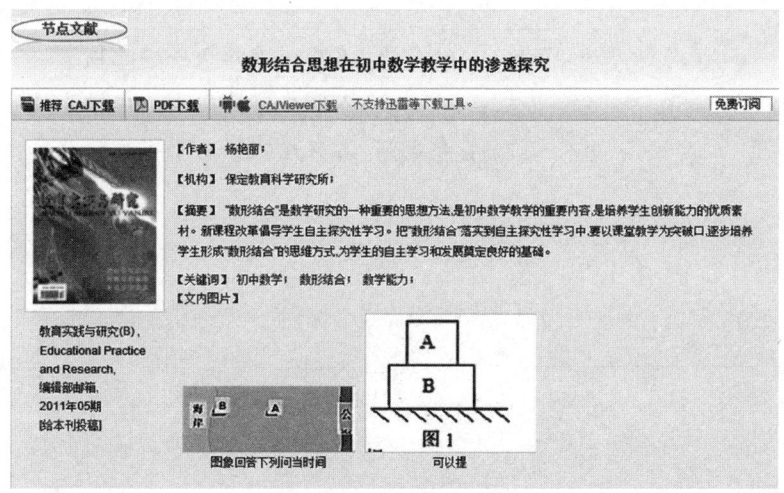

文献信息页

通过览摘要信息,关键词等可以大致了解文章的内容,如果觉得这篇文章对自己有帮助,可以点击"CAJ下载"或者"PDF下载"按钮对全文进行下载即可进行全文浏览,学习其中的应用实例并应用到教学中。

[应用反思]

当我又遇到李老师的时再次聊起了利用中国知网检索专业化文献。

我:李老师,我综合运用多种检索方法,灵活运用检索式来提高检索效率,交将看到的一些好的教学案例应用到了实际教学中,效果比较明显,我正想参考一个国外的文献或教学案例,有方法吗?李老师:这个当然可以了,中国知网和万方上都是有外文文献这一搜索选项的。而专业的外文文献数据库还有像 PubMed 这样的数据库,它也会提供一部分免费的外文文献。

我:嗯,还有在检索的时候我发现提取关键词是很重要的内容,但是有时候我觉得两个关键词不能满足我的检索需要,这有什么解决办法吗?

李老师:当然,如果两个关键词不够,可以选择增加关键词,或者选择词频来控制关键词在文章中出现的次数。另外你可以学习一下怎么应用专业检索式来进行检索,它就像数学中的代数式一样,一些关键词加一些符号就包含所有我们要检索的信息,在进行检索时会更加方便。

我:嗯,看来我还有很多方面需要继续学习。这种专业的文献数据库还有很多我没有发现的可以应用到教学工作中的东西,我会更好的使用它的。

作者:石家庄市四十一中北校　　卢彩霞

石家庄市第四十一中学北校　温　菁

指导老师:石家庄市第四十一中学北校　李　卿

PPT演示文稿在英语教学中的应用

[**情境导入**]

二十一世纪是科学技术迅速发展的世纪,信息技术的运用,大大提高了课堂效率,现在教师们利用白板上课,这就需要教师们进行PPT的制作,但是部分老师不知道如何进行演示文稿的制作。怎样才能制作出精美又实用演示文稿呢?我们来看看:

任务一 演示文稿制作流程

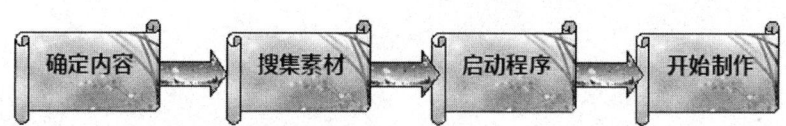

确定内容后,搜集了必要的素材,就要启动PPT程序,确定演示文稿的主题是什么,由哪些内容组成,需要用哪些元素来表达,要达到什么样的效果等,做到心中有数。然后开始制作。

收集素材:素材包括图片、文字和声音等。开始制作:准备工作完成后,就可开始制作演示文稿了。制作演示文稿的基本步骤包括创建演示文稿,插入幻灯片,在幻灯片中输入文本、插入图片、设置动画效果和放映演示文稿等。

任务二　熟悉 PowerPoint 工作界面

一、启动 PowerPoint

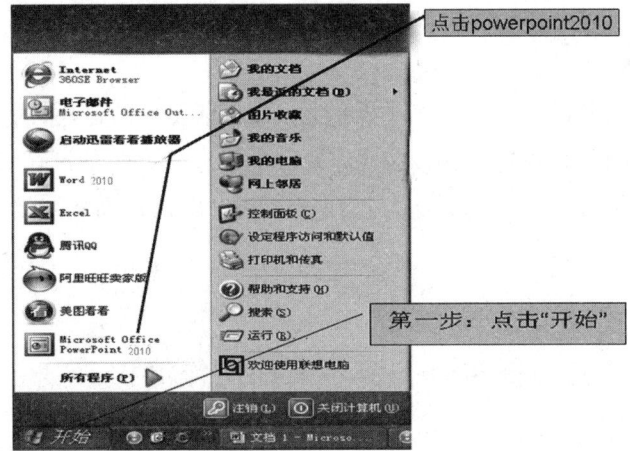

二、PowerPoint 界面组成

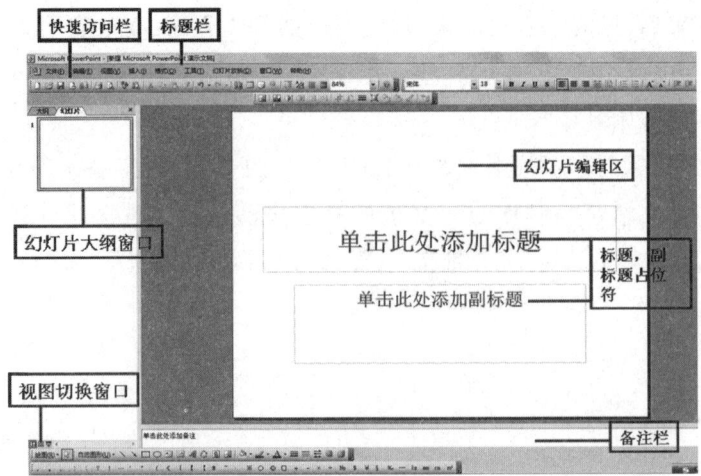

快速访问工具栏用于放置一些在制作演示文稿时使用频率较高的命令按钮。默认情况下,该工具栏包含了"保存""撤销"和"重复"按钮。如需要在快速访问工具栏中添加其他按钮,可以单击其右侧的三角按钮,在展开的列表中选择所需选项即可。功能区位于标题栏的下方,是一个由多个选项卡组成的带形区域。PowerPoint 2010 将大部分命令分类组织在功能区的不同选项卡中,单击不同的选项卡标签,可切换功能区中显示的命令。

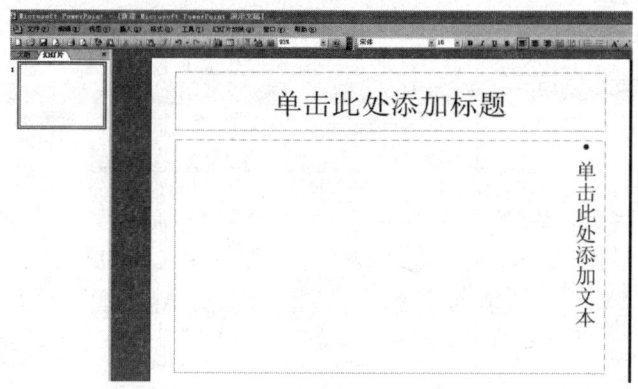

幻灯片编辑区是编辑幻灯片的主要区域,在其中可以为当前幻灯片添加文本、图片、图形、声音和影片等,还可以创建超链接或设置动画。

任务三　新建和保存演示文稿

一、创建空白演示文稿

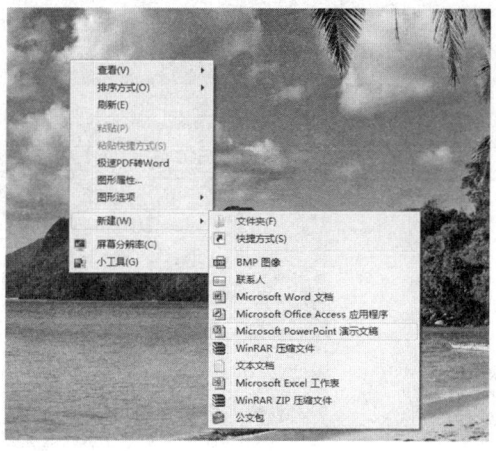

二、利用模板或主题创建演示文稿

利用模板和主题都可以创建具有漂亮格式的演示文稿。二者的不同之处是,利用模板创建的演示文稿通常还带有相应的内容,用户只需对这些内容进行修改,便可快速设计出专业的演示文稿;而主题则是幻灯片背景、版式和字体等格式的集合。

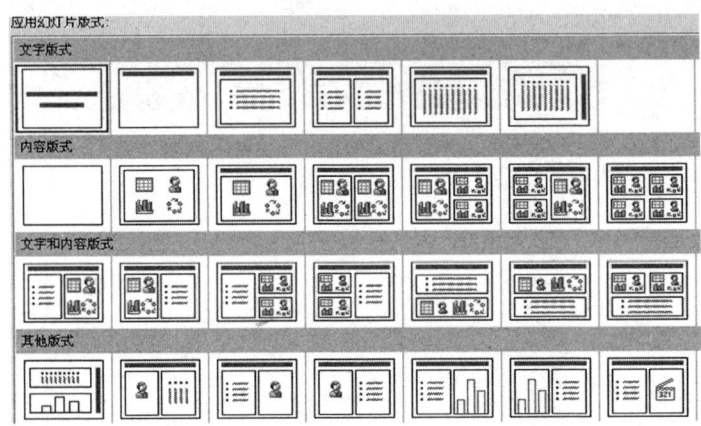

三、保存和关闭演示文稿

用户在制作演示文稿时,要养成随时保存演示文稿的习惯,以防止发生意外而使正在编辑的内容丢失。编辑完毕并保存演示文稿后,还需要将其关闭。对演示文稿执行第二次保存操作时,不会再打开"另存为"对话框,若希望将文档另存一份,可在"文件"选项卡界面中选择"另存为"项,在打开的"另存为"对话框中进行设置。

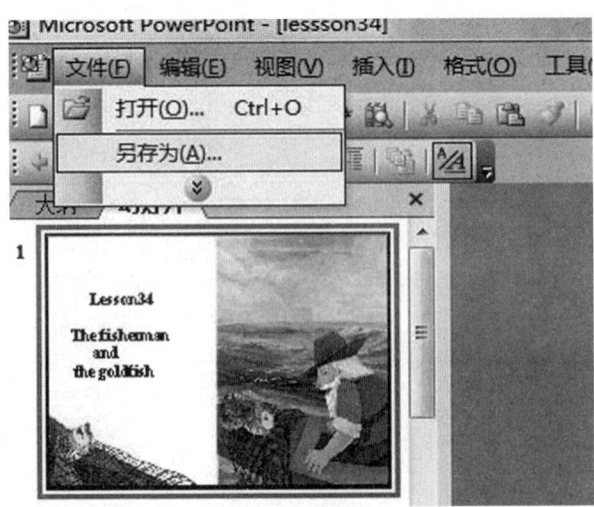

任务四　制作幻灯片

一、新建幻灯片

创建空白演示文稿,创建空白演示文稿是创建演示文稿的最简单的方法,其具体操作步骤如下:

(1)选择"文件"→"新建"命令,打开"新建演示文稿"任务窗格。

(2)单击"空演示文稿"超链接,即可新建一个空白演示文稿,

(3)右击鼠标选择制作新幻灯片。

二、填写内容

在幻灯片视图下,单击所要修改的文本的任意位置,其周围的浅色边框将被较宽的斜纹边框所取代,在方框中有一个闪烁的光标提示符,表示可以在此录入文字。然后我们根据需要修改文字,其字体、字号及颜色等均由模板提供默认值,若不满意可用鼠标框选所要修改的文字,再选择好字体、字号及颜色即可。如果要删除该项目,只需将该项目中的文字全部删除即可。这样第一张幻灯片就生成了,接下来我们再按同样的方法修改下面几张幻灯片。全部完成后,只需单击文件菜单并选择保存,将已经做好的演示部分保存即可。

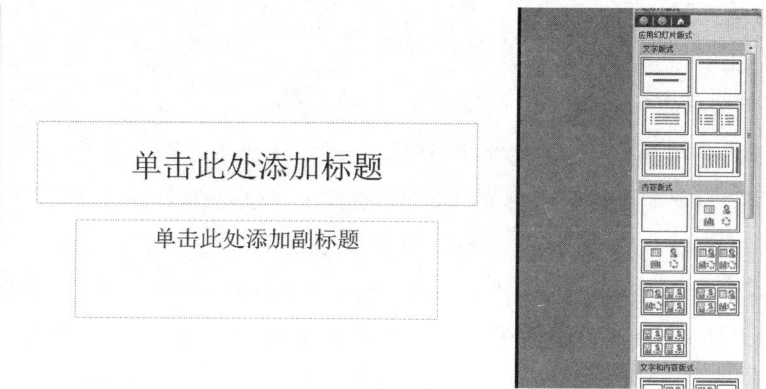

三、改变背景

若不喜欢当前的背景,可在虚线框外单击鼠标右键,在弹出子菜单的"背景"对话框中的下拉菜单中选"填充效果"进行更改。

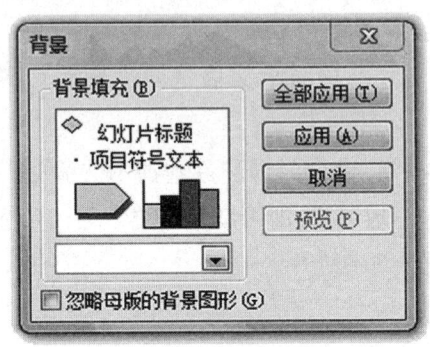

四、增减幻灯片

大家可能会觉得模板提供的幻灯片张数不能满足您的需求。如果想增加同样版式的幻灯片,只需在视图的左框中,用鼠标点选所要复制的幻灯片图标,这时左框中将会出现反白区域,点击常用工具栏上的"复制"图标,然后在所要增加的位置点击"粘贴"即可。当然我们也可以通过点击常用工具栏中的"新幻灯片"图标的形式来建立新的幻灯片,只不过通过这种方法来建立幻灯片,就不能保持该演示文稿的一致性。

五、添加多媒体效果

幻灯片的精彩之处,是集文字、图表、图像、声音及视频剪辑为一体。它可以针对不同的对象应用不同的多媒体效果,能使演示文稿的效果大大增强。同样还是以上例为基础,向大家介绍几种常见效果的制作方法。

1.插入图片、影片、图表、表格点击"插入"菜单栏中的"图片",再选择"来自文件",在"插入图片"对话框中预览后选中所需要的图片,然后选择"插入"。同样如果要插入影片、图表、表格,也是以类似的方法进行添加并编辑。

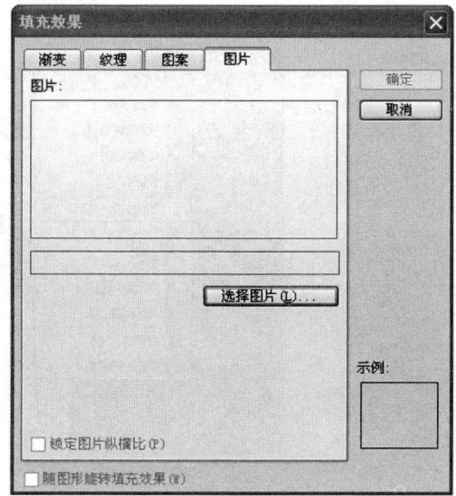

插入图片

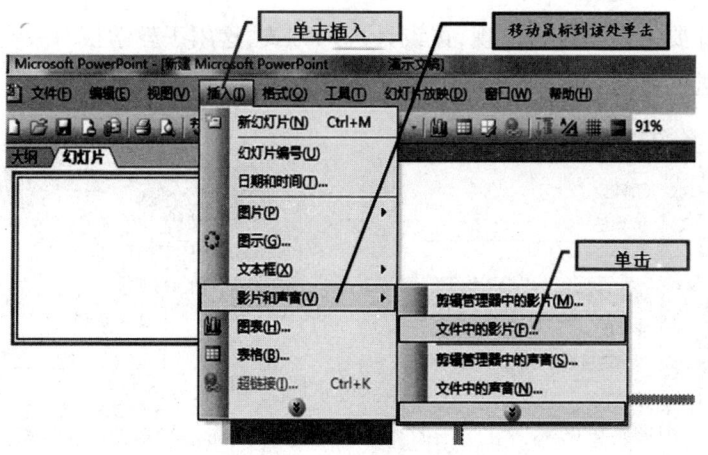

插入影片和声音

2. 添加艺术字单击"插入"菜单,选择"图片",再切换到"艺术字",然后在"艺术字库"中选择想要的艺术字式样,然后再键入您自己的内容,再选择好字形、字号,单击"确定"按钮即可出现在视图框中。

3. 添加动作按钮,设置幻灯片间切换效果。通过定制一些动作按钮,可以方便在各个幻灯片之间进行浏览。单击"幻灯片放映"菜单,选择"动作按钮",这时我们看到提供了不同的动作按钮,选择好其中的一个后,在幻灯片视图中的鼠标变为十字形,单击鼠标即可产生相应按钮形状,而且屏幕会弹出"动作设置"对话框,这时我们选择好一个超链接动作即可。

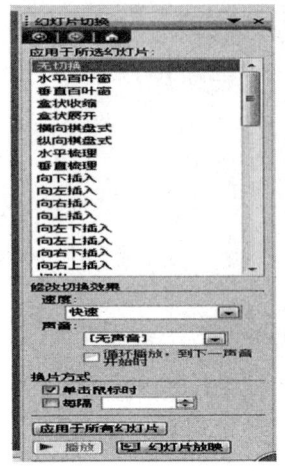 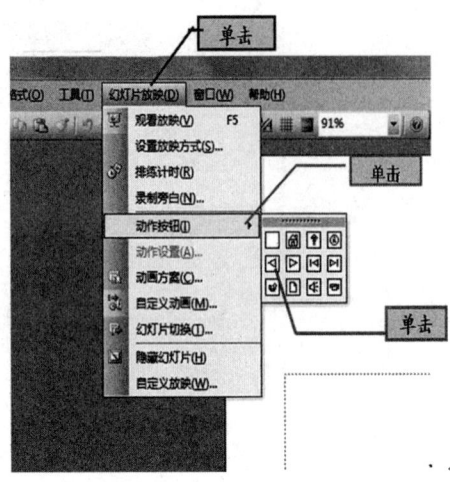

幻灯片间切换效果设置　链接设置

4. 设计文本进入方式

幻灯片要使文本逐一出现,可设计进入方式,这用于教学核对答案效果最佳。如何设计进入方式,请看下图。

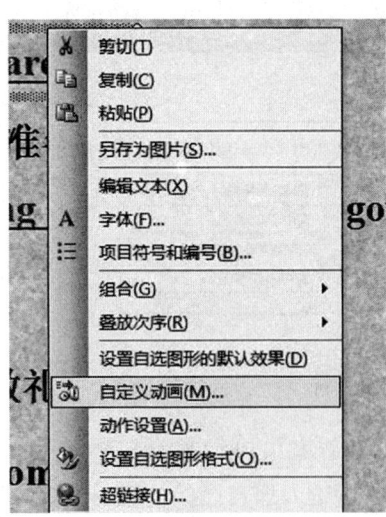 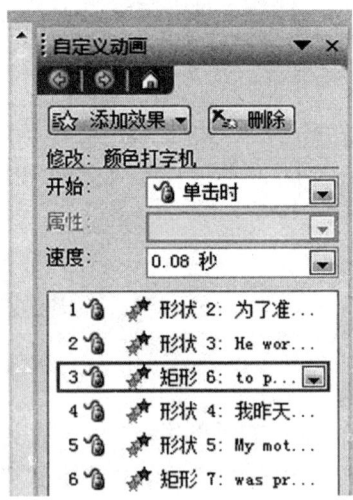

5. 创建交互放映 PowerPoint 课件时的默认顺序是按照课件页的次序进行播放。通过对课件页中的对象设置动作(超级链接),可以改变课件的线性放映方式,从而提高课件的交互性。

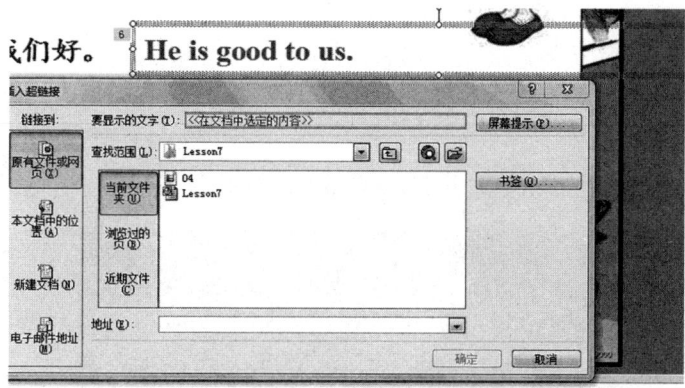

六、幻灯片的放映

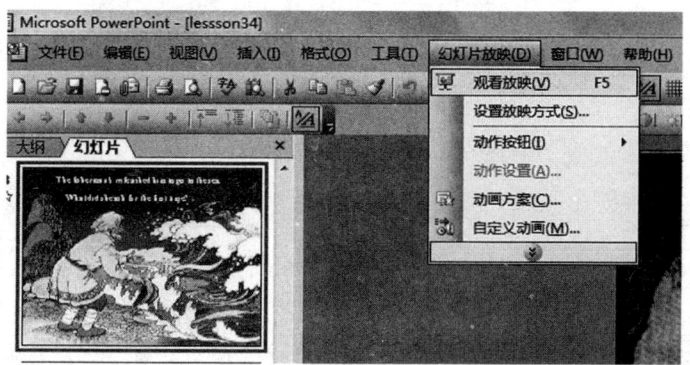

第一种放映方式

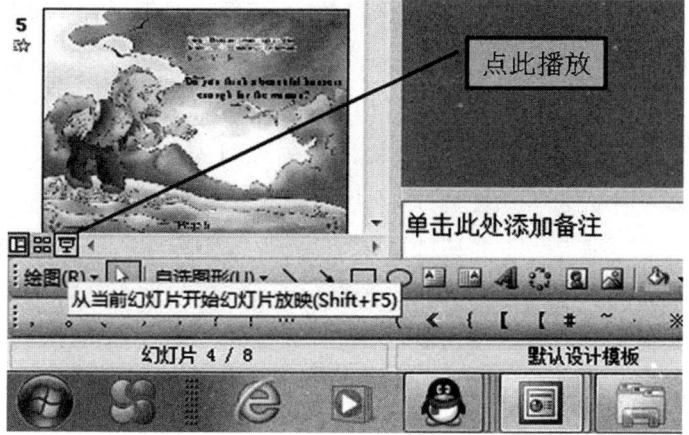

第二种放映方式

七、文件的保存

制作出演示文稿,我们需要对其进行保存:

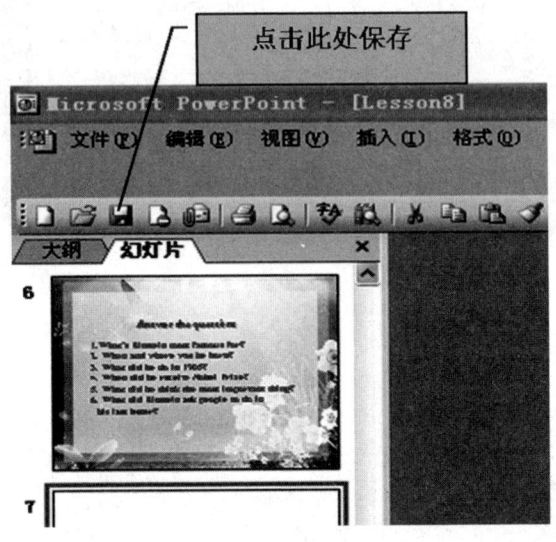

[应用拓展]

　　幻灯片将文字、图片、音频、动画、视频等素材有机的融合在一起,使作品具有非常强的感染力,节省许多授课时间,课堂形式更多样化,改变了传统教学的单一化。另一方面,许多教师过分依赖幻灯片,由过去的"人灌"变为了现代化的"机灌"。有的老师在多媒体辅助教学的英语公开课上,几乎自始至终都是在进行课件的演示,教师已不再是一位知识的传授者,而是成了现代化教学设备的操作者,教师的主导地位也变为了电脑的主导地位,学生成了机器的奴隶,只顾观看,而无暇思考和练习,课堂缺乏师生互动。PPT 的展示方式还有一个不足,就是屏幕中心。听众变成了观众,他们的注意力集中在图像,目光集聚在屏幕,期待的是屏幕上下一步将展示什么。至于教师,则不是他们眼睛关注的焦点,往往只是其眼睛余光中的对象。更何况为了屏幕的展示效果,讲台的光线一般都设置得比较弱。在这种情况下,你的表情、姿势难以成为其接受的东西,你本是有声有色的,但此时对于听众来说只是有声。现在强调教学中的互动。但互动不是表面的互动,而更应是思想的互动。其实,表面的热闹并不利于内心的思考和省悟。能启发学生思考的教学便是最好的互动。但是,当学生的思维因为某种教学方式的束缚而不得自由的时候,当他们的目光没有投注到你身上的时候,互动只能是表面的。

鉴于此，我认为教师在备课和课件制作过程中，尽量呈现典型、有深度、能触发学生思维，而且具有多维度思维可能性的信息。减轻学生的脑力负担，为学生的主动性和主体性发挥提供时间和空间。帮助学生明确思维激发对象的同时引发不同学生思维的不同方向，真正做到在英语课堂中培养学生的创新思维。让现代化的机器更好为教学服务。

还有一点为了我们能够保存好我们制作的PPT，除了放到电脑，U盘保存外，还可以放到网盘保存。网盘的基本功能有如U盘，可以让你储存一些文件，但是由于它是虚拟的，所以比起U盘又多了一些优点。譬如说，你只要从电脑中上传到网盘，就可以从另一个电脑去下载文件。再譬如说你要跟朋友分享一个文件，只要上传到网盘然后将链接发给朋友，不需要真正的把U盘带到朋友的地方。但是网盘在安全性上需要我们引起一定的注意，网盘数据的安全基本上可以分为两类：物理安全和隐私安全。物理安全主要指的是，用户存放在网盘上的数据会不会因为随着提供网盘服务的机房服务器上的硬盘坏掉而消失。隐私安全主要指的是，用户存放在网盘上的数据会不会被窥探，被其他用户非法获得。

作者：涿州市第三中学　李建强

指导老师：涿州市实验中学　郭春艳

运用在线检测软件创建学习平台

[情境导入]

初中思品课刘老师为了强化同学们对思品知识落实,在每次课堂上都设计了随堂小测,通过 PPT 展示,让不同的学生结合课堂所学知识,分析并回答,当堂检测知识掌握情况。通过多年的实践发现,PPT 展示当堂检测只是部分同学参与,老师不能全面了解班内每位同学的知识掌握情况,而课堂走神的同学也不能了解自己究竟哪个知识点没有掌握。怎么办呢?

在一次现代信息技术培训中,她学习了在线检测软件,发现老师可以通过此软件掌握学生的知识落实情况,还可以激发学生的学习兴趣。

下面我们和刘老师一起,以万兴在线测试制作系统(Wondershare QuizCreator)为例,了解什么是在线检测,然后,以单选题为例,学习如何使用在线测试制作系统制作在线检测试题。

让我们先了解一下什么是万兴在线测试制作系统?

活动1　万兴在线测试制作系统的定义及功能

第1步　了解万兴在线检测制作系统(Wondershare QuizCreator)

万兴在线检测制作系统(Wondershare QuizCreator)是 Flash 试题制作工具,教师可以拥有多达9种试题类型来创建基于 Flash 的试题和测试进行在线测评卷。

第2步　了解万兴在线检测制作系统的功能和用途

万兴在线检测制作系统可以制作九种题型,还可以加入丰富的媒体元素,如图片、截屏、flash 动画、说明元素和音乐,同时可以通过邮件反馈来对教师的测试结果进行跟踪和分析。

活动2 如何使用万兴在线测试制作系统制作试题

下面以七年级《消除心理烦恼,快乐成长》一节课的课堂检测单选题为例,创建一个在线检测题库,然后,利用提供的功能来实现学生的在线学习。

第1步 安装

教师通过网络下载好万兴在线测试制作系统,点击安装并按步骤操作就可以完成安装。同时准备好《消除心理烦恼,快乐成长》单选(含答案)试题。

第2步 制作

1. 打开万兴在线测试制作系统(Wondershare QuizCreator),选择创建一个新的测验;

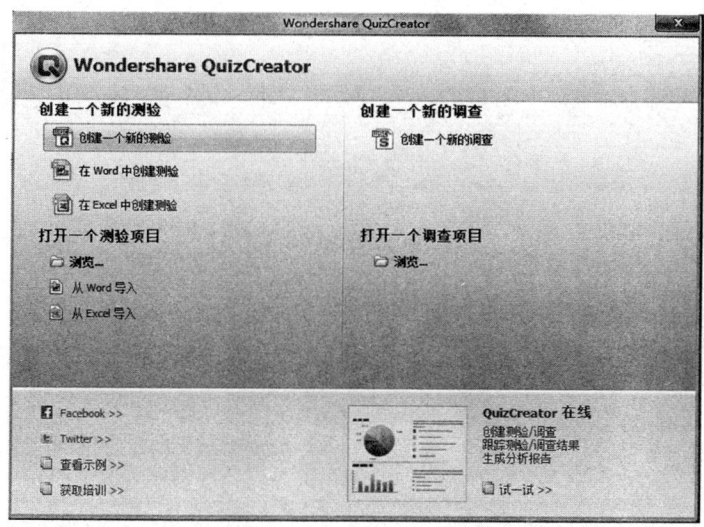

双击选择题选项;

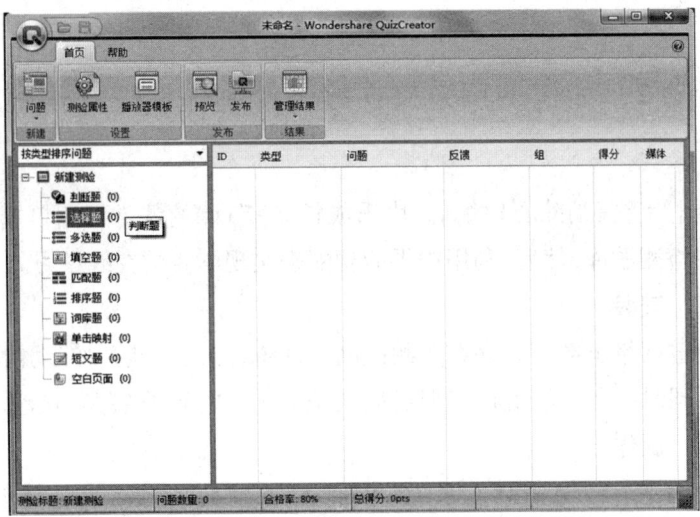

2. 依次输入问题及答案,并在正确答案前标注,在下面正确的得分处填加得分,在输入的过程中得分和问题都可修订。

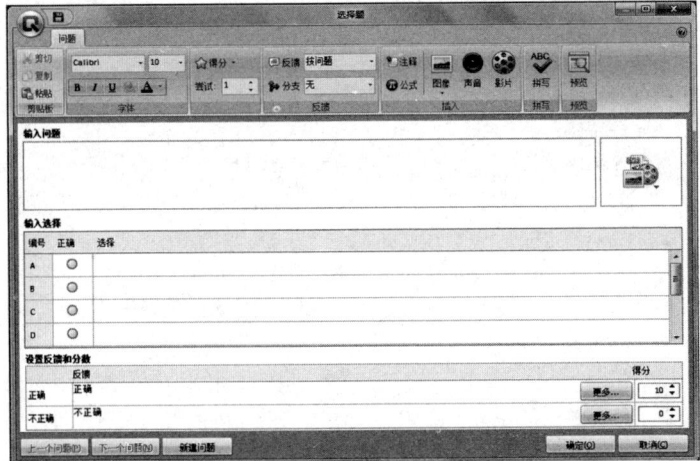

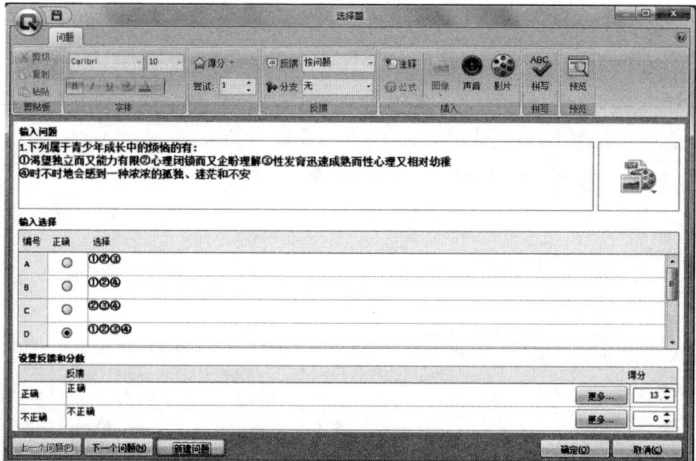

一个问题设置完成后,点击新建问题,进入下一个问题的编辑,

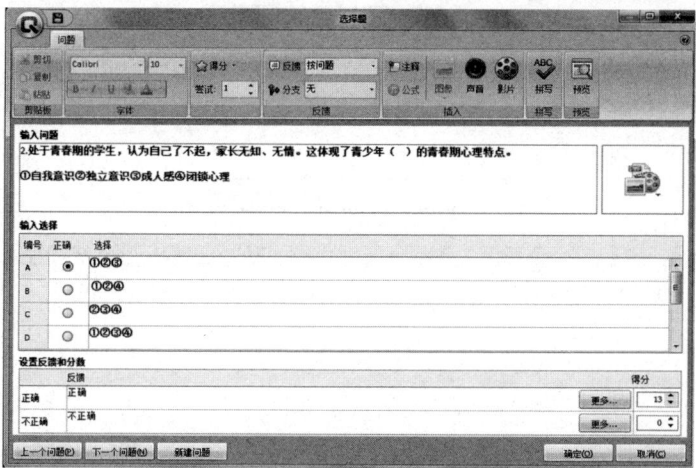

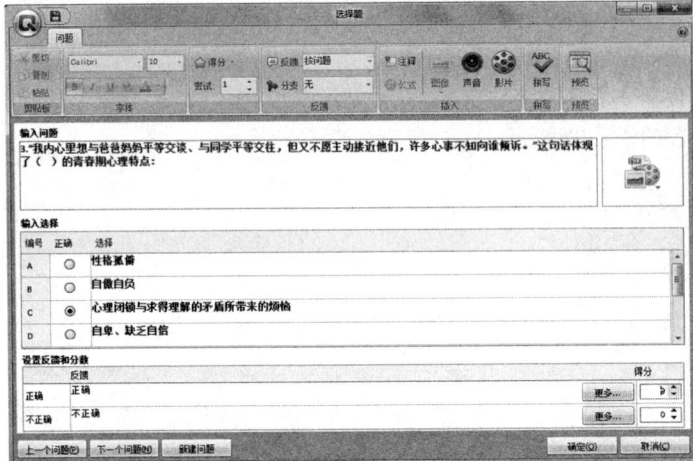

......

依次输入完成确定后形成界面：

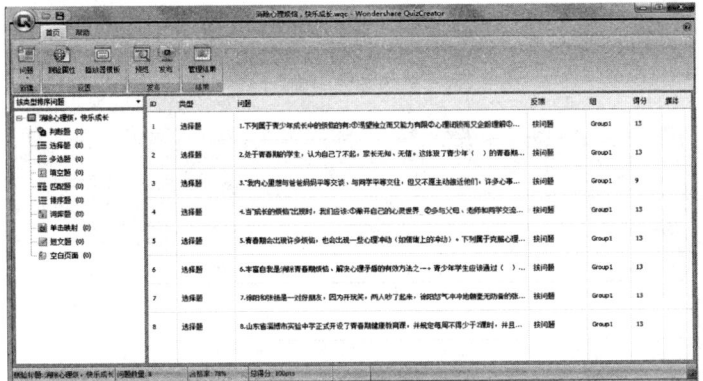

3. 返回首页,点击测验属性一栏,根据课题及分值等对测验信息—测验设置——测验结果—问题设置和其他栏进行设置。

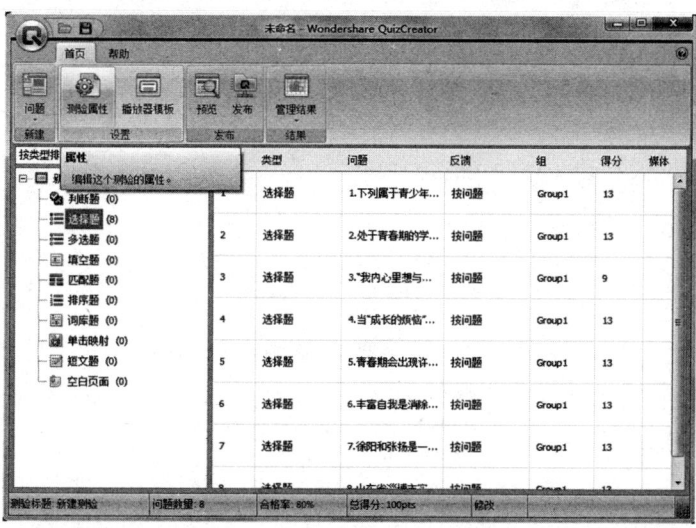

①测验信息——编辑测验标题、作者信息等

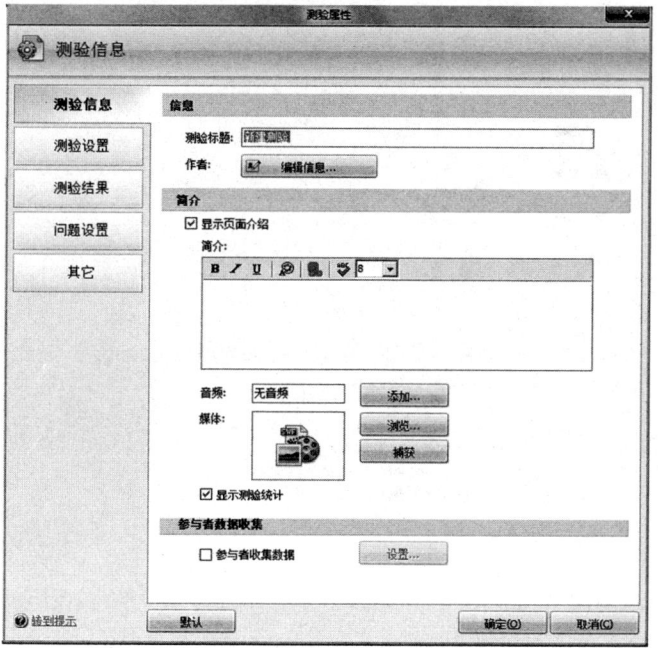

②进行测验设置：合格率、时间等

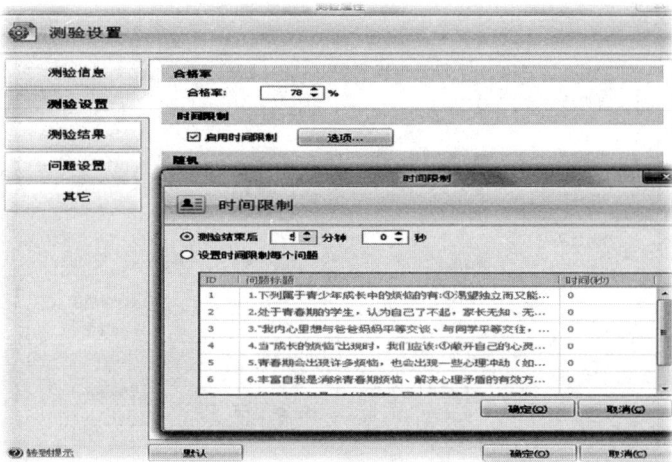

③测验结果,根据结果可选择鼓励性语言等

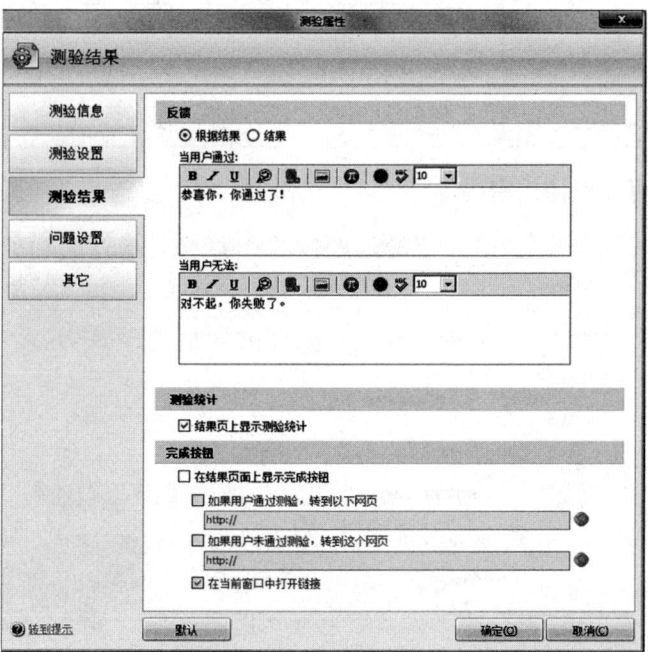

④问题设置

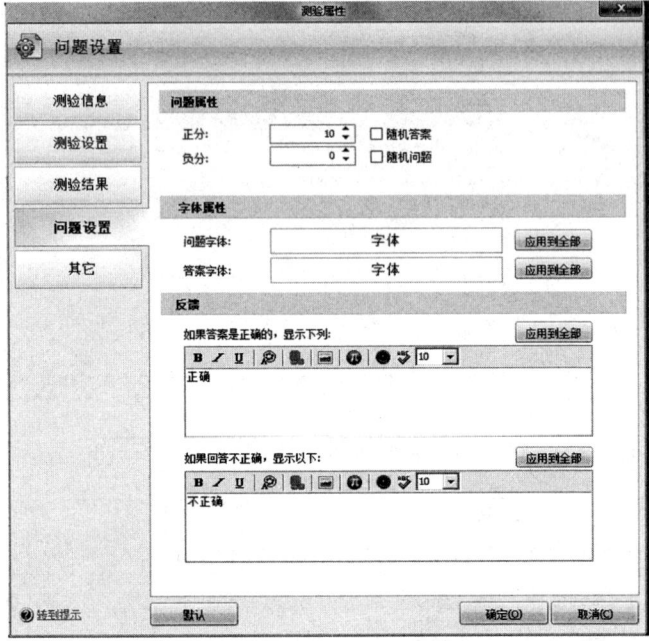

⑤其他,可设置使用密码等

4. 返回首面,点击预览,打开测试

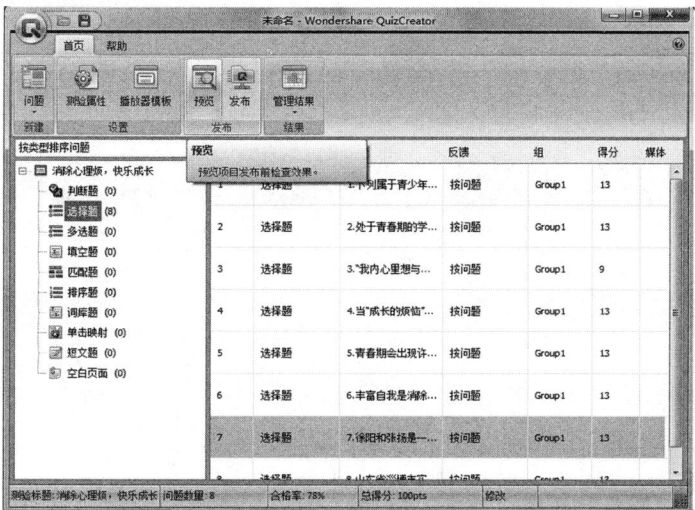

输入设置密码,点击确定

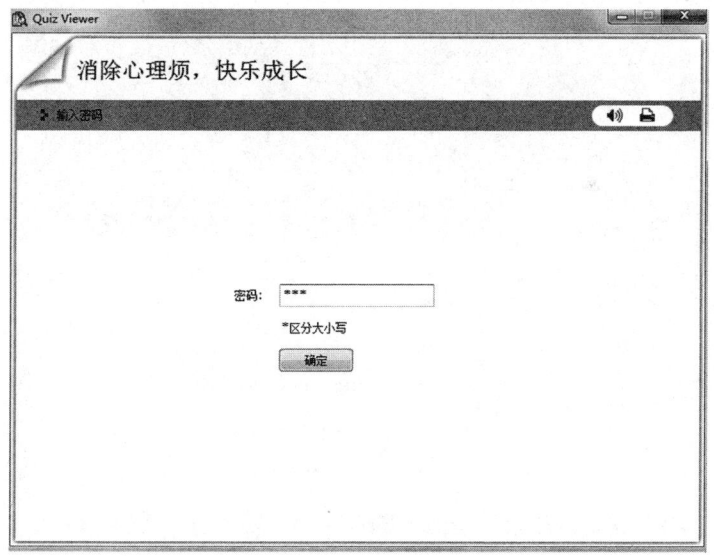

进入测试页面

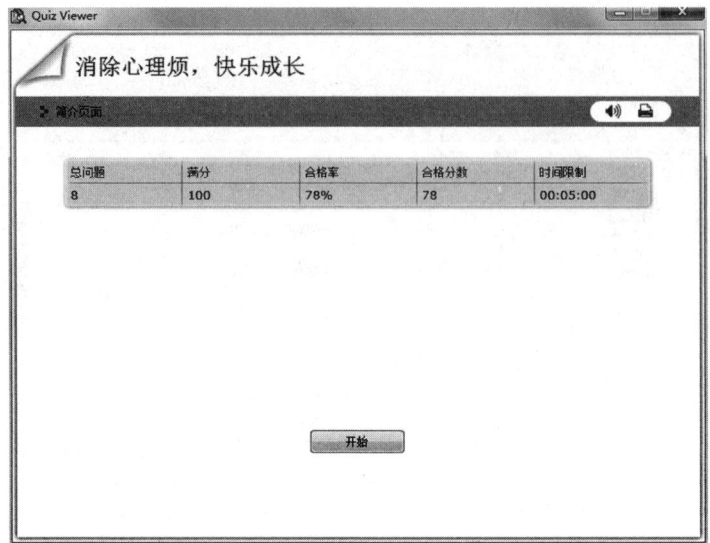

5. 在首页上点击发布按钮

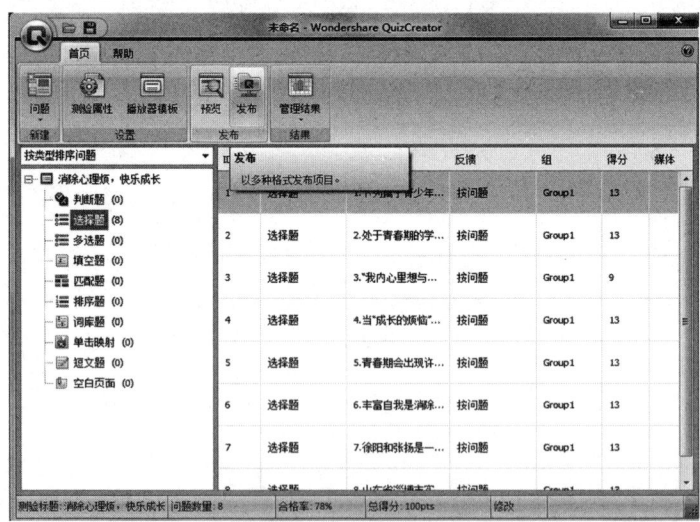

出现测验发布界面,选择发布到我的电脑,点击 Web,发布为 Web Flash 测验

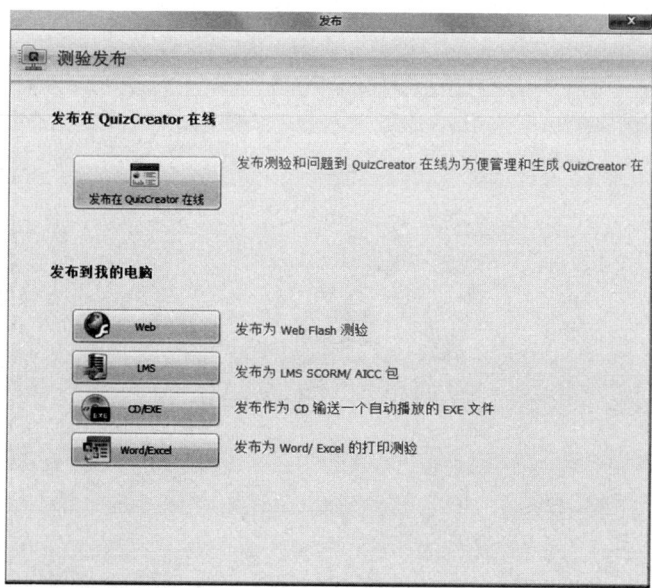

设置发布位置,点击发布

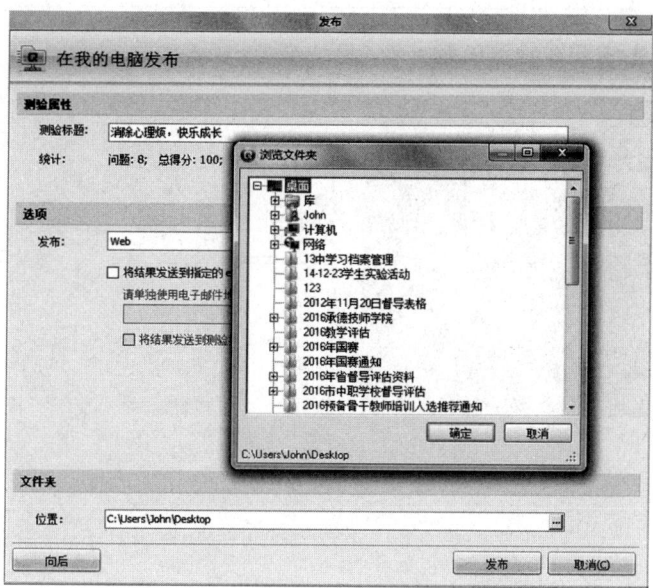

显示发布成功。

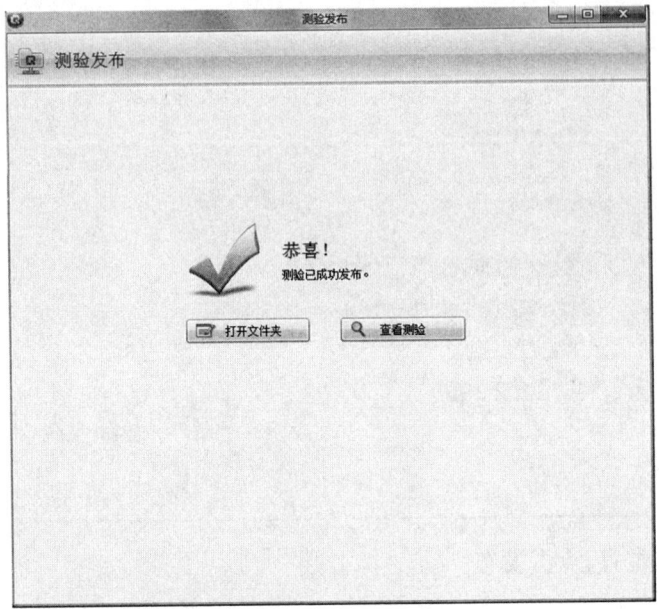

第 3 步　生成在线检测试题

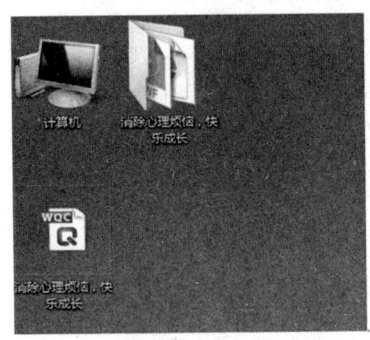
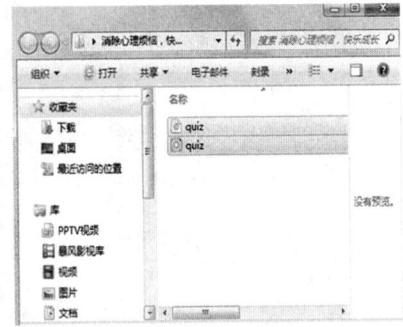

活动3　在线检测试题的使用

第1步　授课完成后进行随堂检测,打开测试题,输入密码,点击确定,进入答题页面,点击开始,开始答题

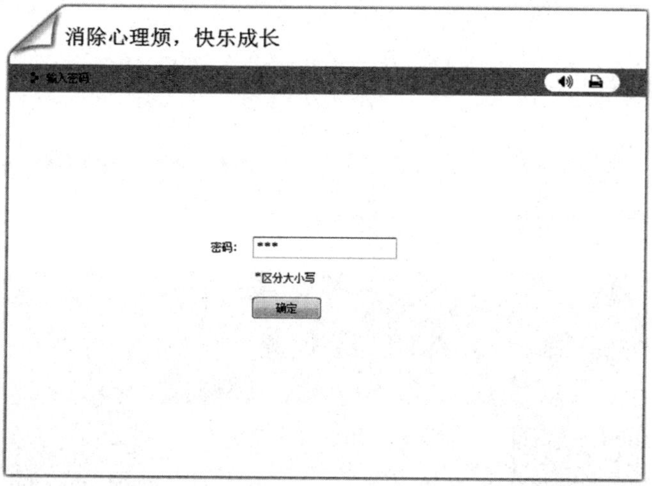

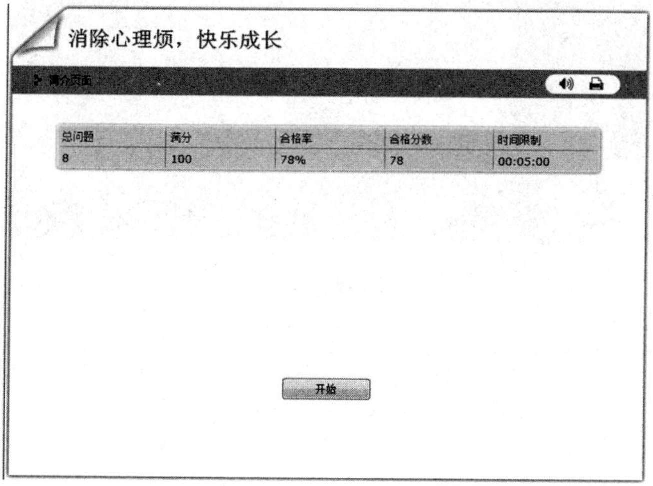

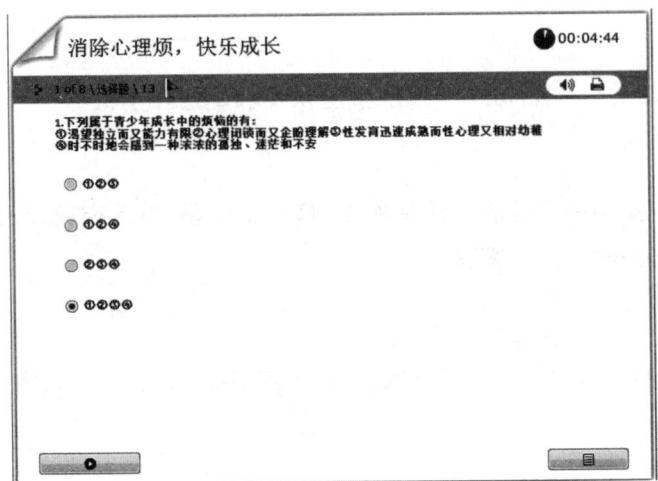

第 2 步 每一题做完后,都有答题反馈

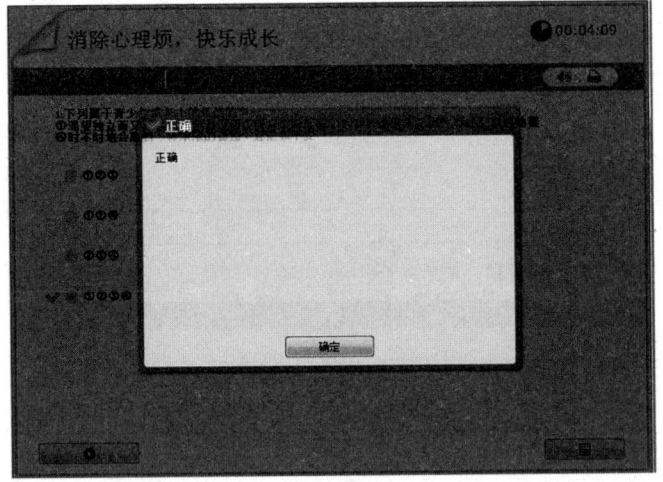

反馈:正确

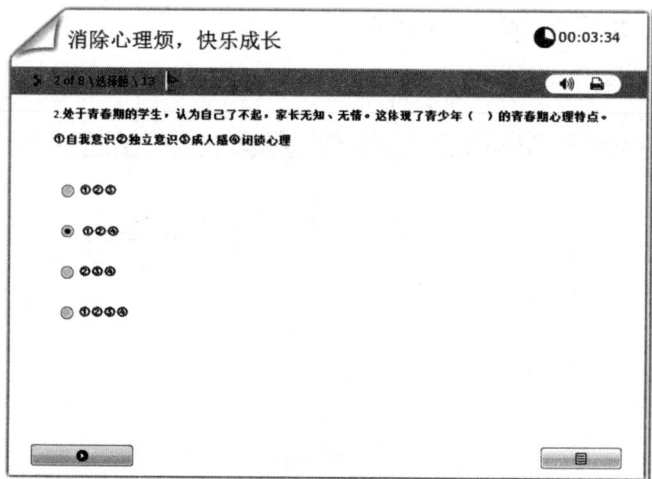

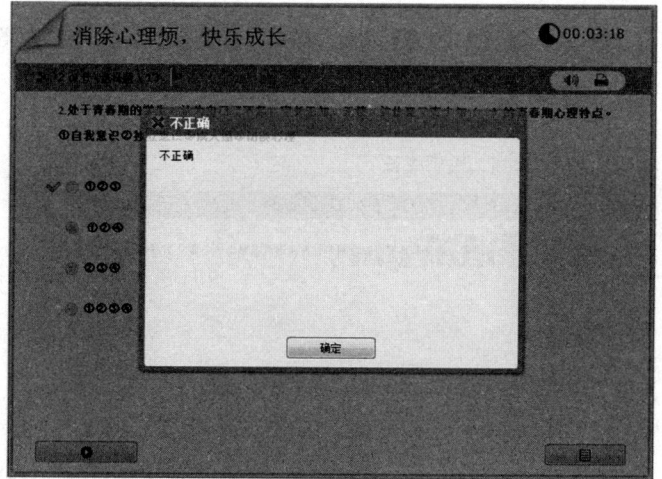

反馈:错误

第 3 步　测试完成，显示测试结果

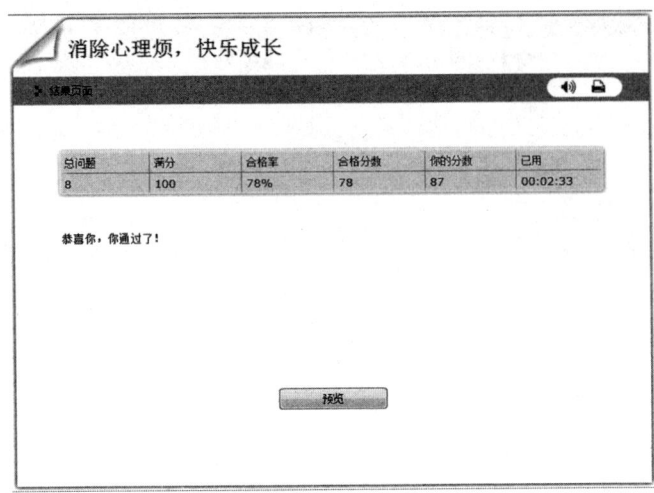

第 4 步　通过审查反馈，检查错题，提示错误，通过再学习，改正，落实知识点。

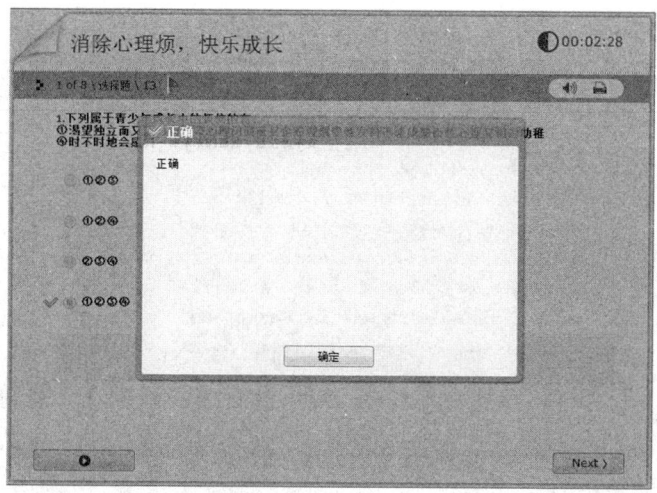

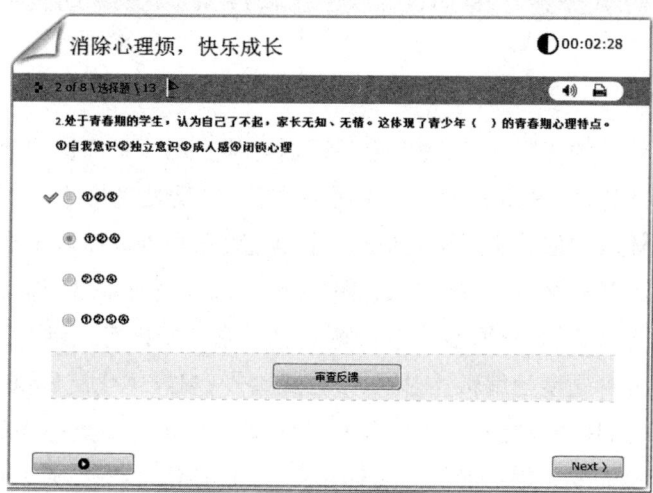

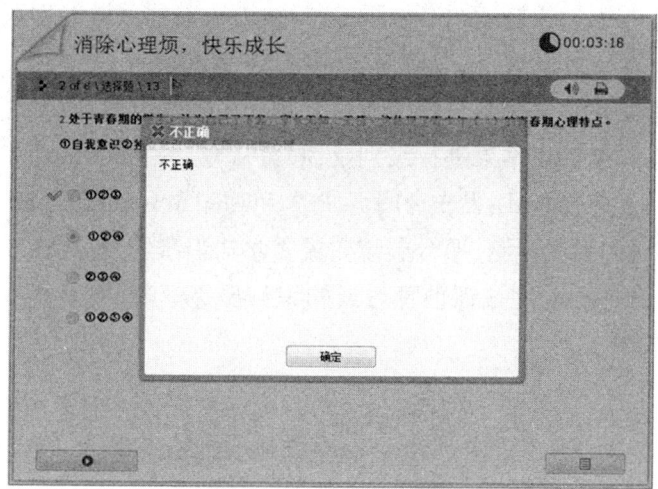

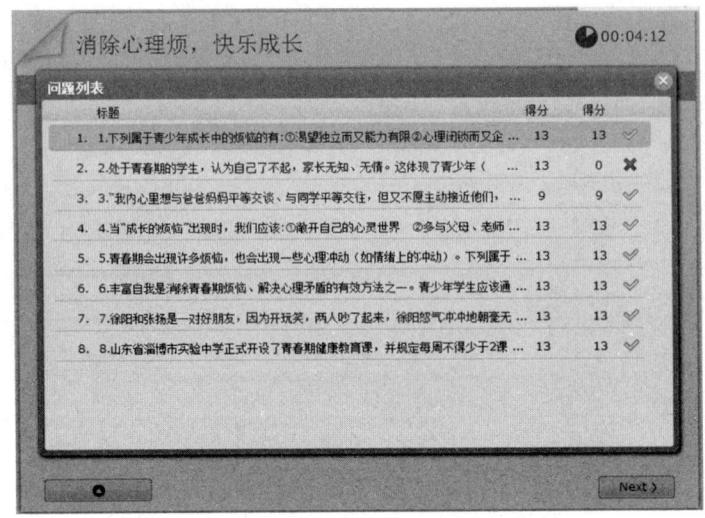

[应用拓展]

在线检测软件的使用,可以帮助思品课刘老师实现课堂知识的当堂落实和检测。通过使用此软件,提高了学生的学习兴趣,可以反复进行练习,巩固知识点;也可以在多媒体教室借助交互平台进行交流汇总,老师可以通过主机查看每位学生的答题情况,了解学生的整体知识掌握情况,对教学适时做出调整。

这个案例告诉我们,根据不同学科特点和课堂知识内容,教师可以借助在线检测软件完成九种题型的编辑:支持数学公式编辑;多媒体化测试试题:能够在题目中插入音乐、图片、截屏图片;个性化设置可以对单个题目进行单独的设计,以适应不同的题型需要。用户能够从总体布局、模板颜色、背景图片、音频和作者信息等进行自定义设计;支持试题结果跟踪和统计,我们的试题管理系统能够为您收集和统计数据结果;支持试题和答案编辑,支持从 excel 导入试题,能够插入 flash 和屏幕截取图片;支持对整个测试试卷进行个性化设置,同时提供试题合成和试题库功能;针对测试结果进行级别反馈,可从题目、答案、试卷和年级等方面进行反馈;多样化发布模式:发布为网页、PPT、Flash、LMS、email、word/excel 等。

师生可以通过课堂检测、平台交流完成当堂知识落实,也可在家通过网络或移动硬盘拷贝题库在有完成课前预习或知识拓展等学习,从而提高课堂知识含量,提高课堂实效。

作者:石家庄市第七中学　刘闻哲

指导老师:石家庄市第二十八中学　王　静

EXCEL 在数据计算过程中的使用技巧

[情境导入]

马老师是一名班主任,每到学期末,他都要组织全班学生开展中学生综合素质评价工作。在学生自评、互评和教师评议后,马老师要进行汇总并根据学生的每项评定等级给出相应分数,最后计算出每个学生的总得分。

以前,马老师是把这些等级和分数一个一个输入电脑,然后计算出学生的总分,感觉特别麻烦。这次,他使用 Excel 表格的公式和函数功能进行辅助计算,效率非常高。他是如何利用 Excel 完成这些任务的呢?

让我们看看他的具体做法吧。

第 1 步　建立"学生综合素质评价汇总表"工作表

启动 Excel,打开首页为"Sheet1"的空白工作簿。工作簿默认由为三个工作表组成,即 Sheet1、Sheet2、Sheet3。

在 Sheet1 中的单元格中,输入下列表格(如图片 1 所示):

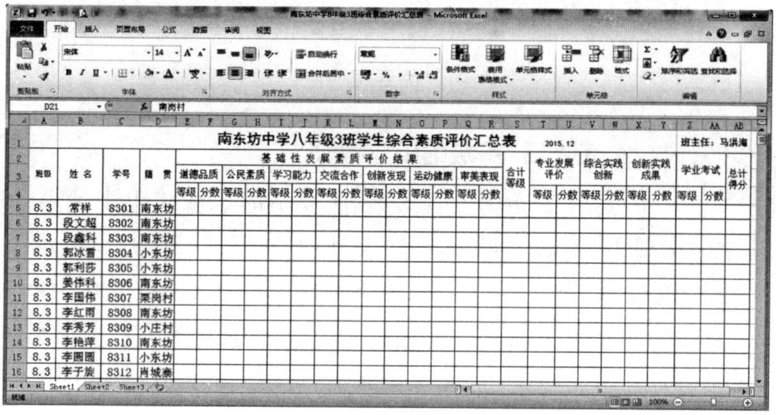

图片 1

第 2 步　录入学生的评价等级和学业考试分数

在表格中录入每个学生相应的评价等级和学业考试分数(如图片 2 所示)。

南东坊中学八年级3班学生综合素质评价汇总表　2015.12　班主任：马洪海

班级	姓名	学号	籍贯	基础性发展素质评价结果：道德品质		公民素质		学习能力		交流合作		创新发现		运动健康		审美表现		合计等级	专业发展评价		综合实践创新		创新实践成果		学业考试		总计得分
				等级	分数	等级	分数	等级	分数	等级	分数	等级	分数	等级	分数	等级	分数		等级	分数	等级	分数	等级	分数	等级	分数	
8.3	常祥	8301	南东坊	A		A		A		B		A		A		A			A		A		B			551	
8.3	段文超	8302	南东坊	A		A		C		C		C		B		B			B		B		A			536	
8.3	段鑫科	8303	南东坊	A		A		B		B		B		A		B			A		A		B			378	
8.3	郭冰雪	8304	小东坊	A		A		B		B		B		B		B			A		A		B			489	
8.3	郭利莎	8305	小东坊	A		A		B		A		B		B		B			A		A		A			532	
8.3	姜伟科	8306	南东坊	A		A		B		B		B		B		B			B		B		C			429	
8.3	李国伟	8307	栗岗村	A		A		C		C		C		B		B			C		C		A			557	
8.3	李红雨	8308	南东坊	A		A		B		B		B		B		B			B		B		A			516	
8.3	李秀芳	8309	小庄村	A		A		A		A		B		B		A			A		A		C			502	
8.3	李艳萍	8310	南东坊	A		A		B		B		C		C		B			B		A		B			456	
8.3	李圆圆	8311	小东坊	A		A		B		B		A		A		C			C		C		B			517	
8.3	李子旋	8312	肖城寨	A		A		B		B		A		A		A			A		A		B			489	

图片 2

第 3 步　计算"道德品质"等级的相应得分

单击 F5 单元格,输入" = IF(E5 = " a" ,30 ,IF(E5 = " b" ,25 ,IF(E5 = " c" ,20 , IF(E5 = " d" ," 15" ," "))))",表示:如果 E5 单元格内的等级是 A 就得 30 分,如果等级是 B 就得 25 分,如果等级是 C 就得 20 分,如果等级是 D 就得 15 分,否则就什么也不显示(如图片 3 所示)。输入完成后回车,F5 单元格显示 30。

南东坊中学八年级3班学生综合素质评价……

班级	姓名	学号	籍贯	基础性发展素质评价结果：道德品质		公民素质		学习能力		交流合作		创新发现		运动健康	
				等级	分数	等级	分数	等级	分数	等级	分数	等级	分数	等级	分数
8.3	常祥	8301	南东坊	A	=IF(E5="a", 30, IF(E5="b", 25, IF(E5="c", 20, IF(E5="d", "15", ""))))										
8.3	段文超	8302	南东坊	A		A		C		C		C		B	
8.3	段鑫科	8303	南东坊	A		A		B		B		B		A	
8.3	郭冰雪	8304	小东坊	A		A		B		B		B		B	
8.3	郭利莎	8305	小东坊	A		A		B		A		B		B	
8.3	姜伟科	8306	南东坊	A		A		B		B		B		B	

图片 3

第 4 步　计算"公民素质"等级的相应得分

复制 F5 单元格,鼠标右击 H5 单元格,在弹出的快捷菜单中选择全部粘贴,H5 单元格中会出现 30,编辑栏显示公式" = IF(G5 = " a" ,30 ,IF(G5 = " b" ,25 ,IF (G5 = " c" ,20 ,IF(G5 = " d" ," 15" ," "))))",表示如果 G5 单元格内的等级是 A 就得 30 分,如果等级是 B 就得 25 分,如果等级是 C 就得 20 分,如果等级是 D 就得 15 分,否则就什么也不显示(如图片 4 所示)。

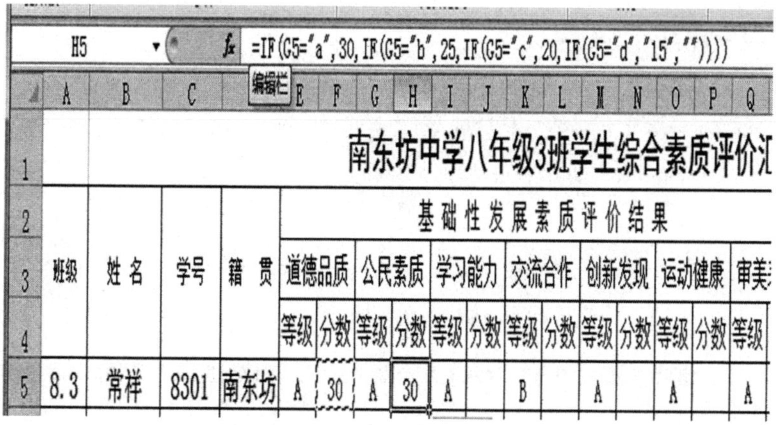

图片 4

第 5 步 计算其余等级的相应分数

1. 复制 F5 单元格,分别在 J5、L5、N5、P5 单元格内粘贴公式,J5、L5、N5、P5 单元格会根据前一列的评价等级显示相应的分数(如图片 5 所示)。

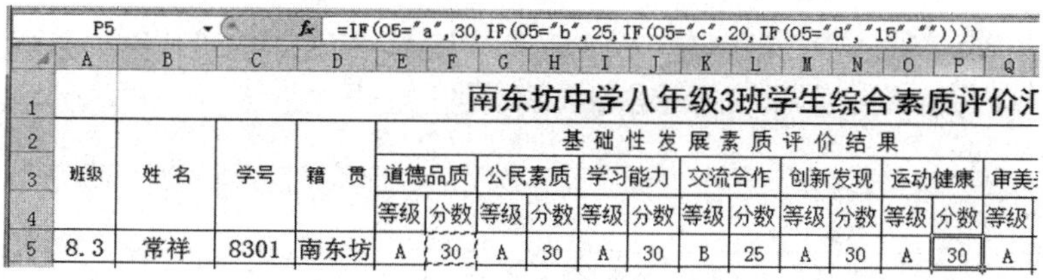

图片 5

2. 在 R5 单元格内输入" = IF(Q5 = "a",20,IF(Q5 = "b",16,IF(Q5 = "c",12,IF(Q5 = "d","8","")))) "后回车,R5 单元格显示20(如图片 6 所示)。

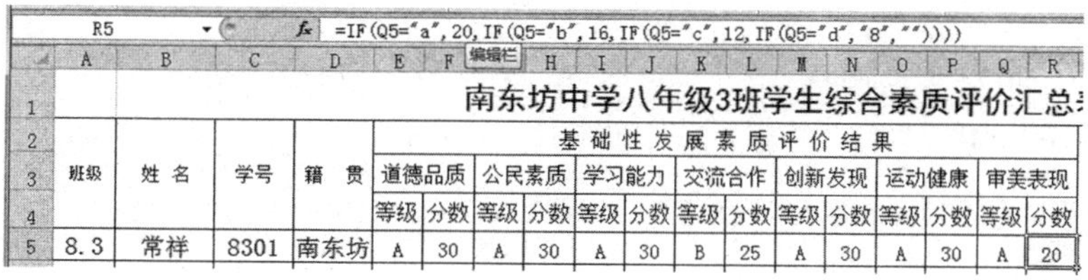

图片 6

3. 在 S5 单元格输入公式" = IF(SUM(E5:R5) > = 180,"A",IF(SUM(E5:R5) > = 155,"B",IF(SUM(E5:R5) > = 135,"C",IF(SUM(E5:R5) > 0,"D","")))) "后回车,求出基础性发展评价结果的合计等级(如图片 7 所示)。

275

N	O	P	Q	R	S	T	U	V	W	X	Y	Z	AA	AB	AC	AD	AE	AF
综合素质评价汇总表				2015.12								班主任：马洪海						
结果					合计等级	专业发展评价		综合实践创新		创新实践成果		学业考试		总计得分				
发现	运动健康		审美表现															
分数	等级	分数	等级	分数		等级	分数	等级	分数	等级	分数	等级	分数					
30	A	30	A	20	=IF(SUM(E5:R5)>=180,"A",IF(SUM(E5:R5)>=155,"B",IF(SUM(E5:R5)>=135,"C",IF(SUM(E5:R5)>0,"D",""))))													

图片 7

4. 在 U5 单元格输入“ = IF(T5 = " a" ,50, IF(T5 = " b" ,39, IF(T5 = " c" ,30, IF (T5 = " d" ,23, " "))))”后回车，如图片 8 所示。

P	Q	R	S	T	U	V	W	X	Y	Z	AA	AB	AC	AD
	评价汇总表		2015.12							班主任：马洪海				
康	审美表现		合计等级	专业发展评价		综合实践创新		创新实践成果		学业考试		总计得分		
数	等级	分数		等级	分数	等级	分数	等级	分数	等级	分数			
0	A	20	A	A	=IF(T5="a",50,IF(T5="b",39,IF(T5="c",30,IF(T5="d",23,""))))									
	B			B		B		A			576			

图片 8

5. 在 W5 单元格输入“ = IF(V5 = " a" ,50, IF(V5 = " b" ,44, IF(V5 = " c" ,37, IF(V5 = " d" ,30, " "))))”后回车，如图片 9 所示。

R	S	T	U	V	W	X	Y	Z	AA	AB	AC	AD	AE
汇总表		2015.12						班主任：马洪海					
美表现	合计等级	专业发展评价		综合实践创新		创新实践成果		学业考试		总计得分			
分数		等级	分数	等级	分数	等级	分数	等级	分数				
20	A	A	50	A	=IF(V5="a",50,IF(V5="b",44,IF(V5="c",37,IF(V5="d",30,""))))								
		B		B		A			576				

图片 9

6. 在 Y5 单元格输入“ = IF(X5 = " a" ,100, IF(X5 = " b" ,85, IF(X5 = " c" ,70, IF(X5 = " d" ,50, " "))))”后回车，如图片 10 所示。

R	S	T	U	V	W	X	Y	Z	AA	AB	AC	AD	AE	AF
总表		2015.12						班主任：马洪海						
现	合计等级	专业发展评价		综合实践创新		创新实践成果		学业考试		总计得分				
数		等级	分数	等级	分数	等级	分数	等级	分数					
20	A	A	50	A	50	B	=IF(X5="a",100,IF(X5="b",85,IF(X5="c",70,IF(X5="d",50,""))))							

图片 10

第 6 步　判断学业考试等级

在 Z5 单元格输入“ =IF(AA5 > =540,"A",IF(AA5 > =450,"B",IF(AA5 > =360,"C",IF(AA5 >0,"D","")))) ”后回车,得出学业考试分数的评价等级,如图片 11 所示。

V	W	X	Y	Z	AA	AB	AC	AD	AE	AF	AG
				班主任：马洪海							
综合实践创新		创新实践成果		学业考试		总计得分					
等级	分数	等级	分数	等级	分数						
A	50	B	85	=IF(AA5>=540,"A",IF(AA5>=450,"B",IF(AA5>=360,"C", IF(AA5>0,"D",""))))							

图片 11

第 7 步　计算总计得分

在 AB5 单元格输入“ = F5 + H5 + J5 + L5 + N5 + P5 + R5 + U5 + W5 + Y5 + AA5”后回车,计算出综合素质评价总分,如图片 12 所示。

P	Q	R	S	T	U	V	W	X	Y	Z	AA	AB	AC	AD	AE
评价汇总表				2015.12						班主任：马洪海					
康	审美表现		合计等级	专业发展评价		综合实践创新		创新实践成果		学业考试		总计得分			
数	等级	分数		等级	分数	等级	分数	等级	分数	等级	分数				
30	A	20	A	A	50	A	50	B	85	A	551	=F5+H5+J5+L5+N5+P5+R5+U5+W5+Y5+AA5			

图片 12

第 8 步　完成汇总表

利用 Excel 的自动填充功能,把以上步骤中的所有公式复制到单元格以下所有学生,计算出所有学生的评价分数,完成汇总表,部分效果如图片 13 所示。

	A	B	C	D	E	F	G	H	I	J	K	L	M	N	O	P	Q	R	S	T	U	V	W	X	Y	Z	AA	AB
1		南东坊中学八年级3班学生综合素质评价汇总表																		2015.12						班主任：马洪海		
2	班级	姓名	学号	籍贯	基础性发展素质评价结果														合计等级	专业发展评价		综合实践创新		创新实践成果		学业考试		总计得分
3					道德品质		公民素质		学习能力		交流合作		创新发现		运动健康		审美表现											
4					等级	分数	等级	分数	等级	分数	等级	分数	等级	分数	等级	分数	等级	分数		等级	分数	等级	分数	等级	分数	等级	分数	
5	8.3	常祥	8301	南东坊	A	30	A	30	A	30	B	25	A	30	A	30	A	20	A	A	50	A	50	B	85	A	551	931
6	8.3	段文超	8302	南东坊	A	30	A	30	C	20	C	20	C	20	B	25	B	16	B	B	39	B	44	A	100	B	536	880
7	8.3	段鑫科	8303	南东坊	A	30	A	30	B	25	B	25	B	25	A	30	B	16	A	A	50	A	50	B	85	C	378	744
8	8.3	郭冰雪	8304	小东坊	A	30	A	30	B	25	B	25	B	25	B	25	B	16	B	A	50	A	50	B	85	B	489	850
9	8.3	郭利莎	8305	小东坊	A	30	A	30	B	25	A	30	B	25	B	25	B	16	A	A	50	A	50	A	100	B	532	913
10	8.3	姜伟科	8306	南东坊	A	30	A	30	B	25	B	25	B	25	B	25	B	16	B	B	39	B	44	C	70	C	429	758
11	8.3	李国伟	8307	栗岗村	A	30	A	30	C	20	C	20	C	20	B	25	B	16	B	C	30	C	37	A	100	A	557	885
12	8.3	李红雨	8308	南东坊	A	30	A	30	B	25	B	25	B	25	B	25	B	16	B	B	39	B	44	A	100	B	516	875
13	8.3	李秀芳	8309	小庄村	A	30	A	30	A	30	A	30	B	25	B	25	A	20	A	A	50	A	50	C	70	B	502	862
14	8.3	李艳萍	8310	南东坊	A	30	A	30	B	25	B	25	C	20	C	20	B	16	B	B	39	A	50	B	85	B	456	796
15	8.3	李圆圆	8311	小东坊	A	30	A	30	B	25	B	25	A	30	A	30	C	12	A	C	30	C	37	B	85	B	517	851
16	8.3	李子旋	8312	肖城寨	A	30	A	30	B	25	B	25	A	30	A	30	A	20	A	A	50	A	50	B	85	B	489	864

图片 13

[应用反思]

中学生综合素质评价工作比较繁琐,数据的汇总量较大,综合素质评价的每一项都要写出评价等级和相应分数,需要很大精力和较长的时间。

不过,综合素质评价的每一个等级都有固定的分数,比如"基础性发展素质评价"中的"道德品质"项,共有 A、B、C、D 四个等级,其中 A 等级得 30 分,B 等级得 25 分,C 等级得 20 分,D 等级得 15 分。

我们可以让 Excel 帮我们完成。

IF 函数"=IF(E5="a",30,IF(E5="b",25,IF(E5="c",20,IF(E5="d","15",""))))",表示如果 E5 单元格内的等级是 A,函数所在的单元格就得 30 分;如果等级是 B 就得 25 分;如果等级是 C 就得 20 分,如果等级是 D 就得 15 分,否则就什么也不显示。这是一个经过嵌套的 if 函数,通过判断 E5 单元格的内容,函数所在的单元格会显示相应的得分。

使用这个函数,Excel 不但能帮我们计算出所有等级相对应的分数,还可以根据分数得出相应的等级。

AA 列是学业考试分数,if 函数通过判断单元格的数值大小得出相应等级,在 Z5 单元格输入"=IF(AA5>=540,"A",IF(AA5>=450,"B",IF(AA5>=360,"C",IF(AA5>0,"D",""))))",即可得出相应的评价等级,又快又好。

最让我兴奋的是自动填充的运用,我刚开始是用向下拖动的方法完成的,扣来学会了一个快捷方法:选中单元格后一直拖动到最后一行,感觉不是很方便。通过网上学习,我掌握了一个快捷的自动填充方法:选中公式所在单元格,鼠标移到单元格右下角的黑方块上,当鼠标变成黑十字时双击,这一列的公式就自动填充完毕,简直太神奇了!

这次应用实践,让我认识了 EXCEL 电子表格在计算数据方面的强大功能,也使我深深地爱上了它。我会在实践中继续努力学习,让它真正成为工作的得力助手。

作者:邯郸市临漳县南东坊中学　马洪海　董　海
指导老师:邯郸市临漳县教师进修学校　董运玲

电子白板技术在英语教学中的探索与思考

[情境导入]

现代技术教育手段在英语教学中的运用越来越突出,它是一个英语老师必备的素质之一。运用现代信息技术辅助英语教学,可以激发学生的学习兴趣,提高课堂的习得效率。而放眼当今的课堂教学,电子白板逐渐取代传统的黑板成为课堂教学中重要的展示平台。它的广泛使用为课堂带来很多的便利,因此,如何更有效地在课堂中使用交互式电子白板技术则变得越来越重要。作者以人教版新目标英语七年级下册 Unit 5 Why do you like pandas? 的阅读教学为例,谈谈交互式电子白板技术在英语教学中的探索与思考。

活动1　利用白板的"聚光灯"功能进行课前导入

在 Step 1 Before – reading 阶段,我通过交互式电子白板向学生们展示课前准备好的精美素材,利用了白板"聚光灯"功能,采取猜谜语(关于动物)的方式,导入课程(情景导入)。那么如何操作呢?

首先,课前打开电子白板软件,进入电子白板页面,选择空白页面,然后,单击左上角的"文件"下拉菜单,找到"导入"。接着,把准备好的课件导入到电子白板页面中。如图:

接着在上方横向的菜单中,找到"工具"并单击它,这时会出现一个下拉菜单。在下拉菜单里找到"聚光灯"。如下图所示:

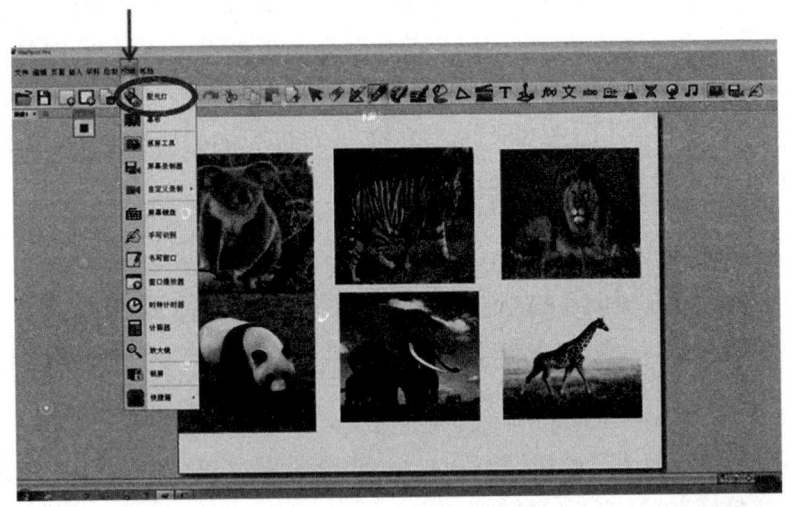

单击"聚光灯"。然后,在空白处点屏幕,会出现关于聚光灯的相关设置选项(透明度,形状,还原状态,指定矩形区域,颜色,置顶和退出)。同时透明度和形状还有下一级下拉选项,可以根据实际情况的需要,选择相关的设置选项。然后,移动聚光灯(把手放在屏幕上聚光灯以外的地方,按照你想让它去的位置在屏幕上滑动)到屏幕的左侧(因为我想让动物图片的呈现顺序是先上后下,先左后右)。如下图:

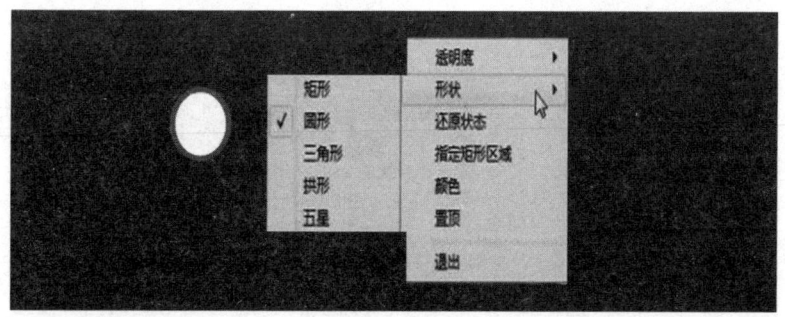

在课上,热身活动中,我首先让他们猜关于动物的谜语,猜对一个用聚光灯呈现一个。第一个谜底是树袋熊。于是我就把聚光灯滑动到树袋熊处。因为有聚光灯,所以别的图片是看不到的。他们一见到可爱的树袋熊,兴趣高涨,情绪马上被调动起来。如下图:

第二个谜底是熊猫,继续用手在屏幕上向下滑动聚光灯到熊猫处。

以此类推,一直单个探照从老虎到大象再到狮子最后是长颈鹿。

　　长颈鹿猜对后,用聚光灯的放大功能把六张图片全部一起呈现出来。那么,如何才能放大聚光灯探照的范围呢?很简单。把一个手指放在上图(关于长颈鹿的图片)所示红圈的左边缘上,按住左边缘,然后向左拖动就能够实现了。聚光灯放大探照的范围是成比例放大的。(如下图所示)

　　拖动到合适的位置就能得到自己想要的结果了。如果探照的范围过大了则再向右拖回一点到合适的范围即可。(如下图)

当我用聚光灯把一幅幅精美的动物图片展现在学生们的面前时,课堂上学生的情绪立刻被调动起来,他们的好奇心都被吸引过来,个个全神贯注于屏幕上。正所谓"良好的开端就是成功的一半"。之后,让他们练习对话 What animals do you like? Why do you like them? 并让他们说他们认为哪些动物濒危。

那么,如何退出"聚光灯"的应用呢?

其实操作起来很简单。在"聚光灯"以外的地方轻点白板,屏幕上就会出现一个关于聚光灯退出的对话框,在对话框的最底部就是"退出",单击退出,就可以轻松的退出"聚光灯"的使用了。如下图:

活动2 利用白板的"幕布"和"画笔书写功能"功能,呈现正确答案

在 Step 2 While - reading 阶段,在细节阅读(Detail reading)环节,要求学生们认真仔细地阅读课文,在幕布上投影"T"或"F"的6道判断对错题,错误的题要进行改正。我充分利用了白板的幕布遮屏功能和画笔书写功能,请学生们说出正确答案并要求把每道题改对。具体操作如下:

首先,在上一张图片上方的一组横向菜单中再次找到"工具",单击"工具"就会出现一个下拉菜单,在这里找到"幕布"并单击它,如下图所示:

此时整张图片就会被幕布全部覆盖,然后在幕布的四边都有一个小长方形的边框,根据你的需要拖动外边框调整幕布的大小尺寸。具体见下图:

然后,在上方横向一行功能图标中,找到"下一页"并单击,那么图片就会进入下一页。见下面两张图所示:

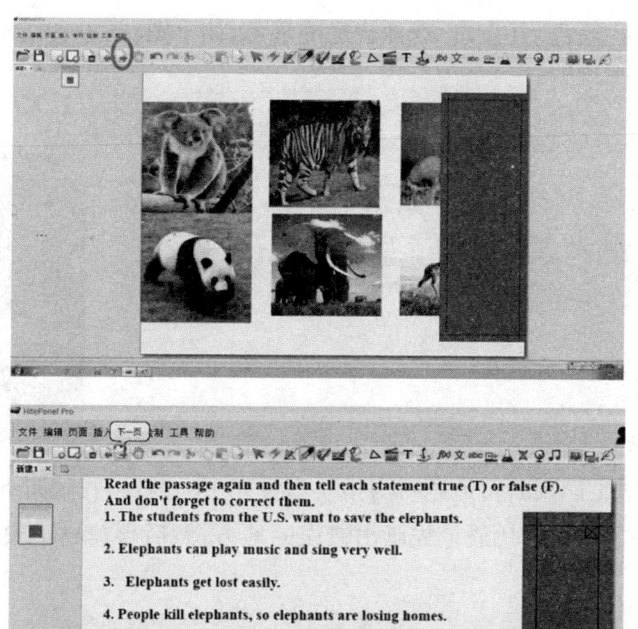

然后,让学生们通读课文,判断所给的每个句子正确或错误,并将其改正。

操作方法:在白板上方横向的一组功能图标中找到"硬笔"并点击,然后找到"笔宽"并点击,根据需要选择合适的笔宽。见下图:

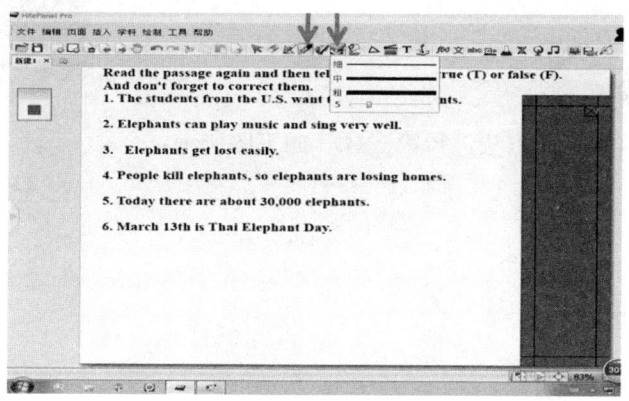

接着,找到"笔色"并点击,选择合适的笔色,如下图:

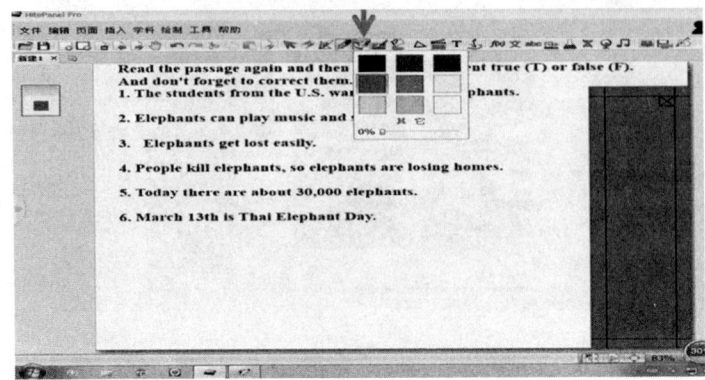

接着,让学生们判断每道题对与错。当说完第一题后,我就向下拖拽"幕布",露出第一题的答案。并用硬笔先画出错误的地方,然后再写出正确答案。如下图所示:

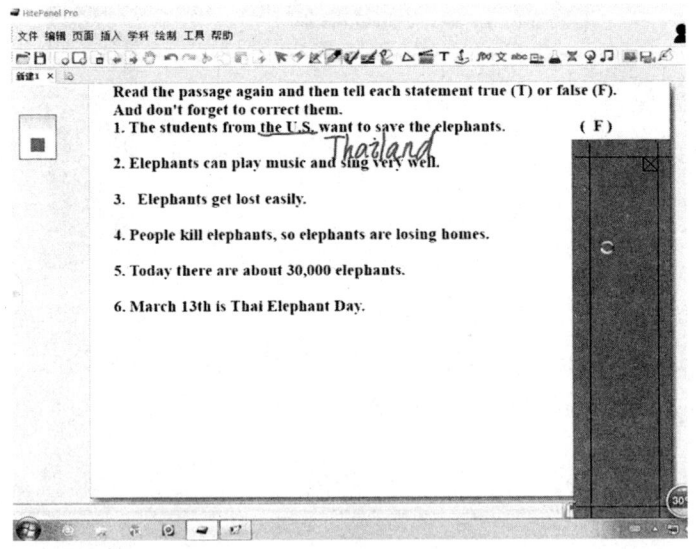

接着,按这种操作方法进行第二题。如下图所示:

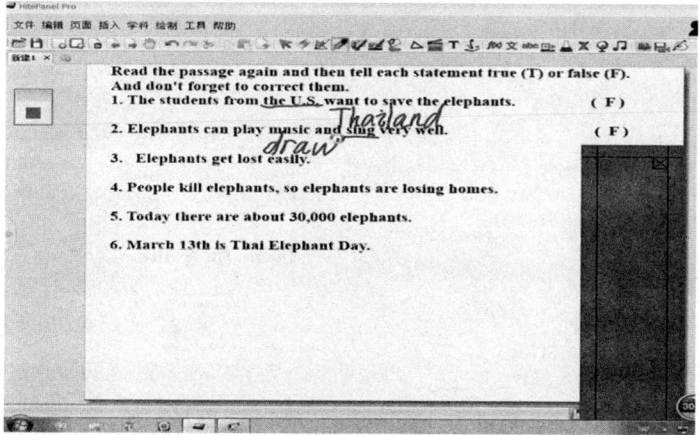

同理如此,把所有的题都核对完。如下图所示:

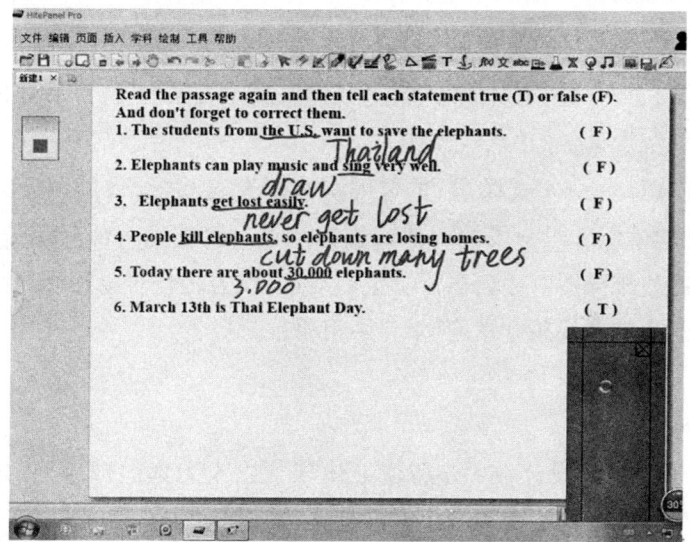

同时,利用白板的这种"画笔书写功能"功能,让他们再完成课文中关于大象的思维导图(the mind map)。

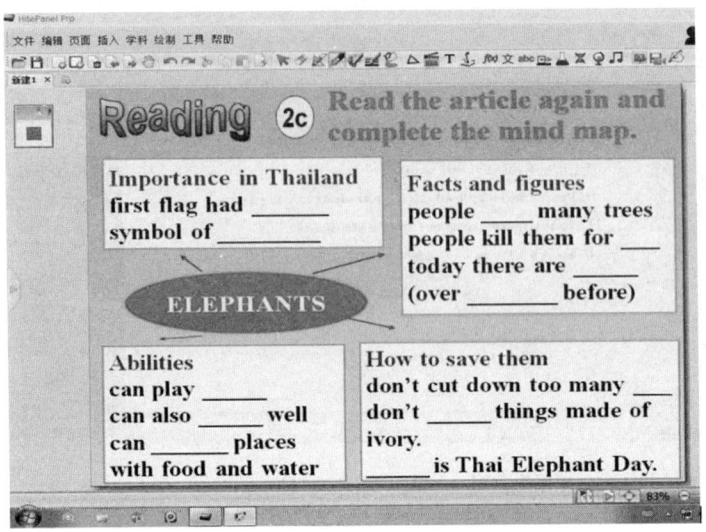

先给学生们几分钟思考时间,然后以小组为单位先讨论后进行抢答竞赛,学生每答完一题,老师可使用白板的"画笔"功能,展示答案内容,然后评出优胜的小组,进行表彰,激发学生们的学习热情。

此外,在After-reading阶段,也可用幕布的遮盖功能,借助关于大象的这个思维导图,让学生们一段一段的对课文进行复述。复述完一部分遮盖一部分,直至完全遮盖此思维导图。之后再让学生们复述,就会轻松容易得多。既有趣又降低难度。使学生们在快乐中学习,学习中很快乐。

[应用拓展]

交互电子白板的设计在一定程度上体现了以人为本的理念,较好地适应了课堂上教师"边走、边说、边写"的行为习惯,而且教师和学生不用再"吃"粉笔灰,免受机器般的待遇。将"交互电子白板"技术平台引入课堂后,多媒体电脑和黑板的功能整合为一体,建构了一个类似传统"粉笔+黑板"的课堂教学环境。

教师在授课过程中不但可以向在传统黑板上那样书写勾画,还可以对书写内容执行拖拽、放大、旋转、擦除、遮罩等动作。当"黑板"写满后只需要新建另一个"黑板"即可,节省了大量擦黑板的时间,也免除了原来擦黑板时的粉尘。

我在本课的教学过程充分利用了白板的聚光灯、幕布遮盖、画笔、呈现、拖放等各种功能,使它们在每个教学环节上十分自然合理地与教学相结合。白板的这些功能不仅能很好地辅助课堂教学,大大了增加课堂容量,而且为学生们提供了积极参与、大显身手的机会，使得学生更加容易理解和掌握知识，让学生从根本上成为课堂学习的主人。同时，交互式电子白板与传统的课堂结合，能够更好地构建课堂协作环境，也整合优化了教学资源，使施教更加简单直观，过渡衔接更加流畅自然，提高教学实效性。

还有，交互式电子白板的"资源库"功能也是非常不错的。在英语学科的资源库里，就有关于26个英文字母的卡通图片和书写字母的四线格等。在学习认读字母时，映入学生眼帘的不再是单调而乏味的字母，而是各种可爱的卡通人物，这样不仅抓住了学生的注意力，还激发了学生学习字母的兴趣，从而使学生自发地投入到字母的认读中去。再比如，我在教How do you make banana milk shake? 这课时，课前就将各种水果图片放入交互式电子白板的图片库中。上课时，让学生从资源库中找出自己认识的水果，并加以介绍，学生很有成就感，而教师及时为学生提供单词的拼写，这样单词与图片同时呈现在屏幕上，再让学生到交互式电子白板前将单词与图片配对，学生都跃跃欲试。

另外，交互式电子白板独有的"照相机"功能可以对屏幕上的某一部分或是全部进行拍摄。在英语教学中，可以加深学生对某些英语知识，特别是抽象的语法知识的理解。比如，初一年级的学生经常忘记加一般名词复数的s。而有了"照相机"，在教授的过程中，就可对某个物体进行拍照，让学生亲身体验由单数变复数的过程，在遇到名词复数时，能够有意识地将单数变复数。

同时，在英语听说课、语法课、写作课和复习课中都可以使用交互式电子白板来辅助英语教学，充分利用它的交互性，时刻唤起学生们的无意注意来提高课堂效率。

作者：廊坊市第十中学　马堪正

利用几何画板完成一元一次方程动点问题的制作

[情境导入]

一元一次方程的动点问题是学生进入初中阶段后,在学习了解一元一次方程,一元一次方程的应用后的最后一节内容,通过路程问题、工程问题、调配问题等的学习,已基本掌握审题,分析,找等量关系,列方程,解方程这一思路。而动点问题属于近年来中考一热点,难度相对来说比较大,而动点问题中包括的数形结合思想,转化思想等等也是学习的重点。所以学好动点问题对于今后的学习起着至关重要的作用。

例如:冀教版七年级上册P166 例5

在长方形 ABCD 中,AB = 12cm,BC = 6cm,动点 P 沿 AB 边从点 A 开始,向点 B 以 2cm/s 的速度运动;动点 Q 沿 DA 边从点 D 开始,向点 A 以 1cm/s 的速度运动,P、Q 同时开始运动,用 t(s) 表示移动的时间。

(1)当 t 为何值时,AQ = AP?

(2)当 t 为何值时,AQ + AP 等于长方形 ABCD 周长的 $\frac{1}{4}$?

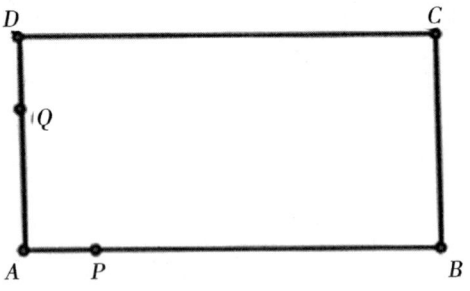

分析:本题要发挥教师的作用,运用图形的性质和几何量之间的关系解决问题。即注重以下三个方面:①关注"几何图形中几何量之间的等量关系";②用代数式表示几何图形中线段的长;③对几何图形上由运动的点带来的问题,渗透了运动变化思想。要求教师引导学生有条理地进行探索思考,分析和解决问题。

解题思路:先画出图形,再确定点的位置,找出等量关系求解。要求学生有较高地想象能力和思维能力。如果用几何画板把动点的运动轨迹展示出来,即让动点真正地"动"起来,更加形象直观。这样大大降低了思考的难度同时培养了学生学习兴趣,使更多地学生参与到教学活动中,解决问题。

所以运用几何画板完成动点问题的学习,更能降低学习难度,使枯燥地画图、猜想、计算变得更有趣提高了学习效率。那么我们怎么用几何画板完成动点问题呢?下面让我们接着学习。

动点问题制作过程

一、运行几何画板程序

双击桌面"几何画板"图标运行几何画板 5.06 程序或者通过开始—程序—Sketchpad5—几何画板图标同样可以打开几何画板程序。

二、制作动点问题

1 输入动点题目即例题 1

运行几何画板后,文件默认文件名为未命名 1。

用工具箱中的文本工具 A 输入以下题目:

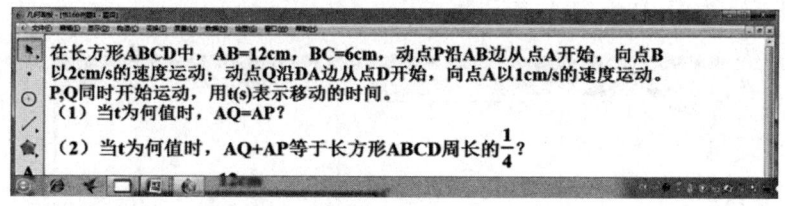

通过字体设置,改变字体颜色、字体、字号等等,设置为以上格式。

2 在几何画板窗口中制作长方形 ABCD

a、用工具箱中的线段直尺工具 / ,画一条长 12 厘米的线段 AB。

选中线段直尺工具→在窗口中绘制一条线段;用文本工具为线段添加字母 A、B(分别单击线段的两个端点即可);选中线段→利用菜单栏中的度量→长度为线段添加标签,右击标签→属性→数值→精确度→单位设置长度单位为厘米;拖动端点 B 改度线段长度为 12 厘米。

b、利用菜单栏中的变换→平移:让线段 AB 向上平移 6 厘米,制作长方形 AB-CD。

选中线段 AB(包括端点)→变换→平移→直角坐标→水平方向距离 0 厘米,垂直方向距离 6 厘米→平移,把平移后两端点字母改为 C、D,连接 AD 和 BC,如下图。

注明:(1)选中线段通过单击线段和各端点即可,(2)改变端点字母双击端点改变标签即可。

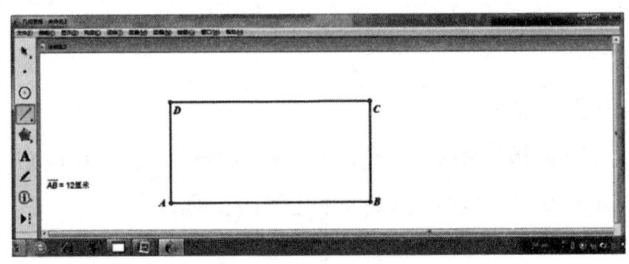

3 添加动点 P、Q,以 P 点为例 Q 点类似。

用工具箱中的点工具 • 在线段 AD 上添加动点 P,利用移动箭头工具 ,选中 P 点,通过菜单栏的编辑→操作类按钮→动画→动画标签中设置:方向(向前)→选中只播放一次→速度(其它:1 厘米)→确定;拖动 P 点与 D 点重合。单击添加按钮 P 点开始由 D 点向 A 点运动。

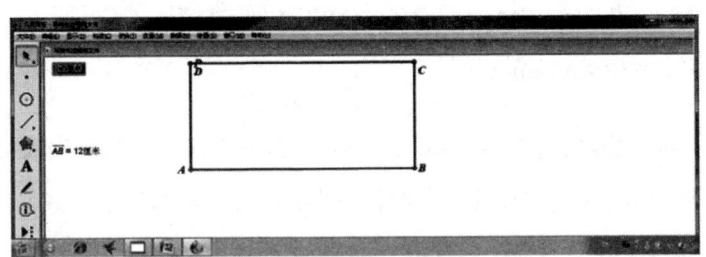

为了使单击动画点按钮时,P、Q 两点同时运动,须同时添加 P、Q 点,然后选中两点进行如上操作,然后让 P 点与 D 点重合,Q 点与 A 点重合。单击动画点两点将同时运动,再次单击两点同时停止。

注明:操作类按钮可以设置:动画按钮的名称,动点移动的方向(向前、向后、双向、随机),是否播放一次以及播放速度。

4 为题目添加页。

通过菜单栏的文件→文档选项→增加页面。(可以增加空白页或复制页,以

及页的名字）

为动点问题添加三页即:题目页、解题分析过程页、解题过程页。

如下图:文件包括三页分别为题目、分析过程、解题过程。

分别设置分析过程、解题过程页的内容。

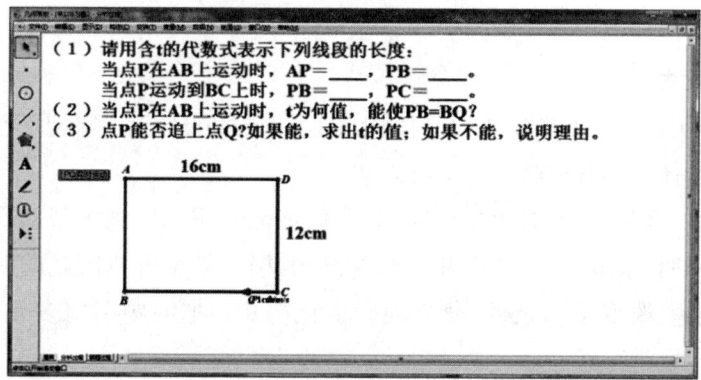

上页为动点问题的题目。

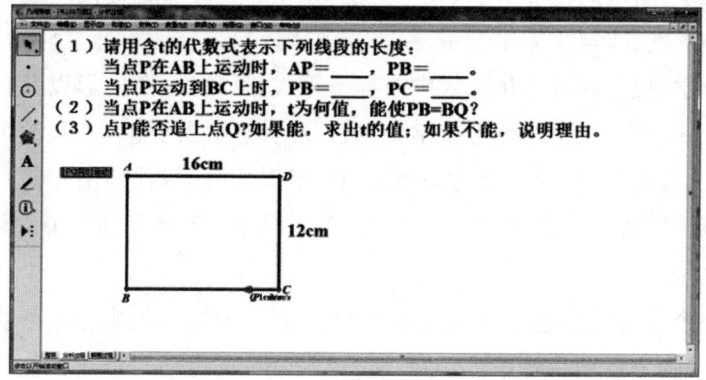

上页为动点问题的分析过程，单击 PQ 同时运动按钮时，两点开始同时运动。学生通过白板观看两点运动过程，观察、思考所求问题。通过动点演示，学生们更易发现 AQ = AP 的位置并且能用相应的代数式表示图形中线段相等的关系，以便更好地解决问题。

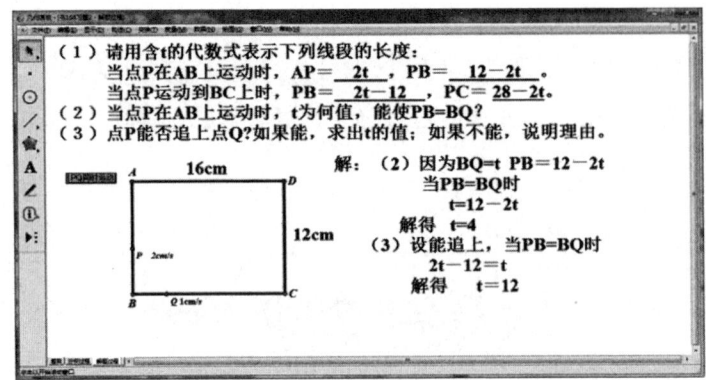

上页为解题过程,通过展示解题过程,规范学生写题步骤,使过程清晰、明了。

[应用反思]

对于传统教学的教学模式,几何画板显示出强大的功能。它把一些抽象的问题简单化、具体化同时提高学生学习兴趣。

在今后的教学当中,对于几何问题,我们都能运用几何画板帮助我们完成教学。例如:证明、求解问题,利用几何画板画图,引导学生分析问题同时改变图形形状研究问题,改变某一条件,研究问题变化趋势。把问题引向多元化,调动积极性。

另外我们可以利用几何画板解中考动态几何题。动态几何题是研究在几何图形的运动中,出现的图形形状、图形位置以及数量关系的变化问题。动态几何具有一定的难度,通常作为中考数学的"压轴题"。它包括了分类讨论、数形结合等等许多数学思想,同时与化数式中方程不等式、三角形、四边形以及它们的面积全等相似等相结合,以更好地考查学生掌握及解决问题的能力。我们可以参考例年中考题,供我们学习。如《现化阅读》2011 年 2 月第 2 期《巧用几何画板解决初中数学中考压轴题》,另附几道中考压轴题 06 吉林 07 福州河北 07 扬州供大家学习。

当然在个人的制作过程中需要注意的问题是:单击动画点时运动点开始运动,再单击动画点运动将停止,运动不能自动停止,再运动时点所在位置将作为新始点开始,所以在演示动点过程中,要多次单击动画点并不断调整点的位置。

几何画板的功能会越来越强大,它的操作性会更简易,直观,它将更好的辅助我们的几何教学。

作者:邢台县皇台底中学 马立刚

智能手机记录精彩瞬间

——录屏式微课的制作与发布

[**情境导入**]

科技的发展改变人们的生活,科技的发展也改变着我们的教育。特别是智能手机的普及为我们的教学提供了新的模式。近年来,微课悄然兴起,我们可以利用智能手机制作微课,使它更好地为教学服务。

在 2014～2015 年全员教师远程培训过程中,我在微课研修群里积极参与了微课的制作与发布。当时,我选定了《两小儿辩日》来制作。我知道,微课的资源容量有限,时间较短,内容精简,但是主题又要突出,不能眉毛胡子一把抓。经过细细思量,我最终选定了从层次结构入手来体会本文情、理的融合这两个角度,制作完成了一个简易的课件。

如何制作微课并用智能手机分享发布?

活动 1 微课的录制

微视频是微课的核心。常见的微视频获取方式有外拍式(借助 DV 等拍摄设备录制)、录屏式(通过屏幕录像软件自动录制教师对着电脑讲授的内容或操作过程,同时录制声音)、软件合成式(利用图像、动画、视频软件制作或合成动画或视频)。《两小儿辩日》是一篇古文中的名作,很多学生对其中的知识点——何时日大,何时日小理解得不透彻,而这个知识点既是重点,又是难点。所以我从情、理融合这个角度入手,层层分析,揭示事理,目标明确,抓住了重点,突破了难点。这个微课主要采用了录屏式视频获取方式。

操作步骤：

1. 启动 Camtasia Studio，选择"录制 PowerPoint"。

2. 打开 PPT，单击"录制"按纽，PPT 就进入了放映状态。

3. 点击"单击开始录制"这一按纽，程序便开始对 PPT 进行视频录制了。一边放映 PPT，一边讲解 PPT 上的内容。

4. PPT 放映结束后，"停止录制"，点击"生成您的录制"，选择"自定义生成设置"，勾选"创建 MP3 文件"。

5. 最后一直点击"下一步"，直至"完成"，视频就初步制作出来了。

为增强感观效果,有必要对视频进行修饰和完善。基本步骤:

1. 再次开启 Camtasia Studio,导入刚刚做出来的初步视频。

2. 把视频片尾的空白部分分割移除。
3. 为视频的片头和片尾配上背景乐。

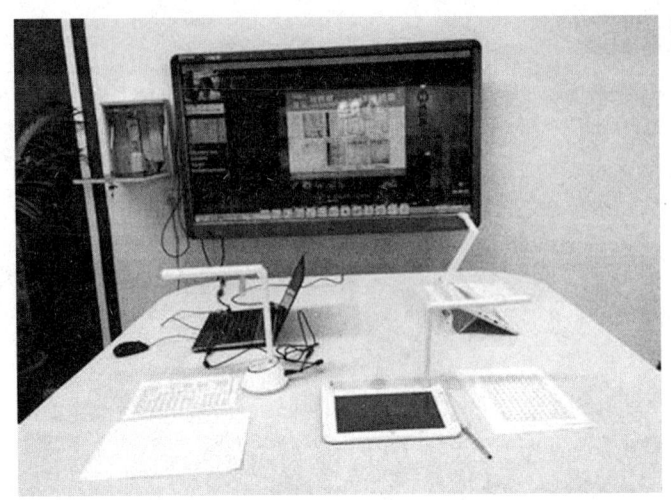

经过这一系列操作,一个精美的微视频便诞生了。录制过程虽然辛苦,但是一堂微课足以让教师经历一次次自我审视,专业上得到巨大的提升。

活动2 微课的发布

制作微课的最终目的是应用于教学。翻转课堂实现了传统课堂中知识传授与知识内化两个阶段的颠倒。在翻转式教学中,教师从知识的传授者转变为学习的指导者和促进者;教学视频承担起了知识传授的责任。

1. 把《两小儿辩日》的教学设计、课件、微视频一并上传到班级QQ群共享,布置学生周末回家复习时观看。

2. 在班级群中和同学们在线交流,教师从知识的传授者转变为学习的指导者和促进者。

3. 最后将线上交流结果上传到老师的工作室,以备教师更好地了解学生学情。

4. 鼓励学生发表帖子评论,查看别人的评论,跟帖,因为这是学习思考的重要过程。

[应用反思]

微课制作的策略很多,有任务驱动、问题导向;合作探究、反馈互动;激趣引入、逐步推进;讲授启发、强化知识;实验演示、操作探究;讲解分析、推理演算;解惑答疑、查漏补缺；区别对待、有的放矢；直观逼真、引疑激趣；知识讲解、答题指导；等等。教师可根据需要灵活选用恰当的策略或结合运用多种策略。微课《两小儿辩日》的制作选用了区别对待、有的放矢；直观逼真、引疑激趣；知识讲解、答题指导这三项策略。这三项策略的具体做法依次如下：

1. 针对不同类别的观众制作不同类型的微课

教师和学生使用微课的目的是有所不同的，因此，他们对微课的需求一般也不同。制作者应从观众的实际情况出发，有的放矢地设计有针对性的微课。只有这样，才能物尽其用，实现微课的最佳使用效益。

2. 运用直观有趣的方式进行讲解

讲授型微课要求在较短的时间内突破某一关键点。这往往需要教师在微视频中运用直观有趣的方式进行知识讲解，化难为易，变抽象为具体，使学生通过生动有趣的感官刺激，最大限度地发挥潜能，收到事半功倍的学习效果。《两小儿辩日》是讲授型微课，这一微课，设计了直观逼真的动画跷跷板，学生在跷跷板的一升一降中牢牢掌握了文中所阐述的科学道理。微视频结束前，使学生在轻松愉快的氛围中再次强化了对这一难点的记忆。

3. 知识讲解与答题指导相结合

讲授型微课往往是针对学习的重点、难点而设计的，所以，微课所讲授的知识点一般也是高频考点。这告诉我们，对于讲授型微课，在知识讲解的同时，不能忽视答题指导。教师应通过对同一类题目的归纳总结，提炼出答题规律，帮助学生形成解答同类题的基本思路，以不变应万变，从而提升解题能力。在讲授型微课《两小儿辩日》中，在知识讲解结束后，由于解题指导及时到位，学生在观看微视频中，牢固掌握了解题的基本方法，把握了答题的要领。在配套的"自我检测"中，每道难题均能迎刃而解，解题效率大大提高。

由此可见，微课优势显著，无论是对学生的学习提升，还是对教师的专业成长，微课都能发挥巨大的促进作用。当然，智能手机制作微课也并不是万能的，它需要教师灵活掌握，才能发挥它最大的效用。这就要求我们的教师与时俱进，应充分利用微课，用微课的优势实现师生的共同腾飞。

作者：遵化市业余体校　马艳芬

指导老师：唐山市丰润区教师进修学校　秦晓惠

微课在英语教学中的设计与应用

[情境导入]

放寒假以来,多个家长打来电话,说孩子在做题过程中,形容词性物主代词与名词性物主代词出错率较高,自己又辅导不了。针对这一情况,我制作了一节有关如何做好物主代词的微课,发到家长群里供孩子们参考,这样大大增加了做题的正确率。同学们普遍反映,他们对于微课这种学习方式很感兴趣,认为其既短小又明确,而且无论是在电脑上还是在手机上都可随时观看,很方便。

那么如何利用微课来展示这一知识难点呢?制作微课的方法很多,我采用的是屏幕录像专家软件。

[技术讲解]

我使用的是屏幕录像专家软件,这是一款专业的屏幕录像制作工具,这款软件界面是中文版本,里面的内容并不怎么复杂。使用它可以轻松地将屏幕上的软件操作过程、网络教学课件、网络电视、网络电影、聊天视频等录制成FLASH动画、WMV动画、AVI动画或者自播放的EXE动画。本软件具有长时间录像并保证声音完全同步的能力。本软件使用简单,功能强大,是制作各种屏幕录像和软件教学动画的首选软件。但是在微课程制作的过程中,要注意操作技术细节:鼠标不要在屏幕上乱晃;字体和背景的颜色要搭配好;讲解课程时,鼠标在屏幕上的速度不要太快;画面要简洁,与教学内容无关的图标、背景、教师人头像等都要删除;录制视频的环境要安静、不要有噪音。

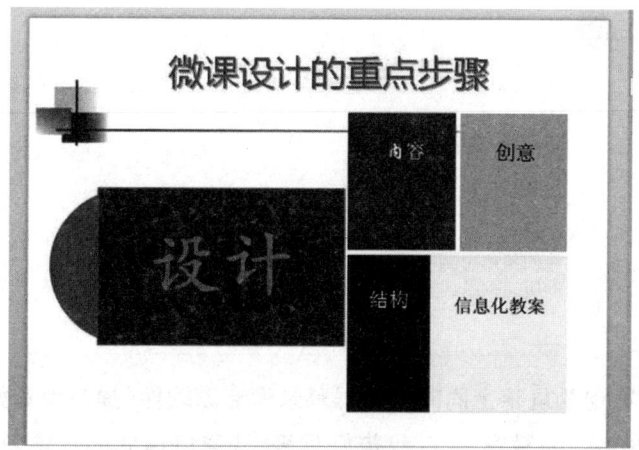

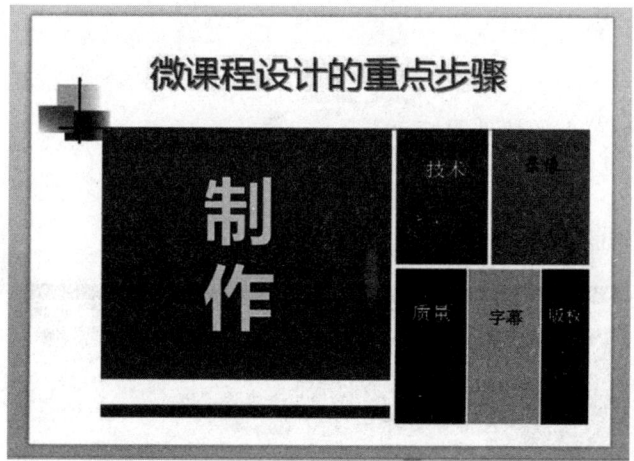

第一步　选择要讲解的知识点,难点(形容词性物主代词与名词性物主代词)
第二步　根据所选的难点,搜索资料,制成 PPT

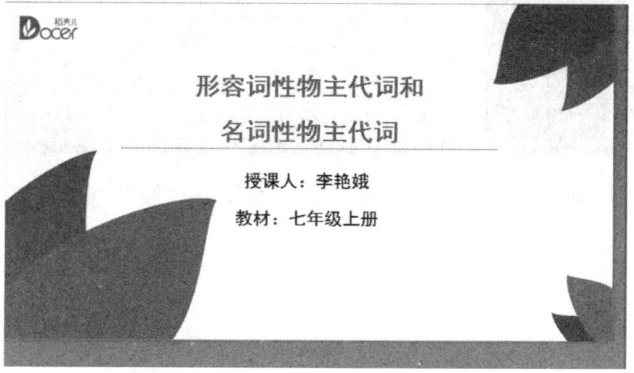

物主代词

形容词性物主代词

名词性物主代词

我们用形容词性物主代词和名词性物主代词来表示人和物的所有关系。通常翻译成"、、、、、、的"

第三步　在电脑屏幕上同时打开屏幕录像专家软件（提前设置好录像的保存位置与录像的格式）与教学 PPT，我带好耳麦，调整好话筒的位置与音量，并调整好 PPT 界面。

双击电脑屏幕上的软件图标

出现如下界面：

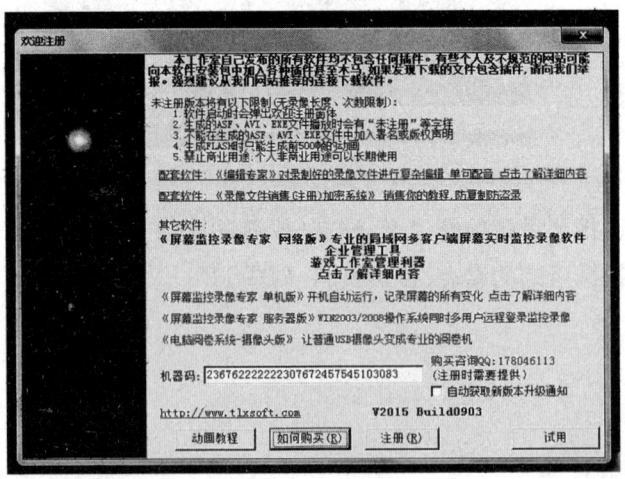

选择试用，打开软件后，首先设置好录像的保存位置与录像的格式

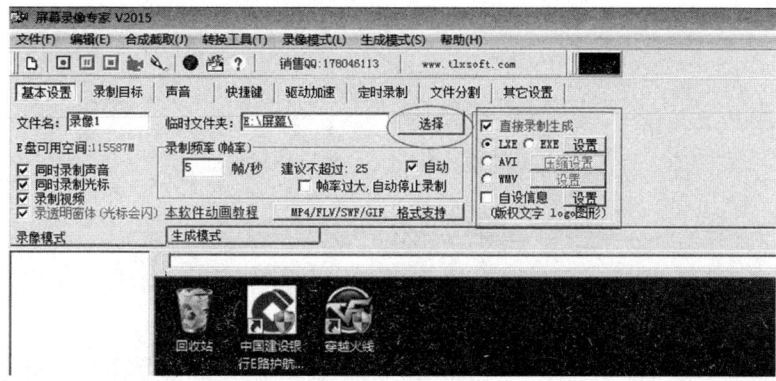

可以设置开始录制与停止录制快捷键

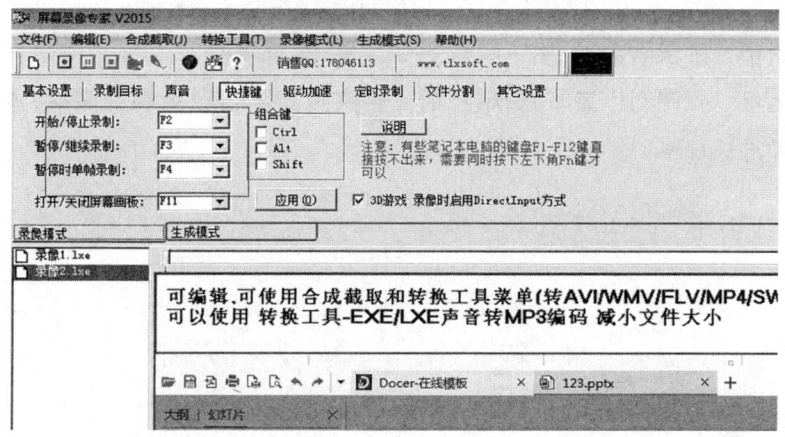

第四步　把软件最小化,把PPT全屏

第五步　按照自己的设置,按下键盘上"F2"键,开始录像,对着话筒,鼠标点击PPT讲课

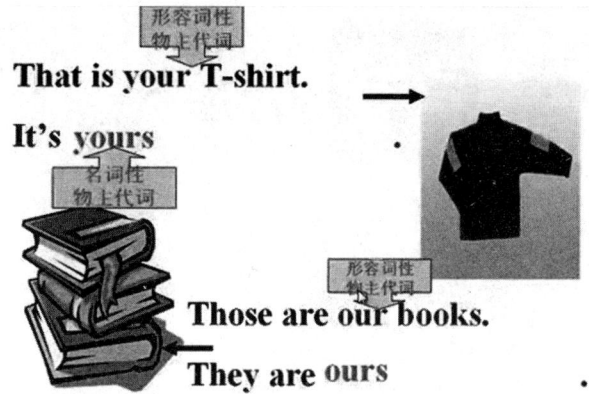

第六步　讲课结束后，按下键盘上"F2"键，结束录像

第七步　微课制作完毕，到相应的文件夹里找到自己录制的微课，进行后期处理并加片头片尾。

第八步　分享到 QQ 群或者拷贝到手机分享到微信群，或者保存到云盘，同学们观看即可。

[应用拓展]

微课是传统课堂学习的一种重要补充和拓展资源;微课的应用弥补了农村学生家长不能很好辅导自己孩子的空缺,避免了往日课堂学习之后学生似懂非懂吃夹生饭的问题,从而保证了自己教学的课堂教学质量。

微课持续的时间短,容易集中学生的注意力,制作又非常简便。于是我还把一些好听的英文歌曲,例如《雪绒花》制作成微课,先听歌曲,再讲解歌词,学生十分喜欢。此外,学生们喜欢看电影,适合学生观看的英文电影有很多,例如《冰雪奇缘》《环游世界八十天》等,它们的情节和语言都很好。我选取其中精彩的片段制作成微课,让学生品味地道的英语,学习其中的知识,拓展他们的视野。

数词的运用,也是中考的重要考察内容。但是同学们对于 hundreds of, three hundred stars 等其中的数词使用方法总是搞混,导致出现听老师一讲就明白,自己一答题就出错的情况。结合同学们的易错点和常考点,我又制作了一节微课,把他植入到新课展示环节,同学们观看微课后,进行随堂测试练习,效果很好。

除了语法难点外,在新授课过程中我们也可以在个别环节插入微课,比如微课导入,提前录制一段由优秀学生表演的短片,让学生观察并理解分析对话内容,然后在课堂作为模板演示后供大家借鉴学习,学生再多次操练,最后展示。

微课的制作离不开录屏软件,除屏幕录像专家软件我再向大家介绍几款其他的录屏软件。

Camtasia Studio 也是一套专业的且功能强大的屏幕录象软件,能在任何颜色模式下轻松地记录屏幕动作。同时还附带一个功能强大的屏幕动画抓取工具,内置一个简单的媒体播放器。但是此软件要求电脑的配置高。

录屏大师是一个没有任何限制的极其轻量型的高质量屏幕录像工具,本软件有高彩、低彩及灰度三种视频质量选择,相对这三种视频质量所生成的视频文件大小也是不一样的,用十字光标选择想要录像的范围,默认情况下,记录全屏。

Screen2EXE 是一款具有独到压缩算法的屏幕录制软件,它可以记录用户在屏幕上的每一步操作。软件使用独创的压缩算法,可以获得最小的文件体积,方便传输和保存。

WebEx Recorder 就是一款优秀的录屏软件。可以录制全屏或指定窗口,可以设定是否包含声音,生成的文件体积极小且极清晰,录制过程占用资源很少,其最大优点是性能出众。

kk 录像机一款简单实用的万能录像软件,包括游戏录制、桌面录制、视频录制。适用于任何一款游戏，支持窗口模式和全屏模式，还可以自由选择录制区域，是广大视频制作者非常热爱的视频录像软件。

除了以上几款录屏软件，还有其他的录屏软件，但是我们无论采用哪种软件，只要熟练掌握一种录屏软件即可，需要我们潜心学习信息技术，从而辅助我们更好地进行教学。

我目前只是处于微课制作的初步阶段，各种软件使用还不够熟练，在微课的播放过程中有许多的问题，比如录制中使用的麦克风不够好，录制过程有杂音等，需要教师在技术上进一步突破，这是其一。其二就是学生反应下载视频不流畅，网络配套跟不上。其三是制作好了微课，在学校课堂教学内容的哪一环节应用微课，用怎样的方式呈现微课孩子们才容易理解，也是我学习之后一直思考的问题。

信息技术成就了教育，微课依托于网络的强大功能，QQ和微信的大众化使用让微课真正走入学生生活，让学生愉快学习、自主学习。特别是随着手持移动数码产品和无线网络的普及，基于微课的移动学习、远程学习、在线学习、"泛在学习"将会越来越普及，微课必将成为一种新型的教学模式和学习方式。

作者：衡水市工业新区中学　　李艳娥
衡水市故城县聚龙中学　　马晓丽

利用电子表格统计数据

[情境导入]

九年级期末考试已经结束。武老师作为年级主任得到了四个班学生七门课程(语文、数学、英语、政治、历史、物理、化学)的考试成绩。接下来的统计和分析任务,武老师需要使用Excel来完成各班各科成绩的分析,即计算各科的平均分、优秀率(达到满分的80%以上为优秀)、及格率(达到满分的60%以上为及格),汇总出其中一科的最高分和最低分,以及各分数段的人数和所占百分比,并以任意一种图表的形式表示出来。如何利用Excel完成这些统计和分析任务呢?今天我们就来一块探讨一下吧。

第1步 建立"学生成绩"工作表

1. 点击右键建立一个Excel,工作簿默认工作表Sheet1,在Sheet1中的单元格中,输入下列表格内容:

班级	姓名	语文	数学	英语	物理	化学	政治	历史	总分	名次
1304	荣佳欣	80	84	95	85	93	95	75		
1304	李赛瑜	85	91	98	73	83	92	75		
1304	刘佳佳	79	81	80	72	84	86	76		
1304	侯肖琳	82	80	96	66	78	77	74		
1303	吕婷婷	88	80	75	65	77	92	68		

第2步　处理学生成绩数据

对前面步骤中已经输入的学生成绩进行统计分析。

1. 计算每一位同学的总分

利用函数计算总分的方法:在总分栏 J2 单元格内输入"=sum(C2:I2)",表示计算 C2 到 I2 的总和。

然后,利用自动填充方式,鼠标指向填充柄向下拖动,即可计算出每名学生的总分。

2. 计算成绩平均分

先计算语文成绩,在 C182 单元格内输入"=average(C2:C181)",表示计算单元格 C2 到 C181 的平均值。

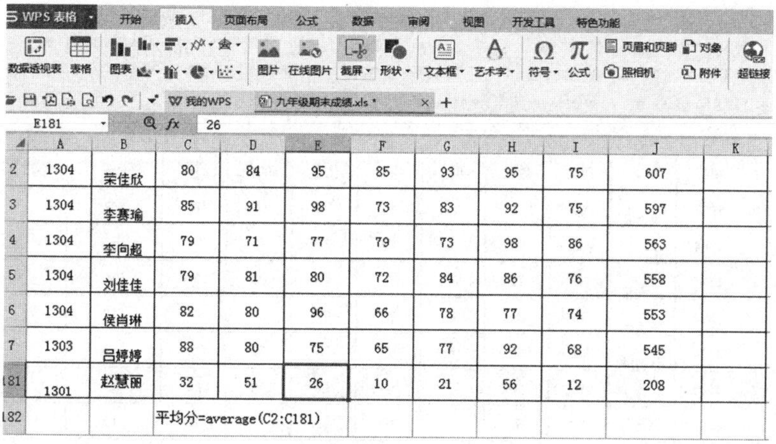

	A	B	C	D	E	F	G	H	I	J	K
2	1304	荣佳欣	80	84	95	85	93	95	75	607	
3	1304	李赛瑜	85	91	98	73	83	92	75	597	
4	1304	李向超	79	71	77	79	73	98	86	563	
5	1304	刘佳佳	79	81	80	72	84	86	76	558	
6	1304	侯肖琳	82	80	96	66	78	77	74	553	
7	1303	吕婷婷	88	80	75	65	77	92	68	545	
181	1301	赵慧丽	32	51	26	10	21	56	12	208	
182			平均分=average(C2:C181)								

再利用自动填充（鼠标指向填充柄向右拖动），就可以计算出每一学科的平均分。结果如下图所示：

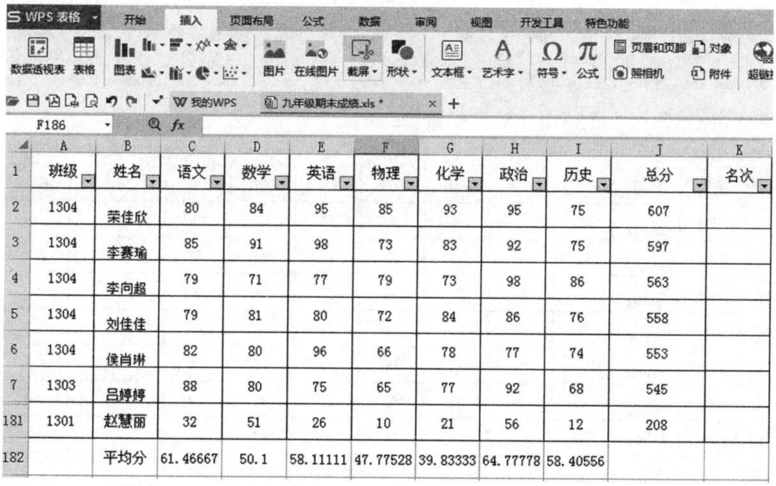

	A	B	C	D	E	F	G	H	I	J	K
1	班级	姓名	语文	数学	英语	物理	化学	政治	历史	总分	名次
2	1304	荣佳欣	80	84	95	85	93	95	75	607	
3	1304	李赛瑜	85	91	98	73	83	92	75	597	
4	1304	李向超	79	71	77	79	73	98	86	563	
5	1304	刘佳佳	79	81	80	72	84	86	76	558	
6	1304	侯肖琳	82	80	96	66	78	77	74	553	
7	1303	吕婷婷	88	80	75	65	77	92	68	545	
181	1301	赵慧丽	32	51	26	10	21	56	12	208	
182		平均分	61.46667	50.1	58.11111	47.77528	39.83333	64.77778	58.40556		

3. 统计各科成绩中 80 分以上的人数

先统计语文成绩中 80 分以上的人数，在 C183 单元格内输"= countif（C2：C181,">=80"），表示统计单元格 C2 到 C181 中大于或等于 80 分的人数．用统计出的优秀人数除以总人数，再除以 100%，即可求出各科的优秀率。

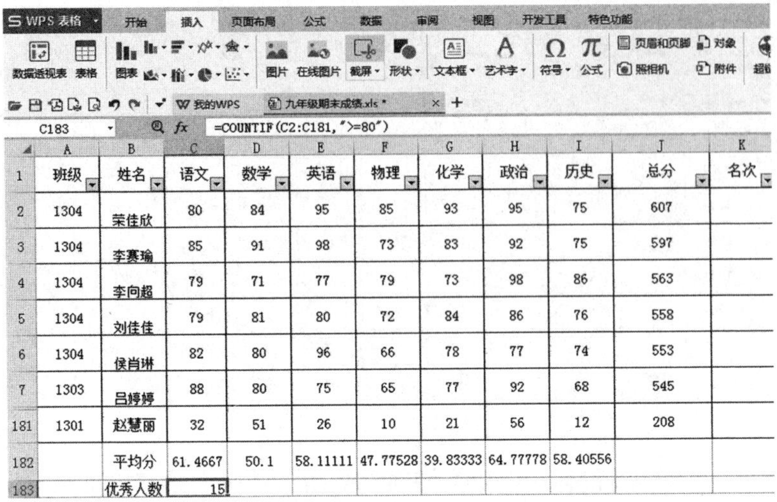

	A	B	C	D	E	F	G	H	I	J	K
1	班级	姓名	语文	数学	英语	物理	化学	政治	历史	总分	名次
2	1304	荣佳欣	80	84	95	85	93	95	75	607	
3	1304	李赛瑜	85	91	98	73	83	92	75	597	
4	1304	李向超	79	71	77	79	73	98	86	563	
5	1304	刘佳佳	79	81	80	72	84	86	76	558	
6	1304	侯肖琳	82	80	96	66	78	77	74	553	
7	1303	吕婷婷	88	80	75	65	77	92	68	545	
181	1301	赵慧丽	32	51	26	10	21	56	12	208	
182		平均分	61.4667	50.1	58.11111	47.77528	39.83333	64.77778	58.40556		
183		优秀人数	15								

然后用同样的方法统计出各科的优秀人数,结果如图所示:

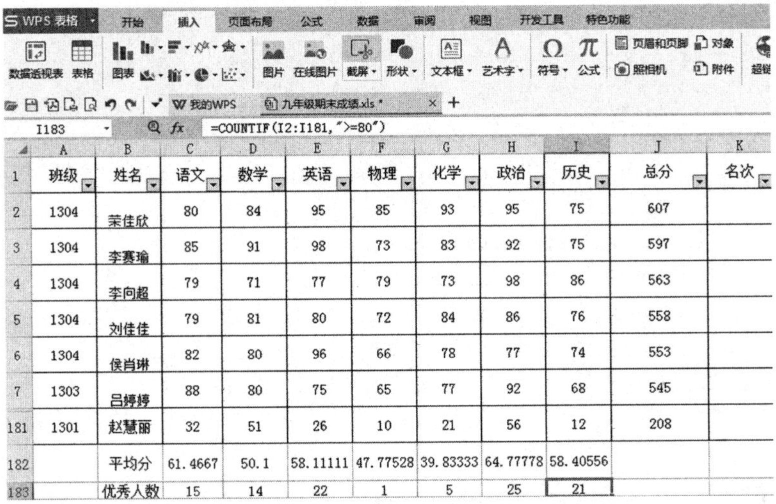

	A	B	C	D	E	F	G	H	I	J	K
1	班级	姓名	语文	数学	英语	物理	化学	政治	历史	总分	名次
2	1304	荣佳欣	80	84	95	85	93	95	75	607	
3	1304	李赛瑜	85	91	98	73	83	92	75	597	
4	1304	李向超	79	71	77	79	73	98	86	563	
5	1304	刘佳佳	79	81	80	72	84	86	76	558	
6	1304	侯肖琳	82	80	96	66	78	77	74	553	
7	1303	吕婷婷	88	80	75	65	77	92	68	545	
181	1301	赵慧丽	32	51	26	10	21	56	12	208	
182		平均分	61.4667	50.1	58.11111	47.77528	39.83333	64.77778	58.40556		
183		优秀人数	15	14	22	1	5	25	21		

4. 统计各科成绩中 60 分以上的人数

与第 3 步骤相同,在 C184 单元格内输入" = countif(C2 : C181," > = 60"),表示统计单元格 C2 到 C181 中大于或等于 60 分的人数,即可得出及格的人数,然后用同样的方法统计出各科的及格人数。用算出的及格人数除以总人数,再除以 100%,即可求出各科的及格率。

	A	B	C	D	E	F	G	H	I	J	K
1	班级	姓名	语文	数学	英语	物理	化学	政治	历史	总分	名次
2	1304	荣佳欣	80	84	95	85	93	95	75	607	
3	1304	李赛瑜	85	91	98	73	83	92	75	597	
4	1304	李向超	79	71	77	79	73	98	86	563	
5	1304	刘佳佳	79	81	80	72	84	86	76	558	
6	1304	侯肖琳	82	80	96	66	78	77	74	553	
7	1303	吕婷婷	88	80	75	65	77	92	68	545	
181	1301	赵慧丽	32	51	26	10	21	56	12	208	
182		平均分	61.4667	50.1	58.11111	47.77528	39.83333	64.77778	58.40556		
183		优秀人数	15	14	22	1	5	25	21		
184		及格人数	110	55	78	55	23	123	93		

5. 计算各科成绩中的最高分数

先在 C185 单元格内输入"= max(c2:c181)",表示计算单元格 c2 到 c181 的最大值。利用自动填充(鼠标指向填充柄向右拖动),可以计算出每一学科的最高分。

	A	B	C	D	E	F	G	H	I	J	K
1	班级	姓名	语文	数学	英语	物理	化学	政治	历史	总分	名次
2	1304	荣佳欣	80	84	95	85	93	95	75	607	
3	1304	李赛瑜	85	91	98	73	83	92	75	597	
4	1304	李向超	79	71	77	79	73	98	86	563	
5	1304	刘佳佳	79	81	80	72	84	86	76	558	
6	1304	侯肖琳	82	80	96	66	78	77	74	553	
7	1303	吕婷婷	88	80	75	65	77	92	68	545	
181	1301	赵慧丽	32	51	26	10	21	56	12	208	
182		平均分	61.4667	50.1	58.11111	47.77528	39.83333	64.77778	58.40556		
183		优秀人数	15	14	22	1	5	25	21		
184		及格人数	110	55	78	55	23	123	93		
185		最高分	88	94	98	85	93	98	92		

6. 计算各科成绩中的最低分

先求出语文成绩中的最低分,在 c186 单元格内输入"= min(c2:c181)",表示计算单元格 c2 到 c181 的最小值。利用自动填充(鼠标指向填充柄向右拖动),可以计算出每一学科的最低分。

	A	B	C	D	E	F	G	H	I	J	K
1	班级	姓名	语文	数学	英语	物理	化学	政治	历史	总分	名次
2	1304	荣佳欣	80	84	95	85	93	95	75	607	
3	1304	李赛瑜	85	91	98	73	83	92	75	597	
4	1304	李向超	79	71	77	79	73	98	86	563	
5	1304	刘佳佳	79	81	80	72	84	86	76	558	
6	1304	侯肖琳	82	80	96	66	78	77	74	553	
7	1303	吕婷婷	88	80	75	65	77	92	68	545	
181	1301	赵慧丽	32	51	26	10	21	56	12	208	
182		平均分	61.4667	50.1	58.11111	47.77528	39.83333	64.77778	58.40556		
183		优秀人数	15	14	22	1	5	25	21		
184		及格人数	110	55	78	55	23	123	93		
185		最高分	88	94	98	85	93	98	92		
186		最低分	9	12	16	10	2	9	0		

第3步 利用图表显示学生成绩

Excel 具有完整的图表功能,它不仅可以生成诸如条形图、折线图、饼图等标准图表,还可以生成较为复杂的三维立体图表。对学生成绩数据进行图表处理,可以更直观地进行教学分析,找出工作表格不容易发现的问题,使得教学评价更为有效。

①在(B187:B189)中建一个表格,输入"语文成绩"、"人数(n)"、"百分比(n/N)"等文字和数字,如图所示:

	A	B	C	D	E	F	G	H	I	J
5	1304	刘佳佳	79	81	80	72	84	86	76	558
6	1304	侯肖琳	82	80	96	66	78	77	74	553
7	1303	吕婷婷	88	80	75	65	77	92	68	545
181	1301	赵慧丽	32	51	26	10	21	56	12	208
182		平均分	61.4667	50.1	58.11111	47.77528	39.83333	64.77778	58.40556	
183		优秀人数	15	14	22	1	5	25	21	
184		及格人数	110	55	78	55	23	123	93	
185		最高分	88	94	98	85	93	98	92	
186		最低分	9	12	16	10	2	9	0	
187		语文成绩	60<	60-69	70-79	80-89	≥90			
188		人数(n)								
189		百分比(n/N)								

②利用 countif( ) 函数统计各分数段人数

在 c188 单元格中输入"= countif(c2:c181," < 60")",表示计算 C2 到 C181 区间的语文成绩中数据小于 60 的人数。再统计"60 - 69"分数段人数,输入:"= countif(c2:c181," < 70") - countif(c2:c181," < 60")",以此类推算出其它分数段的人数。

	A	B	C	D	E	F	G	H	I	J
5	1304	刘佳佳	79	81	80	72	84	86	76	558
6	1304	侯肖琳	82	80	96	66	78	77	74	553
7	1303	吕挣挣	88	80	75	65	77	92	68	545
181	1301	赵慧丽	32	51	26	10	21	56	12	208
182		平均分	61.46666667	50.1	58.1111111	47.7752809	39.833333	64.77778	58.40556	
183		优秀人数	15	14	22	1	5	25	21	
184		及格人数	110	55	78	55	23	123	93	
185		最高分	88	94	98	85	93	98	92	
186		最低分	9	12	16	10	2	9	0	
187		语文成绩	60<	60-69	70-79	80-89	≥90			
188		人数 (n)	70	41	54	15	0			
189		百分比 (n/N)								

③计算各分数段所占百分比

在 c189 单元格中输入"= C188/(C188 + D188 + E188 + F20 + G20)",表示计算成绩小于 60 分的人数占总人数的百分比。以此类推可以计算出各分数段的百分比。

	A	B	C	D	E	F	G	H	I	J	K
3	1304	李赛瑜	85	91	98	73	83	92	75	597	
4	1304	李向超	79	71	77	79	73	98	86	563	
5	1304	刘佳佳	79	81	80	72	84	86	76	558	
6	1304	侯肖琳	82	80	96	66	78	77	74	553	
7	1303	吕挣挣	88	80	75	65	77	92	68	545	
181	1301	赵慧丽	32	51	26	10	21	56	12	208	
182		平均分	61.46666667	50.1	58.1111111	47.7752809	39.833333	64.77778	58.40556		
183		优秀人数	15	14	22	1	5	25	21		
184		及格人数	110	55	78	55	23	123	93		
185		最高分	88	94	98	85	93	98	92		
186		最低分	9	12	16	10	2	9	0		
187		语文成绩	60<	60-69	70-79	80-89	≥90				
188		人数 (n)	70	41	54	15	0				
189		百分比 (n/N)	38.89%	22.78%	30.00%	8.33%	0.00%				

④创建语文成绩各分数段分布图

选定数据区域,单击"插入"菜单,再单击左上角"图表"按钮,这时会出现"插入图表"框,选择"饼状图",点击确定即可。以此类推可以创建其他学科的成绩分数段分布图,结果如图所示:

[应用反思]

武老师利用电子表格统计出了整个年级各科的平均分、及格人数、优秀人数,也统计出了各科的最高分、最低分,和各个分数段的人数分布情况,较为准确地掌握了各科的考试情况,达到了自己想要的教学评价数据,着实觉得掌握一门信息技术确实能帮自己很大的忙。武老师在初次操作过程中也遇到了许多的麻烦,弄出了一些错误,导致所统计的数据不准确,比如在利用 countif( ) 函数统计各分数段人数,尤其是统计"60 - 69"、"70 - 79"等分数段人数时,应输入" = countif(c2 : c181," < 70") – countif(c2 : c181," < 60")",结果却输入" = countif(c2 : c181," < 70") – countif(c2 : c181,"60 > ")",从而导致数据统计错误,通过反复地实验才发现错误之处。利用函数统计数据有他自身的繁琐性,稍不注意就会出错,比如公式中的双引号必须是英文状态输入,如果只是一个单独的数值的话,就不用双引号,直接输入即可等等,所以要求使用者对其函数和输入条件必须做到掌握准确和输入细心。

注意事项：

Countifs 后面的括号可以加多个条件，但每个条件都需要有两个参数，一个单元格选取，另一个就是判断条件。

日常教学工作中，我们经常需要对学生数据或其它教学数据进行统计分析，通过电子表格，可以很方便的完成这些统计分析功能。它是工作、生活中的得力助手，为教师处理学生数据提供了很大方便。电子表格工具不仅仅用于学生成绩的统计分析，也可用于教师的调查研究中，在调查数据收集之后，利用电子表格提供的数据工具进行统计分析，可以自动生成统计表。

制作电子表格的软件有很多种，EXCEL 是微软 OFFICE 软件中的电子表格组件，除此以外还有金山 WPS 中的电子表格以及百会格(http://gege.baihui.com)等。

作者：邢台市经济开发区留村中学　潘　慧
指导老师：邢台市隆尧县魏家庄中学　冯志勇

"考酷"在建立智能组卷无纸化考试管理系统的应用

[**情境导入**]

在一次教研组工作会上,学校张校长提出各学科教研组要根据自己学科的知识点、考核点建立适合学生有针对性的试题库,以便在平时测试和考试中可以随机的提取组成试卷进行测试。方法很好,可是这些试题如何管理呢?有的老师说录入到计算机中,以文件的形式存取,实现电子化管理;也有的老师又说存成电子文件的形式,将来检索和组卷的时候又要进行二次或多次编辑,非常麻烦,增大了劳动量,还不如找成卷方便。我建议把这些零散按知识点、考核点建立起来的试题录入到一个试题管理系统,调用它时随机按照知识点、考核点抽取比例进行智能化组成试卷,大家各抒己见,也没有能达成一致直到考试酷平台的出现给我们这个问题带来了新的突破,它不仅能按照知识点、考核点建立题库,而且还能按照智能随机抽题组成试卷和无纸化计算机和移动设备端进行考试,在考试结束后还能对考试成绩进行分析,简直棒极了。

让我们先了解一下什么是考试酷,申请、创建账号、制作试卷、组卷、无纸化考试、评分、考后分析,真正实现无纸化考试,减轻老师评卷及成绩分析和劳动量

活动 1 考试酷的定义及功能

考试酷其实就是一个无纸化网上考试的网络平台(网址:http://www.examcoo.com/)。

考酷网专为各类学校和培训机构提供考试系统,包括自测练习、组织统一考试、开展知识竞赛、布置课外作业或假期作业、智能组卷、答卷评阅与成绩管理等众多功能;也可用于政府机构、企事业单位内部的入职考试、员工考核、内部培训考试等。「考试酷」是一个零安装、零维护和零成本的在线考试系统。

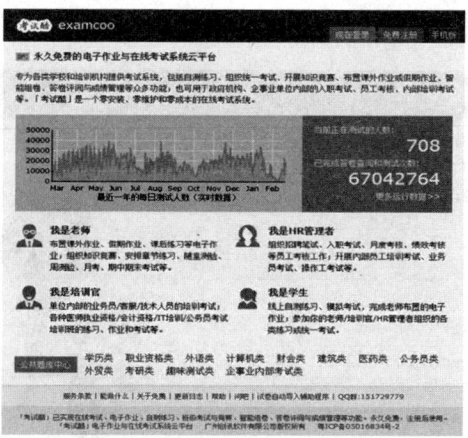

考试酷网络平台首页面

活动2　考酷账号的注册和创建考试班级

如何创建一个无纸化网上考试的环境呢？以下以考试酷平台为例，创建无纸化网上考试的操作过程：

第1步　注册

在浏览器地址栏中输入网址 http://www.examcoo.com/，进入考试酷主页，注册账号成为用户，如图所示。

考试酷首页页面截图

考试酷的注册方法非常简便，用你已经拥有的邮箱就可以完成注册。

考试酷注册页面截图

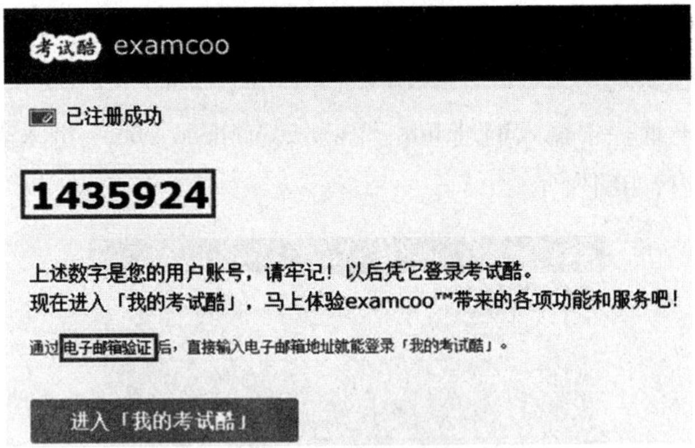

注册成功页面截图

登陆后用注册的邮箱进行验证，完成验证后，不仅可以用数字账号登陆，还可以用注册的邮箱账号登陆。

第 2 步　登录

在浏览器中输入地址 http://www.examcoo.com，单击页面右上角的"现在登录"，输入账号和密码，登录后，在"选择应用"菜单项，出现下拉菜单选项，如图所示。

考酷登录页面截图

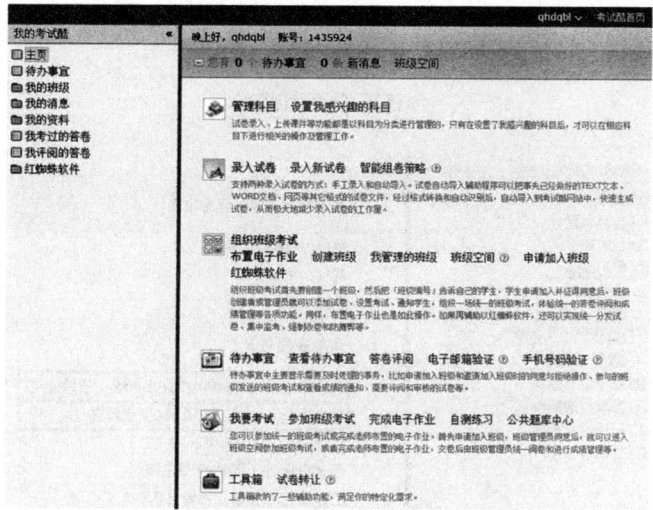

考试酷登录后页面截图

第3步 创建要考试的班级及设置登录方式

在我的班级—创建班级。完成此步后,创建参加无纸化考试的班级。

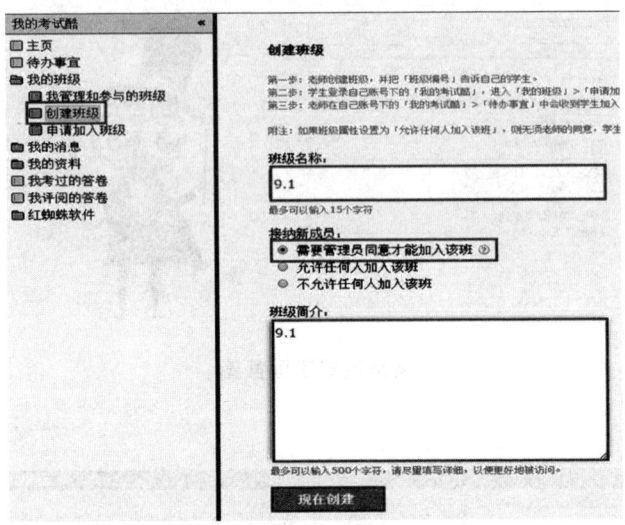

创建班级页面截图

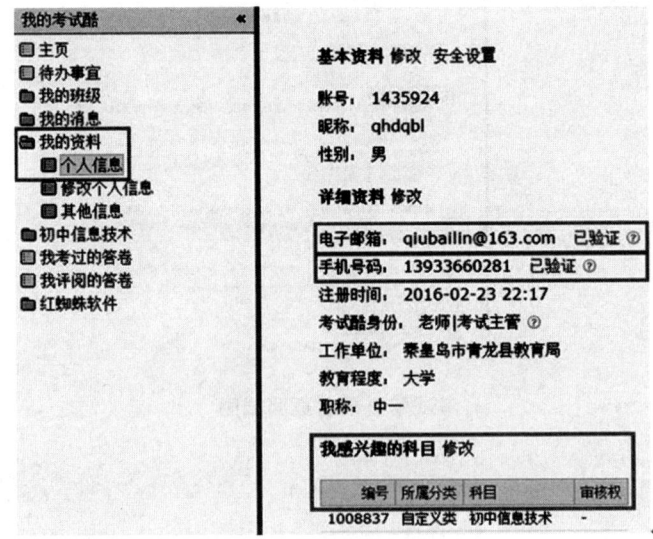

更改个人信息页面截图

完成此步后,不仅能用账号登陆,还能用邮箱和手机号登陆;还可以设置对应的学科或自定义的学科。

活动 3　录入试卷和智能组卷

第 1 步　录入试卷（按知识点分类）

下面以初中信息技术考试题为例，单击"初中信息技术"，出现"录入新试卷"页面，再点击中间的"录入新试卷"，如图所示。

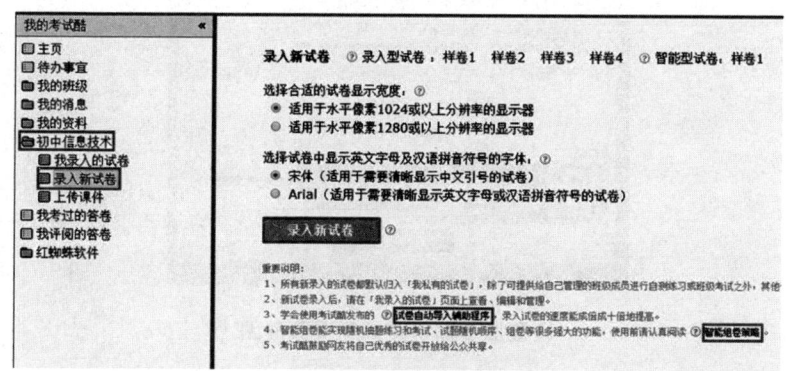

录入新试卷页面截图

录入试卷支持两种模式：一是通过软件导入，二是平台上直接录入。录入完成后还要检查、总分、预览、保存等操作。

录入完成的根据知识点设计的试卷界面

第 2 步　智能组卷

首先，确立组卷的策略，通俗讲就是我们共有317道试题，从以上知识点试卷中，按照某个知识点随机抽选出多少道题，组成的新试卷共有多少道题等规则。

例如：我们从317道题库中选出44道题，信息与信息技术中选6道，计算机常

321

识中选10道,网络、多媒体中选18道,Photoshop、Flash、Dreamweaver软件常识中选10道。下面我们就实际操作,如下图。

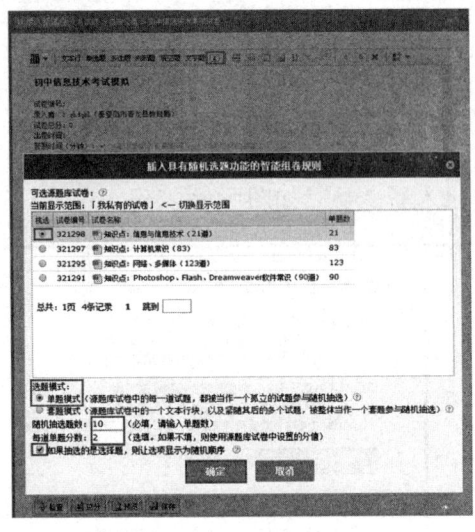

设置抽取知识点试题页面截图

录入新试卷——选择红色"Z"按钮——挑选试卷——选题模式——数量、分数——按随机顺序选项勾选——确定。以此类推按照组卷策略一次从上面的知识点试卷中选择试题。如下图所示:

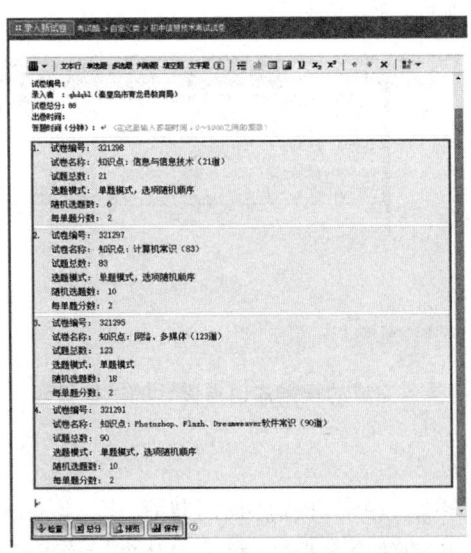

按照智能组卷策略组成试题的页面截图

活动 4　发布和组织无纸化考试

第 1 步　发布无纸化考试

现在我们发布一个免注册、免登录,通过链接地址或二维码无纸化考试,首先录入好自己的试卷,并且设置好考生信息栏,进入页面后直接勾选姓名、学号等选项即可,保存试卷。如图所示。

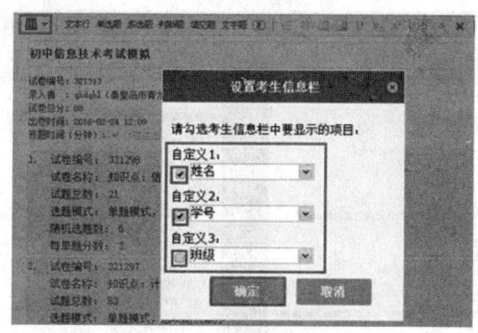

设置考生信息栏截图

其次选择一个创建好的班级,没创建班级的也可以重新创建。单击"我的班级"——"我管理和参与的班级"——进入班级空间——班级考试——添加班级考试用的试卷、组织统一的考试或竞赛——科目查找——我私有试卷——初中信息技术模拟考试——我选该试卷——按下图一一进行设置——确定。如图所示。

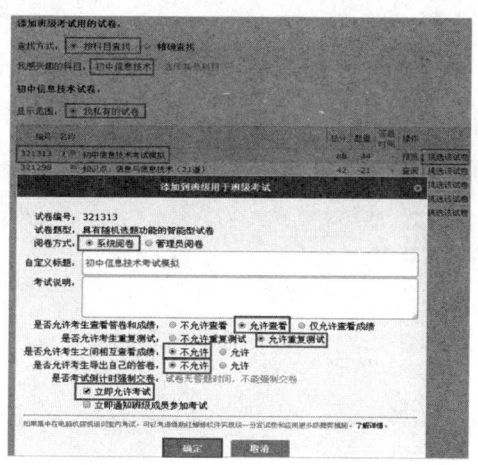

设置添加班级用于考试截图

第2步 组织无纸化考试

单击右上角的分享按钮,出现"简易的考试模式"对话界面,有连接地址和二维码,把连接地址发给学生,学生就可以在家练习模拟题了。

http://www.examcoo.com/embed/do/exam/tid/278627/tokentid/8e650b643ff644ec11b2278e942cb8f7/nologout/1 这个连接地址就是同学们的模拟考试的地址,也可以用手机扫描二维码通过手机进行模拟考试。用手机扫描每次扫描和通过连接访问的考试页面,每次重新访问题都不是一样,都是随机按照组卷策略从题库中抽取生成的,避免了两个学生所做题目的相同。

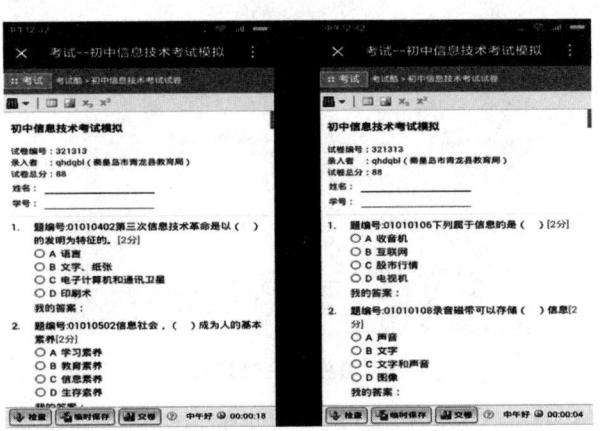

手机扫码获得模拟题截图

电脑访问连接获得模拟题截图

活动5　查询及智能分析成绩

第1步　查询成绩

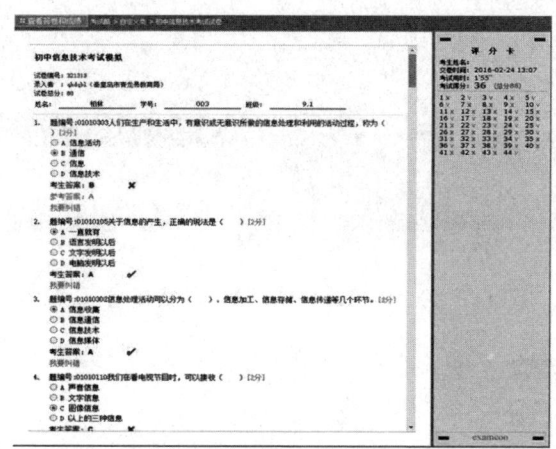

电脑端答完题自动评判界面

在正式考试中,考生是看不到成绩的,只有在模拟考试中大家能看到考试的试卷和分数的,此功能,后台管理页面中有控制开关。

第2步　智能分析成绩

输入您已经创建的维基网址,在这里,我们输入http://xdjyjs.wiki.baihui.com,出现维基页面,在页面最下方,找到"登录"按钮,如图所示。

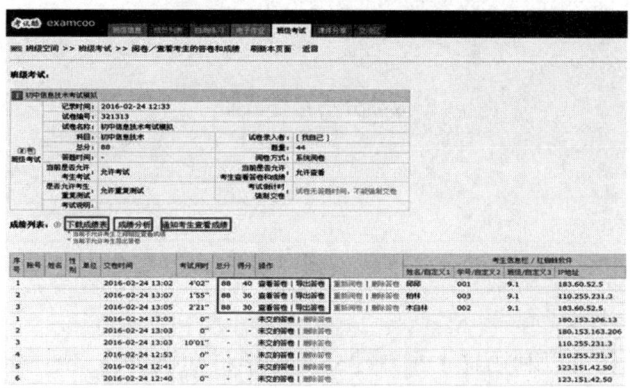

查看考生成绩界面

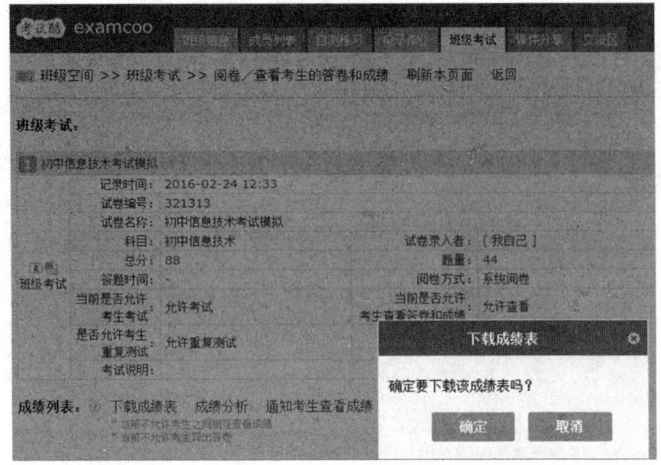

成绩表下载（csv 格式可以用 Excel 编辑）界面截图

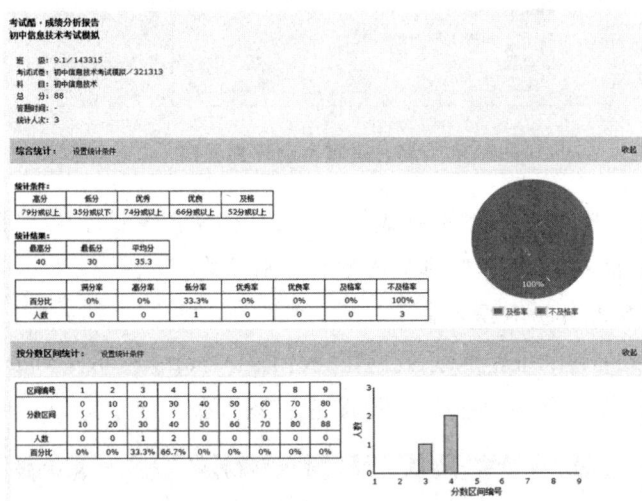

成绩分析报告截图

[应用拓展]

利用考酷平台我感觉集中的优势有以下几点：

1. 免费的开放平台。

2. 各个学科可以利用这个平台建立自己学科知识点的试题库。

3. 按组卷策略可以随机组成不同的考试试卷。

4. 可以组织无纸化模拟练习、考试等等。

5. 支持多种设备(联网计算机、手机、Pad等)浏览试卷进行测试、考试。

6. 智能化成绩分析管理系统。什么最高分、最低分、各个分数段人数、平均分、及格率、优秀率等信息一应俱全。

但是也感觉有一些不足：

1. 试卷的安全性。

2. 平台能否完全满足不同学科特点完成制卷、录入等。例如：数学、物理、化学等学科的特殊公式、符号等等。

3. 目前支持单选、多选、判断、填空、文字等题型，是否能完全取代纸质试卷。

4. 整个录入试卷时候，需要有一定计算机基础的教师。

5. 平台上有的的页面在美工方面有所欠缺。

考酷网是免费的电子作业与在线考试系统的云平台，能为各级各类学校和培训机构提供按考试系统，智能组卷、组织统一无纸化网上考试、开展知识竞赛、布置课外作业或假期作业答卷与成绩管理等；是教师根据自己学科知识点、考核点建立属于自己的考试题库的不二选择。

作者：秦皇岛市青龙满族自治县满族中学　邱柏林　邱　金

利用移动设备(手机、pad 等)远程控制计算机进行课堂教学

[情境导入]

在一所学校里观摩了几节基于 pad 环境下的示范研讨课,在听课过程中,出现了一个问题:当授课教师要用讲台上的计算机投影设备展示小组成果时,老师手里的 pad 不能有效的控制讲台上的计算机进行课堂展示,教师需要到讲台上操作计算机,很不方便,而且还耽误时间,利用移动设备进行课堂教学的优势无法完美体现,教师仍受计算机的束缚,不能完美实现移动设备对计算机控制进行课堂教学。

该用什么样的技术解决这个问题呢?在课后交流时,我向他们推荐了——TeamViewer 远程控制软件,它很好的解决了利用移动设备远程控制计算机进行课堂教学。

让我们先了解一下 TeamViewer 这个软件,然后,利用 TeamViewer 帮助老师们完美控制计算机进行课堂教学展示。

活动 1　TeamViewer 的下载与安装

TeamViewer 是一个能在任何防火墙和 NAT 代理的后台用于远程控制,桌面共享和文件传输的简单且快速的解决方案。不仅能够实现移动设备对计算机的远程控制,还能实现移动设备对移动设备、计算机对计算机、移动设备对计算机等双向控制。

<<< 利用移动设备(手机、pad 等)远程控制计算机进行课堂教学

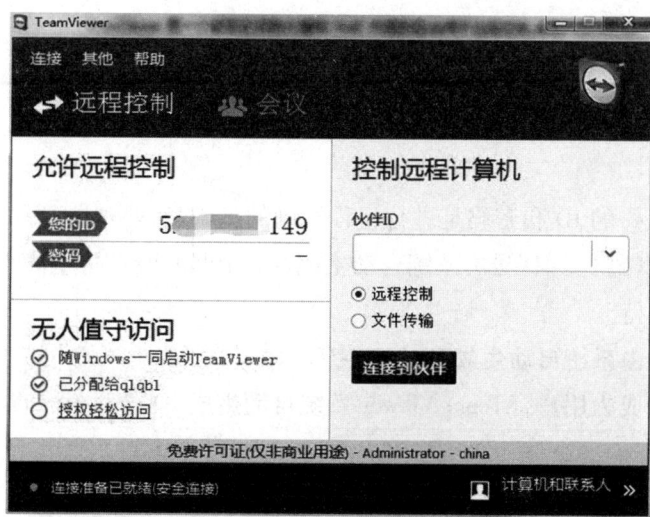

Teamviewer 软件界面

第 1 步 移动设备上安装 app 版本 TeamViewer

利用手机助手或者其他移动设备的应用商店搜索并安装 TeamViewer 这个软件(本案例中以 360 手机助手为例进行说明),需要手机连接电脑或连接 wifi 的手机应用店中操作。

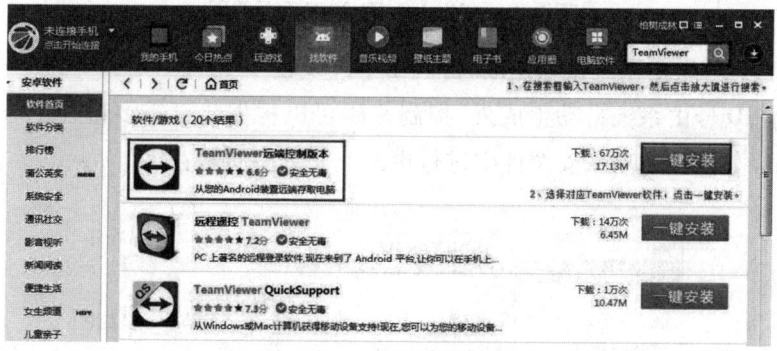

搜索移动设备端 TeamViewer 软件页截图

第 2 步 PC 端安装 Windows 版本 TeamViewer

利用软件管家或者其他软件应用管理软件搜索并安装 TeamViewer 这个软件(本案例中以 360 手机助手为例进行说明)。等待半分钟后,直到提示"打开软件"字样出现打开软件。

活动 2　获得 TeamViewer ID 和密码

TeamViewer 的 ID 和密码是进行远程控制的基础,有两种情况:1. 由系统自动生成 ID 号和密码。2. ID 号由系统自动生成,密码可以更改,为了无人值守化操作计算机提供支持。

第 1 步　由系统自动生成 ID 号和密码

注册账号成为用户,(Team Viewer 系统自动生成 ID 号和密码)如图所示。

获得 TeamViewer ID 和密码页截图

第 2 步　ID 由系统自动生成,密码由个人设置

除了 ID 号由系统自动生成外,控制密码可以根据自己需要进行更改。操作步骤:选择其他—选项—安全性中进行更改。如下图所示:

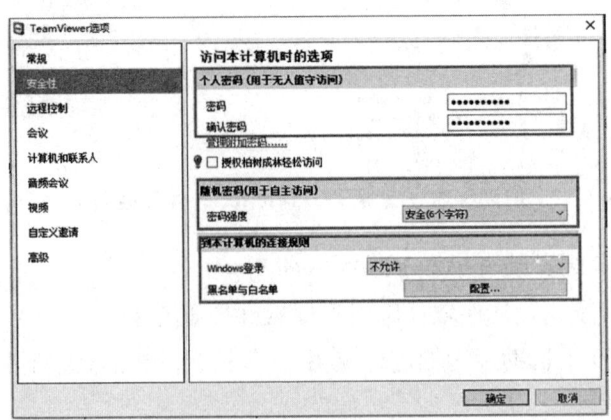

设置个人访问密码页截图

活动 3　TeamViewer 用户注册并登陆

除了通过记住生成的 ID 号和控制密码外,用户还可以注册一个账号控制多个计算机或移动设备。右下角有注册和登陆按钮。(没有账号进行注册,有账号可以在这里登陆)如下图所示:

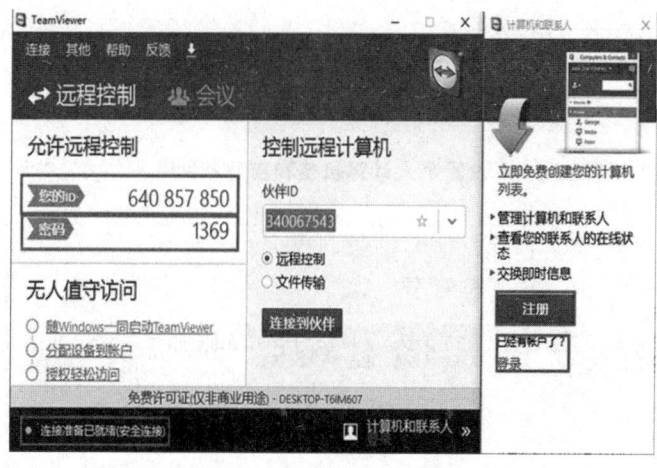

注册页截图

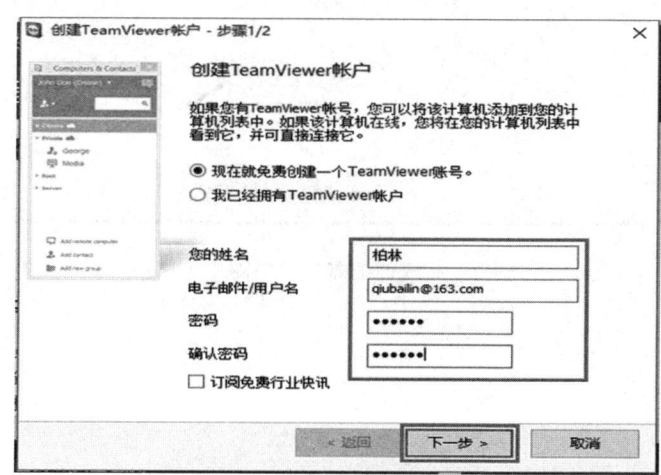

创建账号对话框截图

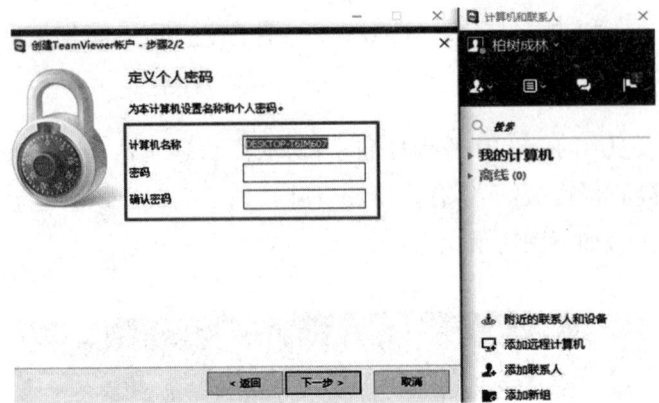

设置个人计算机名和密码截图

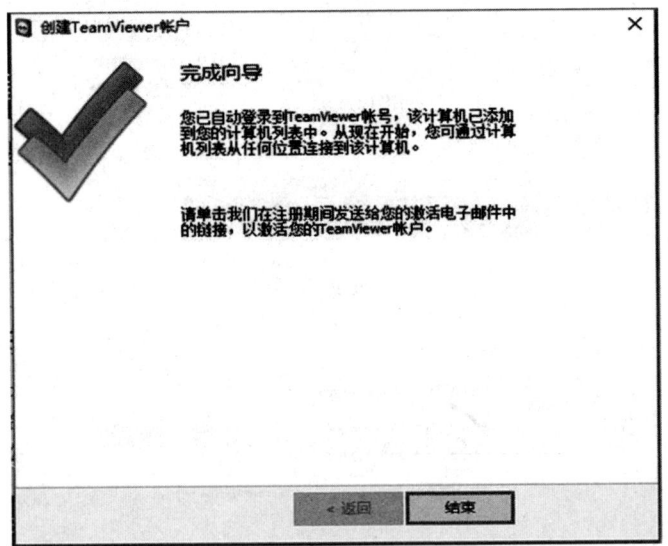

完成创建账户页截图

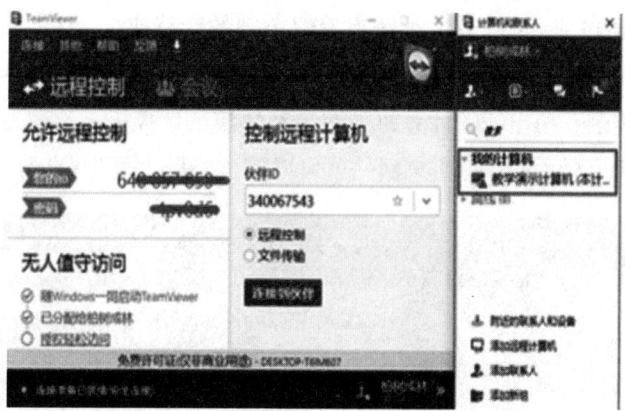

账号登陆后页截图

活动 4　用移动设备通过 TeamViewer 软件控制计算机

第 1 步　通过直接输入 TeamViewer 的 ID 和密码进行控制。

这种情况需要必须人工记住所控制设备的 ID 和密码。操作步骤：输入要控制的 ID 号—远程控制—输入密码—确定。

直接输入 ID 和密码控制页截图

第 2 步　通过 TeamViewer 账号来管理控制的计算机。

运行移动设备(手机、pad 等)上的 TeamViewer—点击计算机—输入注册的用户名和密码—点击登录—单击我的计算机—双击教学演示计算机—远程控制—鼠标互动操作提示—手机上显示的计算机桌面—就可以随意控制计算机了。如下图所示。

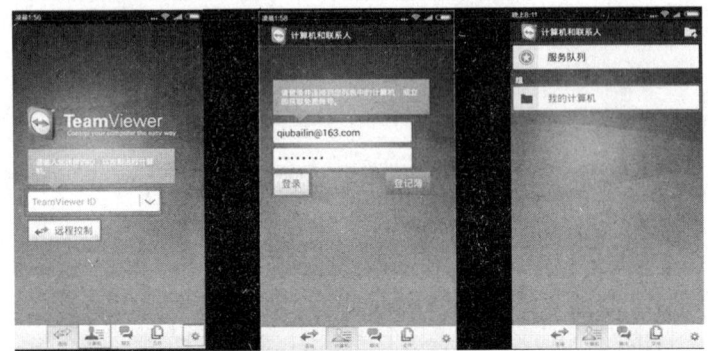

账户登录页截图

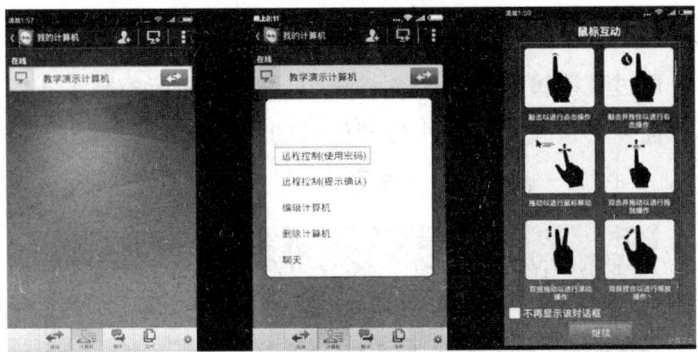

访问控制计算机页截图

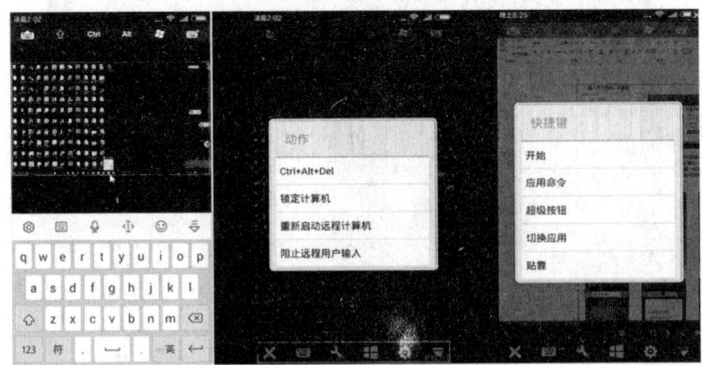

控制计算机页效果图

[应用拓展]

TeamViewer 是一个能在任何防火墙和 NAT 代理的后台用于远程控制,桌面共享和文件传输的简单且快速的解决方案。为了连接到另一台计算机,只需要在两台计算机上同时运行 TeamViewer 即可,而不需要进行安装(也可以选择安装,安装后可以设置开机运行)。该软件第一次启动在两台计算机上自动生成伙伴 ID。只需要输入你的伙伴的 ID 到 TeamViewer,然后就会立即建立起连接。

TeamViewer 在教学中的应用很好的解决了移动设备对计算机的控制,尤其是利用 pad 进行课堂教学,老师可以通过 pad 有效的控制计算机,不仅能充分展示课堂中生成性的资源,还能极大地方便授课教师在教室的任意位置都能随时随地的调用计算机中所有资源进行教学,就像老师拿着更加强大的"飞鼠"操作计算机一样,给授课教师带来了极大的方便。

TeamViewer 在教学中应用范围很广,它的主要优势:

1. 软件免费,软件有免费和收费两种版本,我们选非商业用途。
2. 可以穿透任何防火墙和 NAT 代理,应用非常简单。
3. 可以实现移动设备与计算机、计算机与计算机、计算机与移动设备、移动设备与移动设备之间的双向远程控制。
4. 可以内网计算机对内容计算机控制,但是也必须在有互联网情况下应用。
5. 比同类产品的远程控制相应速度要快很多。
6. 可以设置无人值守模式,无论在家或在出差的路上都能远程控制在线计算机或服务器。
7. 可以互相传送文字消息、文件等。
8. 可以在线会议、演示、培训会、团队协作等功能。

当然除了以上优势也有其不足:

1. TeamViewer 应用环境必须有互联网。
2. 双方设备必须安装该软件。
3. 该软件有收费版和免费版,免费版注册的账号最多添加远程控制计算机的数量不能超过 50 台。
4. 移动设备控制移动设备时有主控端和被控端之分。

TeamViewer 在课堂教学中的应用最关键的一点是要有稳定的网络(互联网、有无线局域网)作为支撑,网速决定着远程控制的质量和速度。另外安装的时候一定选择非商业用途选项。它的的最大应用就是能够穿透内外网实现远程控制,技术要求门槛低,操作容易,在使用过的同类产品中远程控制速度最快,质量最高,效果最好。可以在计算机与计算机、移动设备与移动设备、移动设备与计算机之间实现双向远程控制,该软件应用过程中必须有互联网作为依托,软件服务器才能自动分配 ID 号和临时密码,涉密重要的服务器还是慎用的比较好,毕竟通过 TeamViewer 软件的服务器建立起来的连接,但是对于教学应用涉及不到涉密问题,它是一款很好用的软件,现推荐给大家,希望它能为我们的教学工作带来方便。

作者:秦皇岛市青龙满族自治县满族中学　邱柏林　朱艳辉

Excel 数据处理功能在学科成绩统计中的应用

[情境导入]

小杨老师一直担任初中英语教学工作。每次考试后，都要对学生的英语成绩数据进行具体地分析，比如个人的成绩排名，各组的总分、平均分、最高分、最低分等等进行大量的计算、分析、深刻地反思，适当地奖惩，进而改变教学方法和思路。每次处理这些数据会花掉她好多宝贵的时间。经过继教网多位老师的专业培训，激起了她使用 Excel 来完成这些繁琐工作的欲望。在操作过程中，也得到同事席满红老师大力帮助。那么利用 Excel 的哪些功能进行怎样的操作才能实现呢？请您和她们一起来探究体验。（全班共分为 8 个小组，每组 7 或 8 人，以第一组和第二组为例。）

第 1 步　建立"学生成绩"工作表

第一次启动 Excel 时，会打开一本首页为"Sheet1"的空白工作簿。工作簿默认为三个工作表组成，即 Sheet1、Sheet2、Sheet3。

在 Sheet1 中的单元格中，输入下列表格：

	A	B	C	D	E	F	G
1			第一组和第二组第一次月考成绩明细表				
2		第一组			第二组		
3		成员	英语		成员	英语	
4		李燕嫚	117		胡慧芳	118	
5		张艳芳	115		冯雨帆	116	
6		米贵鹏	109		刘雅茹	102	
7		杨　波	83		龚建行	84	
8		杨　艺	114		安城云	110	
9		朱君楠	120		王　平	116	
10		杨凯武	108		田佳委	106	
11		张青云	105		王　颖	108	

第2步 处理学生成绩数据

在这一个步骤中,根据以下过程,对前面步骤中已经输入的学生成绩进行统计分析。

①计算第一组学生的英语成绩总分:利用函数计算总分的方法如下:

在总分栏目中的 B12 单元格内输入"= sum(B4:B11)",表示计算 B4 到 B11 的总和。然后,利用自动填充方式,即可计算出第一组学生的英语成绩总分。

	A	B	C	D	E	F
1			第一组和第二组第一次月考成绩明细表			
2		第一组			第二组	
3	成员	英语		成员	英语	
4	李燕婕	117		胡慧芳	118	
5	张艳芳	115		冯雨帆	116	
6	米贵鹏	109		刘雅茹	102	
7	杨 波	83		龚建行	84	
8	杨 艺	114		安城云	110	
9	朱君楠	120		王 平	116	
10	杨凯武	108		田佳委	106	
11	张青云	105		王 颖	108	
12	总分	(B4:B11)				

在总分栏目中的 E12 单元格内输入 = sum(E4:E11),表示求 E4 到 E11 八个单元格内数据之和。再利用自动填充,即可计算出第二组每位同学的英语成绩总分。

	A	B	C	D	E
1			第一组和第二组第一次月考成绩明细表		
2		第一组			第二组
3	成员	英语		成员	英语
4	李燕婕	117		胡慧芳	118
5	张艳芳	115		冯雨帆	116
6	米贵鹏	109		刘雅茹	102
7	杨 波	83		龚建行	84
8	杨 艺	114		安城云	110
9	朱君楠	120		王 平	116
10	杨凯武	108		田佳委	106
11	张青云	105		王 颖	108
12	总分	871			um(E4:E11

②计算第一组 8 位同学的平均分

在 B13 单元格内输入"= average(B4:B11)",表示计算单元格 B4 到 B11 的平均值。利用自动填充(鼠标指向填充柄向右拖动),可以计算出第一组同学的英语平均分。

	第一组			第二组	
2					
3	成员	英语		成员	英语
4	李燕婕	117		胡慧芳	118
5	张艳芳	115		冯雨帆	116
6	米贵鹏	109		刘雅茹	102
7	杨 波	83		龚建行	84
8	杨 艺	114		安城云	110
9	朱君楠	120		王 平	116
10	杨凯武	108		田佳委	106
11	张青云	105		王 颖	108
12	总分	871			860
13	平均分	(B4:B11)			

是在 E13 单元格内输入"average(E4:E11)",可以计算出第二组同学的英语分均分数。

8	杨 艺	114		安城云	110
9	朱君楠	120		王 平	116
10	杨凯武	108		田佳委	106
11	张青云	105		王 颖	108
12	总分	871			860
13	平均分	108.875			=average(E4:E11)

③计算第一组成绩中的最高分数

在 B14 单元格内输入"= max(B4:B11)",表示计算单元格 B4 到 B11 的最大值。利用自动填充功能,可以得出第一组学生英语成绩的的最高分。

10	杨凯武	108		田佳委	106
11	张青云	105		王 颖	108
12	总分	871			860
13	平均分	108.875			107.5
14	最大值	=max(B4:B11)			

在 E14 的单元格内输入"= max(E4:E11)"可以得出第二组学生英语成绩的最高分。

8	杨 艺	114		安城云	110
9	朱君楠	120		王 平	116
10	杨凯武	108		田佳委	106
11	张青云	105		王 颖	108
12	总分	871			860
13	平均分	108.875			107.5
14	最大值	120			=max(E4:E11)

④计算两组学生英语成绩中的最低分

在 B15 单元格内输入"=min(B4:B11)",表示计算单元格 B4 到 B11 的最小值。利用自动填充,可得出第一组学生英语成绩的最低分。E15 单元格中输入"=min(E4:E11)"也可以算出第二组学生英语成绩的最低分。

7	杨 波	83
8	杨 艺	114
9	朱君楠	120
10	杨凯武	108
11	张青云	105
12	总分	871
13	平均分	108.875
14	最大值	120
15	最小值	=min(B4:B11)

6	米贵鹏	109		刘雅茹	102
7	杨 波	83		龚建行	84
8	杨 艺	114		安城云	110
9	朱君楠	120		王 平	116
10	杨凯武	108		田佳雯	106
11	张青云	105		王 颖	108
12	总分	871			860
13	平均分	108.875			107.5
14	最大值	120			118
15	最小值	83			=min(E4:E11)

⑤按以上方法,计算出其他 6 个小组的各项结果。在 sheet 2 中分别输入 8 个小组的总分,依据小组总成绩进行排名。利用函数 RANK( )即可。这个函数的作用是把某数在一组数中的排位计算出来。

新建一列(C 列),在 C2 单元格内输入"名次"。

在 C3 单元格内输入"=rank(B3,B:B)",表示计算 B3 单元格的数据在 B 列范围内的排名。然后,利用自动填充方式,即可计算出其他同学的名次。

	A	B	C	D
1	8个小组第一次月考成绩明细表			
2		总分	名次	
3	第一组		=rank(B3,B:B)	
4	第二组	860		
5	第三组	870		
6	第四组	814		
7	第五组	856		
8	第六组	845		
9	第七组	790		
10	第八组	897		

（注：B:B 意思是 B 列到 B 列）

	A	B	C
1	8个小组第一次月考成绩明细表		
2		总分	名次
3	第一组	871	2
4	第二组	860	4
5	第三组	870	3
6	第四组	814	7
7	第五组	856	5
8	第六组	845	6
9	第七组	790	8
10	第八组	897	1

⑥按照名次排序

为了方便观察学生排名情况，可以按照名次进行排序。鼠标选择数据区内任一单元格，然后，选择菜单栏中的"数据"→"排序"命令。出现对话框，在主关键字下拉框中选择"名次"，选择"升序"，然后单击"确定"。即可实现学生按总成绩的排名。

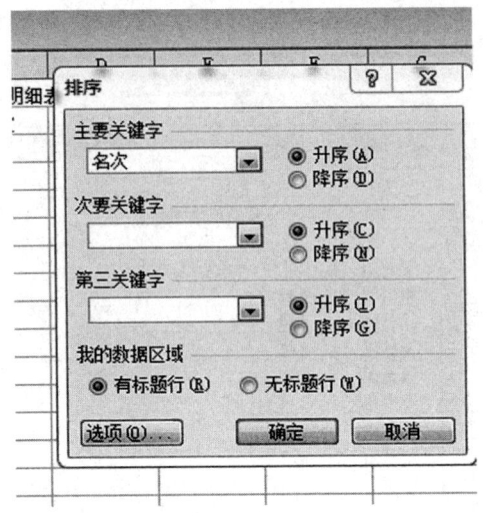

第3步 利用图表显示学生成绩

Excel 具有完整的图表功能,它不仅可以生成诸如条形图、折线图、饼图等标准图表,还可以生成较为复杂的三维立体图表。对学生成绩数据进行图表处理,可以更直观地进行教学分析,找出工作表格不容易发现的问题,使得教学评价更为有效。

①还以第一组学生的成绩为例,在 sheet 3 中,输入成绩统计表(B12:F3)

②利用 = Countif( ) 函数统计各分数段人数

在 C3 单元格输入" = Countif(B3:B10," < 72")",可以得出小于 72 的学生人数。

在 E13 单元格中输入" = Counitf(b3:b10," > = 97") − Countif(b3:b10," < = 108")",表示计算成绩大于等于 97 且小于等于 108 分的人数。

	A	B	C	D	E	F	G	H
1	一组月考成绩明细表							
2	成员	英语						
3	李燕婕	117						
4	张艳芳	115		总分	871			
5	米贵鹏	109		平均分	108.875			
6	杨波	83		最大值	120			
7	杨艺	114		最小值	83			
8	朱君楠	120						
9	杨凯武	108						
10	张青云	105						
11								
12		分数	<72	72--96	97--108	>=109		
13		人数	=Countif(b3:b10,">=97")-Countif(b3:b10,"<=108")					

以此类推,可以算出其他分数段的学生人数。

第4步 根据8个小组总分的名次,进行奖惩;根据平均分,最高分,最低分,各个分数段统计出的人数进行各个小组的得失分析。

[应用反思]

通过利用Excel电子表格对学生数据进行统计分析,诸如对学生的学习成绩进行求和、平均值、排序、求最大值和最小值,数据的分类汇总等操作,可以很方便、准确、快速地完成这些统计分析工作。大大地节省了时间,提高了工作效率,为教师处理学生数据提供了很大方便,是我们工作、生活中的得力助手。

作者:张家口市万全区第三初级中学　杨建英　席满红
指导老师:张家口市万全区第二初级中学　裴　霞

思维导图在历史教学中的有效应用

[情境导入]

师:同学们,上堂课我们学习了人教版七年级《秦王扫六合》,谁能说一说本课的知识结构呢?

生:不会……

师:怎么不会呢?

生:(异口同声)上堂课知识太多,不能理解。

针对上堂课知识点多,学生不易理解,不能从整体上把握知识结构,特绘制了本课的思维导图。(以下介绍思维导图的制作与应用过程)

活动1 XMind软件的(下载)安装

第1步 下载"XMind软件"

百度搜索"XMind软件"出现如图1界面

图1

第 2 步 安装 XMind 软件

1）双击 ![XMind7_3.6.1]（应用程序）出现如图 3 界面

图 3

2）单击 Next > 出现如图 4 界面

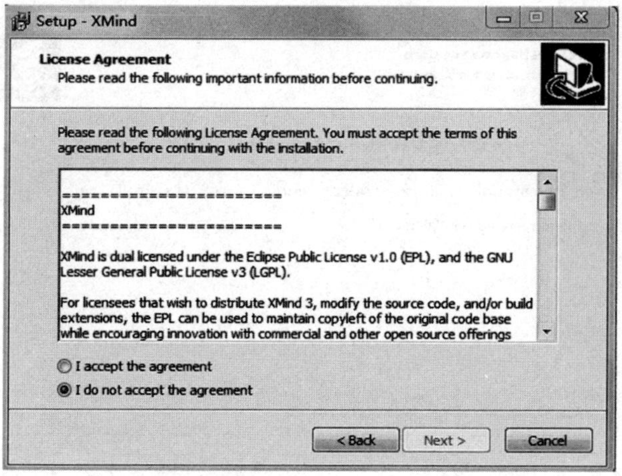

图 4

3）点击○I accept the agreement 出现如图 5 界面

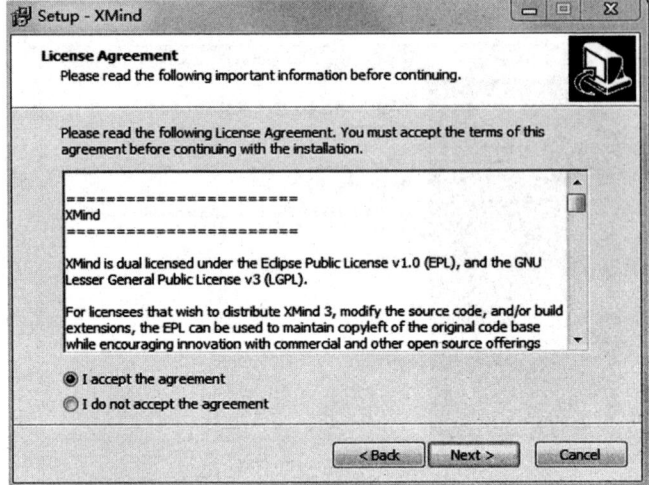

图 5

4）单击 Next > 出现如图 6 界面

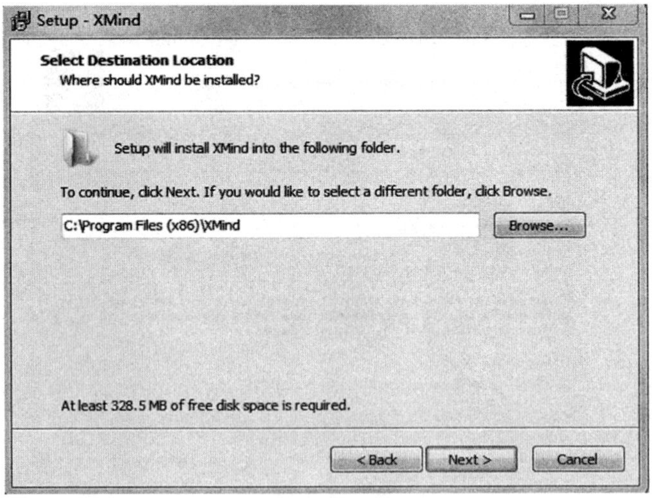

图 6

5）单击 Next > 出现如图 7 界面

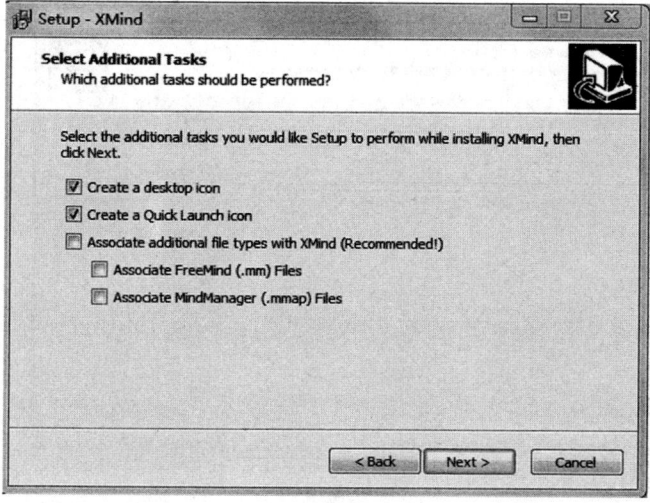

图 7

6）单击 Next > 出现如图 8 界面

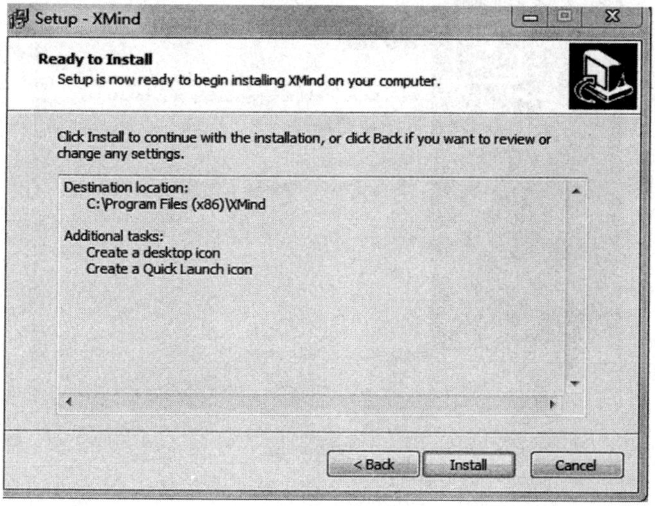

图 8

7) 单击 Install 出现如图 9 界面

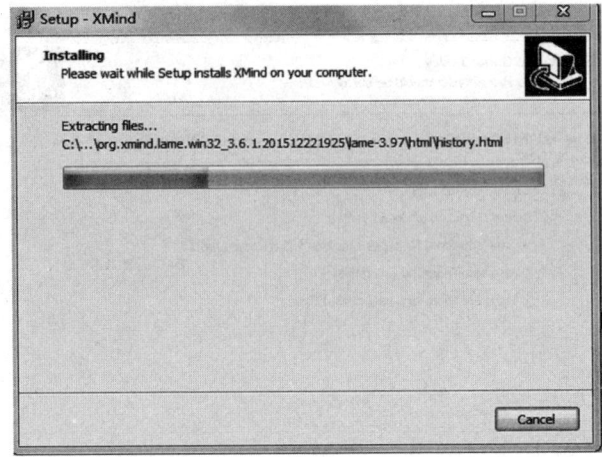

图 9

8) 单击 Finish 完成安装

图 10

安装后我们在桌面可以看到这个图标。

活动 2　思维导图的制作

第 1 步　打开 XMind 软件选择空白的模板，或者点击新建按钮创建一个空白的思维导图

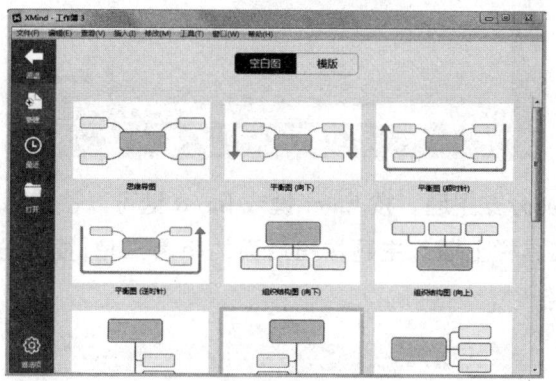

另外，你也可以选择"文件＞新的空白图"选项，新建一个空白导图，导图中间会出现中心主题。

第 2 步 双击项目的名称。输入你想要创建的导图

第 3 步 添加分支主题。按 Enter 键或 Insert 键可以快速添加分支主题/子主题，也可以点击工具栏上插入主题按钮后面的小黑三角，插入分支主题。双击一样可以输入项目名称。

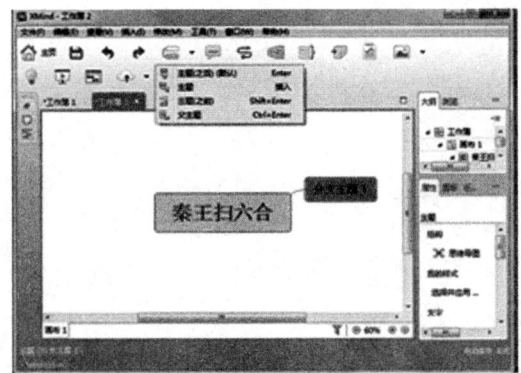

如果分支主题下还需要添加下一级内容，可以再创建子主题，可按 Ctrl + Enter 键或 Insert 键，或点击工具栏上插入主题按钮后面的小黑三角，选择父主题。

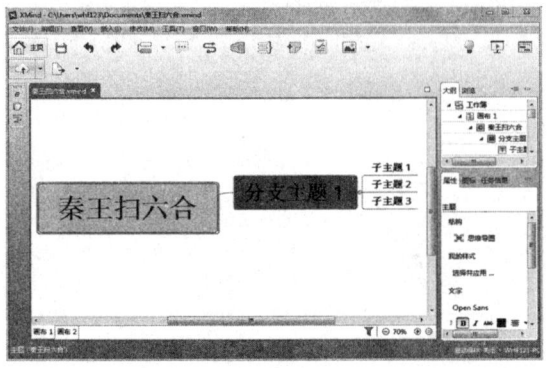

备注：如果不需要某个主题，可以选中主题，按 Delete 键即可。

第 4 步　添加主题信息。使用工具栏可快速访问图标、图片、附件、标签、备注、超链接和录音这些主题信息。

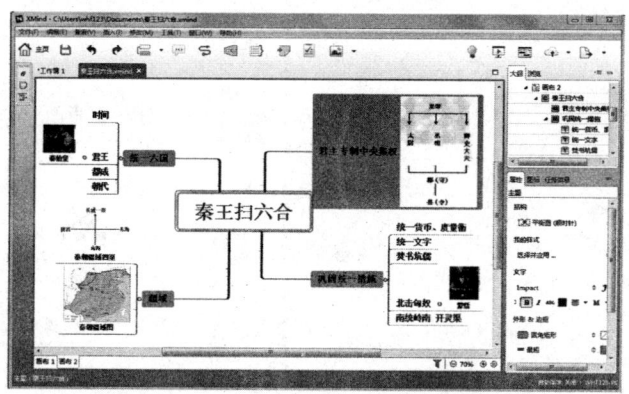

您也可以通过插入菜单栏中的这几个工具来添加这些主题信息。

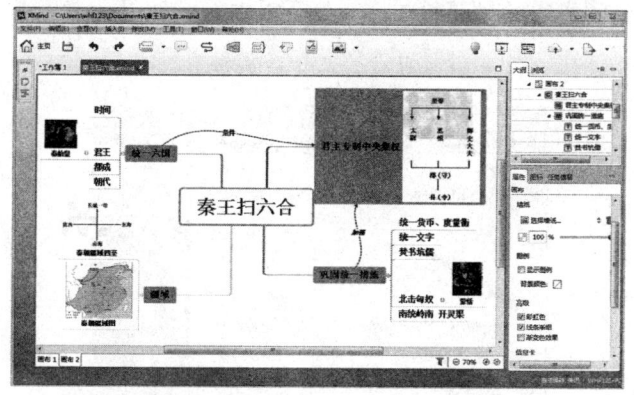

第 5 步　添加主题信息的可视化关系。

通过工具栏可快速访问外框、概要和联系来为主题添加特殊标记来对主题进行编码和分类、使用箭头展现主题之间的关系和使用外框功能环绕主题组。

您也可以通过插入菜单栏中的这三个工具来添加主题信息的可视化关系。

第 6 步 设置导图格式。

XMind 本身提供了多种设计精良的风格工具供选择,当然,您也可以通过属性栏自己设计喜爱的风格。

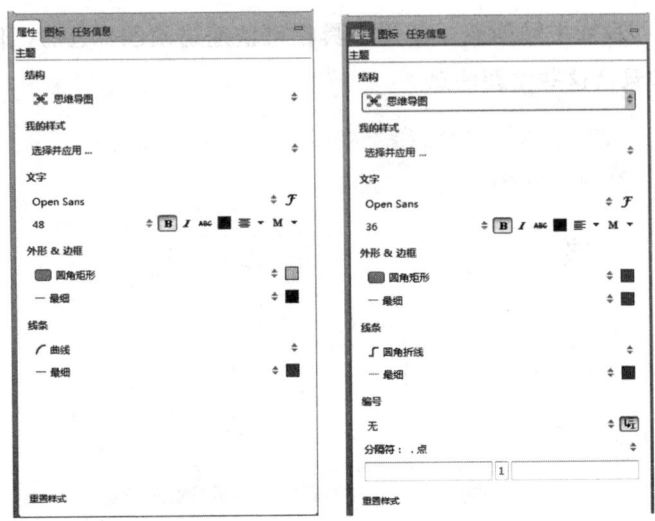

第 7 步 完成思维导图的创建。

最终确认导图内容的拼写检查、检查导图中的链接及编辑导图属性,并保存导图。

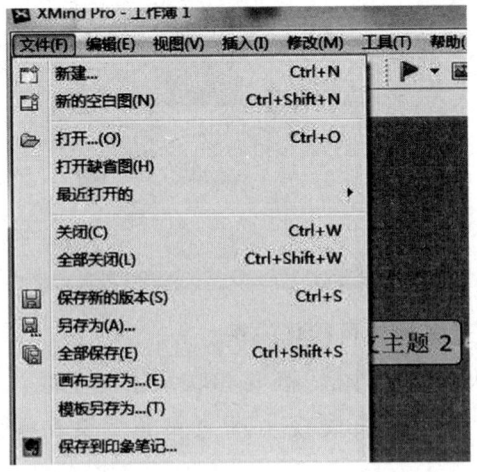

第 8 步　XMind 思维导图的应用。

您可以将最终定稿的导图通过 XMind.net 上传并分享同学科教师，也可以演示、打印导图或者以其它格式导出导图。

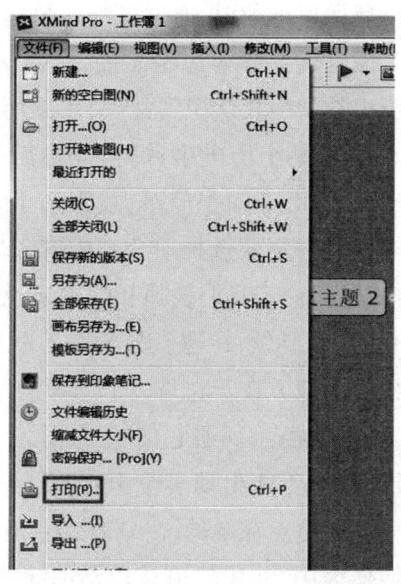

活动 3　《秦王扫六合》一课的思维导图

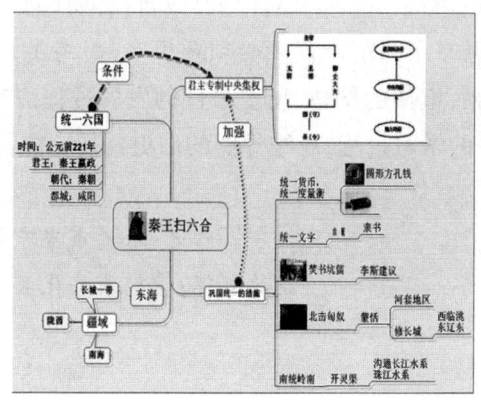

[应用反思]

新课程要求"大力推进信息技术在教学过程中的普遍运用,促进信息技术与学科课程的整合",思维导图成为信息技术和学科整合的一种方式。几年来,我在历史课堂教学中始终坚持运用思维导图,通过思维导图建构知识网络浓缩知识结构,不但提高了课堂效率,而且促进学生思维发展,合作学习和创造性学生,最终使学生学会学习。但在历史教学中我认识到:(一)不是所有的课程内容都适合运用思维导图。有些时候在学习某个历史事件时,并不需要思维导图的参与。例如,《华夏之祖》一课的教学时,由于知识简单,线索明了,就没必要画思维导图。所以在进行思维导图的应用时一定要选择适合的内容。(二)思维导图作为一种思维方式,应该是逐渐养成的。对于我们教师和学生来说平时要不断地学习信息技术,掌握制作思维导图的基本要领,在课堂教学中不断地运用和实践。(三)思维导图优于传统的思维模式的地方在于它是一个思考的过程,因此我们在使用思维导图的时候要善于开发它的优点,回避它的缺点,让它发挥出最大的效能。首先、中心明确。一幅思维导图绝不能出现多个中心,任何子主题都应该围绕该主题展开。如秦王扫六合一课的重点在秦的统一和措施,但我们在制作思维导图的时候绝对不能把秦的疆域作为中心,仍然应该以秦的统一和措施为中心,之后再加以扩展。扩展出来后我们应该以加粗字体,放在显要位置,加彩色,甚至以较大的图片来提示学生,秦的统一和措施才是重点,达到中心明确、重点突出的目的。其次、运用图表。思维导图本身就是图,我们在绘制过程中应当发挥它的优势,在子主题上加上个性鲜明的图画、符号、连线、注释等,可以是现成的也可以是自制的,原则只有一个,简洁明了,容易引起他人,或自己的注意,容易记忆。再次、思考。思维导图,顾名思义在制图过程中必须要思考,思考的过程恰恰是思维导图优势所在,内容的联系,框架的构建,历史事件的发展过程清晰再现。无论是老师的准备工作还是学生的学习过程,思维导图的历史再现功能都是非常独到的。

作者:承德市丰宁县白塔中学　王海丰
指导老师:承德市隆化县张三营中学　宋艳杰

在 PPT 中如何对演示文稿打包

[情境导入]

城北中学的王老师明天就要参加市里举办的历史公开课,她准备的课件是《中国人民站起来了》。尽管进行了精心准备,仍有一件事让她心里不踏实。原来,去年参加县里历史教师公开课遇到了一个很尴尬的问题:当轮到她讲课时,电脑上的 PowerPoint 软件突然发生故障,PPT 中许多漂亮的字体、声音和视频没有播放出来,自己的课也因此逊色不少,这次再遇到这样的问题怎么办?她开始查阅有关 PPT 技术问题的书籍,终于解决了这个问题。其实打包可以将有关演示文稿的所有内容都保存下来。

[技术讲解]

1. 打开自己编辑的 PPT 文件,鼠标移到"office"按钮。单击"office"按钮,在弹出的下拉菜单中选择"发布"-"CD 数据包"命令。会出现如下菜单。详见下图二。

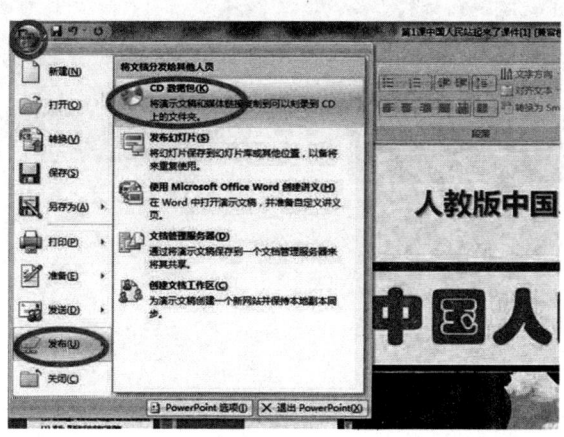

图一

2. 单击"CD 数据包"会弹出"打包成 CD"的对话框，单击"选项"按钮。详见下图二。

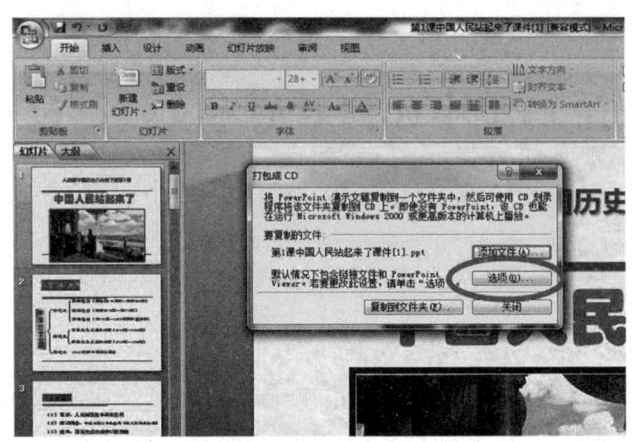

图二

3. 在弹出的"选项"对话框中，勾选"嵌入的 truetype 字体"复选框。然后单击"确定"。详见下图三。

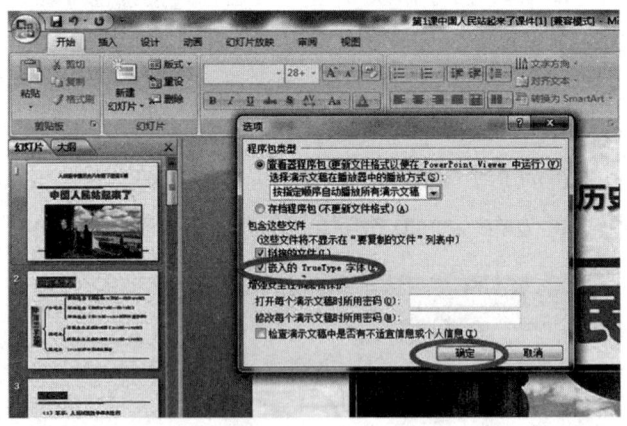

图三

4. 出现"打包成CD"的对话框,单击"复制到文件夹"按钮。详见下图四。

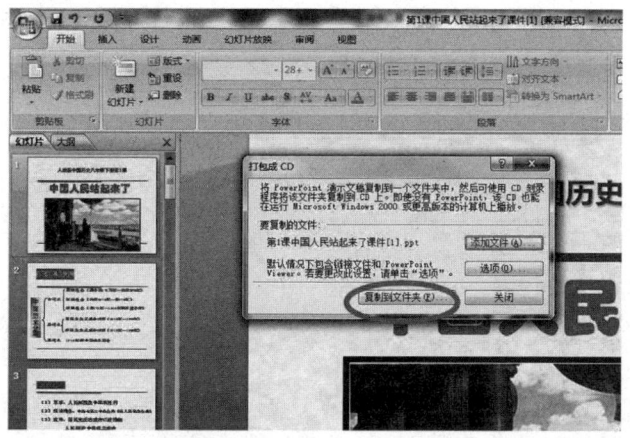

图四

5. 在弹出的"复制到文件夹"对话框中,输入文件夹名称,然后单击"浏览"按钮。详见下图五。

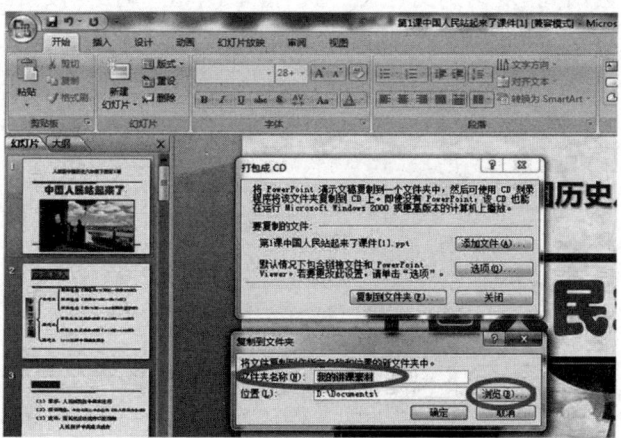

图五

6. 弹出"选择位置"对话框，选择打包文稿要保存的位置，单击"选择"按钮。详见下图六。

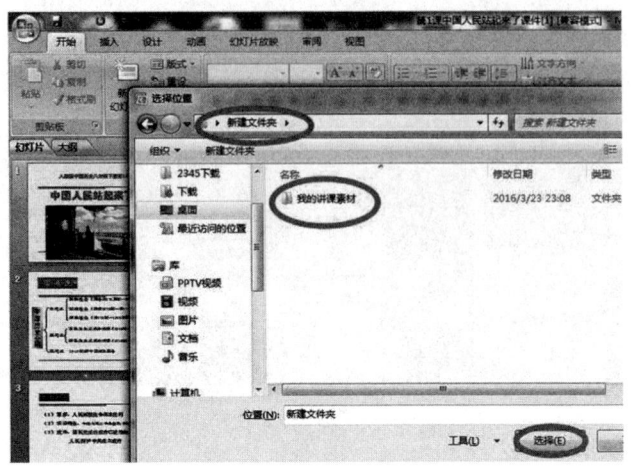

图六

7. 这时就会回到"复制到文件夹"对话框中，单击"确定"按钮。详见下图七。

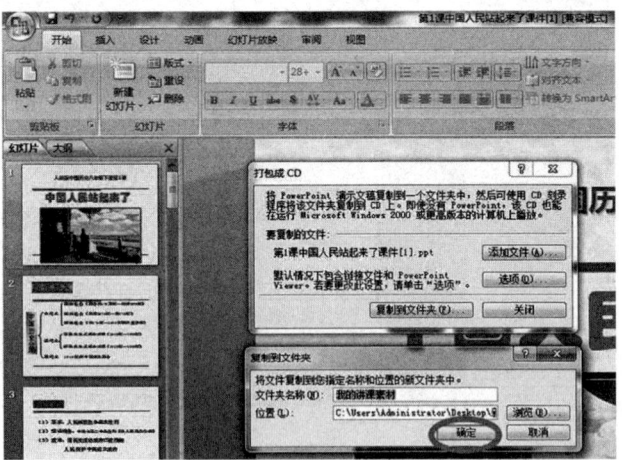

图七

8. 弹出"microsoft office powerpoint"对话框，单击"是"按钮关闭对话框，文稿就开始复制到指定的路径了。详见下图八。

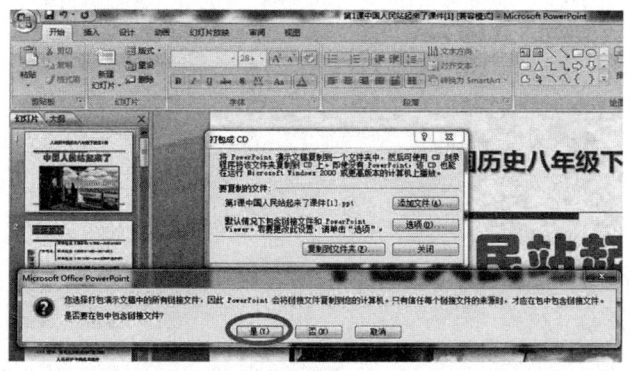

图八

9. 最后单击"打包成CD"对话框中的"关闭"按钮。这样演示文稿的打包就完成了。详见下图九。

图九

10. 接下来，在桌面上就能看到被打包的演示文稿文件夹了。上课时，只要双击新建文件夹，出现新建文件夹对话框。双击"我讲课的素材"，在打开的程序中双击"PPTVIEW"就可以播放了。详见下图十。

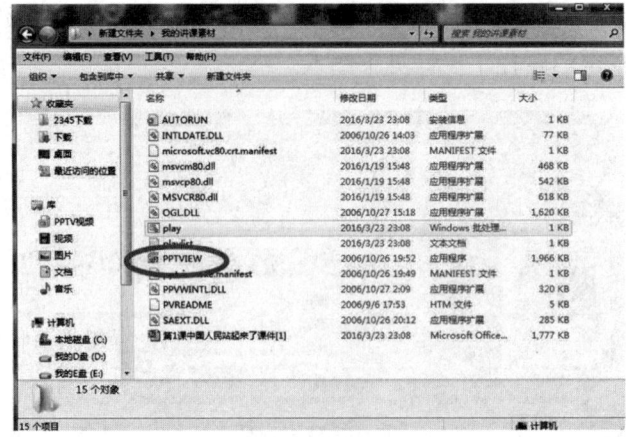

图十

[应用反思]

"打包"后的演示文稿是将演示文稿和一个简易的播放程序放在同一个文件夹下,形成一组可以不依赖 Office 软件就可以播放的演示文稿文件。

使用 PowerPoint2007 打包 PPT 的优点如下:

(1)历史学科教学需要的图片比较多,有些史实需要用大量音像资料来重现历史,利用 PPT 来演示是很直观的。在实际操作中历史老师往往要教好几个班,每个班的电脑都是不一样,经常会遇声音、图像、文字或者视频播放不出来的问题,所以对 PPT 演示文稿打包对于历史学科还是很实用的,能够在没有安装 PowerPoint 的计算机上观看演示文稿,不必担心不同播放条件下播放不出来的尴尬情况。

(2)由于历史老师要上多个班级上课,有时需要把制作的素材提前放到电脑上,如果是普通课件,别人使用的在,而且别打开后可能存在误改现象,打包过的 PPT 别人还无法乱改你的 PPT 内容。

但是有时还会出现一些问题,以下是我在应用过程中遇到的问题:

(1)由于文件夹中附加了幻灯片查看器程序,我们是直接运行这个程序打开我们想要查看的幻灯片文件。所以这个幻灯片查看器只供我们浏览观看幻灯片,而不可以进行编辑修改,这样我们在制作 PPT 时一定要力求完美,不出现差错,否则是不能修改的,这就是使用打包文件的缺点。

(2)有时候还会有打包后出现播放不了视频、音频的情况,链接地址改变了就不能播放了,你可以重新链接一下,或者制作时就把视频、音频和ppt放在同一个文件夹里,然后把视频、音频链接到ppt中,然后把那文件夹打包,就不会出现不能播放的情况了

（3）有时office powerpoint 2007"打包成CD"命令不可用,这可能有以下原因:第一、禁用"标记为最终状态"选项。如果演示文稿已标记为最终状态,则必须禁用"标记为最终状态"选项,然后才能将该演示文稿打包成CD。为此,请单击"Microsoft Office 按钮",指向"完成",然后单击"标记为最终状态"(此选项已被选中)。第二、将演示文稿另存为一个新副本。第三、替换受限制的嵌入式字体如果演示文稿包含受限制的嵌入式字体,并且以只读方式打开了该演示文稿,则无法将该演示文稿打包成CD。若要解决此问题,您可以打开该演示文稿的一个副本或替换受限制的嵌入式字体。若要确定演示文稿中正在使用的字体,可以使用"替换字体"工具。在"开始"选项卡上,单击"编辑"组中的"替换"列表中的"替换字体"。若要使用"替换字体"工具替换字体,请单击您要在"替换"列表中替换的字体,再单击"替换为"列表中的替换字体,然后单击"替换"。对每一种需要替换的字体重复此过程即可。

作者:承德市平泉县第二中学　王丽琴

电子白板在英语单词教学中的应用

[情境导入]

学校的陈老师是新来的教师,学校安排她初中年级的英语教学。教学工作开展一段时间后,在课下和其交流的时候,她说出了自己的苦恼。她说,就英语来说,单词是基础、是根基,单词的熟练掌握程度直接关系到英语成绩的提高。但是一般的单词教学方法是:教师先领读单词,接着讲解单词的用法,用法一、用法二……一条条为学生列清楚,就好像在讲字典。遇到考试当中经常出现或者经常需要词义辨析的词汇时,教师会详细地给学生讲解,例句和用法列满一黑板。然后,教师会要求学生课后抄单词、记单词、背课文。最后,教师通过听写方式检查学生的单词记忆情况。但是传统的词汇教学效果并不理想,学生并不能达到满意的学习效果,往往是付出大于收获。有没有一种方法可以激发学生的学习兴趣,充分调动耳、口、手等各个感官参与到学习中来?

我说,有,电子白板可以帮助你实现,达到你想要的教学效果。现在我们一起来看一起,怎样用电子白板来进行英语单词的教学。

[技术讲解]

步骤一:了解什么是电子白板

电子白板可以说是黑板的延伸,它改变了传统多媒体的投影,在某种程度上可以代替黑板,只是计算机图像从白板背后显示,这样用户可非常自然的操作,不会挡住投影光线产生任何阴影。背投式电子白板的系统组成与正投相同,它将投影机集成进去,预留出 PC 的放置空间。其功能比普通多媒体更加强大,并且界面简单明了、易于操作。

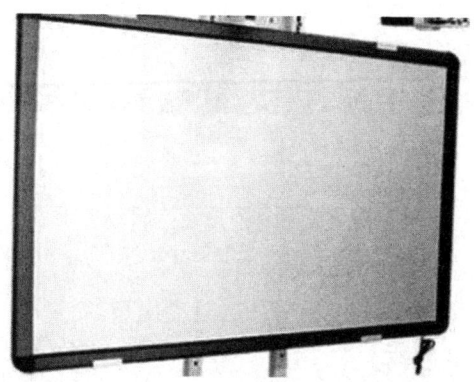

步骤二：电子白板的使用

双击图标 StrawBoard，打开软件，这时会出现电子白板的软件界面，如图所示：

这时，我们就可以利用电子白板的功能来进行英语单词的教学了。

活动一　利用电子白板的"资源"功能,引起学生的学习兴趣

在主面板界面,点击"资源"选项,然后会出现电子白板里的资源,其界面如图所示:

这时,再点击"儿歌系列之二.swf。这时会出现软件自带或者你自己编辑的歌典:

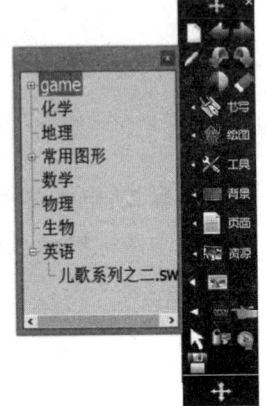

在播放儿歌界面的四个角,你可以拉动改变界面的大小;在右下角有个小手的样子,点击它可以拉动播放界面的位置;在播放完后,你可以点击 ✕ 来关闭界面。通过播放动画的形式,既可以引起学生学习的好奇心,也可以把新单词带入歌曲当中,这样能激发学生的学习兴趣。

活动二　利用电子白板的"背景"功能,来指正学生单词的正确书写格式

在主界面选择"背景"然后点击,会出现以下选项:

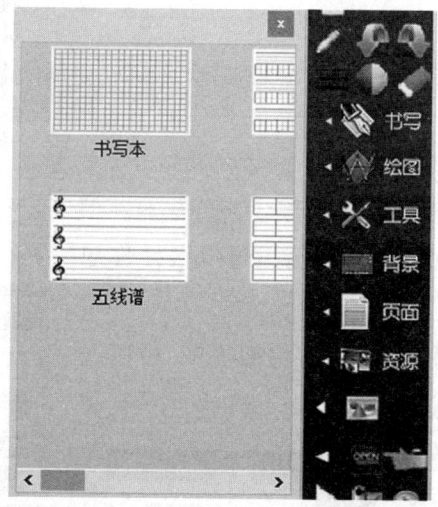

然后向右拉动下边的滚动条,直到出现"英语本"的标题:

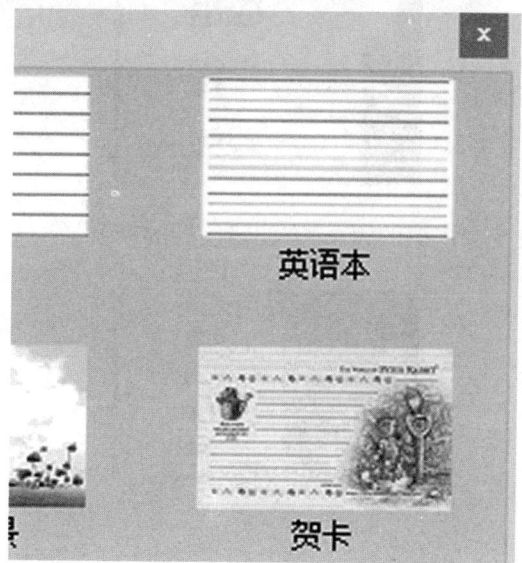

点击"英语本",会出现英语本的四线格模式,这样就可以教给学生如何在作业本上正确书写了。利用这种方法,可以省略教师在黑板板书的时间,并且可以变换字体颜色,对于提高学生的注意力,引起学生的学习兴趣很有效果。

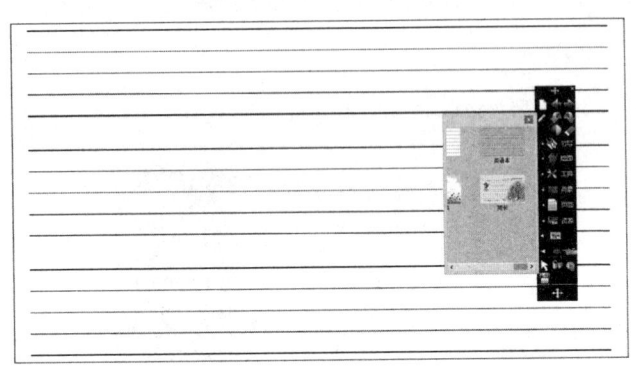

点击图标 调出颜料版,在这里可以选择你想要的字体的颜色:

点击 可以改变画笔的线条粗细程度,可以选择你想要的线条形状进行教学:

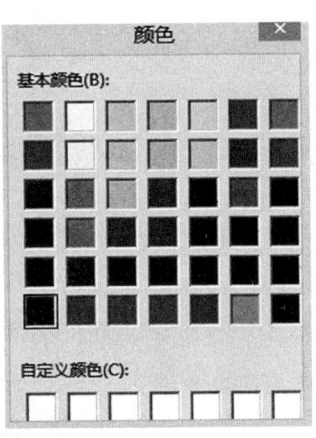

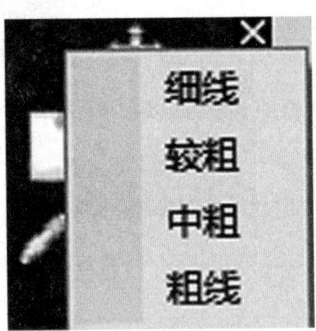

点击 可以改变橡皮擦的大小,方便错误后的修改:

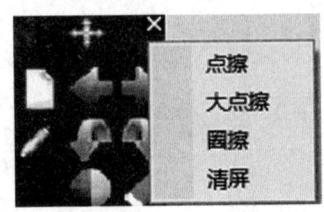

活动三　利用电子白板的"聚光灯"功能,来重点记忆。

打开主界面,点击"工具"会出现以下界面:

在该界面中,最上面有个类似手电筒的图标,点击会出现类似聚光灯的效果:

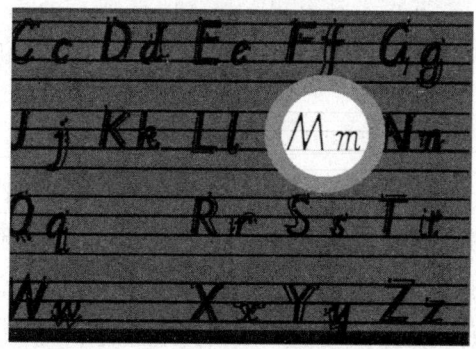

如图所示,图中的白色蓝环部分为聚光灯效果,并且这个环可以调节大小,也可以变换位置,聚光灯效果可以让听课听讲者产生好奇心从而集中精力,达到良好的课堂效果。

活动四　利用电子白板的"秒表"功能,来限时记忆。

英语教学中,很多老师在英语单词教授完后,会给出几分钟时间来让学生集中背诵,以加深印象。而对于这个"几分钟"一般很难把握,但是电子白板为老师提供了掌握背诵时间的条件。

在主界面点击"工具",在出现的选项中点击 图标,即可出现计时器界面:

在这个界面里,可以选择正计时和倒计时,也可以自定义计时时间,还可以将计时器界面放大,你只需要点击右下角的 即可。通过计时器的作用,老师既可以合理掌握上课背诵时间,又可以激发学生的学习兴趣,提高时效性。

[应用反思]

在使用电子白板进行单词教学时应注意,老师绝对不可以完全依赖电子白板的功能,在基本的备课上还是要下足够的功夫,在课下讲解问题和批改作业时,一手漂亮的手写体,既可以让学生从心底去佩服老师,又可以增加学生对老师的好感。其次,电子白板的媒体播放功能确实可以将学生的注意力吸引过来,但是要留心所选择的素材是否合适,不可太过于华丽或者喧哗,课堂终究是课堂,不能将课堂变为电影,不然学生的注意力过分集中在动画画面上,对于教学就会起到相反的效果。再次,在使用电子白板的绘画功能时,需要老师胸有成竹的去做简笔画,不能频繁的去使用橡皮擦,过多使用橡皮擦不但会耽误上课时间,还会让学生对老师产生不信任的心理,应当避免出现这种情况。

电子白板有着非常好的发展前景,除了在单词讲解运用,还可以将其技术运用到英语课文的讲解,语法和做题技巧的解释等各个方面。电子白板的绘画功能，可以让老师现场制作简笔画，从立体感官对知识进行梳理记忆；其幕布功能，可以遮掩部分知识，以游戏的方式让学生去猜测学习……总的来说，电子白板有着很大的利用潜力。我们应当结合实际情况，合理利用电子白板，以取得更好的教学成绩。

作者：冀州市北漳淮乡中学　王中强
指导老师：冀州市教师进修学校　邱丽曼

利用微信公众平台辅助教学

[**情境导入**]

小李老师任教于一所寄宿制中学,最近流感来袭,他们班里的很多学生都感冒了。因为期中考试即将到来,请假在家的学生在家里非常不安心,纷纷向老师打电话,担心自己落下功课。小李老师除了安慰他们之外,也在努力地想办法来帮助他们。这时,同一办公室的张老师向她推荐了使用微信公众平台向学生授课。

小李老师于是学习了微信公众平台的操作办法,并尝试着制作了一节课。

下面我们就和小李老师一起,来看下微信公众平台的使用方法。

第1步 注册微信公众平台

我们先来看下微信公众平台的注册方法。

1. 登陆网站 https://mp.weixin.qq.com/,进入微信公众平台的注册页面,如图所示。

2. 点击"立即注册"按钮，出现注册界面，如图所示。

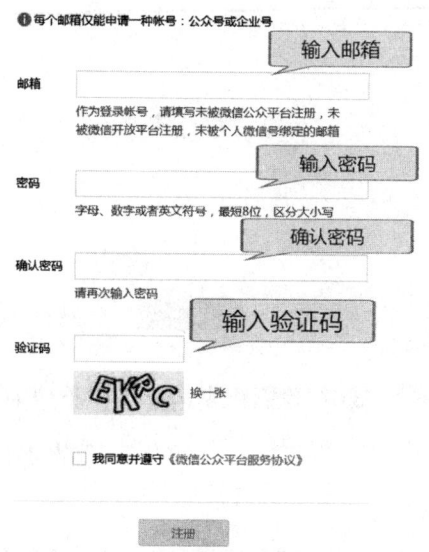

3. 输入邮箱、密码、验证码，勾选"我同意并遵守微信公众平台服务协议"，点击注册。（提示：请记住您的用户名和密码）

注册成功后，我们需要登录我们注册用的信箱，查看微信公众平台发来的邮件，点邮件中的链接，激活微信公众平台账号。

4. 激活后，自动进入选择账号类型的界面，在"订阅号"那一栏的右下角点击"选择并继续"。

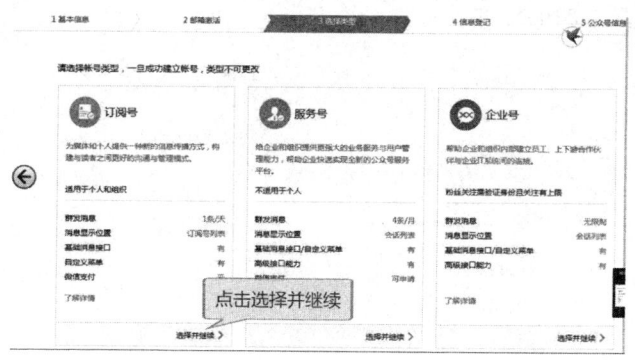

这时会弹出下面的对话框,点确定。

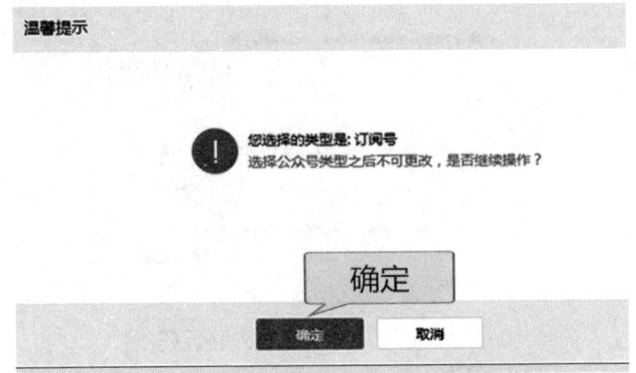

5. 在信息登记这一步中,我们首先选择主体类型为个人:

这时会出现下图的界面:

依次填写完个人的信息后,点击继续。会出现"主体信息提交后不可修改"的

提示,如果确定自己的信息无误,点击确定。就进入了公众号信息的编辑。

6. 公众号信息的编辑

在这里依次填写各项资料。填写完后点击完成。会出现下面的界面:

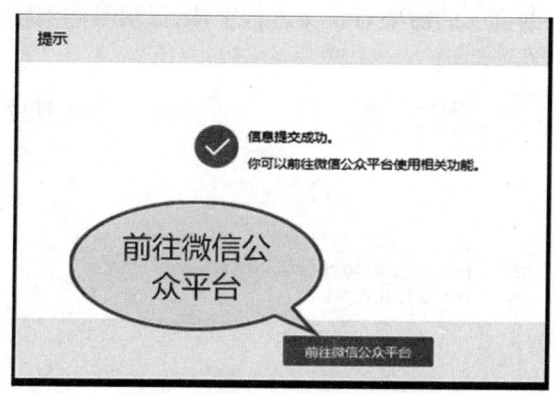

点击前往公众平台,就可以使用各项功能了。

第2步 使用微信公众平台编辑《变异》这一课的素材

再次登录公众号首页。输入注册时设定的用户名和密码,登录后自动进入下面的页面。

373

(一)进行"什么是变异"这一部分素材的管理。

1. 点击素材管理后,进入下面的界面。

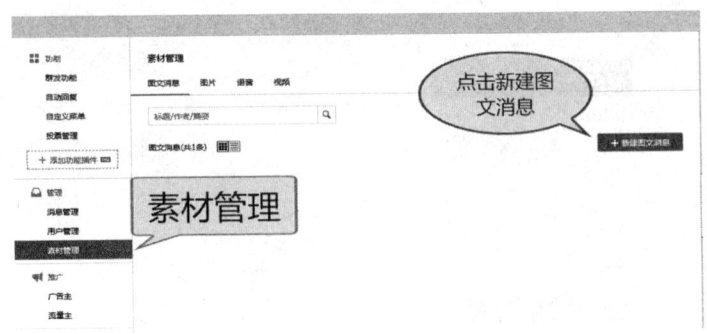

2. 点击"新建图文消息",根据提示,输入标题、作者姓名和正文的文字。
我们还可以根据自己的需要对正文进行字体、段落等的编辑。见下图图示:

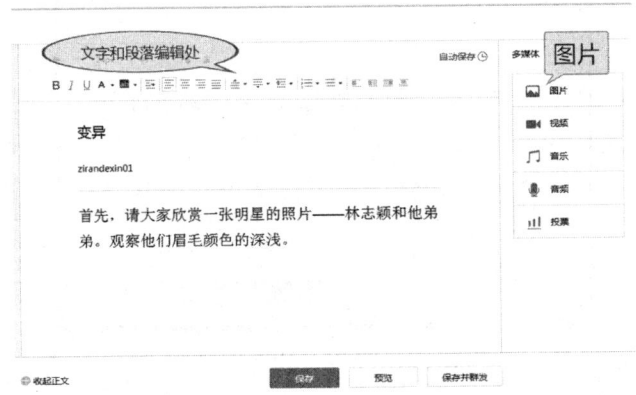

3. 插入图片时,点击右侧的"图片",点击"本地上传",选择之前准备好的图片,点击确定。

4. 完成了对"什么是变异"这一部分内容的编辑后,我们可以依据刚才的方法在正文部分继续编辑"变异的原因"、"变异是否是有利的"和"变异的应用"这三部分内容。

不过,如果想使每个版块的内容都单独呈现出来,以增加强调效果,我们也可以再次新建几个图文消息,单独编辑各部分内容。

如果计划采用多图文的方式,那么"什么是变异"这一部分的图文消息就可以发送给大家了。

发送之前,网站会要求我们上传一张图片作为封面。我们可以从"本地上传"或者"从图片库选择"中选一张与我们主题相关的图片上传,再点击保存就可以了。见下图：

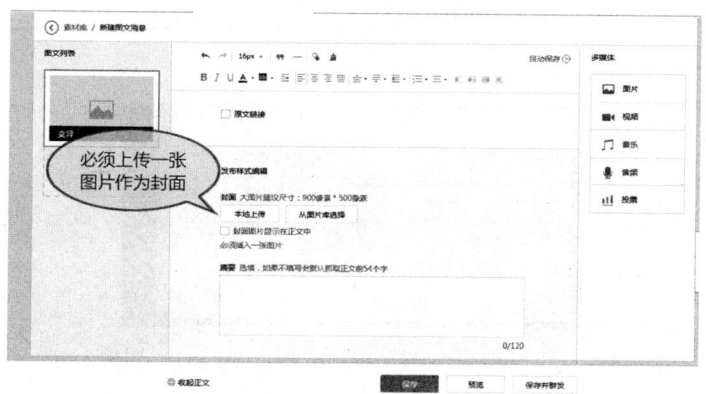

5. 如果想让我们的图文更丰富些，还可以在保存之前应用一下这个页面的其他功能。

（1）原文链接功能

正文的下方，勾选"原文链接"前面的小方框后，就可以输入这篇文章的其他的网址，以帮助关注者找到它。

（2）多媒体的其它功能

视频、音乐、音频和投票功能的操作同图片功能类似，使用这些功能可以给我们和关注者带来更加丰富的信息。根据需要，可以使选择使用。所有的操作完成之后，点击保存。

（二）如果采用多图文的形式呈现，我们可以三次新建图文信息，依次完成对"变异"一节剩余三部分内容的编辑。

（三）保存并群发

1. 至所有的内容编辑完成后，可以点击保存。

2. 预览

如果在发送之前想看看效果，可以点预览。

预览有两种类型：直接预览和发送到手机预览

(1) 直接预览

(2) 如果想看的更仔细些,可以选择发送到手机预览,点击"发送到手机预览"后:

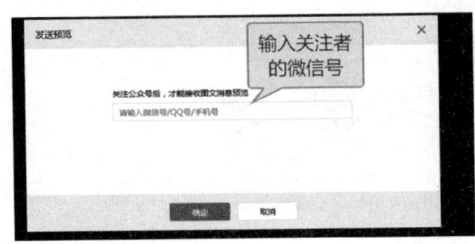

输入关注者的微信号,点击确定,就可以发送到相应的手机上了。然后点击关闭,回到原来的页面。

3. 确定无误,就可以群发了。

根据自己的需要可以在"群发对象"处选择自己要发送给的人,然后点击群发。

(四) 自动回复

为了方便关注者快速查找到"变异"的图文信息,我们可以使用自动回复功能。

点击左侧的自动回复,选择"关键词自动回复"。

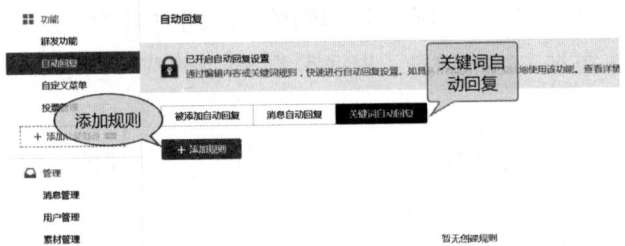

点击"添加规则"后,依次输入规则名、关键字并选择"未全匹配",以方便关注者找到;然后点击图文信息的图标,再选择刚才编辑好的《变异》这个图文,点击确定。那么关注者打开他们的微信后,在我们公众号的主菜单页面中只要输入"变异",就会得到这篇图文素材。

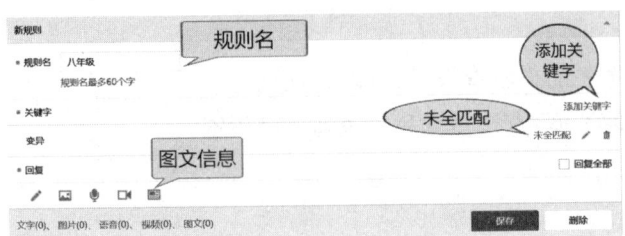

[应用拓展]

微信公众平台的图文消息可以展示教师的课堂思路,消息推送功能可以精准地将图文信息推送给我们想要发送给的学生(前提是他关注了我们的公众平台),学生看完后还可以通过留言来给我们进行反馈,这样就实现了师生之间的互动。

为了方便我们同那些不能在学校上课的学生进行更好的交流,我们还可以利用好微信的聊天软件。通过建立微信聊天群,把学生拉到群里,给予学生提问的机会,教师进行答疑。这样双方在不断地语音交流中,就可以实时建立1对1沟通环境,而无需专门的预约和安排。微信的这一及时沟通功能的辅助会更好地发挥微信公众平台的价值。

作者:邢台市南和县职业技术教育中心　卫俊荣

指导老师:邢台市广宗县葫芦中学　刘春娜

用云盘进行信息的交流和共享

[技术环境]

网络、联网计算机(智能手机)

[情景导入]

物理实验操作中考考试时间紧任务重,题目是周五下午拿到的,老师仅仅利用临放学前的一点时间集中讲解,要涉及理化生三科十个实验,太仓促。所以我们想到了录制视频,让学生利用周六日在家通过观看视频熟悉实验。但由于视频录制较晚,学生已放学,并且视频较大,学生用优盘考来考去受时间和空间的限制,不仅不方便,而且效率太低,我便想到了用360云盘的方式给学生共享。只需给学生发一个链接,就可轻松解决以上困难。而且用云盘就可以直接以短信、邮件、qq通知等渠道发到学生手中,很快捷。如果自己手机上装有云盘,自己还可以直接用手机发链接,更方便,可以说是随时随地,还基本不费流量。你是不是已经偷着乐了!!

活动一　用电脑云盘分享文件

第一步　电脑上安装360云盘,并可以用自己的手机号为账号注册用户。
为方便随时能处理还可以手机安装手机版,和电脑版的用同一个账号。

第二步　上传实验视频到云盘。
方法一:在电脑上找到要上传的视频选右击,——360云盘——保存到360云盘即可。

<<< 用云盘进行信息的交流和共享

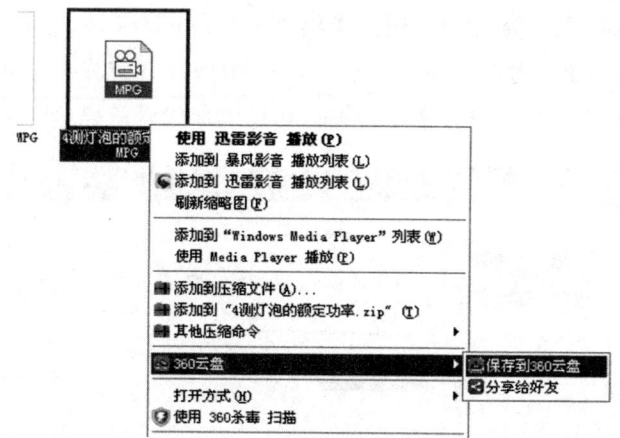

方法二:打开 360 云盘登录——点击"上传文件"出现新的对话框——找到要上传的视频——选中——点击"添加到云盘"即可。

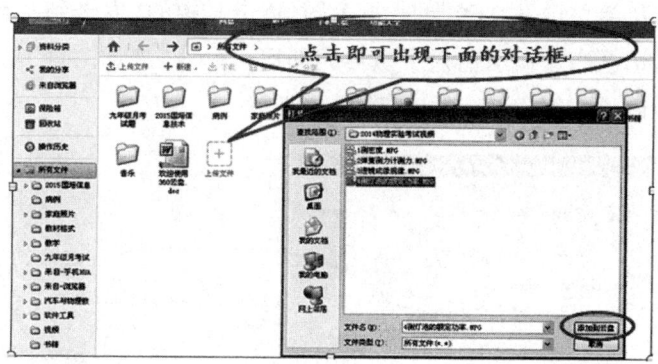

第三步　视频共享：

1. 在云盘中点击要共享的视频——方法一:点击分享

方法二:右击该视频再点击分享给好友。

379

2. 在出现的界面中会自动出现云盘给你制作好的分享地址和访问密码(颜色较暗),这些内容可以复制下来以校信通、qq、微信等方式发给学生即可。如果要给数量不多的几个人,云盘还支持免费以短信的形式发给要接收的手机。

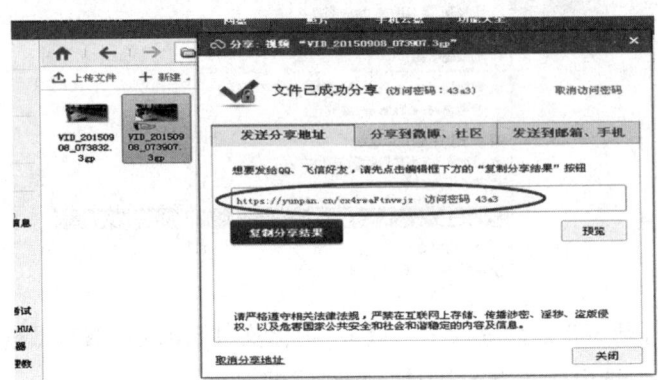

用云盘直接给手机发共享地址:见上图,点击其中的"发送到邮箱、手机",便出现下图的对话框。按提示输入手机号码即可。另外"添加附言"功能还可以添加所发信息的简要内容、发送者姓名等提示信息。

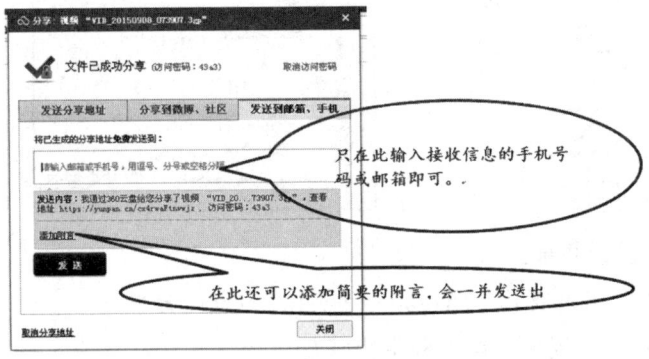

活动二　没有电脑时,用手机一分钟搞定分享
——用手机给他人分享云盘信息

情景描述:总有特殊的学生让你常常措手不及。周六上午学生突然电话我说想要一份实验操作的电子文档,问我在不在学校、能不能马上给他发过去。这时我镇定自若的说一分钟后看短信。于是我在公交车上站着(当时没坐)用手机打开云盘又单独给他分享了。不到两分钟学生短信就说谢谢收到了。当时我还暗

自得意,这老师当得日理万机呀!! 下面就介绍一下我的操作过程:

首先确定手机安装有 360 云盘(这个工作要事先在 wifi 下安装,否则消耗流量的),并且使用与电脑登录云盘的是同一个账号,下面就开始了:

第一步　在手机上登录云盘,选中要分享的文件点击"分享"。见下图左。

第二步　选择一个你认为方便的分享方式即可(见上图右)。

比如说选第二行中间的"复制链接",那么一条链接信息就复制在你的手机中了,然后可以打开手机本身的短信,在输入状态下直接"粘贴"就 ok 了,一条短信完成,发送即可。

赶紧试试吧,很简单,分分钟即可完成!

注意:我们分享的只是一个连接,基本不消耗流量,并且对方不用安装云盘即可下载,而且我们的电脑和手机开机与否不受影响。

[应用反思]

360 云盘是一个超大容量免费好用的网络 U 盘,轻便好用,能够备份你的照片、文档、视频和音频,永不丢失。但需要你事先把一些资料备份到云盘上,它的操作界面就像你天天用的电脑一样亲切,比邮箱更容易存贮和管理。利用我的方法上述出现的情况学生都能及时的在放学后不久第一时间收到链接地址并用自己的电脑在家里下载到视频,不需要现场用优盘考来考去,保证了教学计划的顺利进行。这样一个简单的视频链接解决了一个年级近 600 学生的大问题,而且我发的视频资料还明确的看到了下载次数,做到心中有数。至于第二个情境,用手机分享信息更是能随时随地处理工作或生活中出现的突发情况,甚是方便。

不过由于现在个别人用云盘发送恶意信息,再加上人们对云盘信息界面的不熟悉,导致防范心理会对老师的云盘短信置之不理,一删了之。所以在应用时要注意注明链接内容的简要信息,必要时还要署上自己的姓名,方便辨认。最后还要提示大家我们分享的资料在短时间内尽量不要再在云盘内进行其他操作,比如说移动位置、修改名称等。在确定对方已下载完成的情况下,一些重要资料最好取消分享,以保信息安全。

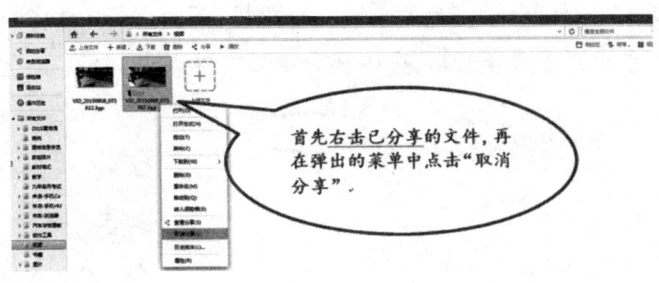

作者:石家庄市第八十一中学　吴栓华

制作配乐 PPT 导入新课

[**情境导入**]

作为一堂课的情境导入,在多媒体普及之前通常是老师讲个小故事,或者以挂图为主;现在则多是放一段小视频或者是一些图片,学生接触过的视频资料的运用,激发了学生的学习兴趣;但是一段合适的视频实在是"一段难求",只用一些图片又实在是过于单调,自己做一段视频似乎又太难,真是……"难死宝宝了"。

有一次我找一位朋友帮我做电子相册,发现他居然是用 powerpoint + 配乐的方法做的(也许糊弄我的?据说应该用会声会影什么的,不过那东西太专业),这让我忽发奇想,只要有合适、足够的图片,配上合适的音乐,用微软的 powerpoint 演示文稿不就可以"伪造"一段小视频吗?

图片我们可以去网上下载、筛选,音乐则需要自己编辑,毕竟,一首歌中可能只有一两句是经典,是高潮部分,经朋友介绍,最简单的音乐编辑编辑软件叫《Cool Edit Pro》。下面,我依次介绍下这两个软件,有不对的地方希望大家多多指正。

软件1 《Cool Edit Pro 音频编辑》

编辑音乐,要用到《Cool Edit Pro 音频编辑》。这是一款相当"傻瓜"、也应该是最简单的音频编辑软件,用 360 安全卫士的软件管家进行一键安装就可以了。

第1步 启动《Cool Edit Pro 音频编辑》

启动后的界面如下图所示

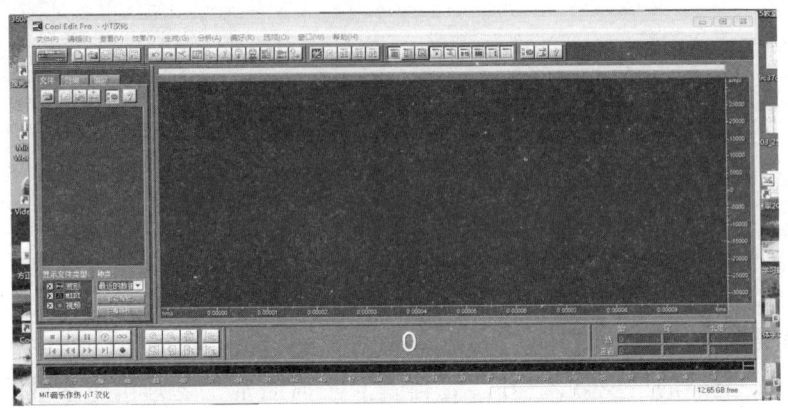

第2步 打开文件

单击左上角的"文件—打开",在"查找范围"对话框中找到所需文件的所在文件夹,我这个是在 E 盘下面的"青春励志轻音乐"中,(这里注意"文件类型"要选择"所有文件",否则可能找不到!)点选所需文件,我这里选的是零点乐队《相信自己》,双击或选择后点击"打开"打开后如图 2 所示,

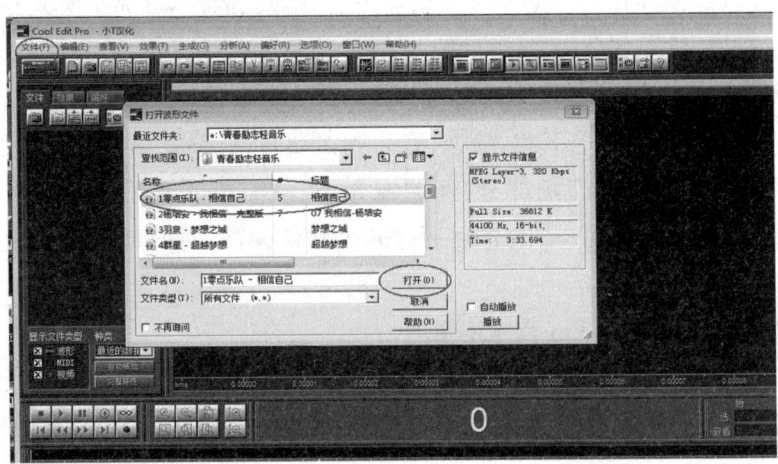

下面这个是波形图

第 3 步 复制文件片段

点击左下角的三角型按钮,进行试听,找到需要部分的开始点和结束点,记录下这两个时间,比如这个歌曲是 1 分 54 秒左右到 3 分 20 秒左右,选中需要的这一段后,按 Ctrl + C 或在选中区域右击点"复制",复制这一段

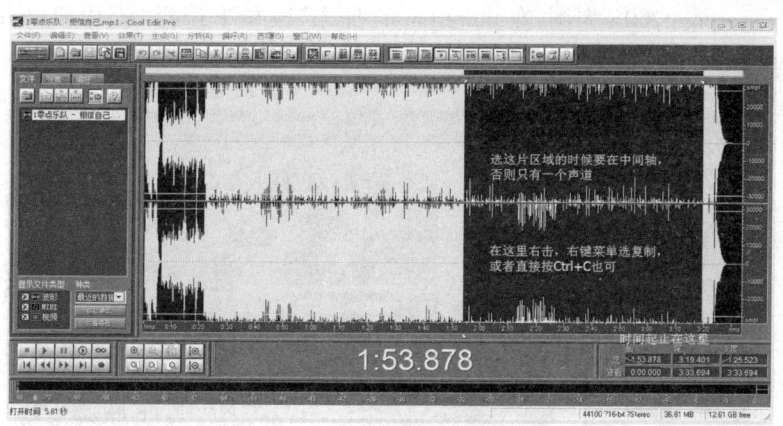

第 4 步 粘贴文件片段,形成所需文件

复制完成后按右箭头键(左箭头键也可以,只是插入的位置不同),再按"Ctrl + V"组合键粘右击粘贴,重复步骤 4 直到所需的时间长度,再点控制面板左上角的"文件—另存为",在对话框中"保存位置"选择所要存放位置,这里我选择桌面,点保存完成。如下图所示

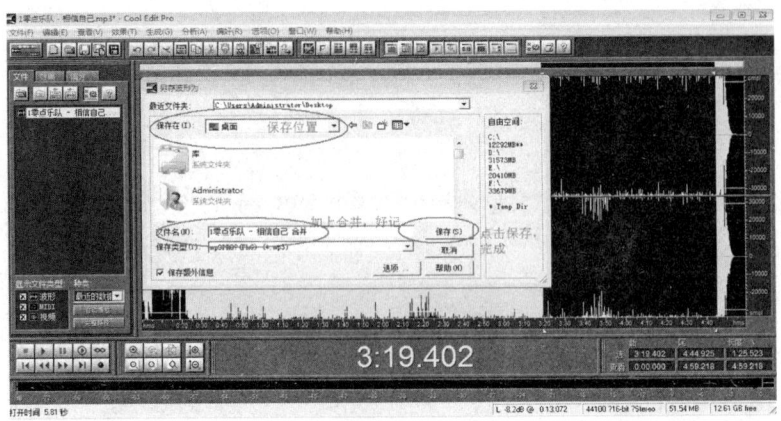

软件2 利用 powerpoint2003 制作小电影

ppt 演示文稿,这个大家都比较熟悉了,这里我只说两点,即:插入声音自动播放、按时停止;把 ppt 做成小电影形式。

第1步 插入声音

以 powerpoint2003 为例,在 powerpoint"插入"菜单下选择"影片和声音—文件中的声音"

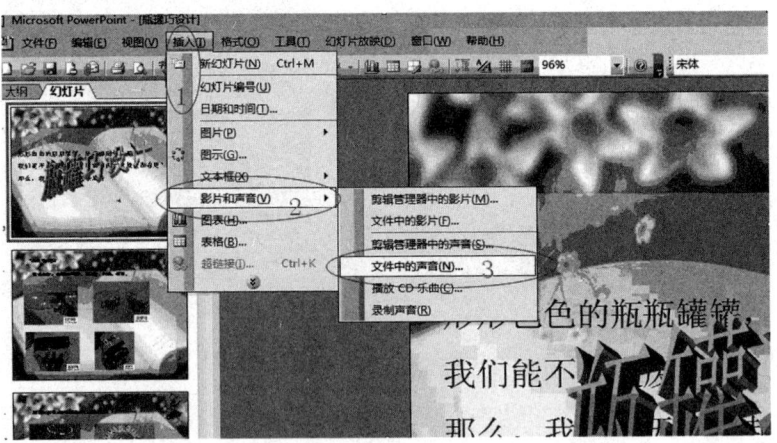

找到所需文件,我这个还在桌面上,双击,或单击后再点确定

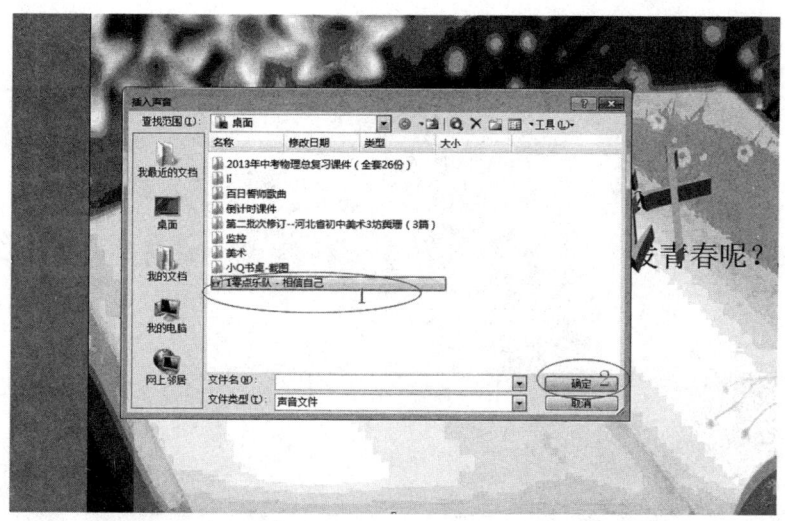

第 2 步 设置声音播放方式

插入后,出现对话框"您希望在幻灯片放映时如何开始播放声音",选择"自动"

这时候在幻灯片上会出现小喇叭图标,如下图所示

打开"幻灯片放映—自定义动画"

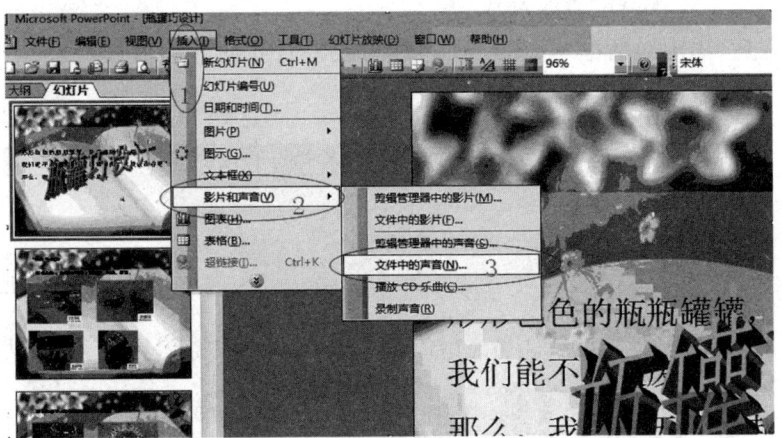

双击右侧"自定义动画"中的声音文件,出现"播放声音"选项卡,在"效果菜单"中的"停止播放栏"输入需要停止的幻灯片编号,比如我这一个打算在第31张后结束,我就输入31,这样声音直到31张播放完才会停止(不选的话,切换到下一张就停了)如下图所示;

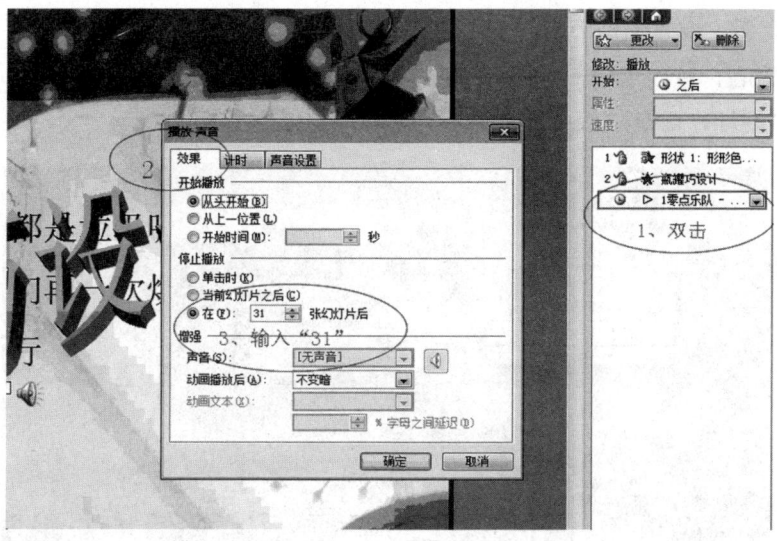

选择"声音设置",出现"声音选项"对话框,上面一个是调节声音大小和是否循环的,下面一个打上对勾,播放幻灯片的时候就不出现小喇叭了。如下图所示

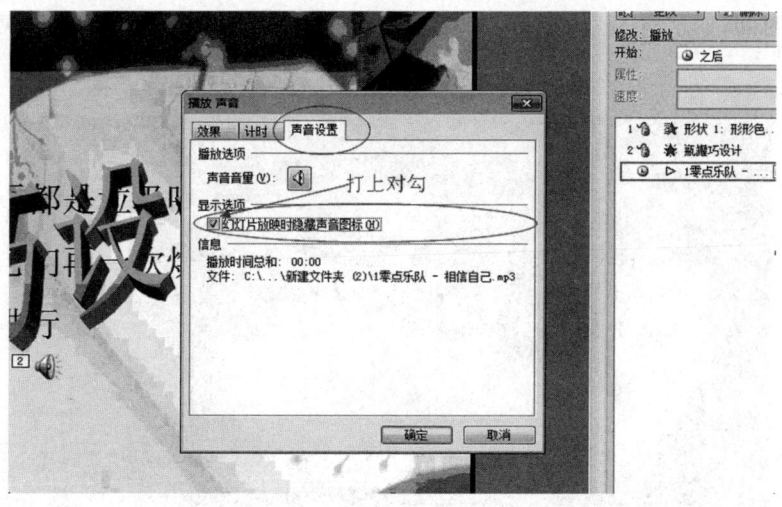

第3步 设置播放方式

至于把 powerpoint 做成小电影的形式这个就简单多了，首先在"幻灯片放映"中选择"幻灯片切换"，根据需要选择合适的切换方式

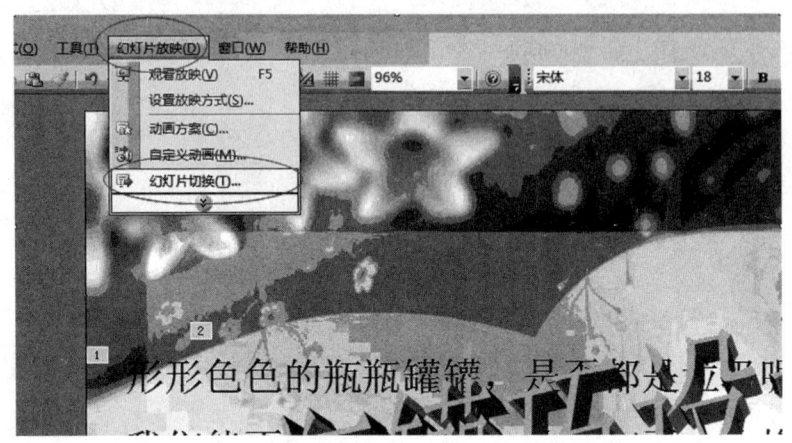

在右侧的对话框中"每隔"前面打上对勾，后面输入时间，这个需要试验（幻灯片中也叫"彩排"）。在这里，如果点"应用于全部"的话，那么所有幻灯片都播放相同的时间；如果有需要也可以每张设定一个时间，那就不要点这个"应用于全部"了

选择"文件—另存为"，在对话框中选择"powerpoint 放映"就可以了

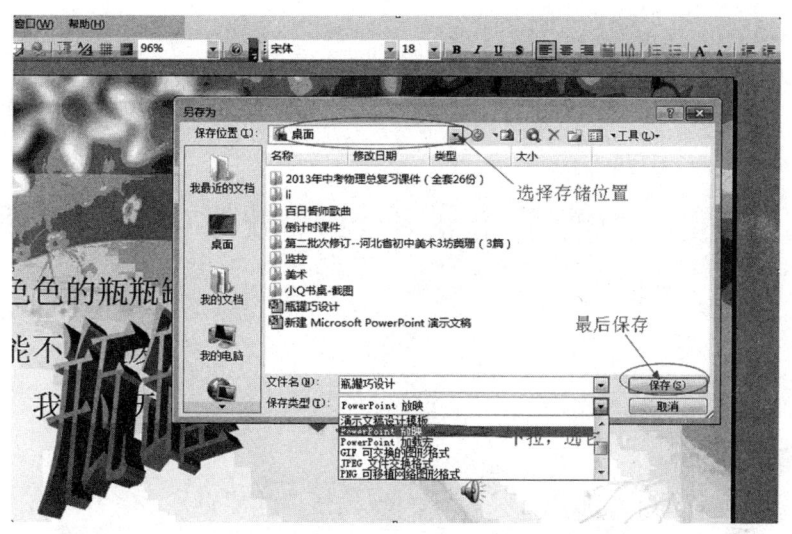

[应用拓展]

PPT 演示文稿在很多学科教学中的应用很多,优点也很多。比如可以更好的让学生接触更广泛的世界,可以更好地展现更多的作品,增大了教学的容量,使得课堂丰富多彩;但也并非没有缺点,如果一堂课大量的运用 PPT 演示文稿,也可能使在学生接受中造成思维的缺失,即学生变的"懒"了,"笨"了,这就是过犹不及;而且会造成一堂课走马观花,看上去似乎都讲到了,结果学生却啥都没记住、没学到,所以在使用中要掌握好一个"度";最后,我感觉制作起来颇费时间和精力,当然也是我对 PPT 演示文稿还不熟悉、操作不熟练,因此,我认为 PPT 课件最好是以学科组为单位或主导,多学科参与集体编制,才能制作出高质量的课件;个人来搞,一方面实在是太累了,另一方面质量也不稳定。

作者:刑台南宫市实验中学　王　丽
指导老师:石家庄市第三十五中学　冀　珊

人人通+智能手机带给诗歌教学的别样精彩

[情境导入]

对于八年级的学生来说,读诗、读好诗、读懂诗才能更好地鉴赏诗歌。传统的预习方法——读课文、查字典,重点解决的是字音,老师对学生不能进行及时有效的指导,对学生的疑惑也不能即时解答。所以我就想利用智能手机的录音功能,让学生通过录音的形式更好地理解诗歌。通过课堂实践,这种"智能手机+云教学平台"引入到诗歌教学的"课前,课中和课后"的方式确实能很好地解决以上问题,这是传统的教学所达不到的。

课前我在云平台上布置了朗读录音的预习任务,通过师生互动、生生互动,很好地解决了传统的字音问题,提高了学生的预习能力。学习之后我安排学生再录音,将对诗歌的理解通过自己的声音进行情感再现。经过反复的诵读,学生更容易理解了这首诗千百年来被无数人迷恋的原因,也向往张若虚笔下那个空灵、缥缈、美妙、神奇的世界。

由于智能手机的可移动、方便、灵活、及时的特点,所以它在我课堂中的应用,让我的课堂更加丰富精彩,我和学生满足地、顺利地、轻松地完成了教和学的任务,诗歌鉴赏能力得到提升,学生的审美情趣更高雅,他们的人生观、价值观和世界观,也会禁得住岁月长河的冲刷。

活动1 利用"云教学平台"课下学习

我校正在推行"人人通云教学平台",教师和学生都可以在手机上下载安装"学乐云手机客户端",大家都有对应的账号和密码,随时随地都可以登录访问学习。教师在平台上可以上传学习资源,比如课件、教案、导学案、参考资料、相关视频音频等。可以利用里边的资源制作课件;也可以布置形式多种多样的作业,教师可以根据情况自行设计,判作业也很便捷;教师可以给学生留言指导,也可以像QQ一样聊天;学生之间可以互相学习、讨论,可以聊天。也可以文字点评,还可以登录平台查看相关的学习资源;家长随时登录检查孩子的作业情况,看到老师的批阅,和老师沟通,可以随时监督到孩子的学习。在众多的功能中,我仅就诗词赏析、朗读指导和训练教学谈谈智能手机带给我课堂的别样精彩。

《春江花月夜》是一篇文质兼美的诗歌作品,它不仅辞藻华丽而且蕴含着深沉的哲思,体现了一种圆融的处世哲学,有助于学生树立正确的人生观、价值观和世界观,并且诗歌鉴赏又是中考的必考题目,因此我努力以此文章为契机,让学生在诗歌鉴赏中有所收获。

第1步　教师布置作业

1. 教师以教师身份登录手机 APP 客户端,点主页面下方的"作业"按钮,进入"作业页面",在此页面会看到以往布置的作业。

2. 点击页面的浮动"布置新作业"按钮,进入新作业布置页面,此页面会显示"预习","课外作业","同步作业"三种类型。

3. 点击"预习",选择对应课程后,进入作业编辑页面,在"作业要求栏"输入"请有感情地朗诵《春江花月夜》,并将录音上传至平台",在布置作业的同时老师可以上传音频、视频、图片或文档等资源供学生们参考。

4. 选择作业发布时间,选择对应班级后,点击"立即发布"按钮。作业即布置完成。

第 2 步　学生完成作业

1. 学生登陆手机 APP 客户端,点击"作业"按钮,就会看到老师布置的所有作业,选择相应的作业,点击进入"写作业"页面。点击"回答"右则的录音按钮,即可开始录音,录音结束感觉满意点提交,如果不满意,可以删除录音再重新开始录制,直到满意为止。

2. 点击"交作业"按钮,作业即提交。

3. 作业提交后,可点击屏幕下方的"交流"按钮,能听其他同学的录音并可与其进行互动交流。

第 3 步　检查、验收、评价作业

1. 教师进入该作业页面,学生的作业完成率、平均答题时间、答题情况及批改率等会清晰呈现在眼前,教师会对学生作业的总体情况有一个全面直观地了解。

2. 教师进入某学生的作业,就可以听到该学生的朗读,教师可以根据情况给学生评价,并且提出指导性评语。评价有 A、B、C、D 四个档次,也可以用文字给学生留言,肯定优点,指出不足,多鼓励,多点赞,让学生不断进步。学生之间可以根据教师的评价进行再交流,可以留言,互相学习,共同提高,将探究合作落到实处。

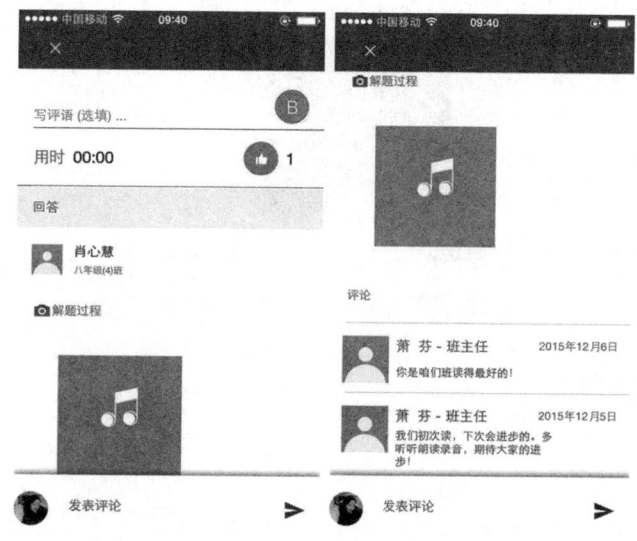

活动 2　利用"云教学平台"课上展示

课上,老师展示优秀的朗诵音频及名家的朗诵视频,采用同屏形式利用电脑的音箱将音频放大,师生共同欣赏。

1. 展示学生中优秀的朗读音频。在《春江花月夜》的朗读音频中,我班肖心慧同学读得最好,课上教师登录平台,找到该同学音频,点开播放,大家共同倾听,听后同学们当堂评议,老师根据同学们的评议给出指导性意见,这样每个学生都会在互评与指导中进步。

2. 展示名家的朗读视频。从互联网上精心挑选最好的名家的朗读视频,并且上传平台,课上找到给学生播放,有声音感情的渲染,画面的真情烘托,教师的激情范读指点可以将诗歌的朗诵教学推向高潮,这是整节课的小亮点。

以前的白板教学,将老师死死的绑在了讲台上,教师就像个演员在表演,唱主角的更多的时候是老师,有了智能手机,教师解放了,还原了学生的主角身份,学生在课堂中自由吸取知识,听说读写的常态教学在类似游戏中进行,老师是真正的导演,可以到任意小组去参加讨论,成为学生中的一员,也可以随时宏观掌控整个课堂,台前幕后的切换,既拉近了师生的距离,又活跃课堂气氛,大大提高了课堂效率。

活动3　再录音,写感受,精品展示

1. 教师再次登录平台布置作业页面,输入"激情朗诵《春江花月夜》并用文字记录你的感受"设定完成形式和完成时间。

2. 学生再次登录完成并且提交。

3. 教师将优秀音频评出一、二、三等奖,将优秀的感受打印集结成册传阅。

讲授结束后,学生对文本有了更深的认识,对诗歌的诵读会有相应的提高,这时再布置朗读作业,学生可以将先后的录音进行比较,感受自己的进步,体会学习的快乐,背诵的任务在这样反复的诵读中也轻而易举完成了。写学习日记,将获得的感受记录下来,看似单一的训练,其实"听说读写"都得到了训练和提高。我班内有兴趣小组,自制报纸,这样的学习形式也为报纸提供了素材,对学生也是极好的锻炼和激励。

[应用反思]

此次教学中既培养学生在诵读中感受诗歌的能力,又通过创设环境置身诗境,赏析诗情景理浑然天成的诗情画意,水到渠成地体会作者表达的情感,领悟了人生哲理,轻松地完成教学任务,不再是只传授知识应付考试,而是大语文理念下的关注学生能力,关注未来发展,关注学生生活质量的集中体现。

这节课最大的优点是学生的朗读训练成了课下的游戏,孩子们兴致高,收效大,疑难问题有针对性的解决,课堂效率高。情境导入渲染带入诗情,领悟诗理,突破教学难点。

1. 学生用智能手机

课前我在云平台上布置了朗读录音的任务,学生们兴致很高地在下边录音,而且将自己最满意的录音提交,我在家就欣赏了学生的朗读并且给予指点,在判作业的过程中,学生的朗读水平提高了,对诗歌的基调内容有了初步的了解。我还将设计的课件,还有从互联网上下载的朗读视频,设计自学作业上传云平台,学生可以在手机上点击查看,对课文进行预习,存疑课上提出,也可以采用留言的形式向同学老师请教。这样形成一个勇于钻研和讨论的氛围。

2. 教师用智能手机

课上采用同屏技术,将需要共同赏析、评论、研讨的问题用投影打出来。这需要老师有针对性的选择,老师的工作量大,但是可以将孩子们对电脑手机的游戏兴趣引向正轨,孩子们的生活也会充实起来,根治网瘾。一举三得的好事,值得推广!

3. 家长可以随时监控

使用智能手机大家最担心的是学生不能按要求去做,他们可能浏览其他的内容,甚至游戏,云平台设计了家长监督的功能,家长可以随时检查孩子的作业情况,班内的活动,也可以监督孩子上网的时间和内容,这样有效避免孩子无节制上网。

4. 任何事物都具有两面性,在语文教学中尤其要处理好传统与现代的关系:智能手机灵活、便捷,容易操作,但要时刻铭记,它永远是辅助工具,不能喧宾夺主,语文课堂教师精彩的讲解不能少,手机只是为了课堂的更精彩服务的。传统与现代相辅相成,才能达到语文教学的完美境界。

5. 使用手机就会有辐射,而且对眼睛的伤害比较大,所以不能频繁使用,教师也要控制好使用的度。

6. 学校限制学生带手机进校园,课堂使用还是局限在老师能用,学生不能随时随地操作,不过这点也能避免个别学生的分散注意力的情况。

作者:唐山市乐亭县新戴河初级中学　萧　芬
指导老师:唐山市丰润区教师进修学校　秦晓惠

例谈思维导图在高中历史教学中的运用

很多高中历史教师在教学过程中会遇到一些问题,如学生学习历史兴趣不高,基础知识不扎实,知识体系混乱等,该如何解决这些问题呢?笔者最近在信息技术应用培训中接触了思维导图,发现它可以帮助学生形成知识体系,增强学习兴趣。那么,如何在高中历史教学中制作、应用思维导图的呢?

一、思维导图及其制作

思维导图是一种高效表达思维轨迹的思维工具,它充分运用色彩、线条、关键词、符号等元素,把各级的主题关系用相互隶属及相关的层级图表现出来,将主题关键词与图像、颜色等建立记忆链接,从而开启大脑的无限潜能。思维导图制作方法有两种,一是应用计算机软件制作,二是手绘思维导图。

(一)应用软件制作

1. 安装思维导图软件(MindManager)

按照本人计算机系统,从 http://www.mindmanager.cc 免费下载对应的 Mind-Manager 软件,根据需要购买授权码,按照提示完成安装。如下载的是英文版,则需要加装汉化程序。

2. 新建一个核心主题

点击桌面 MindManager 软件快捷图标,打开后是一个带蓝色框的空白界面(图一),然后将中间的蓝色框作为整个思路的起点,将框中的"Central Topic"改写成要编制的主题,如"第二次世界大战",简写成"二战"(图二)。

图二　　　　　　　　图二

3. 添加重要主题和子主题

按照预设思路,鼠标右键点击空白处显示主菜单,点击"插入重要主题"(图三),形成核心主题与重要主题的框架图(图四)。

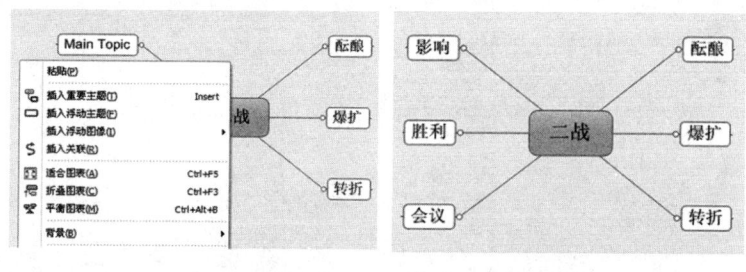

图三　　　　　　　　图四

增加子主题的方法有三种:一种是先选中主题框,鼠标右键点击"插入－子主题",然后点击编辑文字;一种是鼠标点击屏幕菜单上的"子主题"键,层层叠加(该方法也可用于插入"重要主题")(图五);三是选中节点框,按键盘 insert 键,子主题自动增加,并自动放在合适位置。子主题添加后,可任意修改、删除、拖动,最后用"平衡图表"键自动调整间距(图六)。

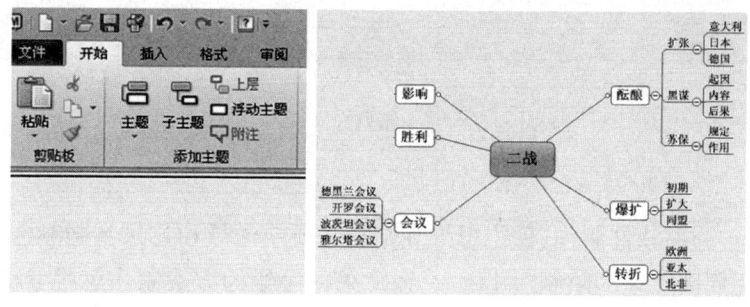

图五　　　　　　　　图六

4. 插入各种元素及主题的美化

MindManager 软件可以插入如附注、关联、边框、书签、电子表等各种元素，还可以插入图标、附件、便笺、图像、超链接等主题元素(图七)。具体办法是先选中插入位置，然后点击菜单上的相应图标，找到相应素材，就能方便地完成各种教案或教学设计等任务的编辑。

思维导图内容确定后，还要对主题进行美化处理，将光标放在相应主题上即可进行编辑。在所要美化的关键词前，根据需要插入任务优先等级、笑脸、旗帜、箭头等图标。文字标记的工具图标如字体、字号、放大、缩小、加粗、倾斜、下划线、字体颜色、线条颜色、背景颜色等与office办公软件的图标是完全一致的(图八)。

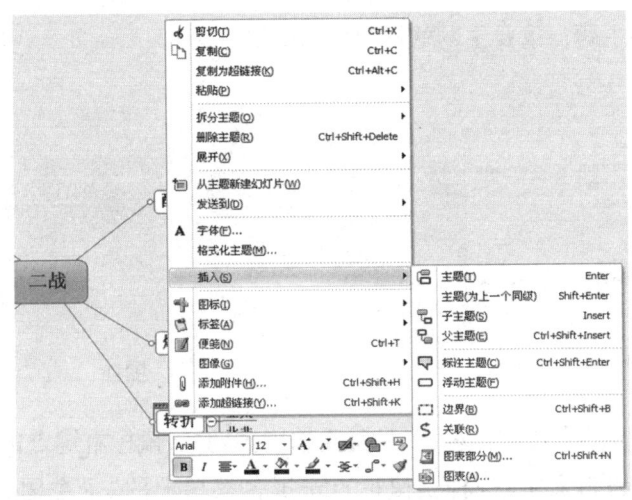

图七

图八

(二)手绘思维导图

相对于利用软件制作，手绘思维导图只需要一张纸和几只不同颜色的笔就能完成，不受周围环境的限制(图九)。经常采用手绘的方式制作思维导图，对于打破固有的思维方式非常有帮助。每个人对于色彩和图案的应用都有自己的认识和看法，可以制作更具有自己个性和独特风格的思维导图，更方便于人们的记忆和使用,对于提高人们的观察力和想象力也非常有帮助。其缺点在于制作过程比较麻烦,不便于携带和传播,精美度及承载的信息量也不如软件作品。

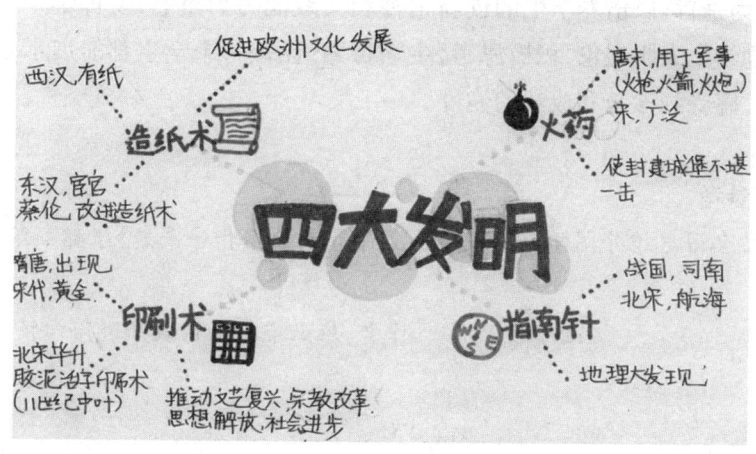

图九

二、应用思维导图的现实意义及注意事项

1. 应用思维导图的现实意义

一方面,对教师而言,应用思维导图进行历史教学,有助于优化整合教学素材,建构历史知识结构,提高历史教学的效率。在讲授历史知识时,可以将多个零散的知识点进行整理,从纷繁的信息中找到信息之间的内在联系。另一方面,对于学生而言,做课堂笔记也可以采用这种思维导图的方式。这样记笔记不仅可以腾出时间参与到教学活动中,而且由于采用图和线的网状结构,更利于记忆和复习,使课堂学习更高效;也能对知识点融会贯通,不仅可以加强记忆,更能激发创造思维。

2. 思维导图运用注意事项

一是思维导图作为一种思维方式,应该是逐渐养成的。所以不要过分的要求学生,要学会逐步养成这样的思维方式,除了学习,其他的事务也可以用思维导图的方式来清晰表达,将这种思维方式应用到生活的各个方面。

二是思维导图成为信息技术和学科的整合的一种方式。在学科渗透上思维导图成为一种很好的方式,可以将信息技术和学科结合起来,教师和学生可以将绘制好的思维导图通过各种平台进行展示和发布。这不仅提升了师生的信息技术能力,同时也增进了学科知识的理解和交流,促进了信息技术和学科的整合。

总之,思维导图既是一种技能,也是一种艺术。在教学过程中,教师应该以学生的发展为宗旨,以培养学生的创新精神和实践能力为重点,发挥学生的主观能动性,鼓励学生大胆想象,积极思考,主动探索,让每一个学生都能展示自己的优势与实力,感受到参与和成功的愉悦。

文献参考
1.《学会用思维导图学习——学生思维导图使用指导手册》张铭　编著

作者:唐山市路南区教师进修学校　姚晓慧

基于互联网的《草房子》多媒体阅读指导课
课件制作与应用

[情境导入]

随着科技的发展,书的形态也在逐渐发生变化。语文课上曾经讨论过读电子书和读纸质书各自的利弊。纸质书更符合我们传统的读书享受,电子书则有更浩瀚的内容储备。平时学生多读纸质书,上一周我们要求大家阅读电子书《草房子》,今天我们就在网络环境下交流学习一下《草房子》这本书。让大家亲自体会一下网络阅读的魅力。

学生:老师好!

老师:同学们好!问渠哪得清如水,为有源头活水来。要想使自己有丰富的知识,就必须多阅读。阅读,是让真正的阳光住在心里。那么大家一提到读书,首先想到的是一副怎样的画面呢?

学生:捧着书简,头悬梁锥刺股……抱着书,凿壁借光……. 打开书,囊萤映雪……趴在石桌上,如饥似渴,废寝忘食……坐在林荫小道上,惬意的翻阅自己喜欢的小说……

老师:大家对于书的想象都很美好。只是我发现大家想到的书,都是纸质的书,随着计算机网络时代的到来,我们也应该走近电子书。用手机阅读,在电脑上阅读,不仅仅是一种时尚,而且便利,内容丰富。

老师:上一周我们大家带着几分好奇,在网上读了曹文轩的《草房子》,今天我们将结合网络,利用多媒体,全方位的上一节阅读指导课。

老师:现在请大家说说自己分别是怎样从网上找到《草房子》的。除了书的内容你还从网上了解到了那些相关的信息。

学生甲:我是从百度里搜"《草房子》电子书阅读"找到的。我还了解了作者的一些情况,一会儿分享给大家。

学生乙:我是从课外读书网上找到并阅读的。我还找到了曹文轩其他的作品,如《青铜葵花》《山羊不吃天堂草》《根鸟》等。我以后会慢慢享受的。

学生丙:我是从51自学网找到的。我还找到了同名的电影,嘿!好看着呢!!

活动1　制作《草房子》课件

制作《草房子》阅读指导课课件,保证运行环境正常

在电脑桌面新建幻灯片,并将PPT中用到的多媒体视频、音频文件和PPT一起拷到一个文件夹中,命名为《草房子》。

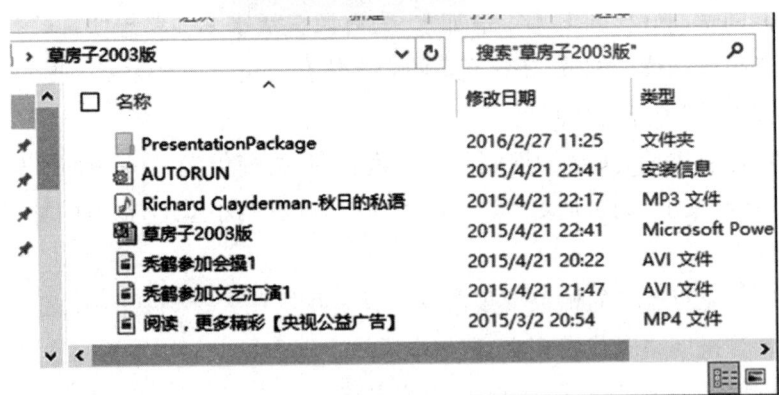

活动2　使用课件在网络环境下进行课堂教学

第1步　超链接到视频导入新课

1. 打开课件,选中"常耳寨中学尹丽玮",从右键菜单中选择超链接,弹出对话框,从查找范围中选择《草房子》文件夹,找到视频《阅读,更多精彩》,选中,点击确定即可形成超链接。点击超链接,打开视频央视公益广告《阅读,更多精彩》,大家一起看视频,激发学生学习兴趣。

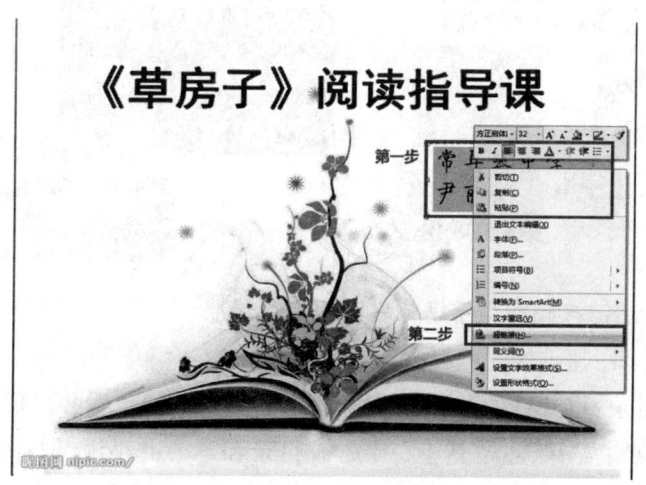

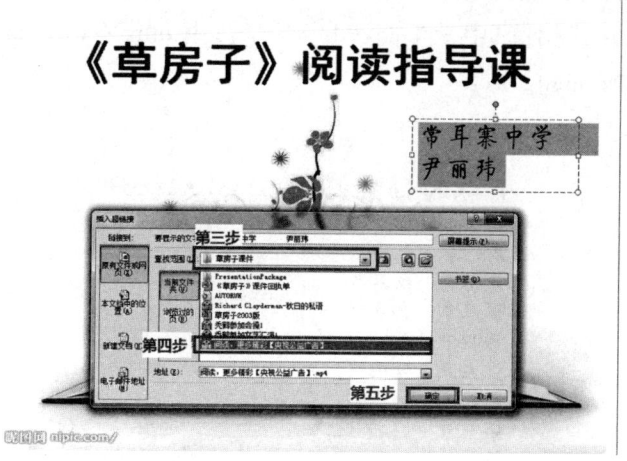

2. 几组图片,初步揭示书的主题,进入情境。

第2步 超链接到网页了解作者和小说目录

1. 了解作者:超链接到网页。

2. 小说目录:打开百度,输入《草房子》小说,回车确定后会出现多个有关《草房子》小说的搜索结果,点击其中一个带有目录和章节的小说,把网页复制到PPT中,做个超链接,这样点击超链接可以直接打开网页,看到小说的目录和章节。

《草房子》在线阅读|中学生阅读|中学生读书 http://www.fox2008.cn/Article/List/List_224.html

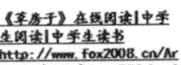

第3步 精选典型片段赏析

1. 关于秃鹤,展示幻灯片。

(1)　　　　　　　　　(2)

(3)　　　　　　　　　(4)

2. 截取视频片段

爱剪辑是一款强大、易用的国内首款全能免费视频剪辑软件,爱剪辑具有操作简单轻松、影院级好莱坞特效、专业风格滤镜效果等特色,是全新一代的高效视频剪辑软件.

爱剪辑截取视频片段步骤:

(1)添加视频

在软件主界面顶部点击"视频"选项卡,在视频列表下方点击"添加视频"按钮,在弹出的文件选择框添加视频。

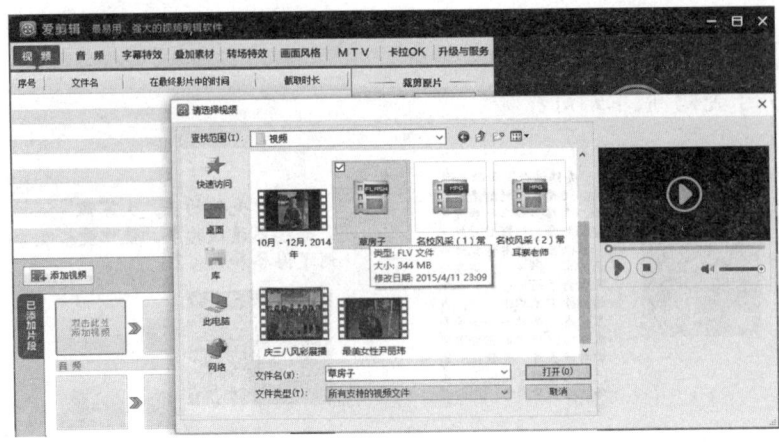

图 1　添加视频

（2）截取视频片段

添加视频进入"预览/截取"对话框后,在该对话框,我们有如下方法截取视频：

①在"截取的开始时间"和"截取的结束时间"处手工输入时间点。

②播放到需要截取的视频画面处时,点击"截取的开始时间"和"截取的结束时间"后带左箭头的拾取小按钮,软件则会自动拾获该画面的时间点。如果需要精确截取到某一画面,那可以播放到接近该画面的时间点处按暂停,在视频预览框单击鼠标左键,通过上下方向键精确逐帧移动画面。截取完毕后,点击"确定"按钮,则进入软件主界面。

图 2　手工输入要截取的视频片段时间点　　图 3　通过时间拾取小按钮截取视频片段

用爱剪辑视频剪辑软件从电影《草房子》中裁剪出《秃鹤参加会操》和《秃鹤参加文艺汇演》片段。超链接电影《草房子》片段《秃鹤参加会操》,帮助大家理解秃鹤这个人物。

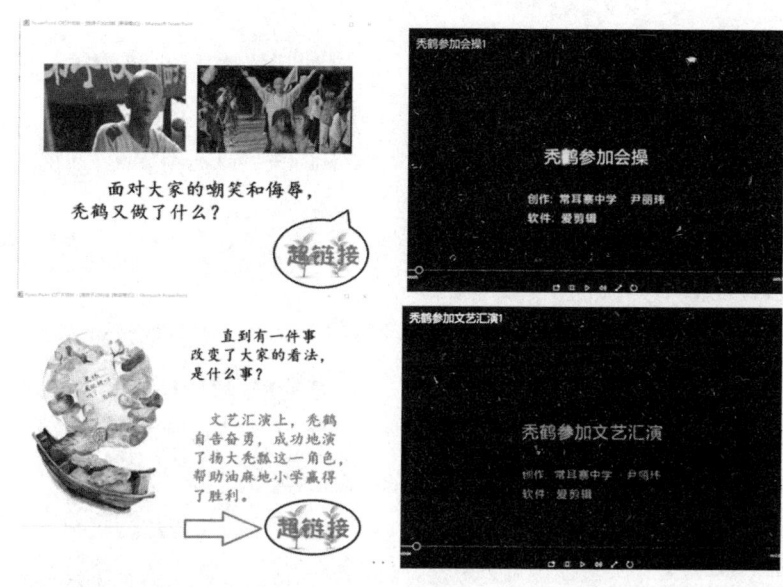

3. 故事的结尾,展示幻灯片。

4. 展示幻灯片,关于桑桑。

5. 幻灯片展示:赏析书中的环境美。

第4步 超链接到网页专家评论

1. 幻灯片展示:专家评论,超链接到网页。

《读书》20120601 美好的校园生活《爱的教育》《草房子》_读书:美好的校园生活_视频_央视网 http://tv.cntv.cn/video/C11356/fe8d8444887f45b5b77bbfefa0c2f6a8

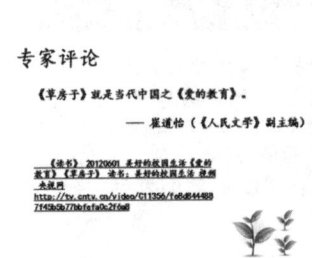

2. 幻灯片展示:拓展延伸,推荐同学们课下通过中学生阅读网或其他网站阅读曹文轩其他作品。

拓展延伸：
如诗的《草房子》是曹文轩叔叔写的"纯美小说系列"中的一部，这个系列中还有其他优秀的作品，如：《根鸟》、《红瓦黑瓦》、《野风车》、《青铜葵花》、《山羊不吃天堂草》。
希望大家课后阅读，细细品读，让真正的阳光住进心里！

第5步 在幻灯片中插入钢琴曲《秋日的私语》

在幻灯片中插入钢琴曲《秋日的私语》，方法如图片注释：

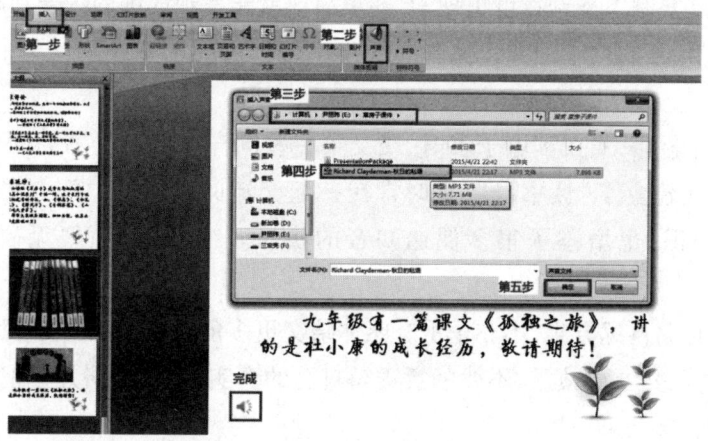

在优美抒情的音乐中，展望九年级课文《孤独之旅》。

[应用拓展]

一段时间之后,我与继续阅读电子书的同学做了进一步交流,他们有的能参与网上评论,,有的建立了读书微信群,与其他同学一起交流了阅读感受,享受阅读的快乐。同时他们也提出了自己的问题。

同学1:老师,我感觉读电子书比纸质书还要方便快捷,遇到不认识的字词,可以随时从电子词典里查找,遇到任何不懂得内容,也都可以在网上搜索、提问,找到答案。

同学2:对对对,特别是读一些文言文,里面有一些生僻字,繁体字,用字典查很麻烦,但是复制下来到百度里搜索,却很简单就能找到详细的读音和解释。

老师:哈,互联网不但知识储备超级丰富,而且,网上查找要比翻书的速度快得多哦!

同学3:老师,我在读电子书时,结交了一些同样在读电子书的朋友,我们互加了好友,还建立了"读书群",平时常在一起交流阅读感受,探讨疑难问题,不但增长了知识,也增添了很多偶遇知音的快乐。绝不用担心"无硕师名人与游"。

老师:有朋自远方来,不亦乐乎。愿你结交更多的良师益友一起阅读,共同学习。只是网上交友要慎重,不要随意透露自己的真实信息,网络是一把双刃剑,谨防网络诈骗,安全第一!

同学4:网上阅读足不出户却又实现了千里之行,真正开阔了视野!

老师:互联网就是要实现资源共享和信息传递,你已经体会到了。

同学:5:老师,我发现有的网站上的电子书有点乱,特别是段落的编排上,看着很不舒服。

老师:我们要选择比较正规的网站,或者可以先下载下来,排好版以后再读,尽量把字号设置大一些。

同学6:老师,有的人会在网上对书的内容或作者做一些不恰当的评论,跟娱乐八卦似的。甚至还有恐吓、谩骂或其他侮辱性内容。

老师:这也是确实存在的,所以,我们要加强网络道德教育。网络是一柄双刃剑,我们总不能因噎废食的。读书可以提高一个人的修养,看来这些人还应继续读书。

同学7:老师,尽管大家都说读电子书有很多的好处,但我还是比较喜欢读纸质书的感觉:展一卷书稿,任翰墨飘香。

老师:老师介绍另外一种形式的阅读,是希望你们能够跟上信息化的节奏,取长补短,但老师同样尊重你们的阅读习惯及爱好。

其实,网络上电子书的储备量远远大于现实中任意一座图书馆,那是知识的海洋,我们可以在那里自由遨游。只要我们掌好舵,乘风破浪,一定会让阅读充满情趣。我们都要学会利用网络这个平台,同时,还要学会借助相关网络内容,帮助阅读,让我们的阅读更轻松,更精彩!

最近,学校更新了多媒体设备,优化了网络环境,课堂教学中可以尽情利用网络资源,特别是语文课的拓展延伸环节,常需要依靠网络,让学生及时享受相关信息,这样对课文内容便有了充足的补充,有助于理解课文内容。有时遇到有争执的问题,课堂上我们就可以直接上网,快速找出答案,提高了学生学习的积极性,弥补老师知识储备的不足。

平时我常向学生推荐一些关于学习的比较正规的网站;星期天学生在家做作业时,遇到的不会问题,提倡上网获取信息;在假期,提倡学生利用网络课堂进行预习新课。经过一段时间的实践,我们师生利用网络读书学习的意识逐渐形成了。但是,有些家长反映,孩子的自制力差,常常不由得在网上做起与学习无关的事来,有的甚至借学习的名义,上网玩游戏、看电影……所以思想教育,监管力度也要跟上。

现在,我们初步实现了利用网络读电子书,学校还可以利用网络管理图书,建一个电子图书馆:首先建一个图书目录,各个领域的书籍同样要分门别类,与图书馆的实际图书一一对应,每个目录链接相应的电子书。这样,学生在机房就可以进行电子书阅读,而不必非到阅览室。到图书室借书的人也可以先浏览电子书目录,从中找出或发现自己喜欢的书,比在书架上挨个寻找更方便。另外,各个学校的电子图书馆还可以连网,实现资源共享,极大地丰富了图书储量。

作者:邯郸市肥乡县常耳寨中学　尹丽玮
指导老师:邯郸市肥乡县天台山镇中心校　柳丽肖

利用 ipad 在课堂教学中控制投影仪

[**情境导入**]

你有过这样的苦恼吗？上课时，我们因为要控制讲台前的电脑，所以离不开讲台半步，可是我们又多么想走下讲台与学生一起互动和沟通啊！如果能让我们既能兼顾学生的感受，与学生一起互动，同时又能快速操作电脑，该有多好啊！有没有一种办法，能让我们在课堂上彻底解放双脚，真正的走到学生中去呢？有！那就是——课堂上平板电脑的使用。现在，大家和我一起去探讨如何利用 ipad 在课堂教学中控制投影仪的两种方法吧！

[第一种]：ipad 控制讲台前的电脑，进而控制投影仪。

软件安装：

在电脑端和 ipad 端都安装百变遥控（平板和手机安装方法相同），将其受控端装在要控制的电脑上，主控端装在平板上，根据要求设置，便可以进行控制。

开启浏览器，打开百度搜索，输入"百变遥控"。分别下载手机端和电脑端的软件。

电脑端：

进入网站后，点击"免费下载"。下载的是 zip 压缩包。

下载完成后，解压压缩包，找到程序文件，可以把它直接放在桌面上。

手机端：

点击步骤1中的"百变遥控手机端"，再点击下载到电脑。

之后会出现一个小窗口，在这里你可以直接扫描二维码下载到手机，也可以先下载到电脑，然后发送到手机。并在手机上安装。

下载完毕是一个压缩包。

解压缩，发送到平板电脑中。

这是电脑端百变遥控未和手机端连接时的画面，如下图所示：

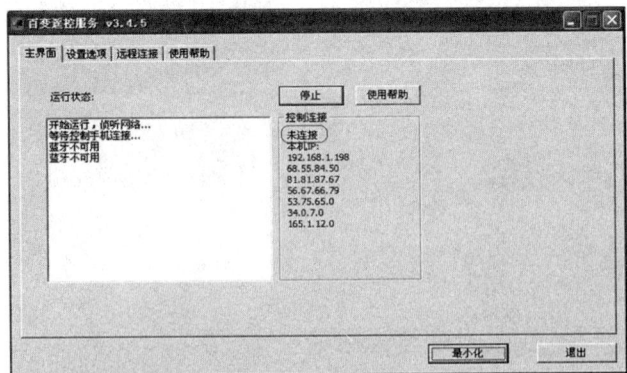

这是手机端百变遥控未连接时的画面，如下图所示：

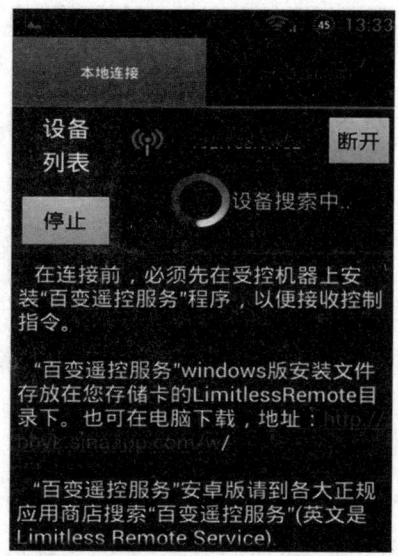

启动百变遥控，将电脑端与手机端通过 IP 配对连接即本地连接（也可以点击远程连接，此时系统会给你一个测试帐号，通过帐号与密码实现连接）

下图是电脑端连接好的画面：

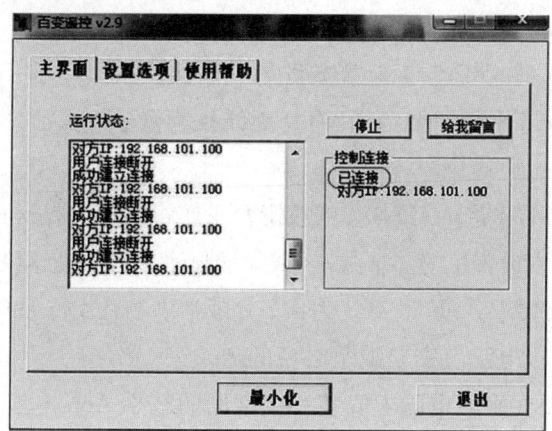

下面是手机端连接好的画面：

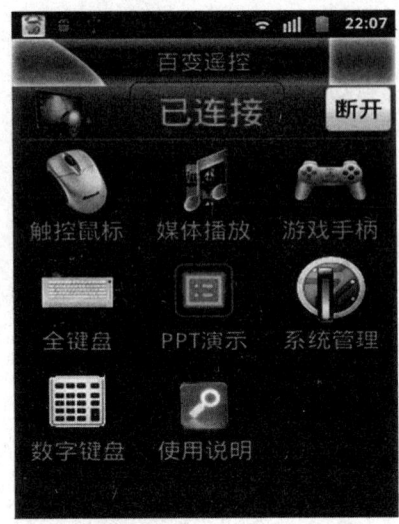

这样，平板就能直接控制讲台前的电脑，进而控制投影仪。如果打开的是视频，那么我们要用到百变遥控的媒体播放按钮，可以点击播放、暂停、全屏等按键，还可以调节音量、快进快退、上下篇切换等，很方便，有了 ipad，教师在教室的任一角落都可以控制，相当于手里有了一款遥控器了。

[第二种]：ipad 直接控制投影仪

想实现与投影的无线连接，还需要购置一个无线投影盒子：iPad 需要购买 Apple TV 盒子、Android 平板需要购买 WFD 无线投影盒子。

Android 平板：

推荐使用台湾省生产的 WFD 无线投影盒子。将 WFD 盒子与投影机有线连接，开启 Android 平板中设置里的屏幕共享（或无线显示）功能，搜索设备并点击连接，就可实现无线投影。要求 Android 系统为 4.2.2 版本以上且支持无线传屏功能。

第一步：在平板电脑上安装教学必备的 App

首先老师需要在平板电脑上安装一些常用的教学 App，包括：PPT 播放、Office 文件处理、电子白板、辅助教学、数字教材和多媒体播放等，由于在 iPad 和 Android 平板上的各种应用体验有所差异，因此，分别推荐。

1. PPT 播放及 Office App

iPad：

苹果三件套：Keynote、Number 和 iWork for HD

微软三件套：Powerpoint、Word、Excell for HD

WPS for HD

FileExplorer for HD

Android 平板：WPS for HD

2. 电子白板 App

电子白板 App 也是教学中必不可少的工具。老师讲课时可以在平板电脑上写板书、写习题，与投影连接起来，就能直观展示给学生了，非常方便。

Cloud Board：国外开发的一款电子白板 App

WhiteBoad：

3. 教学和班级管理辅助 App

Google Classroom：谷歌推出的教学平台 App，老师能方便地向学生发送课程材料和作业。老师可以在系统中开设新课程或手动添加学生，还能分享唯一的编码，让学生自行添加。问题是国内访问时断时续，不稳定！

iTunes U：苹果推出的教学平台 App，需要学校先申请注册，老师才能使用，最新版本的 iTunes U 中增加了班级的创建、管理和讨论功能。

蓝墨云班课：一款手机教学 App 应用，面向平板的 Moso Books HD 应用集成了蓝墨云班课，功能包括班课的创建、即时通知、课件和资源的快速分享推送、课堂互动、成员管理和学习进度跟踪等，课堂互动可以实现投票、问卷、头脑风暴、讨论、答疑等即时互动，成员管理可以实现点名签到功能，主要面向高校和职业院校教师。

第二步、课堂教学资料传入到平板电脑

平板中的 PPT 级资料从哪里来？——云盘。如果有事先已经做好的 PPT 和资料等，可以放在云盘里，在连网的状态下直接下载就可以，既方便又安全。云盘是是互联网云技术的产物，它通过互联网为企业和个人提供信息的储存、读取、下载等服务。具有安全稳定、海量存储的特点。比较知名而且好用的云盘服务商有 360 云盘、百度云盘、金山快盘、够快网等盘。你只需要百度这些网盘名称，打开登录界面，注册一个帐号就可以用了。

第三步、把平板电脑无线连接教室的投影。

iPad：

把 Apple TV 通过 HDMI 连接线或者 HDMI 转 VGA 连接线与投影机连接，然后通过遥控器设置 Apple TV 加入 Wifi，要与 iPad 使用同一个 Wifi 信号。还有一个比较简单地无线连接方式：把 iPad 设置网络热点，让 Apple TV 加入 iPad 网络热点，无线投影网络就连接成功了。使用 iPad Air Play 功能，开启"镜像"选项，即可实现无线投影了。

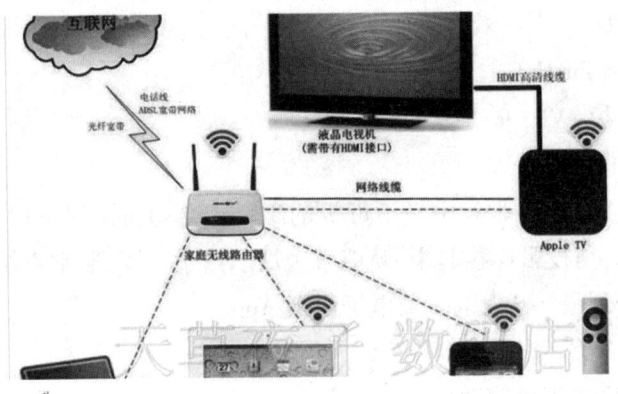

iPad 无线连接示意图

Android 平板：

将 WFD 盒子与投影机有线连接,开启 Android 平板中设置里的屏幕共享（或无线显示）功能,搜索设备并点击连接,就可实现无线投影。要求 Android 系统为 4.2.2 版本以上且支持无线传屏功能。

第四步:常用的 PPT 通过 iPad 显示在投影机上:

必须做到以下两点才可把 iPad 的 PPT 文件在投影机上显示。

1. 先下载一个苹果的类似 PPT 的制作工具 Keynote,安装在 iPad 上。将 Keynote Remote 添加到你的 iPod touch 上,你便可以自在地在房间的任何角落进行演示,Keynote Remote 通过 Wi-Fi 将 iPod touch 变成无线遥控器。在使用肖像模式显示时,你可以看到幻灯片和演讲者注释。无论你在房间的任何角落,手指轻点 iPod touch 即可开始播放,轻扫则可向前浏览幻灯片。即使你无法亲自上台,也不会影响演示的正常进行。你可以利用 Keynote 内置的旁白工具录制画外音,并设定好时间以配合幻灯片中的动画、以及幻灯片之间的过渡效果。

Keynote 的界面如下图所示:

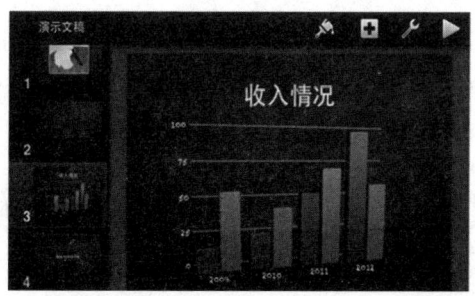

2. 在投影机上显示照片、视频和 PPT 的方法。连接投影机后,打开 Keynote 上的演示文稿,包括从电脑转来的 PPT,此时投影机依然无图像,只有点播放才会看到投影机的图像,只是这时 iPad 上没有图像,代之的是个简单的操作界面,可以滑动或点击换片。教师使用 ipad 控制电脑,可以使用直观的操作方式如触摸以及缩小或放大的手势来操作电脑中的应用程序以及幻灯片。在播放幻灯时轻轻点击一下 ipad 屏幕就会显示下一页,浏览网页时手指滑动屏幕就可以让页面滚动,如果学生看不清屏幕上的文字,教师可以双指滑动屏幕缩放显示内容,学生演示课件,教师可将 ipad 交于学生,利用虚拟键盘可以进行填空作答等。

[应用拓展]

其实,平板电脑在课堂教学中还有许多优点:它可以安装与课本教材配套的多媒体电子书籍,供学生阅读学习,还可以主动给学生出题目、改作业、提出学习建议等。最主要的是,平板电脑进入课堂可以完成分层教学与分层辅导。

因为平板电脑是在网络环境下的教学。因此,在将平板用在课堂上之前得考虑到,为了保持整堂课顺利进行,整个教室的 wife 环境是否具备一个班的所有平板都能连网。能连网后,网速怎样?会影响学习吗?这一系列问题都要首先考虑且必须解决,才能保证教学顺利进行。可是新的问题又出来了:有了网络,难免会有学生们偷偷用平板玩游戏,怎样解决呢?我们可以在"电子白板"上点击"屏幕广播"这一栏,"电子白板"就能与学生们手中的电脑连接并控制,且老师和学生通过电脑的沟通只需内部网络来支持,因此,如果老师没有开启外网按钮的话,学生是无法登陆到外网的,更不可能下载游戏。我们还可以请技术人员对其进行设置,学生使用的平板在设置后,即便有外网,也无法下载游戏,只能用于学习。

作者:秦皇岛市昌黎县靖安镇初级中学　张艳萍
　　　秦皇岛市昌黎县教师进修学校　　钱　英

微课在化学方程式计算中的应用

[情境导入]

当今,信息技术已广泛应用于教学。自进入 12 月以来,华北地区不断被重度雾霾所笼罩,北京市各中小学校不得不放假,而北京市人大附中却实现了网络"隔空"授课"不停学",其中微课就是实现"隔空"授课的一种技术手段。现在,利用智能手机、录像机都可以录制视频,应用超级录屏、视频编辑专家等软件可以进行录屏、添加字幕、视频截取、转码等编辑,操作比较简单,各位同仁不妨一试。

下面就让我们一起来尝试利用智能手机与 CamtasiaStudio 软件来制作微课吧!

活动 1 利用智能手机录制教学视频

第 1 步 合理选题

微课的选题是制作的重要环节,主要是解决教学中的重难点,通常以针对一个知识点为宜。基于学生在化学方程式计算中一直存在各种各样的问题,所以我就这一现象,制作了一节微课。

第 2 步 编写教学设计

教学设计贯穿于整个教学过程,它的编写一定要重难点突出,目标明确,能够体现出以学生为主体,教师为主导的教学理念。

化学方程式的计算微课教学设计

微课名称	化学方程式的计算	教师姓名	朱伟
知识点来源	□学科:化学　□教材版本:沪教版　□教材册(模块)名称:九年级上册　□所属章节:第4章第三节		
录制工具和方法	智能手机　录像		

教学设计			
教学目的	1. 能使学生掌握根据化学方程式计算反应物或生成物的质量。 2. 使学生掌握化学方程式计算的解题格式,培养学生对化学计算题的解题能力。		
教学重点难点	计算步骤及过程		
教学策略	本节课采用启发式的探究教学方法,利用多种教学手段,突出重点与难点,通过新旧知识的联系,有利于新知识的传授,重视了学生智力的发展,充分发挥教师的主导作用和学生的主体作用。		
教学过程	一、〔复习旧知〕 写出下列化学方程式,并计算反应物、生成物之间的质量比。 氯酸钾和二氧化锰共热 水通电分解 二、〔导入新课〕 通电 $2H_2O = 2H_2\uparrow + O_2\uparrow$ 　36　　4　　32 36克水通电完全分解生成氢气的质量是多少?这就是根据化学方程式的计算。 三、〔新授〕第三节　根据化学方程式的计算 (启)4克我们是怎么算出来的呢? 设解:设成成氢气的质量为x。 列　通电 $2H_2O = 2H_2\uparrow + O_2\uparrow$ 　　36　　4 　　36克　　x 比 $\dfrac{36}{4} = \dfrac{36克}{x}$ 算 x = 4克 答:生成氢气的质量为4克。 师强调:设时质量为x,带单位,中间挂单位,结果带单位。 四、〔小结〕 根据化学方程式计算的解题思路:设、列、比、算、答 师宣布"四不"政策: 题不能看错; 方程式不能写错; 号不能对错; 相对分子质量总和不能算错。		

第3步　录制过程

①准备好直尺、铅笔、智能手机、手机支架、耳麦

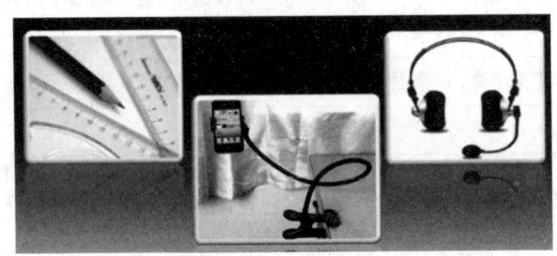

②选择相对安静的环境,避免杂音的干扰

③安放好支架和手机(正面横屏录制,避免反向操作和竖屏录像,以免增加后期制作的难度),调整角度,点击录制。录制过程中注意语速,一分钟三百字左右为宜,录制时间控制在10分钟之内。

④将视频保存并通过数据线导出或内存卡、读卡器导出或手机与电脑QQ互传。

活动2　利用 Camtasia Studio V6.02 汉化版进行后期制作

Camtasia Studio V6.02 汉化版既可以对视频的声音进行编辑又可以对视频进行剪接、添加转场效果,是转变视频输出格式的一款非常实用的软件。它下载即可应用,无需注册。

第1步　下载并安装 Camtasia Studio V6.02 汉化版

在浏览器中输入 Camtasia Studio V6.02 汉化版,点击搜索按钮,找到软件及教程文件包双击打开,下载安装,出现如下图标,安装完成

第2步　剪辑视频

①双击 Camtasia Studio 软件,点击导入媒体,将录制视频导入

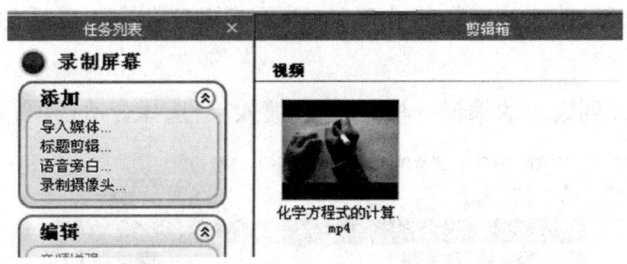

②将鼠标放在导入的视频上,点击鼠标右键,在下拉菜单中点击添加到时间轴,在出现的对话框预设中选择录制大小,确定即可

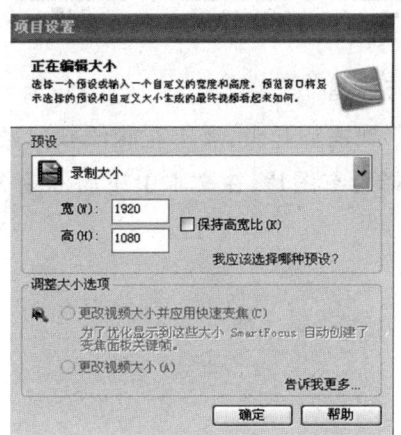

③预览视频,将视频中不需要的片段,选中点击剪切按钮,多余部分即被删除,如此反复即可

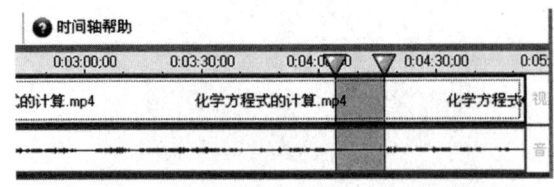

第3步 音频处理

选中整段音频,在菜单中点击增大或减小音量,对视频的声音进行处理

第4步 添加过渡效果

由于视频经过剪切和音频的处理后,再预览视频会有不舒适感,所以需要添加过渡效果,

在左侧任务列表中的编辑一栏,点击过渡效果,选择合适选项,点击完成

第5步 制作片头与片尾

把时间轴上的滑块移到视频开头,点击左侧任务列表中添加栏的标题剪辑,在对话框中背景一栏选择已有图片,在文本中添加标题等,输入完毕,点击确定按钮

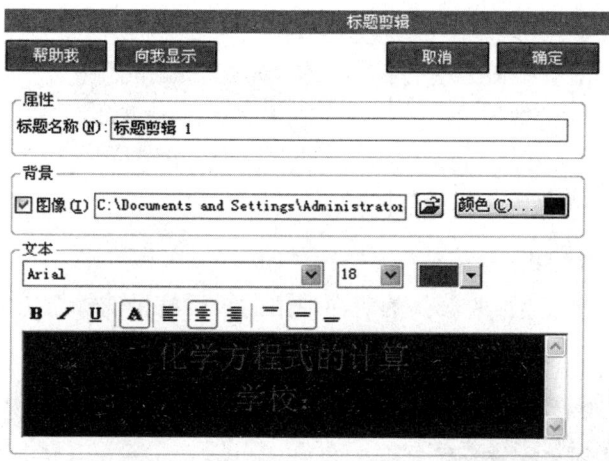

按住鼠标左键把标题剪辑1拖入到视频开头

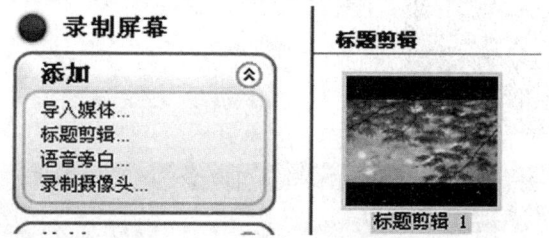

在片头与视频开始之间添加过渡效果,使之更为协调,此法与步骤4相同。
片尾制作即将滑块拖至视频结束,步骤同片头制作

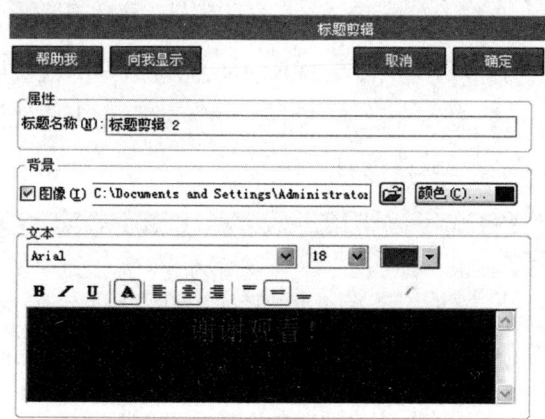

制作完成后,按住鼠标左键把标题剪辑拖入到视频结尾

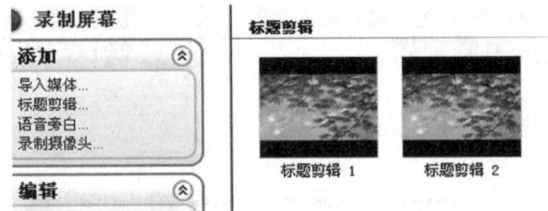

第6步 视频输出

在生成一栏点击生成视频。然后在弹出的对话框中选择自定义生成设置,点击下一步。

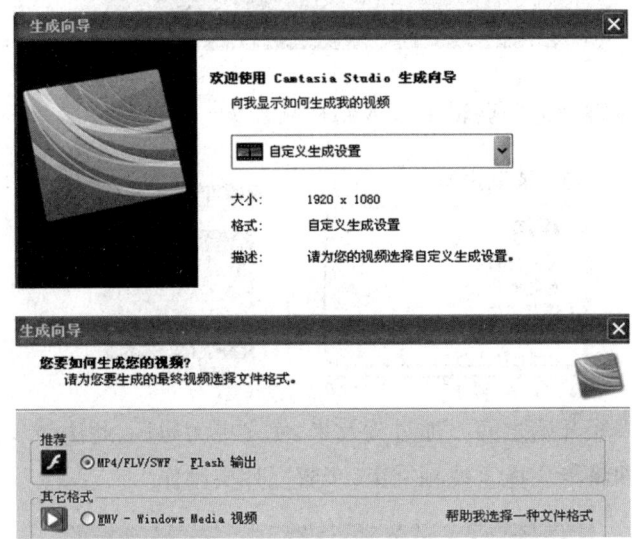

在生成导向上选择 mp4 输出,点击下一步,系统默认的就可以,不需要过多的设置。然后继续下一步,这一步之后,第一个方框就是你生成文件的名字,第二个是你生成文件的路径,需要修改的自行修改。

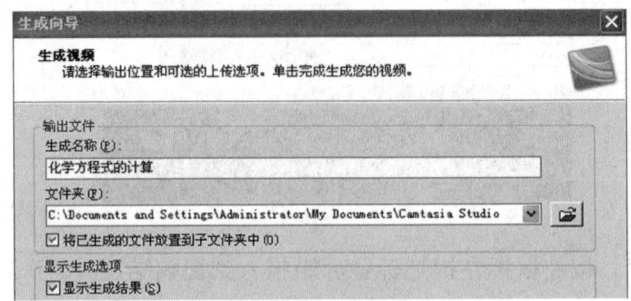

确定没有问题之后,点击"完成",然后便开始生成。

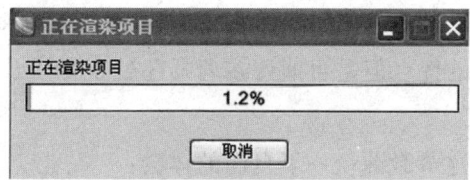

生成结束,该视频就可以上传或网络分享。

[应用拓展]

通过这节微课的制作,使我对微课有了更加深入的了解。微课的类型极其适用范围其实很广泛,通过查阅资料和个人理解我试着将微课分为了以下几类:

1. 讲授类

适用于教师运用口头语言向学生传授知识,引导学生获取知识,这也是中小学最常见、最主要的一种微课类型。

2. 问答类

适用于教师按一定的教学要求向学生提出问题,要求学生回答,并通过问答的形式来引导学生获取或巩固检查知识。

3. 演示及实验类

适用于教师在课堂教学时以教师为主导,通过实际观察及操作验证知识和获取知识。这一类型教师可以把实物、直观教具展示给学生看,也可以作示范性的实验,还可以让学生独立实验。这样就让学生自己从实验操作中自主获取新知识或验证所学知识,达到事半功倍的效果。

4. 自主学习类

适用于以学生为主体,通过自己独立的分析、探索、实践、质疑和创造等方法来实现学习目标。要充分发挥学生的主体作用,让学生更大限度的得到锻炼与发展,提高学生自主学习的能力,由要我学到我要学再到我会学。

5. 合作探究类

适用于学生以小组或团体形式主动参与,对问题进行探讨研究,从而自主构建知识体系。学生可以合作探究,互相取长补短,以达到获取知识的最大性。

6. 练习类

适用于学生在教师指导下,依靠已有知识对问题进行理解或判断。习题的选择可以是课程重难点的进一步练习,也可以是学生做题过程中的易错题型,还可以针对中考需要设计练习题型。

微课的使用,不仅可以提高教师上课的效率,还可以帮助学生预习及巩固知识。虽然微课有种种的优点但是目前许多老师还处于初步认识阶段,制作水平并不高。

下面我再就制作这节微课谈一下自己的体会:

一、微课选题很关键

要让学习者明确该微课要完成什么方面什么知识的学习。微课中应指出关键的地方,着眼于哪个知识点的制作,要解决的问题是什么等。

二、字幕控制要适当

当如果呈现在屏幕上的字数过多(多于20个字),就需要有相应的时间停留,让学习者看明白。

三、快捷键使用要标注

微课中涉及快捷键的小技巧,比如:crtl、alt等等,一定要用提示语醒目地标注出来。

四、解说语言要简炼

解说词不要走文艺范,要尽量讲在点子上,要浅显易懂,充分体现化学这一自然学科的特点。

五、配音语言要规范

给微课配音一定要规范,不要出现类似方言的语句,不要用特殊情况下的语音配音如感冒时的语音等。还有要适当控制语速,不应太快也不能太慢。

六、回顾小结很重要

微课的时间通常控制在十分钟以内,而回顾与小结的作用是能让学习者把看过的要点梳理一遍。这一环节的安排在微课的末尾处起到了画龙点睛的作用,同时也给了学习者一些启示。

制作微课的过程其实并非易事,它需要教师大量的搜集素材并将其整合,那必将耗费大量的时间,这就要求教师在工作当中加大力度去研究,不断地提高自己的业务水平及专业知识。

总之微课在教学上有着非常重要的作用,所以需要教师在不断摸索中逐渐成长,才能制作出真正适用于教学的好微课。

作者:唐山市乐亭县新戴河初级中学　朱　伟

指导老师:唐山市遵化市教育局初中教研室　张贺刚

电子白板在试卷讲解中的有效应用

[情境导入]

期中考试后,刘老师想尝试着用电子白板上一堂讲评课,但不了解学生的意愿。于是提前在课下和几名学生进行了座谈,请问:你们对以前的试卷讲评课有什么看法?李同学说:"讲试卷最没有意思了,面对一张试卷,老师讲,学生听。"王同学接着说到:"就是呀,会的题老师还在那讲。而不会的题有时讲完了还是不会。"张同学说:"讲试卷太单调,我一上课就困,没兴趣上。"

听到学生对于以前试卷讲评课的看法,刘老师更肯定了自己的想法。于是说道:"那我们这次用电子白板上,怎么样呀?"这几名学生一听用电子白板上都很兴奋,高兴地回答:"当然好了。"刘老师接着说:"那你们要配合好,先让每个学习小组找出试卷中存在的共性问题。记录下来,课前交给我。"学生欣然答应。

因为传统的讲解,是借助一张试卷,老师讲,学生听。这样不能吸引学生的注意力,课堂的实效差。所以刘老师想尝试着采用电子白板来讲解试卷,利用信息技术能更吸引学生的注意力,也方便上课时展示学生存在的问题,突出重点,更有效地解决存在的问题。

下面,我们和刘老师一起去学习使用电子白板讲解试卷。

[技术讲解]

第一步 利用实物展台,展示和拍照。

收集课前各小组找到的共性问题,找出比较突出的问题,展示给学生。为了方便下面的分析,也为了能随时调出,随时改变大小,可以利用拍照,保存下来。操作步骤:打开电子白板,找到工具,点击实物展台,然后打开展台的开关,把问题试卷放在上面,然后点击图标拍照,自动就保存下来了。然后再找到拍下来的图片就可以讲解了。想放大图片,就用手在图片上向四周拉,这样就可以放大,也可以缩小,用手点住图片就能到处移动。在讲解试卷的过程中,也可以使用截图的功能,把重要的部分截取保存,用聚光灯或者是遮幕、放大镜突出出来,引起学生的注意。

第二步　在图片上批注、删除、保存等

在讲解存在的问题时,可以先让学生找出存在的问题,教师可以随时批注,标在问题上。可以选择不同颜色的笔,打开快捷菜单,找到笔的图标,点一下不同颜色,找到醒目的颜色。见下图

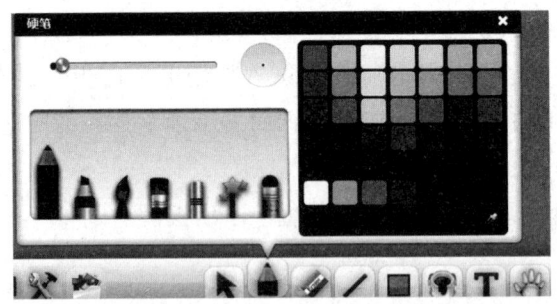

然后就可以进行批注了。如果一个学生说完后,其他的学生接着说,就可以把刚才的痕迹擦除。找到橡皮的图标,点一下这样就成为橡皮了,用笔直接擦,或者选择区域清除,在清除处画上圈,一下就清除了。

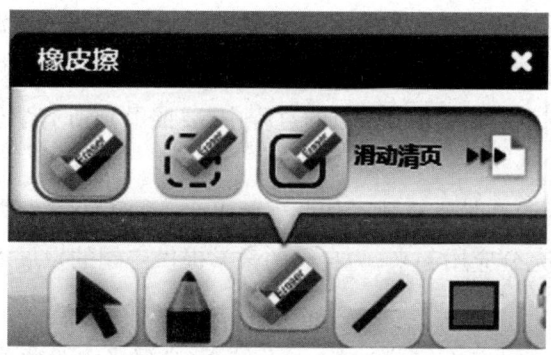

第三步　利用资源库里的各方面资料,讲解重点、难点。

事先准备好与讲评相关的内容,可以保存在电脑里,可以利用网络,也可以借助幻灯片来讲解。见下图的资源库。

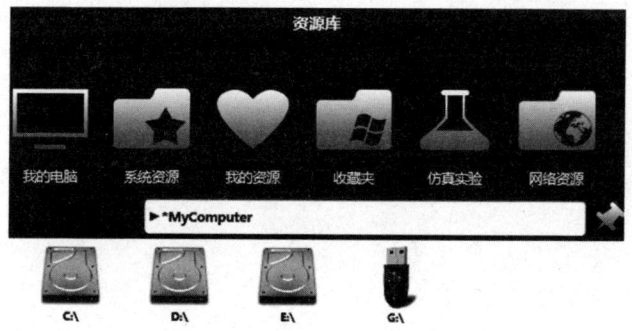

电子白板最重要功能是交互式,它可以与计算机、网络、PPt、word 等交互使用,这样就为教学提供了极大的方便,可以使各方面资源随时调用,更好地为教学服务。

[应用反思]

电子白板从引入课堂以来,为各门学科的教学带来了极大的方便。在数学课上,可以直接用到里面的各种几何图形或者用白板中的尺子和圆规去画,不需要准备传统的木质工具去画,既方便又直观。涉及物理和化学实验的还可以用学科工具里的实物来演示。文科也可以选取不同的书写方式,可以选用不同颜色的笔,可以随时擦除,也可以随时保存,还可以用实物展台,直接展现在白板上。

很多老师经常把电子白板与学科的 PPT 结合在一起使用,这样既能利用幻灯片的图文并茂,也能利用白板的各种工具。无论是在讲授新知、习题训练、或者讲解重点难点问题时都可以使用。

电子白板使用的过程中要注意以下方面:第一、要和各种资源合理地配置,充分发挥好它的交互性。切忌为了吸引学生,盲目地使用,必须紧密围绕教学,考虑它的实效性。第二、在使用电子白板的过程中,要照顾到所有学生,尤其是教室后面的同学。

科技的发展为教育教学搭建了如此好的平台,希望教育一线的广大教师紧跟时代发展的步伐,充分应用起来,为自己的教学提供广阔的发展空间。

作者:承德市丰宁县第三中学　左玉玲

PPT 教学应用——电子相册的制作

[**情境导入**]

暑假时,小明和爸爸妈妈去厦门旅游,爸爸拿相机拍了很多照片,有风景的、动物的、建筑的,也有家人的。回到家里,爸爸把照片拷贝到了电脑里,单击鼠标一张张播放,他们重温着厦门快乐的每一天。爷爷奶奶也想欣赏他们的旅游照片,可爷爷奶奶点击鼠标一张张观看很不方便,小明又不知道有什么好办法让爷爷奶奶很方便很轻松的观看照片。于是小明将问题告诉了微机老师,想让老师帮他解决这个问题。

课堂上,老师问了大家同样的问题,好多同学都不清楚该怎么操作,都好奇的等着老师'揭晓答案'呢。

老师说,我们学习过的 PPT 软件就可以实现这个功能,今天老师就带着大家一起学习如何使用 PPT 制作电子相册。大家可要加油哦!

活动 1 认识 Power Point2013 程序

第 1 步 打开/启动程序

【方法一】双击桌面上的快捷方式:

【方法二】单击开始按钮,找到 Microsoft office 2013 并单击,在展开的子菜单中单击 PowerPoint2013,如图:

第 2 步　新建空白演示文稿

程序启动后会出现如下界面：

单击"空白演示文稿",新建一个空白演示文稿,如下图所示:

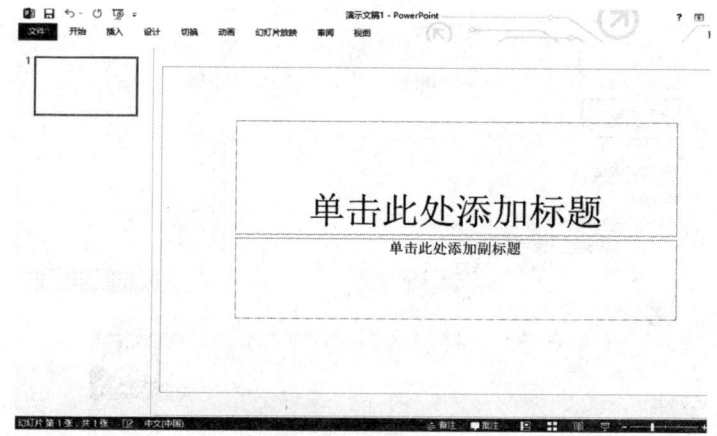

至此,一个新的空白演示文稿已经创建好。

活动 2　相册的创建

第 1 步　插入相册及图片

单击菜单栏中的"插入",找到"相册",在展开的子项中单击"新建相册",如图:

弹出如下对话框：

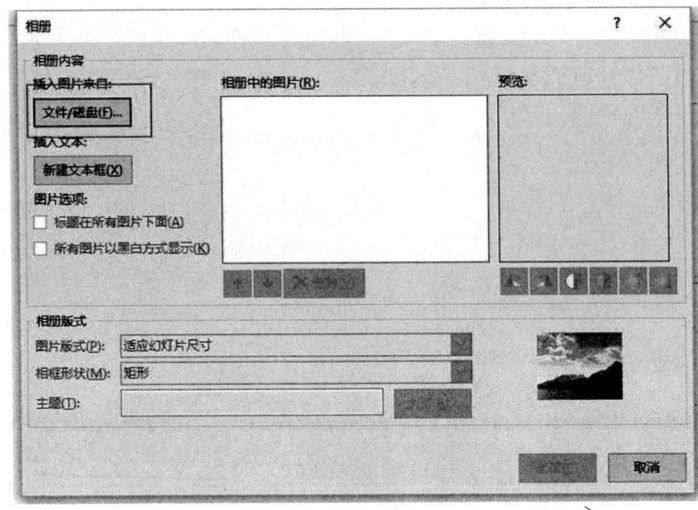

单击"文件/磁盘"按钮，在弹出的如下对话框中选择照片所在的位置：

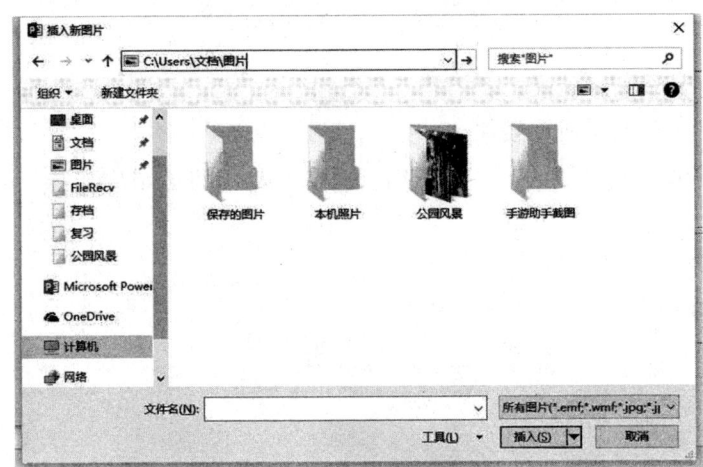

找到自己需要的照片的文件夹后，单击需要的照片（也可以通过拖动鼠标左键进行全部选择，如果想个别选择可按住 Ctrl 键），然后单击插入按钮，如下图所示：

第2步 相册样式的编辑

添加图片后,会弹出如下对话框:

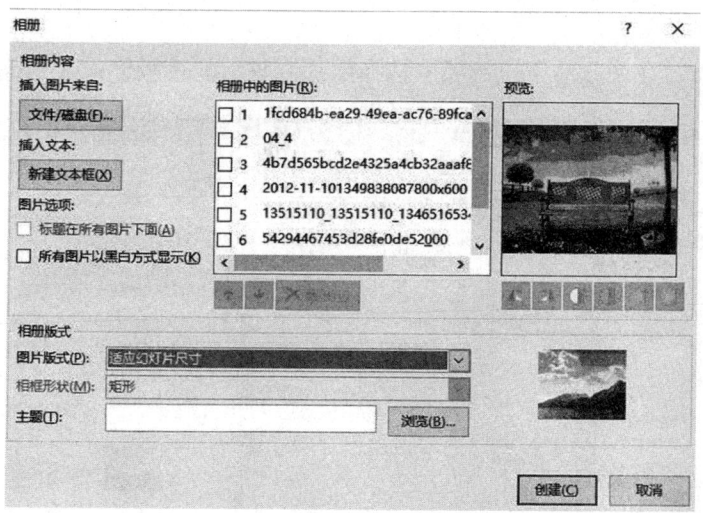

其中:

(1)插入文本:"新建文本框"可以在添加相册图片后再添加带有文字的幻灯片,方便放映时的提示或介绍,可根据需要添加。

单击照片名称前面的复选框,可以改变文本框或图片展示时的顺序,也可以进行删除,如下图所示:

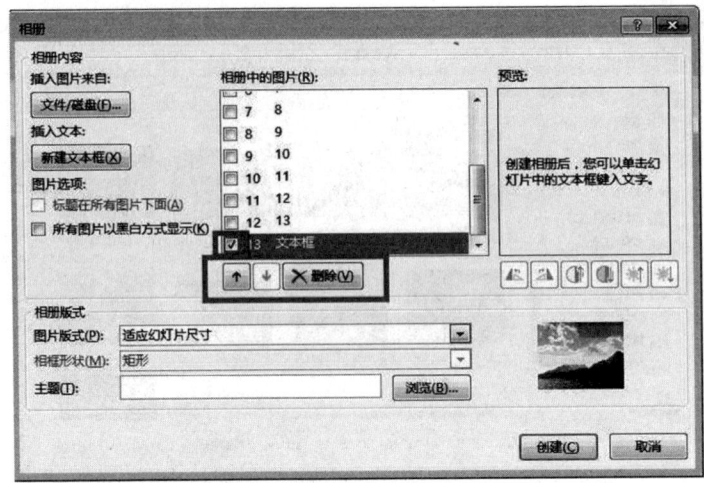

(2)图片选项:"标题在所有图片下面"使用的前提是在相册版式中选择带有标题的版式,"所有图片以黑白方式显示"该选项选择后所有的照片会失去原有的彩色,以黑白方式展现。

(3)相册版式:

图片版式:在展开的下拉选项中选择图片要显示的排版方式,如下图:

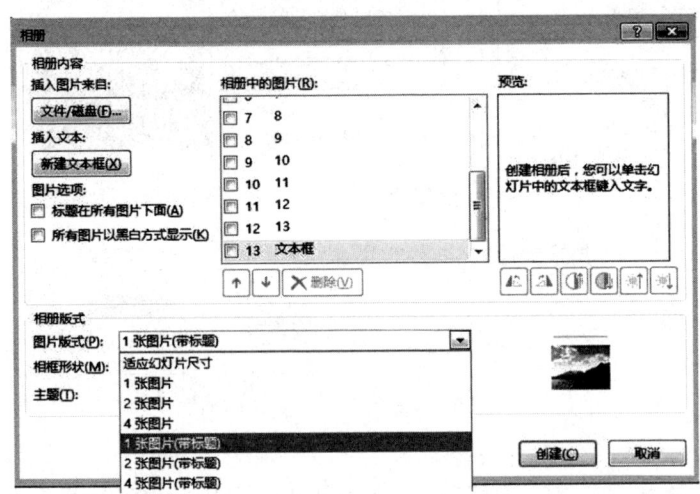

其中带标题表示图片除了会有响应的版式外,也可以添加标题,对照片顺序进行介绍,同时也可以结合图片选项中的"标题在所有图片下面"选择标题的位置。

相框形状:主要是选择照片相框展示时的样式,比如选择"柔化边缘形状"。

主题:单击后面的"浏览"选择本地已经安装的 office 主题和主题文档(要选

择可用的主题文件),如下图:

在这里我们可以选择其中的"slice",单击"选择",这时会出现如下界面:

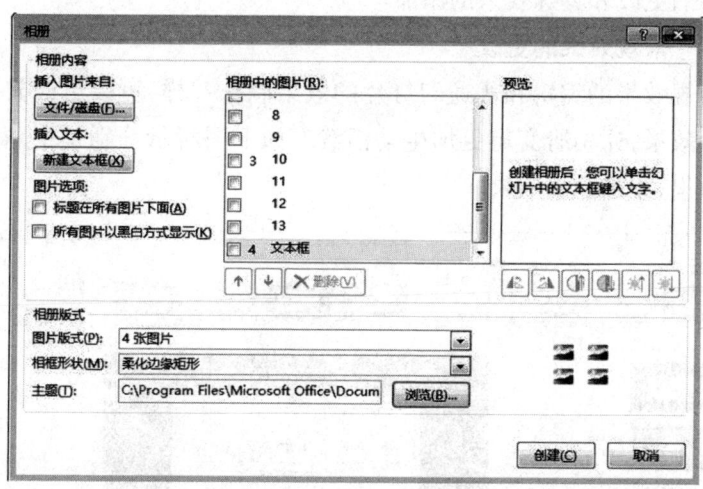

单击创建,便可以创建一个简单的相册,效果如下图:

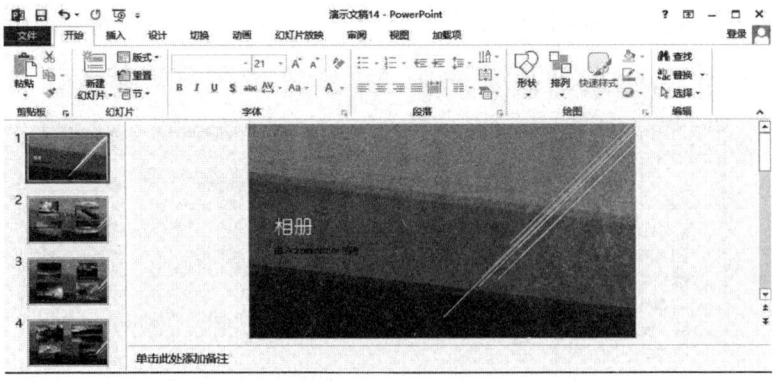

活动 3　编辑相册

相册的编辑主要是通过一些效果的添加,让相册以更好的状态进行展示,分为常规效果的更改和特殊效果的添加。

第 1 步　常规效果的更改

相册常规效果的编辑和普通幻灯片的效果制作一样,可以更改其主题、切换效果和动画效果,让相册变得更加生动活泼。如下图所示分别是主题更改、添加页面切换效果、添加动画效果。

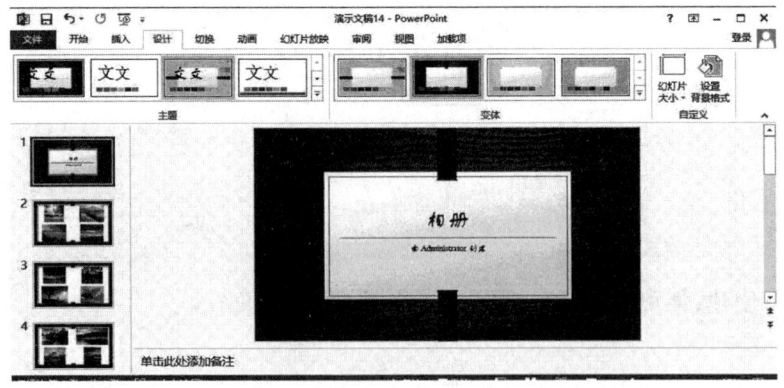

更改主题

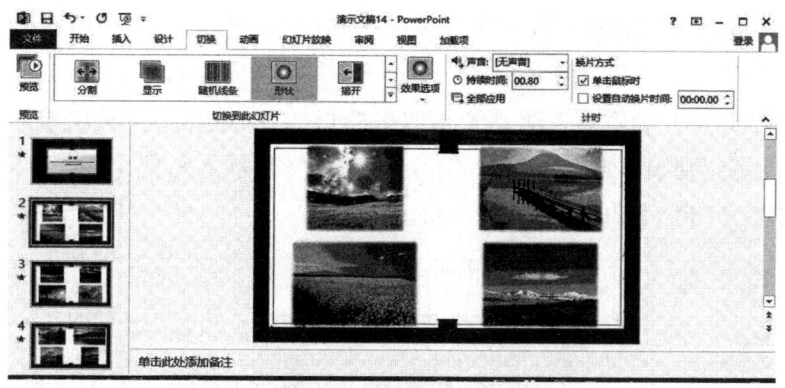

添加页面切换效果

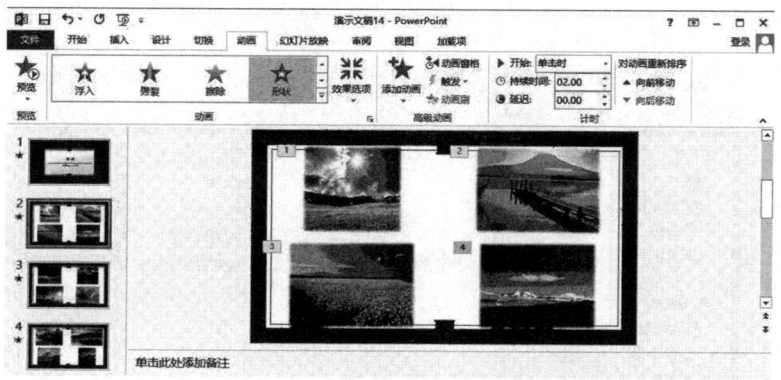

添加动画效果

其中第一页中的文字(即相册的名称和创建情况)也可以更改成自己喜欢的文字,比如小明刚去过厦门,可以写成"美丽的厦门"、"由小明创建",如下图:

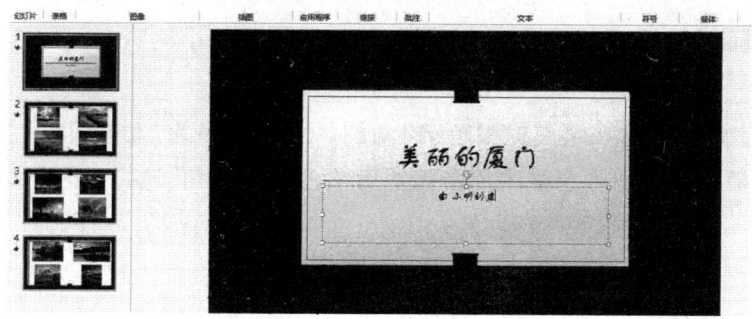

第2步 特殊效果的添加

相对于常规效果,我们还可以再添加一些特殊的效果,比如给相册添加背景音乐,这样在相册播放时不仅可以看到各式各样的图片,还可以欣赏到美妙的音乐。

为了达到从开始就可以听到音乐效果的目的,我们在第一页中添加一个音乐:将鼠标定位到第一页幻灯片中,单击菜单栏中的"插入",找到"音频",在展开的子项中单击"PC 上的声音",如下图所示:

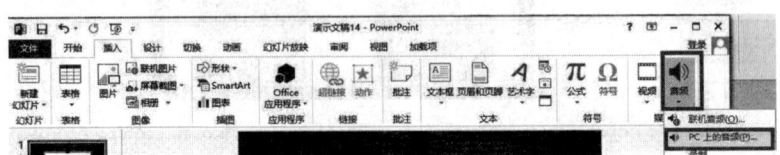

在弹出的"插入音频"对话框中,找到提前存放的音乐并单击选择,单击"插入",如下:

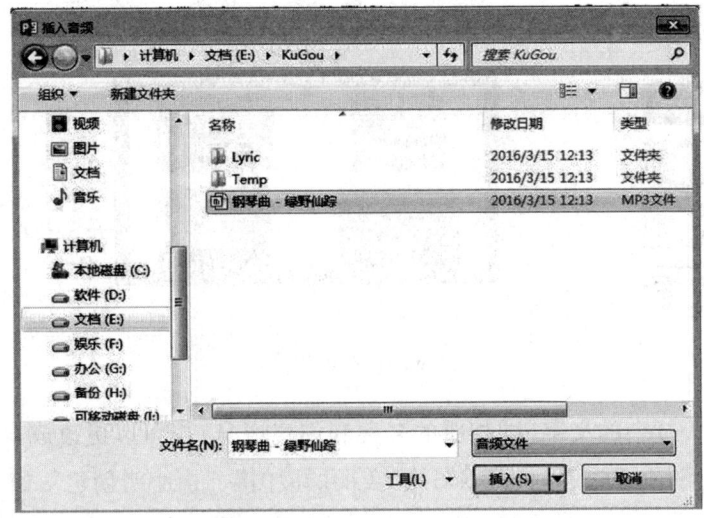

这时页面中会出现一个小喇叭(把幻灯片中出现的小喇叭拖到幻灯片右下角)。

单击选中小喇叭,在菜单栏中单击"动画",选择其中的"动画窗格",在展开项中单击"播放",在动画窗格中单击音乐旁边的下拉三角,选择"效果选项",如图所示:

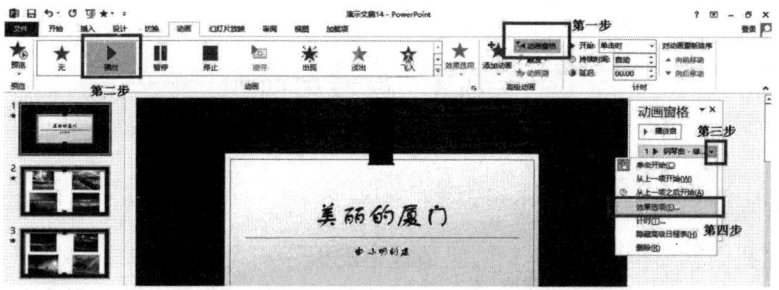

在弹出的"播放音频"对话框中,选择"停止播放"下面的"在X张幻灯片后"选项,并查看一下相册中幻灯片的数量,将相应的数值输入在其中(一般选择播放到最后一张幻灯片,该相册中共有四张幻灯片,所以输入4),单击确定(也可以选择在特定幻灯片后结束),如下图:

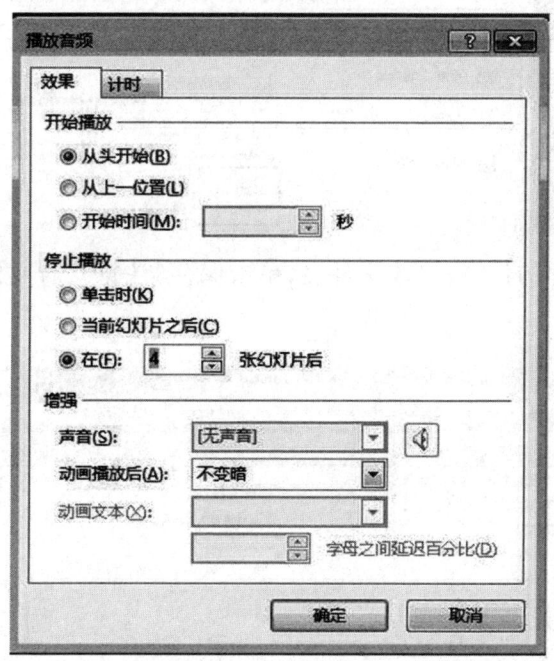

这样,在第一页点击小喇叭就可以一直播放音乐到最后的幻灯片了(如果想打开相册直接播放同时不显示小喇叭,可以在菜单栏中选择"自动"、"播放时隐藏")。

活动 4　保存相册

到现在我们的制作就完成了！

下面我们就要把它保存一下，但是这里的保存不太一样：单击"文件"按钮，选择"导出"，在展开的选项中选择"创建视频"，再单击右下方的"创建视频"（在这里可以选择"放映每张幻灯片的秒数"，决定每页幻灯片停留的时间），如下图：

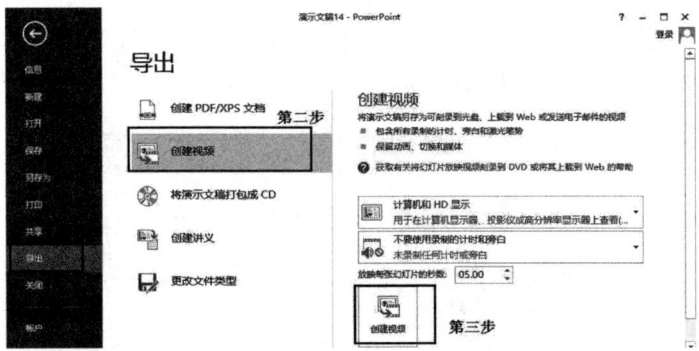

选择想要保存的位置，更改文件名，单击保存（注意此时文件类型是视频文件），如下图：

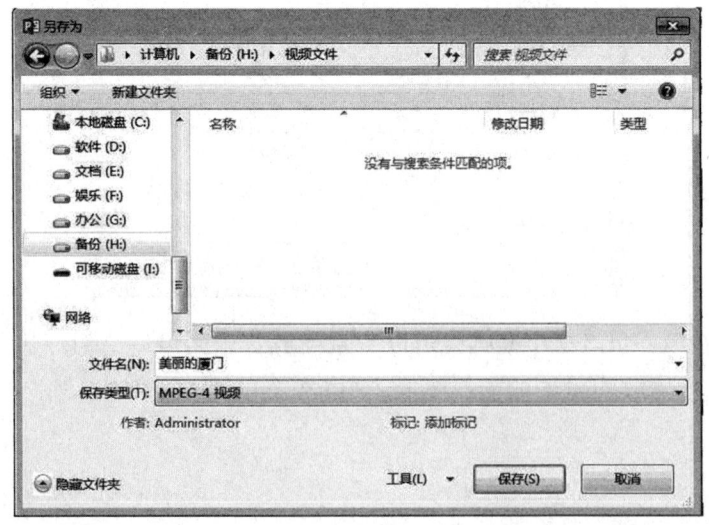

之后等待电脑自己处理完成。

活动 5　观看相册

在本地安装视频播放器的前提下,双击保存的相册就可以尽情地欣赏自己制作的电子相册了。

[应用拓展]

电子相册的制作是在学习 PowerPoint 基础知识上的一个的补充,该内容贴近生活实际,可以很好的解决照片浏览的问题,尤其是它可以脱离一般的 PowerPoint 环境,不仅可以在电脑上播放,也可以在任何支持视频播放的设备上播放,还可以随时暂停,这样可以大大提高作品的分享程度。

课堂上,老师提醒孩子们,利用 PPT 制作电子相册是 PowerPoint 的升级软件,所以在系统要求上最好是 Windows7 及其以上版本。在制作的过程中,要以幻灯片的形式进行预览,最终效果需要在视频文件生成后才可以看到。

通过本节课的学习,孩子们都成功制作了自己的电子相册,巩固了之前学过的 PPT 基础知识,在 PPT 视频文件的制作过程中激发了学生的创作热情,减少了鼠标的频繁使用,增强了学生对 PowerPoint 的认知,使学生在知识层次上有了很大的提高。

小明的问题解决了,爷爷奶奶可以轻而易举的在电视上大屏观看他们的旅游照片了。他们都夸孙子聪明呢!

作者:沧州渤海新区实验小学　张梦梦
沧州渤海新区实验小学　马俊梅
指导老师:沧州市渤海新区黄骅港开发区文教局　闫桂霞

问卷星在信息技术课程中的有效应用

[**情境导入**]

信息技术课是一门贯穿小学直至中学的科目,与传统的语文课、数学课等居于同等重要的地位。信息技术在当代人的生活、学习和工作中发挥着重要作用。开展信息技术教育是全面实施素质教育,培养学生创造性思维的重要措施之一。

然而,该门课程却被大家认为是"副课",被放到了可有可无的位置。究其原因,主要在于:首先是在认识上有误区,从学校领导到教师、家长、学生一致认为信息技术课是"副课",以为只要有这门课,上上就行了,反正高考科目。另一方面,由于信息技术课程历史短且长期处于不受重视的状态,导致针对信息技术课程独特性的教学理论研究相对缺乏,对教师来说,在信息技术教学方面的实践和研究仍显苍白。

正是基于此,我校信息技术课教学现状令人堪忧,信息技术课学生只是上上网,玩玩游戏,成了娱乐消遣课。加强信息技术教学,提高教学质量是迫在眉睫。

利用问卷星设计了一份调查问卷,调查内容包括信息技术课的教学模式、课堂气氛、作业和考试、教学效果等方面。这份问卷的目的在于了解学生信息技术教学评价的情况,为以后有针对性做好教学评价工作提供参考。下列的问卷只是用于调查,学生真实的回答将为我们提供建设性的信息,从而进一步优化教学管理,了解与分析学生的学习和思想情况。

我利用问卷星这个网站很轻松的完成了调查问卷的设计,发布,回收,分析。

我是如何利用问卷星做到的呢?

[技术讲解]
第1步 注册并登录

①首先,登录网址 http://www.sojump.com,如果是首次登录,那么点击立即注册。

②输入用户名、密码、E-mail,并输入验证码信息后,点创建用户。

第2步 创建新问卷

点击创建新问卷,出现以下画面:A、创建空白问卷完全靠自己一句一句手打。B、选择问卷模版可以套用现成的模版,就是直接用别人的问卷。C、导入问卷文本如下图所示,复制已有的 word 里的问卷,粘贴过来。D、录入问卷服务,不建议。

默认的问卷创建方式是:以"创建空白问卷"方式创建新问卷。首先在问卷名称中输入问卷名称。

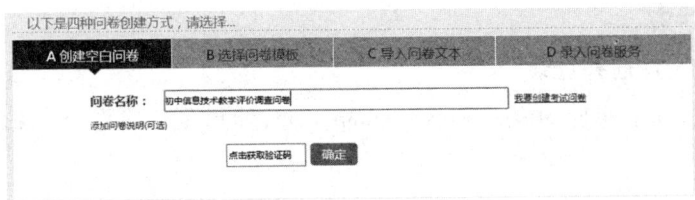

输入验证码,点击确定。

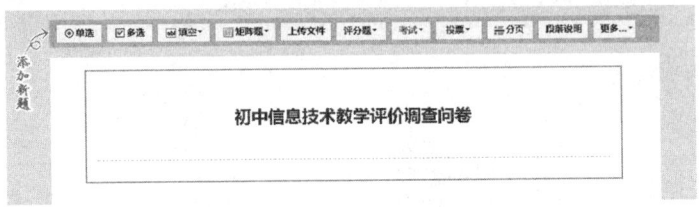

然后添加新题,编辑问卷。

下面以我的问卷为例,我用第三种方式创建问卷。在导入问卷文本处导入一份文本。方法是:先用文字处理软件(比如用 Word 软件)编辑好问卷,包括问卷名称和题目。然后复制问卷中的文本,最后粘贴到下面的文本框中。结果见下图:

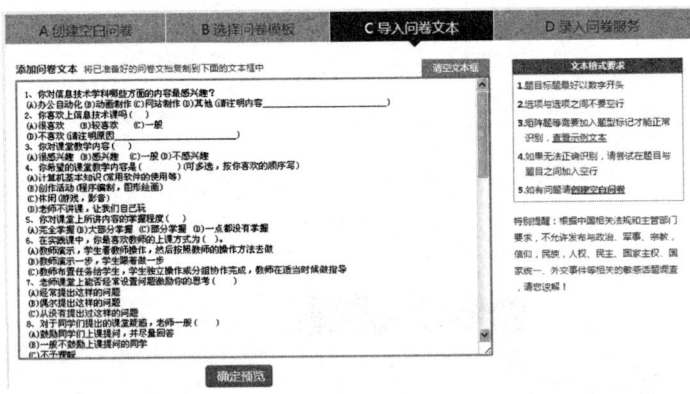

点击确认预览。系统自动生成一份问卷。

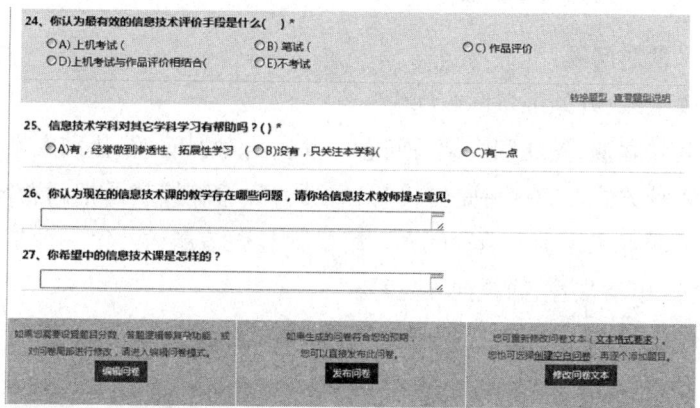

第3步 发布问卷

在此份问卷最下端有三个按钮：编辑问卷，发布问卷，修改问卷文本。

如有修改，请点击修改问卷文本，可以进行修改。如没有，点击发布问卷。

第4步 美化问卷

为了吸引更多人填写问卷,可以点击改变外观。让背景美美的,可以认真选一个与问卷相符合的。更改后,点击发布此问卷。

第5步 发送问卷

设计步骤完成,开始准备回收问卷。

在回收问卷之前,先让别人填写问卷。发送给对方问卷,让别人来填写问卷,这里显示了六种方式。第一种是链接与二维码,问卷链接就是把问卷地址发到空间,微博,人人网等来让别人填写问卷。第二种是微信邀请。第三种是互填问卷。还有样本服务、申请推荐、回收向导三种。

点击回收问卷下的问卷链接,将发布好的问卷链接或二维码发给学生,让学生通过电脑或手机参与问卷调查。

第6步　回收问卷,进行数据下载和分析

点击"分析&下载"会出现四项子菜单:"统计&分析""查看下载答卷""答卷来源分析""完成率分析"。

①点击"分析&下载"下的"查看下载答卷",可以看答卷情况;

②点击"分析&下载"下的"答卷来源分析",可以从来源渠道、时间段和地理位置三方面进行分析:

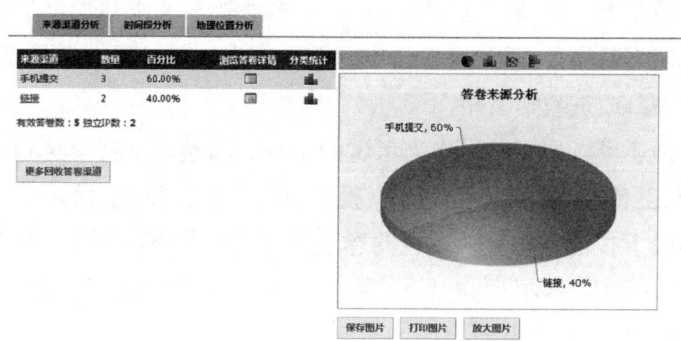

③点击"分析&下载"下的"统计&分析",可以直观的查看每项数据,了解学生的学习和思想情况,便于今后的教学改进。

可以选择图表类型来分析数据,比如上图是选择表格和表格条形图,也可选择饼状图、柱状图、折线图、条形图。

[应用反思]

利用问卷星我进行了此次调查问卷,在调查数据收集之后,利用统计分析,我了解了学生对信息技术的教学评价,为以后的教学改进提供了方向。

此次问卷星调查问卷也存在缺陷,比如有些学生答卷不认真,随意答卷;也有些学生答卷结果不真实,比如有些学生答卷可能会迎合老师,做出不客观的选择;还有学生答卷积极性不高,配合度低。正是存在上述问题,所以通过问卷星分析出的数据和结论,并不是百分百的反映真实情况,只供参考。一个解决办法是:首先筛选有效答卷,还有就是在调查问卷之前,做好学生的宣传工作,让学生客观地作答,这一点尤为重要。

日常教学工作中,教师经常需要对学生数据或其它教学数据进行统计分析,如学生满意度调查,家长意见反馈,社会调查,教师的授课情况,教学内容分析,学生的心理状况,课题研究等,通过问卷星,可以很方便的完成这些统计分析功能。

问卷星免费实用,功能强大,在实际教学中,我们可以把问卷星作为"学情分析检测工具"以及"教学的评价工具"。作为"学情分析的检测工具":在设计课程前,通过设计科学严谨的问卷,可以帮助我们了解学生的初始技能、学习技能、学习风格、习惯和态度等。这样就可以根据问卷结果有针对性地进行教学设计。作为"教学的评价工具":在学习过程中,需要对教师教学工作和学生学习效果进行科学判定,以期不断完善,因此可以使用问卷星作为一种过程性评价工具,帮助教师调整教学内容,改进教学策略。

另外,教师还可以把问卷星作为考试的工具。问卷星支持单选题、多选题、填空题、矩阵题、上传文件、评分题、考试、投票、排序题、比重题、滑动条、情景随机、商品题型、多级下拉框等题型。现在问卷星把考试作为单独题型,可以添加单选、判断、多选、单项填空、多项填空、简答题目,还可以批量添加考试题。可见,问卷星基本上可以涵盖一般考试所要求的题型。

作者:张家口市阳原县第四中学　赵　纲
指导老师:张家口学校　杨绍杰

如何在 PowerPoint 2013 中无缝嵌入 Flv 视频

[**情境导入**]

郭老师在用 PowerPoint 2013 制作课件《维护消费者的权益》时,发现在优酷网站下载的一段视频资料总是不能插入到幻灯片中。

后来郭老师向主管信息技术学科的王老师寻求帮助,王老师告诉她,她下载的这段视频是 FLV 格式的文件。FLV 文件虽然是目前互联网上非常流行的一种视频文件,但是它并不能像 avi,mpg,mp4 等文件一样通过菜单"插入"→"视频"→"PC 上的视频"直接插入到 PowerPoint 中使用。"那怎么办呢?"郭老师焦急地问王老师。"主要有三种方法解决这个问题。"王老师说,"第一种是超链接法,把 FLV 文件作为一个超链接对象插入。这种方法简单易用,但是有一个明显的缺点是在放映时会弹出两个'病毒提示框',影响授课的效果。第二种方法是格式转换法,把 FLV 文件通过视频格式转换软件转换成 avi,mpg,mp4 等格式,然后再通过菜单插入视频。这种方法的缺点是转换后可能会出现文件变大,清晰度下降等问题。第三种是控件法,这种方法可以把 FLV 文件无缝的嵌入到幻灯片中,是在 PPT 中放映 FLV 文件最好的方法。"

那么该如何在 PowerPoint 2013 中无缝嵌入 Flv 视频呢? 我们跟随郭老师一起去探究吧。

活动 1　下载一个 PPT 支持的 FLV 播放器插件

首先从网上下载一个 PPT 支持的 FLV 播放器插件"pptflv. swf"。为便于管理,建立一个文件夹,把 pptflv. swf 文件、FLV 视频文件、PPT 文件等有关素材都放入同一个文件夹中。

活动 2　设置 PowerPoint 2013

第 1 步　打开 PowerPoint 2013 点击"文件"->"选项",如图:

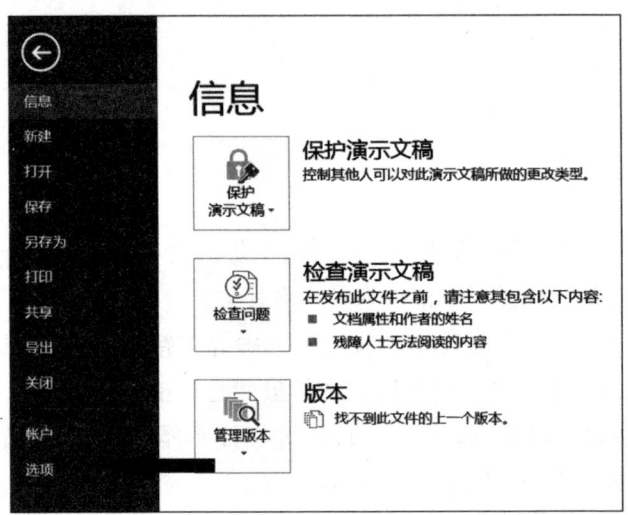

第 2 步　在"PowerPoint 选项"窗口中选择"自定义功能区",在右侧"主选项卡"中找到"开发工具",如图:

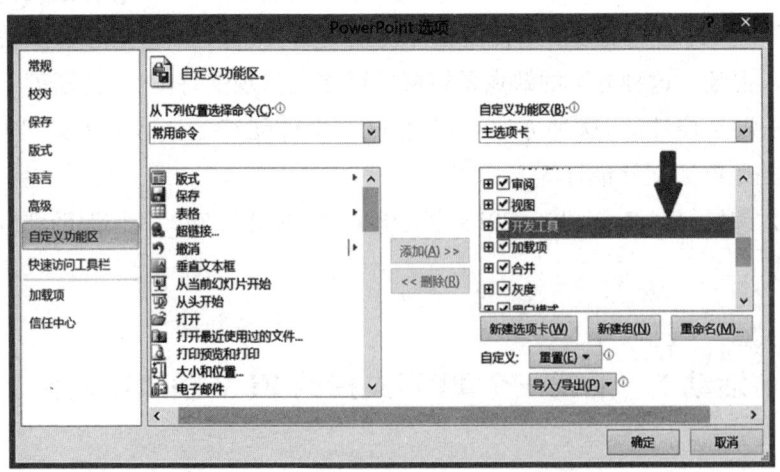

第 3 步　选中"开发工具"后确认,在 PPT2013 菜单中就会出现"开发工具"菜单。

活动 3　插入 Shockwave Flash Object 对象

第 1 步　点击"开发工具",点击"控件"中"其它工具",如图：

第 2 步　在弹出的控件选择框中选择"Shockwave Flash Object",后确定。如下图：

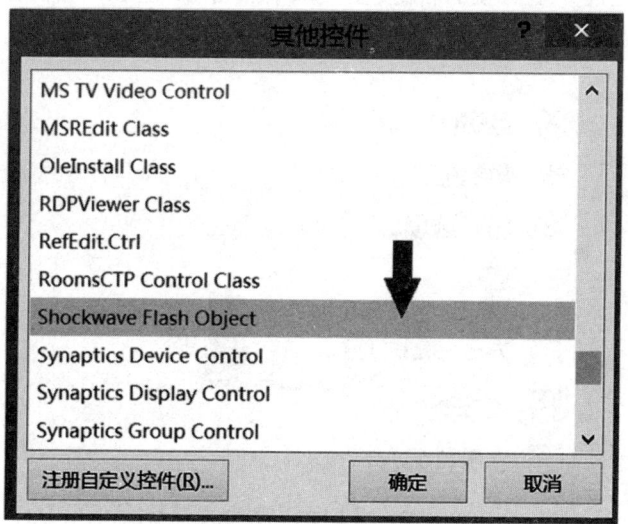

第 3 步　在 PPT 页面中从左上到右下拉出一个合适大小的"Shockwave Flash Object"控件，如图：

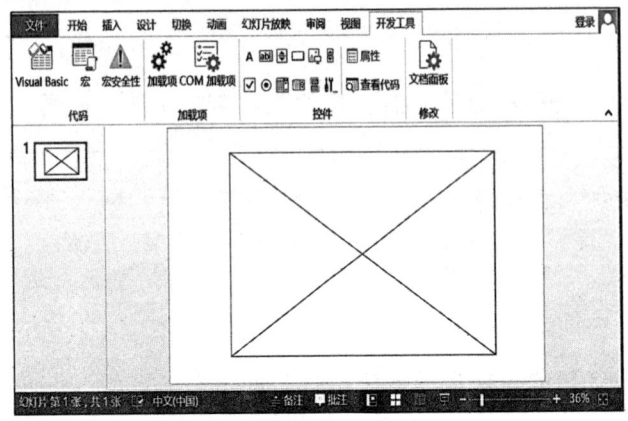

第 4 步　在控件上点鼠标右键，在菜单中点击"属性表"，会弹出"属性"面板，如图：

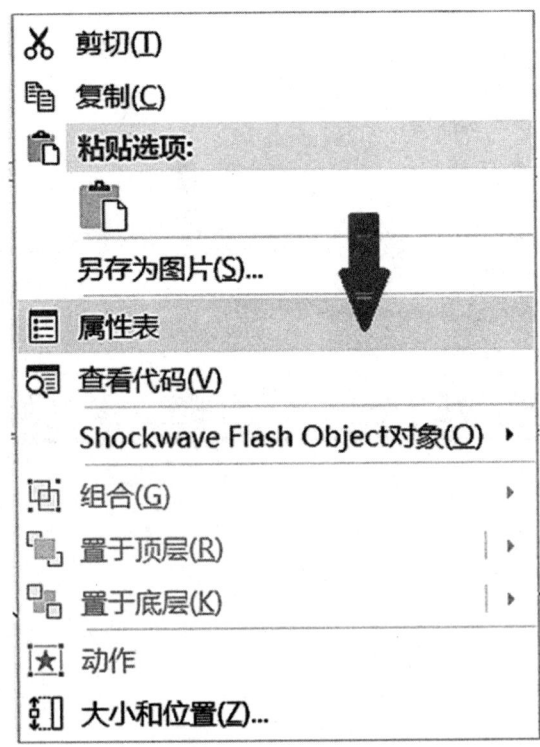

第5步 在"Movie"栏,填入参数(根据实际情况更换"="号后的文件名)如图:

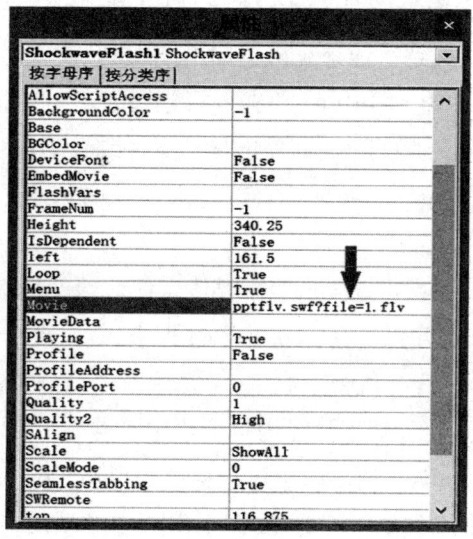

第6步 关掉属性面板。

活动4 播放幻灯片

操作方法略。

[应用拓展]

随着课程改革的推进,课堂上学生的主体地位逐步确立,互动探究的学习形式不断丰富和发展。PowerPoint2013可以使教师快速创建极具感染力的动态演示文稿,集成图画、音乐、文字等元素,为我们的教学工作提供了空前丰富、多元化的教学手段。使我们获得更好的教学效果和更高的教学效率成为可能。

但我们在享受PPT课件教学给我们带来全新感受的同时,也需要注意一些问题。

1. 设计问题。PPT课件也有其局限性。教师在制作多媒体课件时,应充分考虑学生的差异性,从多个角度设计课件。同时要避免两个极端:一是过于单调;二是过于花哨。课件过于单调容易减弱大脑的兴奋程度,学习效果会衰减。课件做得过于色彩鲜艳,一味以声音和画面吸引学生的眼球,容易分散学生的注意力,弱化学生对文字的理解,不容易抓住课堂上的教学重点、难点,影响学习效果。

2. 技术问题。PPT课件制作完成后要养成打包习惯。我们很多人有这样的经历:辛辛苦苦在PPT中制作好了演示文稿,但是拿到别人的电脑上无法播放;在PPT文档中插入了声音,到其他计算机上却不能找到;设置了漂亮的字体,到别人的机器上却改变了。因此对PPT课件进行打包是必不可少的。打包可以将有关演示文稿的所有内容都保存下来,即使链接了文件或者TrueType字体也不怕。然后将生成的打包文件Pngsetup.exe(所有打包后的文件名均为此)拷贝到其他计算机中进行解包即可。

3. 使用问题。教师不要过度依赖多媒体课件。课件是课前制作的,而我们的实际课堂教学情况千变万化。在课堂教学过程中,教师要合理利用课件,在课堂上把课件和其他教学方式有机结合起来,不要让课件包办了本应属于教师的课堂主导作用。否则,就会导致师生注意力过度集中于课件,忽视师生间的交流沟通,忽视语言的实际交际功能。使。教学过程从过去填鸭式的"人灌"变为现在的"机灌",教师和学生被课件牵着鼻子走,发挥不出自主能动的作用,这跟新课程改革的目标是背道而驰的。

作者:廊坊市安次区杨税务中学　韩景茹
　　　廊坊市第九中学　　　　　王海超